Helmut Sauter · Der Erdkundeunterricht in der Grundschule

Reihe EXEMPLA Band 19

Helmut Sauter

# Der Erdkundeunterricht in der Grundschule

Fachspezifische Grundlegung — didaktische Aufbereitung — methodischer Vollzug

Verlag Ludwig Auer, Donauwörth

Die Reihe EXEMPLA wird von Walter Barsig und Hans Berkmüller herausgegeben. Sie stellt Anliegen der Schulpraxis in Grund- und Hauptschule in den Mittelpunkt und berücksichtigt moderne didaktische und methodische Erkenntnisse.

© by Verlag Ludwig Auer, Donauwörth. 1976
Alle Rechte vorbehalten
Einbandgestaltung: Brigitte Karcher
Zeichnungen: Eva Köberle, Augsburg
Fotos: Zolleis-Ziegler, Wertingen
Gesamtherstellung: Druckerei Ludwig Auer, Donauwörth
ISBN 3-403-00694-8

# Inhaltsverzeichnis

**Statt eines Vorwortes:** Erdkunde in der Grundschule — ein vergessener Bereich . . . . . . . . . . . . . . . . . . . . . . . . . . . . 15

**1. Der grundlegende Erdkundeunterricht heute** . . . . . . . . 19

1.1 Von der Heimatkunde zum grundlegenden Sachunterricht . . . 19
1.1.1 Begriffliche Abgrenzung . . . . . . . . . . . . . . . . . . 19
1.1.2 Grundsätze der Heimatkunde . . . . . . . . . . . . . 20
1.1.3 Kritik am traditionellen Heimatkundeunterricht . . . . . . . 20
1.1.4 Die Erdkunde in der traditionellen Heimatkunde . . . . . . 22

● *Unterrichtsbeispiel:* Flußregulierung . . . . . . . . . 23
3. Jahrgangsstufe

1.2 Erdkunde im grundlegenden Sachunterricht bzw. in der Heimat- und Sachkunde . . . . . . . . . . . . . . . . . . . . . 25
1.2.1 Zielsetzungen des grundlegenden Sachunterrichts . . . . . . . 25
1.2.2 Vom grundlegenden Sachunterricht zur „Heimat- und Sachkunde" (im Bundesland Bayern) . . . . . . . . . . . . 27
1.2.3 Der grundlegende Erdkundeunterricht unter der neuen Zielsetzung der Heimat- und Sachkunde . . . . . . . . . . . . 31

● *Unterrichtsbeispiel:* Warum baut Bauer A. einen Aussiedlerhof? . . . . . . . . . . . 33
3. Jahrgangsstufe

● *Unterrichtsbeispiel:* Warum mußte die alte Post abgerissen werden? . . . . . . . . . . 36
4. Jahrgangsstufe

1.2.4 Grundlegende Erdkunde in den Sachunterrichtsplänen anderer Bundesländer . . . . . . . . . . . . . . . . . . . . . . 39
1.2.4.1 Erdkunde im Grundschullehrplan von Baden-Württemberg . . 39
1.2.4.2 Erdkunde im Lehrplan für die Grundschule der Länder Rheinland-Pfalz und Saarland . . . . . . . . . . . . . . . . 41
1.2.4.3 Richtlinien und Lehrpläne für die Grundschule in Nordrhein-Westfalen . . . . . . . . . . . . . . . . . . . . . . . 44
1.2.4.4 Grundschule und Vorklasse — Lehrplan in Schleswig Holstein . 48
1.2.4.5 Kurzanalyse der Lehrpläne . . . . . . . . . . . . . . 50

1.3 Der Bezug des grundlegenden Erdkundeunterrichts zur Fachwissenschaft . . . . . . . . . . . . . . . . . . . . . . . 51
1.3.1 Der sozialgeographische Auftrag der Erdkunde . . . . . . . 51
1.3.2 Geotopen als ideale Raumeinheiten für elementaren Erdkundeunterricht . . . . . . . . . . . . . . . . . . . . . . 55

| | | |
|---|---|---|
| ● *Unterrichtsbeispiel:* 2. Jahrgangsstufe | Möchtest du in einem Hochhaus wohnen? . . . . . . . . . . . | 58 |
| ● *Unterrichtsbeispiel:* 4. Jahrgangsstufe | Im Rodetal wird eine Talsperre gebaut . . . . . . . . . . . | 59 |
| ● *Unterrichtsbeispiel:* 2. Jahrgangsstufe | Wie Menschen in fremden Ländern wohnen . . . . . . . . . . | 61 |

**2. Entwicklungspsychologische Grundlagen und erziehliche Aufgaben der grundlegenden Erdkunde** . . . . . . . . . . . . 66

2.1 Das Verhältnis des Kindes zum Raum und zur Landschaft . . . 66
2.1.1 Der Raum im Schulalter . . . . . . . . . . . . . . . . 66
2.1.2 Umwelterfahrungen als Grundlage des geographisch-räumlichen Denkens . . . . . . . . . . . . . . . . . . . . . . 69

2.2 Die originale Begegnung als psychologisches Bindeglied zwischen Kind und Lerngegenstand . . . . . . . . . . . . . . . 71

    ● *Unterrichtsbeispiel:*    Auf dem Wochenmarkt . . . . . . 72
    3./4. Jahrgangsstufe

2.3 Gewinnung von Verhaltensweisen und Haltungen durch den grundlegenden Erdkundeunterricht . . . . . . . . . . . . 76

    ● *Unterrichtsbeispiel:*    Wohin mit dem Müll? . . . . . . 77
    3./4. Jahrgangsstufe

**3. Lernzielorientierter und lehrplangemäßer Unterricht im fachlichen Bereich Erdkunde** . . . . . . . . . . . . . . . . 80

3.1 Vom Leitziel zu Richtzielen . . . . . . . . . . . . . . 80
3.1.1 Richtziel 1: Erkennen, Vergleichen und Unterscheiden sozialer Räume . . . . . . . . . . . . . . . . . . . . . . 82

    ● *Unterrichtsbeispiel:*    Was man von einem guten Erholungsgebiet erwartet . . . . . . . 83
    4. Jahrgangsstufe

3.1.2 Richtziel 2: Soziale Räume als Gefüge raumbedingender Naturfaktoren und menschlicher Sozialfunktionen . . . . . . . . 89

    ● *Unterrichtsbeispiel:*    Was fehlt im Neubaugebiet von U.? 89
    4. Jahrgangsstufe

3.1.3 Richtziel 3: Erkennen funktionaler Zusammenhänge sozialer Räume und Mitgestalten der notwendigen Kooperation zwischen sozialen Räumen . . . . . . . . . . . . . . . . . . 102

|   |   |   |   |
|---|---|---|---|
| | • *Unterrichtsbeispiel:*<br>3./4. Jahrgangsstufe | Herr E. und Frau S. „pendeln" zum Arbeitsplatz . . . . . . . . . . | 103 |
| 3.1.4 | Richtziel 4: Geordnete Darstellung sozialer Räume und Geotopen und zielgerichtete Bewegung im Raum . . . . . . . . . | | 105 |
| | • *Lehrsequenz:*<br>3./4. Jahrgangsstufe | Das Baugebiet Weinberg wird erschlossen . . . . . . . . . . . | 106 |
| 3.1.5 | Richtziel 5: Ausbilden eines Problembewußtseins gegenüber sozialgeographischen Phänomenen und selbständiges Lösen sozialgeographischer Problemfragen . . . . . . . . . . . . . | | 111 |
| | • *Unterrichtsbeispiel:*<br>2. Jahrgangsstufe | Wer hat mehr Platz in unserem Wohnviertel — wir Kinder oder die Autos? . . . . . . . . . . . | 112 |
| 3.1.6 | Richtziel 6: Aneignung und selbständiger Einsatz elementarer geographischer Arbeitsmethoden . . . . . . . . . . . . | | 114 |
| | • *Unterrichtsbeispiel:*<br>2. Jahrgangsstufe | Kiesweiher oder Badesee? . . . . | 114 |
| 3.1.7 | Richtziel 7: Sachgerechte Handhabung geographischer Arbeitsmittel und Medien . . . . . . . . . . . . . . . . | | 115 |
| | • *Unterrichtsbeispiel:*<br>2./3. Jahrgangsstufe | Unsere Gemeinde will eine Wochenendsiedlung anlegen . . . . . . . | 116 |
| 3.2 | Die Lehraufgaben — Bestimmungsrahmen für Feinziele, Lerninhalte und Unterrichtsverfahren . . . . . . . . . . . . | | 119 |
| 3.2.1 | Curriculares Lehrplanmodell . . . . . . . . . . . . . . | | 120 |
| 3.2.2 | Kriterien eines spiralförmigen Lehrgangs im grundlegenden Erdkundeunterricht . . . . . . . . . . . . . . . . . . | | 120 |
| 3.3 | Beispiel eines curricularen Lehrgangs für die grundlegende Erdkunde . . . . . . . . . . . . . . . . . . . . . . . . | | 123 |
| 3.3.1 | Lehrgang für die 2. Jahrgangsstufe . . . . . . . . . . . | | 124 |
| 3.3.2 | Lehrgang für die 3. Jahrgangsstufe . . . . . . . . . . . | | 131 |
| 3.3.3 | Lehrgang für die 4. Jahrgangsstufe . . . . . . . . . . . | | 137 |
| 3.4 | Integrierende Querverbindungen zu anderen fachlichen Bereichen | | 144 |
| 3.4.1 | Erdkunde und Geschichte . . . . . . . . . . . . . . . | | 144 |
| | • *Unterrichtsbeispiel:*<br>3. Jahrgangsstufe | Wie entstanden die Flurnamen? . . | 145 |
| | • *Unterrichtsbeispiel:*<br>4. Jahrgangsstufe | Die erste Fabrik . . . . . . . . . | 147 |
| 3.4.2 | Erdkunde und Soziallehre . . . . . . . . . . . . . . . | | 149 |

| | • *Unterrichtsbeispiel:*<br>2. Jahrgangsstufe | Kannst du einem Fremden trauen? . | 151 |
|---|---|---|---|
| 3.4.3 | Erdkunde und Wirtschaftslehre . . . . . . . . . . . . . . | | 153 |
| | • *Unterrichtsbeispiel:*<br>2. Jahrgangsstufe | Welche Geschäfte gibt es in unserem<br>Wohnort? . . . . . . . . . . . | 154 |
| 3.4.4 | Erdkunde und Biologie . . . . . . . . . . . . . . . . . | | 157 |
| | • *Unterrichtsbeispiel:*<br>4. Jahrgangsstufe | Warum steht die „Höll" unter Natur-<br>schutz? . . . . . . . . . . . . | 158 |
| 3.4.5 | Erdkunde und Physik/Chemie . . . . . . . . . . . . . | | 161 |
| | • *Lehrsequenz:*<br>3. Jahrgangsstufe | Der Kompaß als Orientierungshilfe<br>im Raum . . . . . . . . . . . . | 162 |
| | • *Unterrichtsbeispiel:*<br>4. Jahrgangsstufe | Lärmschutz für unser Wohnviertel! | 163 |
| 3.4.6 | Erdkunde und Verkehrserziehung . . . . . . . . . . . | | 166 |
| | • *Lehrsequenz:*<br>1. Jahrgangsstufe | Mein täglicher Weg zur Schule . . . | 166 |
| 3.4.7 | Modelle einer integrativen Didaktik in der Fachliteratur . . . . | | 170 |
| | • *Unterrichtsbeispiel:*<br>1./2. Jahrgangsstufe | Nachbarschaft . . . . . . . . . | 170 |
| | • *Unterrichtsbeispiel:*<br>3. Jahrgangsstufe | Wohngebiete . . . . . . . . . . | 170 |
| | • *Lehrsequenz:*<br>3. Jahrgangsstufe | Bahnhof . . . . . . . . . . . . | 172 |
| | • *Lehrsequenz:*<br>3. Jahrgangsstufe | Unser Rathaus . . . . . . . . . | 174 |
| 3.4.8 | Fächerdifferenzierung oder Fächerintegration?<br>Fächerdifferenzierung und Fächerintegration! . . . . . . . . | | 174 |
| **4.** | **Didaktische Grundpositionen und methodische Vollzugsformen** | | **177** |
| 4.1 | Das Strukturmodell einer Lehrsequenz . . . . . . . . . . . | | 177 |
| 4.1.1 | Didaktische Analyse . . . . . . . . . . . . . . . . . | | 177 |
| 4.1.2 | Die einzelnen Strukturelemente einer Unterrichtseinheit . . . . | | 179 |
| | • *Unterrichtsbeispiel:*<br>1. Jahrgangsstufe | Mein Schulweg . . . . . . . . . | 183 |
| | • *Unterrichtsbeispiel:*<br>2. Jahrgangsstufe | Warum sind beim Bauern Wohn- und<br>Arbeitsplatz so nah beieinander? . . | 186 |
| | • *Unterrichtsbeispiel:*<br>3. Jahrgangsstufe | Unsere Gemeinde braucht einen<br>Sportplatz! . . . . . . . . . . . | 191 |

| | | | |
|---|---|---|---|
| | ● *Unterrichtsbeispiel:* 4. Jahrgangsstufe | Warum fährt die Familie König nach Illemad? . . . . . . . . . . . . | 198 |
| 4.2 | | Grundsätze und Möglichkeiten eines schülerorientierten Unterrichts in der grundlegenden Erdkunde . . . . . . . . . . . | 214 |
| 4.2.1 | | Psychologische Kriterien . . . . . . . . . . . . . . . . . | 214 |
| 4.2.2 | | Didaktisch-methodische Prinzipien . . . . . . . . . . . . | 215 |
| | ● *Unterrichtsbeispiel:* 4. Jahrgangsstufe | Warum hat die Firma B in unserem Ort eine Fabrik gebaut? . . . . . . | 217 |
| | ● *Unterrichtsbeispiel:* 2./3. Jahrgangsstufe | Georg und Monika wohnen in verschiedenen Häusern . . . . . . . | 220 |
| 4.3 | | Entdeckendes Lernen im grundlegenden Erdkundeunterricht . . | 221 |
| 4.3.1 | | Begriff und Wesen des entdeckenden Lernens . . . . . . . . | 222 |
| | ● *Unterrichtsbeispiel:* 2. Jahrgangsstufe | Wie kommst du sicher zum Schwimmbad? . . . . . . . . . | 222 |
| 4.3.2 | | Bedingungen und Voraussetzungen des entdeckenden Lernens . | 225 |
| | ● *Unterrichtsbeispiel:* 4. Jahrgangsstufe | Die Eisenbahnstrecke zwischen M. und W. soll stillgelegt werden . . . | 226 |
| | ● *Unterrichtsbeispiel:* 4. Jahrgangsstufe | Die Kreisstadt — Mittelpunkt des Landkreises . . . . . . . . . . | 227 |
| 4.3.3 | | Sichtweise und Kennzeichen des entdeckenden Lernens im grundlegenden Erdkundeunterricht . . . . . . . . . . . | 228 |
| | ● *Unterrichtsbeispiel:* 4. Jahrgangsstufe | Die Stadt (Gemeinde) will ein neues Baugebiet erschließen . . . . . . . | 231 |
| | ● *Unterrichtsbeispiel:* 3. Jahrgangsstufe | Wie muß die Straße zwischen P. und B. verändert werden? . . . . . . | 233 |
| 4.4 | | Fach- und kindgemäße Arbeitsweisen, Arbeitsmittel und Medien | 235 |
| 4.4.1 | | Die Erkundung der geographischen Wirklichkeit . . . . . . . | 237 |
| | ● *Unterrichtsbeispiel:* 3. Jahrgangsstufe | Warum hat Herr Brenner seine Tankstelle an die B 2 gebaut? . . . . . | 238 |
| | ● *Unterrichtsbeispiel:* 3./4. Jahrgangsstufe | Braucht Wertingen eine Umgehungsstraße? . . . . . . . . . . . . | 239 |
| | ● *Unterrichtsbeispiel:* 3. Jahrgangsstufe | Wo möchtest du gerne wohnen? — Familienmitglieder beurteilen unsere Wohnlage in F. . . . . . . . . | 240 |
| 4.4.2 | | Die Arbeit mit Repräsentanten der geographischen Wirklichkeit — Sandkasten, Modell, Bild . . . . . . . . . . . . . . . | 244 |

| | | |
|---|---|---|
| 4.4.2.1 | Sandkasten | 244 |
| 4.4.2.2 | Modelle | 245 |
| 4.4.2.3 | Bild | 249 |
| 4.4.3 | Das Symbolisieren — Arbeit mit Karten, Grafiken, Zeichnungen | 254 |
| 4.4.3.1 | Karten | 254 |

- *Unterrichtsbeispiel:* 1. Jahrgangsstufe — Vom Kindergarten in die Schule . . 254
- *Unterrichtsbeispiel:* 2./3. Jahrgangsstufe — Warum steht auf dem Hühnerberg ein Fernsehturm? . . . . . . . . 256
- *Unterrichtsbeispiel:* 4. Jahrgangsstufe — Wo wäre der richtige Platz für ein Schullandheim? . . . . . . . . . 257
- *Unterrichtsbeispiel:* 3. Jahrgangsstufe — Pendler kommen in unsere Stadt . . 258
- *Unterrichtsbeispiel:* 4. Jahrgangsstufe — Bringt die Flurbereinigung dem Bauern Vorteile? . . . . . . . . 258
- *Unterrichtsbeispiel:* 4. Jahrgangsstufe — Autorennstrecke in der Landschaft — Vor- und Nachteile für diesen Raum 260
- *Unterrichtsbeispiel:* 3. Jahrgangsstufe — Geschäfte in unserem Ort . . . . . 261
- *Unterrichtsbeispiel:* 2. Jahrgangsstufe — Wie kommst du schnell und sicher zur Schule? . . . . . . . . . . . . 263
- *Unterrichtsbeispiel:* 4. Jahrgangsstufe — Drei Wohngegenden — dreimal verschieden! . . . . . . . . . . . 263

| | | |
|---|---|---|
| 4.4.3.2 | Grafiken | 265 |
| 4.4.3.3 | Die Funktionsskizze | 266 |

- *Unterrichtsbeispiel:* 3. Jahrgangsstufe — Stadt und Land sind voneinander abhängig! . . . . . . . . . . . . 267
- *Unterrichtsbeispiel:* 3. Jahrgangsstufe — Wie wird die Fläche unserer Gemeinde genutzt? . . . . . . . . . . 268

| | | |
|---|---|---|
| 4.4.4 | Das Verbalisieren | 268 |

- *Unterrichtsbeispiel:* 2. Jahrgangsstufe — Hochhaus oder Einfamilienwohnhaus? . . . . . . . . . . . . . 269
- *Unterrichtsbeispiel:* 2. Jahrgangsstufe — Wir planen einen Kinderspielplatz . 271
- *Unterrichtsbeispiel:* 3. Jahrgangsstufe — Warum fahren viele Leute zum Einkaufszentrum Südmarkt? . . . . . 271
- *Unterrichtsbeispiel:* 4. Jahrgangsstufe — Warum bauen viele Leute nach (in) Lauterbach? . . . . . . . . . . 271

4.4.5   Das Befragen . . . . . . . . . . . . . . . . . . . . . 272
   ● *Unterrichtsbeispiel:*   Kissinger Spielplätze nur für Klein-
   4. Jahrgangsstufe   kinder? . . . . . . . . . . . . . 272
   ● *Unterrichtsbeispiel:*   Was geschieht mit dem alten Schul-
   4. Jahrgangsstufe   haus? . . . . . . . . . . . . . 274
   ● *Unterrichtsbeispiel:*   Zu wenig Gehsteige! . . . . . . . 275
   4. Jahrgangsstufe
4.4.6   Das Experimentieren . . . . . . . . . . . . . . . . . . 276
4.4.7   Das Planspiel . . . . . . . . . . . . . . . . . . . . . 277
4.4.7.1 Der Begriff „Planspiel" . . . . . . . . . . . . . . . . . 277
   ● *Unterrichtsbeispiel:*   Unser Gebiet braucht ein Einkaufs-
   3. Jahrgangsstufe   zentrum . . . . . . . . . . . . 278
4.4.7.2 Didaktische Zielsetzungen des Planspiels . . . . . . . . . . 278
4.4.7.3 Der didaktische Ort von Planspielen . . . . . . . . . . . . 279
   ● *Unterrichtsbeispiel:*   Wo möchtest du lieber wohnen? . . 279
   2. Jahrgangsstufe
   ● *Unterrichtsbeispiel:*   Wir planen einen Kinderspielplatz . 281
   3./4. Jahrgangsstufe
   ● *Unterrichtsbeispiel:*   Soll unsere Gemeinde mit anderen
   4. Jahrgangsstufe   Gemeinden zusammengelegt wer-
      den? . . . . . . . . . . . . . 282
   ● *Unterrichtsbeispiel:*   Warum ist die Straßenkreuzung am
   2. Jahrgangsstufe   Marktplatz für Fußgänger und Rad-
      fahrer so gefährlich? . . . . . . . 285
4.4.8   Die Arbeit mit Texten . . . . . . . . . . . . . . . . . . 287
   ● *Unterrichtsbeispiel:*   So müssen viele Arbeiter während
   2. Jahrgangsstufe   der Woche wohnen . . . . . . . 287
4.5   Audiovisuelle Medien im grundlegenden Erdkundeunterricht . . 288
4.5.1   Das Schulfernsehen . . . . . . . . . . . . . . . . . . . 289
4.5.1.1 Aufgaben des Schulfernsehens . . . . . . . . . . . . . . 289
   ● *Unterrichtsbeispiel:*   Eine Kreisstadt a. D. . . . . . . . 291
   4. Jahrgangsstufe
4.5.1.2 Lehrsequenz: „Problem- und Aufgabenbereiche des Dorfes" . . 298
   ● *Unterrichtsbeispiel:*   Unser Dorf . . . . . . . . . . . 298
   4. Jahrgangsstufe
   ● *Unterrichtsbeispiel:*   Ein türkisches Dorf . . . . . . . 303
   4. Jahrgangsstufe

● *Unterrichtsbeispiel:*     Ein Dorf wird zur Vorstadt . . . .    304
4. Jahrgangsstufe

**5. Langfristige Lehr- und Lernvorhaben im grundlegenden Erdkundeunterricht** . . . . . . . . . . . . . . . . . . . .    311

5.1    Einführung in das Kartenverständnis . . . . . . . . . . .    311

5.1.1    Der Gegenstand „Karte" . . . . . . . . . . . . . . . .    311
5.1.2    Bedeutung und Leistung der Karte im Erdkundeunterricht . . .    312
5.1.3    Ziele eines Lehrgangs „Einführung in das Kartenverständnis" .    313

● *Unterrichtsbeispiel:*     Unser Weg zum Sportplatz . . . .    313
2. Jahrgangsstufe

● *Unterrichtsbeispiel:*     Orientierungsspiel „Roter Pfeil" . .    314
4. Jahrgangsstufe

● *Unterrichtsbeispiel:*     Ein neues Wohnviertel wird geplant .    316
3. Jahrgangsstufe

5.1.4    Methodische Überlegungen zur Einführung in das Kartenverständnis . . . . . . . . . . . . . . . . . . . . . . . .    317
5.1.4.1    Zum Lernziel 1: Verständnis der Grundrißdarstellung und die Orientierung im Raum mit der Grundrißdarstellung . . . . .    319

● *Unterrichtsbeispiel:*     Liegt die Spielwiese am Fluß günstig?    319
3. Jahrgangsstufe

● *Unterrichtsbeispiel:*     Wir wandern nach Illemad . . . .    320
2./3. Jahrgangsstufe

● *Unterrichtsbeispiel:*     Wie finden wir die Waldschenke? . .    323
3. Jahrgangsstufe

● *Unterrichtsbeispiel:*     Unser Weg zur Ruine . . . . . . .    323
4. Jahrgangsstufe

5.1.4.2    Zum Lernziel 2: Verständnis der Kartenzeichen . . . . . . .    324

● *Unterrichtsbeispiel:*     Wir orientieren uns im Schulviertel .    324
2./3. Jahrgangsstufe

5.1.4.3    Zum Lernziel 3: Einsicht in die richtigen Größenvorstellungen, Verständnis des Maßstabes und der Generalisierung . . . . .    325

● *Unterrichtsbeispiel:*     Hans und Monika haben verschiedene Schulwege . . . . . . . . . .    325
2./3. Jahrgangsstufe

● *Unterrichtsbeispiel:*     Sind Gemeindehaus und Feuerwehrhaus gleich groß? . . . . . . . .    329
4. Jahrgangsstufe

5.1.4.4    Zum Lernziel 4: Die Höhendarstellung . . . . . . . . . .    336

| | | | |
|---|---|---|---|
| 5.1.5 | Integration der Lehraufgabe VII „Der Mensch muß sich im Raum orientieren" | | 337 |
| | ● *Beispiele* für die 2. Jahrgangsstufe | | 338 |
| | ● *Beispiele* für die 3. Jahrgangsstufe | | 339 |
| | ● *Beispiele* für die 4. Jahrgangsstufe | | 341 |
| 5.2 | Wetterkunde im grundlegenden Erdkundeunterricht | | 343 |
| 5.2.1 | Aufgabenfelder einer grundlegenden Wetterkunde | | 344 |
| 5.2.2 | Ansätze eines Lehrgangs „Wetterkunde" | | 345 |
| | ● *Unterrichtsbeispiel:* 2. Jahrgangsstufe | Wie wird das Wetter heute? | 348 |
| | ● *Unterrichtsbeispiel:* 2./3. Jahrgangsstufe | Wie können wir Wettererscheinungen beobachten und messen? | 350 |
| | ● *Lehrsequenz:* 3./4. Jahrgangsstufe | Bayern zwischen Hoch und Tief | 358 |

**Gliederung der Unterrichtsbeispiele** . . . . . . . . . . . . . 367

**Literatur** . . . . . . . . . . . . . . . . . . . . . . . . . 372

**Stichwortverzeichnis** . . . . . . . . . . . . . . . . . . . 375

# Statt eines Vorwortes:

**Erdkunde in der Grundschule — ein vergessener Bereich?**

Der Sachunterricht in der Grundschule hat in allen Bundesländern den Gesamt- und Heimatkundeunterricht Anfang der 70er Jahre abgelöst. Über die Berechtigung der Ablösung bzw. Umstrukturierung besteht ein einmütiger Konsens unter Fachdidaktikern, Schulpädagogen und Schulpraktikern.
In der Heimatkunde alten Stils hatte die Erdkunde gegenüber anderen Fachbereichen eine absolute Vormachtstellung; mehr als 60% der Unterrichts- und Lerninhalte konnten dem geographischen Bereich zugeordnet werden. Wie zeigt sich heute, circa ein halbes Jahrzehnt nach Einführung der Grundschullehrpläne in den meisten Bundesländern, die Unterrichtssituation im Fachbereich Erdkunde in der Grundschule? Zunächst einige negative Anmerkungen, erwachsen aus Beobachtungen in den Bereichen der I. und II. Phase der Lehrerausbildung bzw. der Lehrerfortbildung in der III. Phase. Bei den Aussagen zur I. Phase stützen wir uns auf Beobachtungen von H. W. Besch, die er in der Geographischen Rundschau 1973 veröffentlicht hat und auf Befragungen von Studenten am Erziehungswissenschaftlichen Fachbereich der Universität Augsburg. Die Aussagen zur II. Phase beruhen auf Beobachtungen und Gesprächsergebnissen, die wir als Seminarleiter, als Leiter einer Arbeitsgruppe für die Erstellung eines regionalen Lehrplanes für den Sachunterricht in der Grundschule und als Lehrgangsleiter bzw. -referent auf Regierungs- und KM-Lehrgängen zum Bereich Heimat- und Sachkunde gewonnen haben:
1. Die Mehrzahl der Dozenten an den Pädagogischen Hochschulen bzw. Erziehungswissenschaftlichen Fachbereichen kommen heute direkt aus der Universitätslaufbahn oder nach sehr kurzer Unterrichtspraxis zur Lehrerbildung. Meist kennen sie die Grundschule nicht aus eigener Unterrichtsarbeit bzw. standen in der Schulklasse, als der Umbruch von der Heimatkunde zum Sachunterricht erfolgte. In dieser Innovationsphase konnten sie noch nicht geklärte Erfahrungen zu einzelnen Fachbereichen, hier Erdkunde, sammeln. Deshalb zielen sie mit ihren Veranstaltungen auf das vertraute Niveau der Gymnasien und der Universität.
2. Als zweite, ähnlich strukturierte Ursache erkennt Besch ein hochschulpolitisches Engagement: Im Bestreben, die Pädagogischen Hochschulen zu wissenschaftlichen Hochschulen zu entwickeln, war man landab, landauf darum bemüht, der Universität nachzueifern Die Vorbereitung auf die Grundschule gab für das Statusgefühl nicht soviel her wie die reine fachwissenschaftliche Ausprägung des Lehrauftrages mit extremer Tendenz zur reinen geographischen Forschungsarbeit.

3. Die wissenschaftliche Geographie hat kaum ein Verhältnis zur Heimatkunde. Die Grundschule war nie ein Gesprächsthema für die Fachwissenschaft.
4. Der Einfluß der Fachdidaktik auf die Geographie in der Grundschule blieb ebenfalls gering, die meisten Fachdidaktiker widmen sich der Sekundarstufe. Es gibt kein grundlegendes fachdidaktisches geographisches Werk der letzten Jahre, das Problembereiche der grundlegenden Erdkunde aufgreift bzw. Voraussetzungen eines grundlegenden Erdkundeunterrichts beschreibt und seine propädeutischen Aufgaben praxisnah deutet. Außer einigen Aufsätzen in pädagogischen Zeitschriften, Abrissen in Lehrplankommentaren oder allgemeinen didaktischen Beschreibungsmodellen zum grundlegenden Sachunterricht (vgl. Katzenberger (Hrsg.), Bd. 1, S. 169 ff.) wurden dem Lehrer bislang keine didaktischen Entscheidungshilfen, geschweige denn methodische Planungs- und Transfermodelle für den grundlegenden Erdkundeunterricht geboten. Der Student erhält damit auch keine Anregungen aus der Fachliteratur für das Studium des grundlegenden Erdkundeunterrichts.
5. Lehrer, Schulbuchautoren und Lehrplankommissionen stürzten sich mit Feuereifer nach dem Erscheinen der neuen Sachunterrichtslehrpläne in die Feinplanung von Lernzielen, Lerninhalten und Lernmethoden — meist wurden bisher bewährte didaktische Grundpositionen außer acht gelassen bzw. vernachlässigt und einem überzüchteten Prinzip der Wissenschaftlichkeit gehuldigt. Dazu kommt, daß der vielfach belastete, weil mißverstandene Heimatbegriff mit erdkundlichen Lerninhalten gleichgesetzt wurde. Deshalb vermieden viele Schulbuchautoren und Lehrer, die grundlegende Erdkunde entsprechend ihrer integrierenden und assoziierenden Aufgabe im Unterricht zu repräsentieren. Physikalisch-technische und soziale Fragenkreise wurden vorgezogen.
6. Ein weiterer Grund für die Unterrepräsentation des Fachbereiches Erdkunde liegt in der Notwendigkeit der Raumbezogenheit und damit der originalen Raum- und Situationserkundung am geographischen bzw. sozialgeographischen Phänomen. Und welcher Grundschullehrer hat bzw. nimmt sich heute noch Zeit, Unterrichtsgänge zu planen, zu realisieren und auszuwerten, wo jeder Gang aus dem Schulzimmer mißtrauisch von der Öffentlichkeit beobachtet und als unnütz vertane Zeit bewertet wird?!
7. Welcher Lehrer besitzt darüber hinaus eigentlich noch den „Bezug zur vertrauten Umwelt des Kindes", zum „heimatlichen Erfahrungsraum des Kindes"? Die Mobilität der Gesellschaft hat auch nicht vor der Schule und den Lehrern Halt gemacht. So ist man nicht verwundert, daß im grundlegenden Erdkundeunterricht mehr generalisierende bzw. bereits abstrakte Lerninhalte, fiktive Lernsituationen und sekundäre Repräsentanten der geographischen Wirklichkeit den Vorrang haben vor konkreten und lebensnahen Begegnungen mit Geotopen und sozialgeographischen Problemsituationen. So konnten wir in fünf verschiedenen 2. Jahrgangsstufen die Unterrichtseinheit „Men-

schen wohnen in verschiedenen Häusern" beobachten, ohne daß nur mit einem Wort auf den eigenen Erfahrungshintergrund des Kindes eingegangen bzw. es zur Versprachlichung eigener Erfahrungen aufgefordert worden ist!
8. Die neue Denkweise in Richtung Sozialgeographie wurde oft mißverstanden: entweder wurden Lerninhalte, vom geographischen background losgelöst, zu „sozialem Darüberreden" degradiert oder sie wurden gefährlich nahe an eine Erwähnungsgeographie gerückt, die zur Klärung des bedeutsamen Mensch-Umwelt-Verhältnisses nichts beiträgt.
9. Die Abwendung von der erdkundlichen Heimatkunde und die überzogene Hinwendung zu physikalisch-technischen und sozial-wirtschaftlichen Aufgabenbereichen ließ auch Arbeitsmaterialien in Vergessenheit geraten, ohne die auch der grundlegende Erdkundeunterricht nicht auskommen kann. Wir meinen vor allem den Sandkasten und das Modell (hergestellt aus vielerlei sachgerechten Materialien). Den Sandkasten kann man heute höchstens noch als Ablageplatz für diverse Unterrichtsmaterialien oder Schülerarbeiten antreffen, bei Einrichtungen neuer Schulen wird auf ihn meist schon verzichtet. Die einseitige Verwendung neuer Medien (OHP als „Zauberformel") tut ein übriges dazu.

Manche dieser 9 Thesen klingen provokatorisch oder sind pessimistisch überzeichnet. Dies war unsere Absicht, um den Blick für die Anliegen des vorliegenden Buches zu schärfen.

Es soll (sollen)

a) die fachdidaktische und unterrichtspraktische Situation der grundlegenden Erdkunde im Schnittpunkt der Besinnung auf den Heimat- und Erfahrungsraum des Kindes und auf Ansätze einer integrativen Didaktik der Heimat- und Sachkunde aufgezeigt werden,
b) der sozialgeographische Auftrag des grundlegenden Erdkundeunterrichts fachdidaktisch interpretiert und unterrichtsbezogen relativiert werden,
c) erziehliche Aufgaben und entwicklungspsychologische Voraussetzungen des Fachbereiches Erdkunde in der Grundschule präzisiert werden,
d) die Grundlagen eines lernzielorientierten und lehrplanmäßen Erdkundeunterrichts in der Grundschule unterrichtsnah vorgestellt werden,
e) didaktische Grundpositionen und methodische Vollzugsformen des grundlegenden Erdkundeunterrichts anhand zahlreicher erprobter Unterrichtsbeispiele verdeutlicht werden,
f) im gesamten gesehen *vor allem dem Lehrer* Hilfen zur Planung, Realisierung und Analyse seines Erdkundeunterrichts angeboten werden, die ihn selbst für geographische und sozialgeographische Problemsituationen der Umwelt der ihm anvertrauten Schüler sensibilisieren, seinen Unterricht qualitativ verbessern und

ihn für selbständige Innovationsaufgaben motivieren. Vorliegendes Buch soll und kann darüber hinaus keine vollständige und abgesicherte fachdidaktische Darstellung des grundlegenden Erdkundeunterrichts bringen. Wir verstehen es als Arbeitsbuch, als Basis der täglichen Unterrichtsvorbereitung, als Diskussionsgrundlage in Seminaren und Fortbildungslehrgängen, letztlich als Beitrag zur Stabilisierung des Fachbereiches Erdkunde im Rahmen der anderen Fachbereiche und zur Besinnung auf seine Funktion als Bindeglied zwischen den natur- und gesellschaftswissenschaftlichen Bereichen des grundlegenden Sachunterrichts bzw. der Heimat- und Sachkunde.

Ein *methodischer Hinweis* zur Arbeit mit vorliegendem Buch ist noch notwendig:
Wer Unterrichtsmodelle für den eigenen grundlegenden Erdkundeunterricht erwartet, die unreflektiert und kritiklos übernommen werden können, der lege das Buch wieder beiseite. Aber warum? Wurde nicht vorhin behauptet, es sei ein Arbeitsbuch, eine Hilfe für den täglichen Unterricht, ein...? Sicher, es ist aus der Unterrichtspraxis für die Unterrichtspraxis entstanden.

Dies bedeutet aber, daß

a) viele Unterrichtsbeispiele einen gewissen eingeschränkten Raumbezug aufweisen, der natürlich auf andere Räume transferiert werden kann — *doch das ist Aufgabe des Lehrers.*
b) einige Unterrichtsbeispiele nur in der Grundstruktur skizziert sind, um didaktische Variabilität und methodische Flexibilität nicht zu verschütten; Reorganisation dieser Unterrichtsbeispiele, weiterer Ausbau, Alternativen und kreative Ideen dazu — *das ist auch Aufgabe des Lehrers.*
c) eine Vielzahl von Impulsen und Innovationen in der Erhellung der fachwissenschaftlichen Bezüge, für die Wechselbeziehungen zu anderen Fächern, den Aufbau eines Lehrganges, die Möglichkeit eines Unterrichtsganges, die Abfolge von längerfristigen Lehrvorhaben u. ä. gesetzt wurde, die zu einer gründlichen didaktischen Besinnung und methodischen Gestaltung des grundlegenden Erdkundeunterrichts führen kann — *und das ist auch Aufgabe des Lehrers!*

Die Seminarleiter Roland Würth, Erhard Zausig und Eduard Zitterbart und die Grundschullehrerin Irma Kraus haben durch unterrichtspraktische Anregungen bei der Gestaltung des Inhalts mitgewirkt, Seminarleiterin Eva Köberle hat die grafische Gestaltung der Karten, Pläne, Skizzen und Zeichnungen übernommen — ihnen sei besonders herzlich gedankt!

*Helmut Sauter*

# 1. Der grundlegende Erdkundeunterricht heute

In einer pädagogischen Veröffentlichung aus dem Jahre 1889 wird die Unsicherheit und das Unbehagen der Lehrer angesichts der Fülle von Vorschlägen und Reformen wie folgt charakterisiert: „Es ist nicht mehr auszuhalten mit dem beständigen Wogen und Wallen und Treiben in der pädagogischen Welt! Man will nicht gern mit dem Zeitalter zurückbleiben. Aber kaum hat man etwas Neues mit Enthusiasmus ergriffen, kaum sich mit Eifer hineinstudiert, kaum es mühsam und unter Kampf mit den Feinden alles Neuen der Schule angeeignet, so erscheint schon wieder etwas noch Neueres und spricht dem früher eingeführten Hohn. Man wird das viele Ändern satt und muß doch fürchten, nach einiger Zeit nicht nur an Jahren und Kräften, sondern auch an Methoden und Ansichten veraltet zu sein" (Kramp, W., in Flitner/Scheuerl [Hrsg.], S. 142).

Ein gewisses Unbehagen, didaktische und methodische Unsicherheit und die gleichzeitige Furcht vor Rückständigkeit und Erstarrung kennzeichnen auch die heutige Situation in der Schule. Die Reform der Lehrinhalte und Lehrmethoden in der Grundschule setzte am Mathematikunterricht, am Gesamtunterricht und an der Heimatkunde in den frühen siebziger Jahren an.

Unsere Aufgabe ist es zunächst, Entwicklungstendenzen des Gesamtunterrichts, soweit er sachliche Lernziele und Lerninhalte betrifft, und der Heimatkunde kurz aufzuzeigen, um das Selbstverständnis des grundlegenden Erdkundeunterrichts und seine zentrale Stellung in einer integrativen Didaktik des Sachunterrichts bzw. der Heimat- und Sachkunde präziser und unterrichtsrelevanter zu kennzeichnen.

## 1.1 Von der Heimatkunde zum grundlegenden Sachunterricht

### 1.1.1 Begriffliche Abgrenzung

Um einer Begriffsverwirrung bzw. dem Aufbau eines falschen Begriffsverständnisses vorzubeugen, halten wir von vornherein fest: Mit grundlegender Erdkunde, Fachbereich Erdkunde, geographischem Bereich des Sachunterrichts oder elementarem Geographieunterricht ist immer derselbe Lernbereich im Rahmen des Sachunterrichts bzw. der Heimat- und Sachkunde der Grundschule gemeint. Die Vielfalt der Begriffe entsteht durch die entsprechende Nuancierung im Sprachgebrauch der Lehrpläne der einzelnen Bundesländer und der Fachdidaktiker.

**1.1.2 Grundsätze der Heimatkunde**

Heimatkunde war jahrzehntelang die Basis des Grundschulunterrichts. Sie war gekennzeichnet durch die Orientierung an der kindlichen Erlebnis- und Erfahrungswelt, eine ganzheitliche Betrachtungsweise, anschauliches Erleben und Erfassen von Sachstrukturen, ein auf tätige Bewältigung gerichtetes Erkenntnisstreben, Entfaltung der Sprache durch die Sache, lokale Eingrenzung des Sacherlebens und Verstärkung emotionaler Komponenten („verwurzelt mit der Heimat", „sich verbunden fühlen mit Heimat").
Niemand wird verkennen, daß einige dieser Grundsätze richtig waren und auch heute noch Gültigkeit besitzen, wenn sie ohne ideologisierende Emotion, orientiert an der modernen didaktisch-methodischen Forschung und abgestimmt auf das Lernvermögen des Kindes gesehen werden.

**1.1.3 Kritik am traditionellen Heimatkundeunterricht**

Die Kritik an der traditionellen Heimatkunde setzte vor allem in folgenden Punkten an:

a) Lehrinhalte der Heimatkunde blieben zu einseitig auf den lokalen, geographisch erreichbaren Erfahrungsraum des Kindes verankert. Über das Dorf, den Kirchturm und das Wohnviertel wurde kaum hinausgeschaut. Die soziale und geographische Mobilität unseres täglichen Lebens blieb deshalb auch weitgehend unberücksichtigt:
Solche Beispiele fehlten:
— Vater muß zur Arbeit in die Stadt fahren
— Die Eltern Fahradins kommen aus der Türkei
— Die Familie X. zieht in einen anderen Ort
— Amerikaner landen auf dem Mond

b) Die Bildungsinhalte der Heimatkunde blieben seit Jahrzehnten in ihrer Grundkonzeption unverändert. Neue Bildungsinhalte fanden nur schwer oder überhaupt keinen Platz in den Lehrplänen und Lehrbüchern. Gerade die rasante Entwicklung der naturwissenschaftlich-technischen Welt in den letzten zwei Jahrzehnten hätte jedoch eine frühere Öffnung nach außen erfordert.

c) Neue Sachverhalte wurden auch deshalb nicht aufgenommen, weil sie in der gesamtunterrichtlichen Konzeption der 1./2. Jahrgangsstufe bzw. der kopflastig erdkundlich geprägten Konzeption der 3./4. Jahrgangsstufe nicht „passend" eingeordnet werden konnten, z. B.
— Woher kommt der Strom?
— Warum sind Mauern oft so feucht?
— Wie kaufen wir richtig ein?
— Muß Streit unter Geschwistern (in der Klasse) sein?

d) Andere Lehrinhalte wurden stark verniedlicht und unter dem Anspruch der Kindgemäßheit in einer Weise „elementarisiert", daß das Gesetz der Sachlichkeit mißachtet wurde („Strommännchen schieben den Strom an"). Aussagen von Psychologen wie „Infolge der Technisierung ist die Alltagswelt kindfremder geworden" (Hansen, W., S. 104) taten ein übriges.

e) Mangelnde Wissenschaftlichkeit wurde auch oft ersetzt durch stark emotional gefärbte Überladungen, die sich in sachfremden Lehrinhalten (Märchen, volkstümliche Erzählungen) oder in romantisierenden und ideologisierenden Parolen äußerten. Ein Vergleich soll diese These verdeutlichen:

| **Lehrplan 1965** (eines Lehrers) | **Lehrplan 1972** (eines Lehrers) |
| --- | --- |
| Der Bäcker ist ein fleißiger Mann! | Warum liegen beim Bäcker Wohn- und Arbeitsplatz so nah zusammen? |
| Mühlrad, drehe dich im Wind, mahl dem Müller Korn geschwind! | Muß eine Mühle an einem Wasserlauf liegen? |
| In unserer Kirche ist es schön! | Unsere Kirche war nicht nur ein Gotteshaus, sondern auch eine Schutzburg! |
| Im schönsten Wiesengrunde... (Unterrichtsgang zum Fluß) | Die Eider muß reguliert werden! (Ursituation) |
| Das Schneeglöckchen läutet den Frühling ein | Warum kann (muß) das Schneeglöckchen so früh blühen? |

f) Die Heimatkunde war im Laufe der Jahre zu einem Sammelbecken unterschiedlichster Themen geworden, die trotz des weiten Bezugsrahmens von keiner gemeinsamen Leitlinie verbunden wurden und keine gemeinsamen, kategorienbildenden Strukturelemente besaßen. War der jeweilige Lehrer ein „Geschichtskundler", überwogen geschichtliche Themen des Wohnraumes. War er „Biologe", startete er Langzeitversuche im Terrarium und Aquarium, legte Raupenzuchten an oder pflegte mit den Schülern einen ertragreichen Gemüsegarten. War er „Heimatkundler", bekamen die heimatlich-erdkundlichen Themen ein Übergewicht — zum Nachteil der relativ großen Lernbereitschaft und Bildungsfähigkeit des Kindes in umfassendem Sinne.

g) Neben neuen Lerninhalten wurden neue Lernmethoden auf der Grundlage lernpsychologischer Erkenntnisse entwickelt und neue, lernintensive Medien bereitgestellt, die eine Aufnahme in den dominierenden Lernbereich der Grundschule erfordern.

h) Viele der eben skizzierten Verwirrungen und Fehlhaltungen hatten ihre Ursache oft im Fehlen präziser Lernziele. Die Lehrplanpräambeln zur traditionellen Heimatkunde waren zu allgemein gehalten, formulierten Richtziele, die

nicht operationalisierbar waren, und die Themenreihen wurden nur mit vagen Inhalten gefüllt:
„Der grundlegende Sachunterricht ist sammelnder und ausstrahlender Mittelpunkt des Gesamtunterrichts. Er übt und schärft die Sinne des Kindes. Er klärt, erweitert, verknüpft und ordnet die kindlichen Vorstellungen und vermittelt Grundanschauungen. Er regt die Phantasie an und führt zum Erfassen einfacher Zusammenhänge.
— Den Stoffplan des ersten Schülerjahrganges bestimmt im wesentlichen der Rhythmus des Jahreslaufes. Gelegenheitsthemen werden angemessen berücksichtigt.
Der 2. Schülerjahrgang übernimmt dazu Themen aus dem Bereich der engeren Heimat, die Einblick in menschliche und sachliche Gegebenheiten vermitteln und einfache Zusammenhänge aus dem Erfahrungsbereich des Kindes erschließen.
— Im Heimatkundeunterricht soll der Schüler seinen Lebens- und Erfahrungsbereich, der sich bis zum heimatlichen Bezugsraum weitet, kennen und verstehen lernen. Er wird sich ... immer mehr mit der Heimat, ihren Menschen und ihrem Schicksal verbunden fühlen und die Heimat allmählich als Glied größerer Natur-, Kultur- und Sozialeinheiten begreifen lernen" (Richtlinien für die bayerischen Volksschulen — Unterstufe, S. 104 ff.).

**1.1.4 Die Erdkunde in der traditionellen Heimatkunde**

Erdkundliche Themen nahmen in der traditionellen Heimatkunde breiten Raum ein, fehlten aber fast gänzlich in den ersten zwei Jahrgängen. Der Schwerpunkt geographischen Arbeitens in der 3. und 4. Jahrgangsstufe lag jedoch sehr eindeutig und einseitig auf der Einführung in das Kartenverständnis. Die geographischen Themeninhalte hatten ausschließlich Dienstfunktion für das Festigen und Lesen von bzw. Orientieren an Karten. Geotope wie Schulweg, Sportplatz oder Wohnviertel trugen mehr zur Klärung ihrer Distanz- und Lageordnung, weniger zum Erkennen bedeutsamer Mensch-Umwelt-Verhältnisse bei. Wir wollen damit nicht die nach wie vor wichtige Aufgabe der „Orientierung im Raum" anhand von Modell, Plan oder Karte in Frage stellen, sondern einer reinen Erwähnungsgeographie im Grundschulunterricht vorbeugen.
Zu dieser einseitigen Aufgabenbetonung kam noch als weiteres Hemmnis für einen problemorientierten (am Mensch-Raum-Bezug) grundlegenden Erdkundeunterricht das Prinzip „Vom Nahen zum Fernen" hinzu. Damit wurden Schutzzonen geschaffen, die hypothetischer Natur waren. Auf das Grundschulkind drangen auch schon vor 5 und 10 Jahren Ereignisse ein, die sich jenseits solcher „Schutzzonen" abspielen. Es ist deshalb erforderlich, einige der weltweiten Feldlinien, die sich im Heimatraum des Kindes kreuzen, im Unterricht aufzugreifen, zu verfolgen und Abhängigkeiten des eigenen Wohnraumes von

solchen Feldlinien herauszukristallisieren, um gleichzeitig Maßstäbe der heimischen Umwelt zu relativieren (vgl. Pollex, W. S. 246):

Beispiele:
— Orangen aus Israel
— Wie Menschen in anderen Ländern leben
— Kemals Heimatort ist 2000 km von uns entfernt
— Autobahnen verbinden Länder

Kritik kann weiterhin an der sehr statischen Struktur vieler erdkundlicher Themen im traditionellen Heimatkundeunterricht geübt werden. Statisches Anschauen, Anfassen und Ordnen geographischer Phänomene hätte noch öfters durch eine genetische Betrachtungsweise und ein Auflösen in dynamische Handlungsschritte abgelöst werden können. Die genetische Betrachtungsweise der Geographie entspricht der pädagogischen und unterrichtsdidaktischen Forderung, nicht Faktenwissen, sondern Funktionswissen im Unterricht gewinnen zu lassen („Die allermeisten unserer Unterrichtsstoffe sind in Tatsachen-Gebäuden erstarrt. Daß diese statische Faktizität von Menschen errichtet worden ist, daß sie Werdegänge hinter sich hat, die nun einfach überdeckt sind von bloßer Tatsächlichkeit, wird leicht übersehen. Aber gerade in diesem Werden ist der Gegenstand in voller Unmittelbarkeit gegeben" — Schiefele, H., S. 150).

Eine Gegenüberstellung der zwei konträren Betrachtungsweisen auf der Grundlage einer kurzen methodischen Planung eines Unterrichtsbeispiels soll die Besinnung auf das Prinzip der dynamischen Anordnung von Lehrinhalten verstärken:

**Unterrichtsbeispiel: Flußregulierung**

3. Jahrgangsstufe

| Statische Betrachtungsweise | Dynamisches Prinzip |
|---|---|
| **Thema:** Die Zusam führte früher Hochwasser | **Thema:** Ein Ende mit dem Hochwasser der Zusam! |
| *1. Hinführung* | *1. Problemstufe* |
| Zwei Bilder zeigen den Flußlauf heute und den Flußlauf vor 40 Jahren. Zielorientierung: Wir schauen den Lauf der Zusam an und suchen das Altwasser auf! | Schaffung der Ursituation: Bauer Habel schimpft über das Hochwasser der Zusam, das seine Wiesen überschwemmt hat. Ein Bild unterstützt das Gespräch. Zielorientierung: Das Hochwasser muß ein Ende haben! |

| Statische Betrachtungsweise | Dynamisches Prinzip |
|---|---|
| 2. *Erarbeitungsstufe* | 2. *Problemlösungsstufe* |

**Statische Betrachtungsweise**

2. *Erarbeitungsstufe*

Anschauen der Flußläufe:
Darstellung der Fakten, wie das Hochwasser durch die kurvenreiche Führung des Flußbettes über die Ufer getreten ist. Die Begradigung des Flußbettes brachte auch eine Beruhigung und eine langsamere Fahrt des Wassers bei Hochwasser. Die Begradigung erfolgte durch Handarbeit.

3. *Erkenntnisstufe*

Durch die Begradigung des Flußlaufes wurden Überschwemmungen verhindert. Das Begradigen mußte noch in Handarbeit geschehen.

**Dynamisches Prinzip**

2. *Problemlösungsstufe*

*1. Teilziel:* Ursituation vor 40 Jahren
a) Lösungsvorschläge, Hypothesenbildung, Hineinversetzen in die Ursituation vor 40 Jahren
b) Lösungsplanung: Modelle aus Styropor, Lehm, Gips u. ä. Material mit dem Originalflußlauf bauen und Wasser „einlaufen" lassen
c) Lösungsdurchführung in Gruppen
d) Erkenntnisbildung
Hochwasser bekommt schnellere Fahrt, prallt bei einer Biegung an das Ufer, tritt über, unterhöhlt das Ufer...

*2. Teilziel:* Bändigung des Hochwassers

a) Lösungsvorschläge, Hypothesen bilden, Identifikation mit dem Problem der Bauern
b) Lösungsplanung:
— Flußlauf erweitern und begradigen
— Flußlauf erweitern, Aufstauen des Wassers, Abstecher bilden
c) Arbeit an den Modellen
Ausprobieren mit Wasser
d) Erkenntnisbildung
Die Begradigung verhindert weitere Überschwemmungen, Altwasserarme bleiben erhalten. Der Mensch verändert die Landschaft zu seinem Nutzen.

*3. Raum- und Situationswertung*

Unterrichtsgang zum Fluß und zu den Altwasserarmen, Vergleich mit den Modellen
Befragen einer Bezugsperson

| Statische Betrachtungsweise | Dynamisches Prinzip |
|---|---|
| | Erkennen der Landschaftsveränderung |
| | Befragen eines Bauern: Was wäre, wenn die Zusam nicht reguliert wäre... |
| 4. *Transfer, Ausweitung* | 4. *Transfer, Ausweitung* |
| — Über-, Unterführung einer Straße<br>— Landgewinnung durch Zuschütten einer Schuttgrube | — Eine gefährliche Kreuzung muß verschwinden<br>— Könnte aus der Schuttgrube ein brauchbarer Platz entstehen?<br>— Parkplatz an der Schule |

## 1.2 Erdkunde im grundlegenden Sachunterricht bzw. in der Heimat- und Sachkunde

Aus dieser Kritik heraus wurde der Lernbereich „Heimatkunde" gemäß einer Empfehlung der Kultusministerkonferenz Anfang der siebziger Jahre durch den „Sachunterricht" ersetzt. Heimatkunde war zu einem universalen Sammelfach geworden; es beinhaltet geographische, sozialkundliche, geschichtliche, volkskundliche und biologische Lehrinhalte, ohne diese systematisch-ordnend auszufächern. Der grundlegende Sachunterricht sollte nun Fehlentwicklungen der Heimatkunde abbauen und den Weg für neue Lernziele und Lernmethoden aufzeigen.

### 1.2.1 Zielsetzungen des grundlegenden Sachunterrichts

Die folgende Aufteilung von Aufgaben und Zielsetzungen dient nur einer strukturierteren Übersicht und stellt weder eine Rangfolge noch einen vollständigen Katalog dar:

a) Die Aufteilung des Sachunterrichts in einzelne fachliche Bereiche kommt der Forderung nach einem wissenschaftsorientierten Unterricht nach, löst die Theorie der „Totalität des kindlichen Erlebens" zugunsten eines nach fachlichen Gesichtspunkten strukturierten Lernens ab und betont die propädeutische Gewichtung des grundlegenden Sachunterrichts auf die Sachfächer der weiterführenden Schulen.

Allerdings muß jetzt schon vor einer zu einseitigen Sichtweise des fächerdifferenzierenden Prinzips gewarnt werden, um die Chancen für fächerübergreifende Unterrichtseinheiten, die auch im Sachunterricht ihren berechtigten Platz haben, nicht zu verspielen (vgl. Kap. 3.4).

b) Der Erfahrungsraum des Kindes bildet weiterhin das vorrangige Kriterium für die Auswahl und Anordnung von Lernzielen und Lerninhalten. Grunderfahrungsraum und regionaler Bezugsraum des Schülers schließen seine Erfahrungen, Erlebnisse, Interessen und Fragen mit ein, sie vermitteln lebensnahe Informationen mit Gegenwartsbezug und Zukunftsbedeutung. Im Unterschied zur traditionellen Heimatkunde werden jedoch fremde und andersartige Phänomene, die in das Alltagsleben und den Erfahrungsraum des Kindes hineinreichen, in den Unterricht hineingenommen und als Kontrastphänomene zur Klärung und Verdichtung geographischer Umweltobjekte ausgewählt. Soziale und geographische Mobilität unserer Gesellschaft haben ebenso den Erfahrungs- und Bezugsraum der Kinder erweitert wie die Informationen durch die Massenmedien. Die Aufgabe des unmittelbaren Umweltbezuges kann deshalb nicht auf Arbeitsformen wie Erkundungs- und Unterrichtsgänge, Orientierungsmärsche und Wandertage im regionalen Bezugsraum verzichten, muß aber auch soziokulturelle und naturwissenschaftlich-technische Erscheinungen, die nicht primär erreichbar sind, durch entsprechende Medien in den Unterricht hereinholen.

c) Ein nächstes Ziel des grundlegenden Sachunterrichts liegt in der Vermittlung kind- und sachgemäßer Denk- und Arbeitsformen. Wichtige Kategorien wie Ordnen, Klassifizieren, Abstrahieren u. ä. sind ebenso zu fördern wie selbständiges und entdeckendes Lernen, soziales Handeln und verantwortungsbewußtes Werten. Mitentscheidend sind dabei die Lehrmethoden des Lehrers: Kann er den Sachverhalt problematisieren, entdeckendes und problemlösendes Lernen initiieren, Impulse für die geistige Durchdringung der Sache geben? „Die Fragestellungen, Methoden, Begriffe und Kategorien, mit denen der Mensch die Vielfalt seiner Umwelt nach sachgesetzlichen Aspekten ordnet, systematisiert und damit durchschaubar macht, müssen von den Kindern zunächst konkret gewonnen werden" (Lichtenstein-Rother, I., S. 2).

d) Grundlegender Sachunterricht baut auf operationalisierbaren Lernzielen auf. Wir werden diese Zielsetzung in weiteren Kapiteln noch ausführlich begründen und darstellen.

e) Neben kognitiven und instrumentalen Lernzielen sollen affektiv-emotionale Lernziele die emotionalen Kräfte des Kindes, seine Kreativität und Innerlichkeit steigern.

Trotz einer gegenüber dem traditionellen Heimatkundeunterricht präzisierten Ziel- und Aufgabenbeschreibung war die Auseinandersetzung um Ziele, Inhalte und Gestaltungsformen des grundlegenden Sachunterrichts mit Erscheinen der

Lehrpläne nicht beendet; mit den unterrichtspraktischen Erfahrungen der Lehrer hat eine grundlegende Analyse begonnen. Auch die Öffentlichkeit nimmt regen Anteil an der Diskussion um den grundlegenden Sachunterricht. Besonders im Bundesland Bayern wirkte sich diese breite Diskussion nachhaltig in der Umbenennung des Sachunterrichts der Grundschule in „Heimat- und Sachkunde" aus. Ob diese Namensänderung mehr ist als eine Etikettänderung, wollen wir im Folgenden untersuchen.

### 1.2.2 Vom grundlegenden Sachunterricht zur „Heimat- und Sachkunde" (im Bundesland Bayern)

Mit Bekanntmachung des Bayerischen Staatsministeriums für Unterricht und Kultus vom 7. August 1974 trat die Umbenennung in Kraft:
„Im Lehrplan der Grundschule, veröffentlicht mit Bekanntmachung vom 1. April 1971, wird mit Beginn des Schuljahres 1974/75 der Sachunterricht umbenannt in ‚Heimat- und Sachkunde'. Die Umbenennung weist hin auf die Bedeutung der Heimat und ihrer Kenntnis, betont das Prinzip des Lernens am unmittelbaren Erfahrungs- und Erlebnisraum des Kindes und macht deutlich, daß der Unterricht planmäßig in die nähere und weitere Umwelt und ihre Probleme einzuführen hat. Die Heimatbezogenheit des Unterrichts entspricht dem Erziehungsauftrag der Bayerischen Verfassung (Art. 131 Abs. 3).
Die Lehrer werden ersucht, bei der Erstellung der Lehrpläne für die Klasse (Lehrstoffverteilungen) entsprechend zu verfahren. Soweit überregional ausgearbeitete Lehrpläne verwendet werden, müssen sie durch Lerninhalte aus dem heimatlichen Erfahrungsraum und dem Lebenskreis der Schüler ergänzt werden; damit wird in der Regel die Umarbeitung solcher Lehrpläne notwendig.
Die grundsätzlichen Ausführungen im Lehrplan zum bisherigen ‚Sachunterricht der Grundschule' (KMBl 1971, S. 370/71) werden möglichst bald neu gefaßt. Bis dahin bleibt der Lehrplan für die Grundschule unverändert in Kraft" (KM-Blatt 1974, S. 1274).

Eine Umbenennung allein bliebe wirkungslos, wenn in den grundsätzlichen Aussagen des Lehrplanes die implizierten Ziele und Aufgaben, die Neuorientierung der Lehrinhalte und Lehrverfahren nicht differenziert und dem Lehrer verständlich aufgeschlüsselt würden. Dies geschah durch einen Erlaß des Staatsministeriums vom 16. 9. 1975 und fand Eingang in die Lehrplanarbeit der regionalen Arbeitsgruppen:

„**Neufassung der allgemeinen Richtlinien für den Unterricht in Heimat- und Sachkunde**
Bekanntmachung des Bayerischen Staatsministeriums für Unterricht und Kultus vom 16. September 1975 Nr. III A 4 — 108 824
Das Staatsministerium für Unterricht und Kultus hat mit Bekanntmachung vom 7. August 1974 (KMBl S. 1174) den Sachunterricht der Grundschule umbenannt in „Heimat- und Sachkunde". Daher mußten die allgemeinen Richtlinien des Lehrplans für dieses Unterrichtsgebiet neu gefaßt werden. Die verbindlichen Lehraufgaben und Themenvorschläge des Lehrplans für die Grundschule vom 1. April 1971 (KMBl

S. 333) gelten wie bisher, sind jedoch im einzelnen mit den neugefaßten allgemeinen Richtlinien abzustimmen. Im Lehrplan für die Grundschule vom 1. April 1971 werden die allgemeinen Richtlinien für den Unterricht in Heimat- und Sachkunde (KMBl 1971, S. 370/71) mit sofortiger Wirkung durch folgende Neufassung ersetzt:

## ‚Heimat- und Sachkunde'

### 1. Ziele und Aufgaben

Heimat- und Sachkunde setzt sich mit der näheren und weiteren Heimat, ihrer Natur und Kultur in Vergangenheit und Gegenwart, ihren Menschen und ihren Problemen auseinander. Im Bezug zur vertrauten Umwelt vollzieht sich das Lernen der Kinder, ihr Erleben, Denken und zunehmend verantwortliches Handeln.

Im einzelnen soll der Unterricht
— die Kinder zu Kenntnissen und Einsichten in den genannten Bereichen führen, dabei bisherige Erfahrungen klären und ergänzen, Einzelerfahrungen in größere Zusammenhänge einfügen und neue vermitteln;
— die Kinder zu differenzierterem Wahrnehmen, Denken, Handeln, Darstellen, wie auch Einfühlen und Erleben befähigen;
— die Handlungs- und Leistungsbereitschaft der Kinder erweitern;
— die Kinder in ihrer emotionalen Entwicklung fördern, ihre Bedürfnisse berücksichtigen und zur Lösung kindlicher Probleme beitragen;
— das Interesse wecken für Natur und Kultur der Heimat und Verständnis anbahnen für die Verbindung des heimatlichen Bezugsraumes mit der Welt;
— die Verbundenheit mit der Heimat pflegen und zu entsprechendem Handeln erziehen.

Die Ziele und Aufgaben der einzelnen fachlichen Bereiche sind den Vorbemerkungen und Stoffplänen zu entnehmen.

### 2. Lerninhalte

Um diese Ziele zu erreichen, sind für den Unterricht Inhalte auszuwählen,
— die dem heimatlichen Erfahrungsraum entnommen sind,
— zu denen die Kinder eine emotionale Beziehung haben,
— die dem kindlichen Verständnis zugänglich sind, aber auch das erforderliche Anspruchsniveau gewährleisten,
— die grundlegend sind für das Zusammenleben der Menschen, für das Verstehen von Natur, Kultur und Technik und somit auch dem gefächerten Sachunterricht dienen.

Die genannten Kriterien können nicht immer vollständig angewandt werden. Sie bieten Entscheidungshilfen für die Auswahl aus den Themenvorschlägen des Lehrplans.

### 3. Lehrplan

Der amtliche Lehrplan für den Unterricht in Heimat- und Sachkunde ist in folgende fachliche Bereiche gegliedert: Sozial- und Wirtschaftslehre, Geschichte, Erdkunde, Biologie, Physik/Chemie. Alle Bereiche enthalten verbindliche Lehraufgaben. Ihnen sind Themenvorschläge zugeordnet.

Gemäß den Zielen und Aufgaben der Heimat- und Sachkunde sind für die einzelnen Klassen örtliche Lehrpläne zu erstellen, die sich am heimatlichen Erfahrungsraum orientieren. Hierfür trifft der Lehrer eine Auswahl aus den Themenvorschlägen des amtlichen Lehrplans und konkretisiert sie. Daneben besteht die Möglichkeit, diese durch Themen zu ersetzen, die örtliche Gegebenheiten berücksichtigen. Sie müssen jedoch Auswahlkriterien genügen, wie sie unter Punkt 2 aufgeführt sind, und zur Erfüllung der verbindlichen Lehraufgaben beitragen. In der ersten und zweiten Jahrgangsstufe sind situative Anlässe und Vorkommnisse aus dem Erleben der Kinder besonders zu berücksichtigen.

Bei der Erstellung und laufenden Überarbeitung der örtlichen Lehrpläne ist die Zusammenarbeit der Lehrer unerläßlich.

In der Planung des Unterrichts ist auf Ausgewogenheit zwischen sozio-kulturellen und naturwissenschaftlich-technischen Lerninhalten zu achten. Die Unterrichtseinheiten können mit wechselndem fachlichen Schwerpunkt epochal aufeinander folgen. Häufig erfordert es die Komplexität eines Inhalts, diesen nicht nur unter verschiedenen Aspekten eines fachlichen Bereichs zu behandeln, sondern auch in übergreifenden Zusammenhängen. So entstehen Unterrichtseinheiten, in denen mehrere fachliche Bereiche aufgrund sachlicher und für das Kind bedeutsamer Zusammenhänge integriert sind.*) Die Umsetzung der Lehraufgaben in Unterrichtsvorhaben ist so zu gestalten, daß die zur Verfügung stehende Unterrichtszeit nicht völlig verplant wird. Dadurch können auch aktuelle Anlässe und Schüleranregungen in vertretbarem Ausmaß Berücksichtigung finden.

*4. Unterrichtsverfahren*

Der Unterricht muß der Altersstufe und Eigenart der Schüler angemessen sein. Eine Voraussetzung dazu ist die Elementarisierung der Inhalte, wobei sachliche Richtigkeit zu wahren ist.

Der Unterricht geht von konkreten, lebensnahen und problemhaltigen Lernsituationen aus und schafft nach Möglichkeit originale Begegnung, z. B. durch den Unterrichtsgang.

Das Lernen vollzieht sich teils in mehr aktiven Formen, wie dem handelnden Umgang mit dem Lernmaterial oder dem Gedankenaustausch zwischen den Kindern, teils in mehr passiven Formen, wie dem Miterleben, Zuschauen oder Zuhören. Der Anteil der Schülertätigkeit reicht vom gedanklichen Mitvollzug des vom Lehrer gesteuerten Unterrichts bis zu selbständigem Lernen in einzelnen Unterrichtsphasen.

Abstrakte Einsichten sind aus den konkreten Erfahrungen und Kenntnissen der Schüler zu gewinnen und wiederholt in veränderten Zusammenhängen anzuwenden.

Der Unterricht bietet den Kindern Gelegenheit zur sprachlichen Darstellung und Bewältigung der Sachverhalte. Er knüpft an das spontane kindliche Sprechen an und fördert je nach Situation einen klaren und sachlichen oder phantasie- und ausdrucksvollen Sprachgebrauch.

Bei der Feststellung des Lernerfolgs sollen neben sprachlichen auch nichtsprachliche Formen der Darstellung berücksichtigt werden."

(Amtsblatt des Bayerischen Staatsministeriums für Unterricht und Kultus, 1975, S. 1900 ff.)

---

\* Anmerkung: Um die Verbindung mehrerer fachlicher Bereiche zu erleichtern, werden im Stoffplan Unterrichtsthemen, die sich mit Themen aus anderen fachlichen Bereichen berühren, durch folgende Hinweise gekennzeichnet:

S/W = Sozial- und Wirtschaftslehre
G = Geschichte
E = Erdkunde
B = Biologie
Ph/CH = Physik/Chemie
V = Verkehrserziehung
M = Mathematik

Eine Analyse der Umbenennung von Sachunterricht in Heimat- und Sachkunde und der damit verbundenen allgemeinen Zielsetzungen führt unseres Erachtens zu folgendem Ergebnis:

a) Diese Umbenennung kann nicht von vornherein als „reaktionär" abgetan werden. Sie kam zu einem Zeitpunkt, als viele Lehrer bereits voreilig die fachlichen Gewichte zugunsten der naturwissenschaftlich-technischen Fächer verteilen wollten, den notwendigen Umweltbezug vor allem durch Sekundärquellen vollzogen und das selbständige und selbsthandelnde Lernen „vor Ort" vergaßen.

b) Eine neuerliche Diskussion um den Begriff „Heimat" ist nicht angebracht. Er wird durch die Zielsetzungen aufgegliedert und verdeutlicht durch Zielfelder wie „Auseinandersetzung der näheren und weiteren Heimat, ihrer Natur..., ihren Menschen und ihren Problemen" oder „Lernen vollzieht sich im Bezug zur vertrauten Umwelt". Damit ist auch kein Grund für „ideologische" Verdächtigungen gegeben, wie sie Schwartz in der „Grundschule" äußert:

„Heimat — per Erlaß?
Wo ein Prozeß förderlicher Entwicklung von einem allzu festen, ja erstarrten Standpunkt interpretiert wird, bleiben Mißverständnisse und Fehlinterpretationen nicht aus. Das führt, wie man sieht, zur Konfrontation und Trennung, nicht zu Begegnung und Entwicklung. Gleiches gilt für einen Etikettenwechsel: Was Denkmalpflegern von Hans Maier (dem bayerischen Kultusminister, Anm. des Verfassers) versprochen wurde, das gerann zu schnell zu einem Erlaß des bayerischen Kultusministers, in dem den bayerischen Lehrern verordnet wurde, den vom KM im Jahre 1971 im Lehrplan so benannten Sachunterricht ab 1974 und hinfort in ‚Heimat- und Sachkunde' umzutaufen. Mag diese Namensänderung eine Dankadresse an die bayerischen Denkmalspfleger sein, mag sie die Fähigkeit zu schnellem Sinneswandel im Ministerium offenbaren und einen ‚Sachzwang' auf die Lehrer ausüben sollen, mit einem Etikettenwechsel ist wenig getan... Der Veränderungserlaß verändert also zunächst wenig, denn Heimatkunde und Sachunterricht sind keine Alternative, bei der man nur eines wählen kann. Vielleicht will dies der Erlaß ‚Heimat- und Sachkunde' durch die Konjunktion ‚und' auch andeuten; trotzdem bliebe der Etikettenwechsel gefährlich, denn er stiftet in zweifacher Weise Verwirrung: Einmal, indem er statt und anstelle des ‚Unterrichts' für den Primarbereich wieder die ‚Kunde' einführt, zum anderen, weil er die fortschreitende Tendenz von der Heimatkunde zum Sachunterricht — in der kindlichen Entwicklung, im Lernprozeß, in der Lehrplanentwicklung — für die Grundschule umzukehren vorgibt" (Schwartz, E., S. 100).

c) Die Besinnung auf den Lebenskreis des Grundschulkindes als den heimatlichen Ausgangs- und Bezugspunkt des Unterrichts stellt noch einmal Unterrichtsprinzipien in den Vordergrund, die durch die Beschäftigung mit der Sache im Sachunterricht schon wieder verdeckt waren: Anschaulichkeit, Lebensnähe und Aktualität. Entsprechende Unterrichtsverfahren werden gegenüber den Zielsetzungen des Sachunterrichts 1971 erstmals angesprochen und damit für die Lehrer verbindlich gemacht:
— Ausgehen von konkreten, lebensnahen und problemhaltigen Lernsituationen
— Die originale Begegnung, z. B. durch den Unterrichtsgang

— Vollzug von aktiven Formen des Lernens wie selbstentdeckendes Lernen, handelnder Umgang mit Lernmaterialien oder freies Schülergespräch

d) Gegenüber dem grundlegenden Sachunterricht von 1971 ist auch die curriculare Lernzieltheorie stärker impliziert. Der Bezug auf kognitive, affektive und instrumentale Lernziele spiegelt sich nicht nur in den Begriffen Kennen, Erkennen, Einsicht und Erleben (Einfühlen) wider, sondern auch in einer sehr konkret-pragmatischen Auflistung und Anordnung kognitiver, affektiver und instrumentaler Fähigkeiten bzw. Fertigkeiten und Haltungen.

e) Besonders nachhaltig wird in der neuen Präambel zur Heimat- und Sachkunde auf die Integration einzelner fachlicher Bereiche aufgrund sachlicher und für das Kind bedeutsamer Zusammenhänge hingewiesen. Integrative Unterrichts- und Lehrsequenzen dürfen jedoch facheigene Ordnungsprinzipien *nicht* außer acht lassen und auf die Stufe des Gesamtunterrichts bzw. traditionellen Heimatkundeunterrichts zurückkehren. Wir werden zu späterem Zeitpunkt noch einmal auf dieses Problem eingehen und es anhand unterrichtspraktischer Beispiele zu verdeutlichen suchen (vgl. Kapitel 3.4).

f) Die epochale Abfolge von Unterrichtseinheiten mit wechselndem fachlichen Schwerpunkt kommt der kindlichen Psyche eines Grundschulkindes sehr entgegen und verstärkt eine zielklare Arbeitsökonomie des Lehrers in Planung, Durchführung und Nachbereitung von Unterricht. Der Hinweis auf Ausgewogenheit von soziokulturellen und naturwissenschaftlich-technischen Inhalten soll dem bereits erwähnten Fehlverhalten der Lehrer hinsichtlich des Überziehens *eines* Fachbereiches vorbeugen.

g) Die wichtigste Bestimmung scheint uns „die Erstellung und laufende Überarbeitung der örtlichen Lehrpläne in Zusammenarbeit der Lehrer" zu sein. Transparenz der schulischen Arbeit, Öffnung mit gleichzeitiger Kooperation und gemeinsam verantwortliches Tun kann unsere Schule nach innen stärken und nach außen konsolidieren. Das gemeinsam planende und einheitlich handelnde Lehrerteam ist Garantie dafür, daß bei der Auswahl und Anordnung von Lerninhalten, bei der Erstellung von Lernzielen und der Planung von Lehrmethoden keine extremen Standorte zwischen traditionellem Heimatkundeunterricht und verwissenschaftlichtem Sachunterricht eingenommen werden. Letztlich kommt dies dem zugute, für den Schule geschaffen worden ist: dem Kind.

### 1.2.3 Der grundlegende Erdkundeunterricht unter der neuen Zielsetzung der Heimat- und Sachkunde

Die Reflexion über den Sachunterricht und die in der Umbenennung präzise gefaßten Zielvorstellungen sind nicht globaler Natur, sondern müssen fachspezifische und fachübergreifende Denkansätze in der schulpraktischen Ausformung der Lehrinhalte innovieren. Wir wollen parallel zur vorher erfolgten Analyse einiger dieser Ansätze für den fachlichen Bereich Erdkunde aufzeigen:

a) Die grundlegende Erdkunde braucht in jeder Jahrgangsstufe eine Stundenzahl, die ihrer Stellung als Bindeglied zwischen soziokulturellen und naturwissenschaftlich-technischen Lernbereichen gerecht wird. Wir gehen davon aus, daß als angemessene Richtzahl etwa 25% der zur Verfügung stehenden Unterrichtszeit angenommen werden kann. Interdisziplinäre Aspekte und örtliche Gewichtung lassen eine eindeutig fixierte Richtzahl nicht zu. Auf alle Fälle soll für den fachlichen Bereich Physik/Chemie nicht *mehr* Zeit veranschlagt werden.

b) Die Hereinnahme des Begriffes „Heimat" spricht ebenfalls für die Bedeutungszunahme der grundlegenden Erdkunde. Fachimmanente Ziele der Erdkunde können an der Umwelt der näheren und weiteren Heimat erreicht werden:

Beispiele:
— Der Mensch ist vom geographischen Raum abhängig: Bauformen der Häuser, Trassenführung einer Straße, Nutzung von geographischen Räumen für die Gesunderhaltung und Erholung des Menschen u. ä.
— Versuch des Menschen, Naturfaktoren und soziale Bedürfnisse in Einklang zu bringen: günstige Standorte für die Industrie, verkehrs- und energiemäßige Erschließung eines Raumes, Umweltverschmutzung durch Mülldeponie u. ä.
— Gefährdung des geo-ökologischen Gleichgewichts durch unkontrollierte Eingriffe des Menschen in die geographischen Gegebenheiten eines Raumes: Senkung des Grundwasserspiegels durch Straßenbau, Verschmutzung des Grundwassers durch Müllablage, Veränderung der Landschaft durch Bauen, Verödung der Landschaft durch Abbau der Landwirtschaft u. ä.
— Orientierung im Raum.

Wir sind der Meinung, daß durch die Transparenz solcher kategorialer fachlicher Ziele der Schüler nicht nur Interesse für die Natur seiner Heimat, sondern ebenso Verbundenheit und Verantwortung für den heimatlichen Raum gewinnt, Erziehungsziele, die langfristig operationalisierbar sind.

c) Eindeutig zugunsten des fachlichen Lernbereiches Erdkunde spricht die Neubesinnung und Verknüpfung des Unterrichts mit der vertrauten Umwelt des Kindes. Diese Umwelt bietet nun einmal die besten Voraussetzungen, die Auseinandersetzung zwischen Mensch und Raum aufzuzeigen, die Gewinnung topographischer und geographischer Grundbegriffe durch Wahrnehmen, Denken, Handeln und Abstrahieren zu garantieren und damit die einzelnen geographischen Erscheinungen in einer dem Kind konkret-faßlichen Weise über die Phänomenebene hinaus geistig verfügbar zu machen, um erste Schritte einer Theoriebildung zu ermöglichen, die eine Einordnung in ein größeres Beziehungsgefüge zuläßt.

● **Unterrichtsbeispiel: Warum baut Bauer A. einen Aussiedlerhof?**

3. Jahrgangsstufe

*1. Stufe der Problemgewinnung*

1.1 Problemgrund

| | |
|---|---|
| Bild eines Gehöfts mit engem Hofplatz und veraltetem Wirtschaftsgebäude wird gezeigt | |
| Schüler erkennen den Hof | Das ist der Hof vom Hauserbauer. |
| Verbalisieren durch die Schüler | Der Hof ist in der Nähe von ... |
| Anschreiben von Stichpunkten durch Lehrer während des Gesprächs | Viele Menschen stehen im Hof. Er liegt an der Straßenkreuzung ... |

1.2 Problemfindung

| | |
|---|---|
| Bild eines neuen und geräumigen Gehöfts | |
| Schüler verbalisieren und vergleichen | Das ist der Hof vom Herrn Riegel. |
| Einbeziehen des Erfahrungshorizontes | Er ist fast neu gebaut. Herr Riegel hat Stall und Scheune verlängert. Er hatte Platz durch einen Garten. Die Geräte stehen in einem Geräteschuppen. Wenn wir beide Gehöfte vergleichen, dann ... |

1.3 Problemerkenntnis
Schüler erkennen

Herr Hauser braucht mehr Platz für seinen Hof.
Wie kann Herr Hauser die landwirtschaftlichen Gebäude erweitern, mehr Platz finden ...?

1.4 Zielorientierung

Wir wollen herausfinden, warum und wie Bauer Hauser seinen Hof erweitern muß.

*2. Raum- und Situationsanalyse*

2.1 Hypothesenbildung durch Schüler am Bild
Notieren durch Lehrer

Bauer Hauser hat keinen Platz für ...
Er kann auch in den Garten bauen.
Er soll seine Garage und seine Hütte aufstocken ...

## 2.2 Lösungsplanung
Lehrer und Schüler

Planung eines Unterrichtsganges mit gezielten Arbeitsaufgaben
Einteilung in Arbeitsgruppen

Wir lernen den Hauserhof kennen und finden heraus, warum und wie er seinen Hof vergrößern muß.

Arbeitsaufgaben
a) Warum ist es im Hauserhof zu eng?
b) Welche Möglichkeiten der Vergrößerung hat Bauer Hauser?

## 2.3 Lösungsdurchführung durch den Unterrichtsgang und Auswertung der Gruppenprotokolle

a) Erkunden des Gehöfts:
Stall, Scheune, Geräteschuppen, Silo ...
b) Abmessen des Hofplatzes, der Länge der Gebäude, des Gartenplatzes, Befragen des Bauern

## 3. Raum- und Situationsanalyse

### 3.1 Auswertung der Informationen im Klassenzimmer
Schüler und Lehrer verbalisieren
Lehrer notiert an der Tafel mit

— kein Platz für Geräte und Vorräte, Strohhaufen hinter dem Haus im Freien ...
— enges Stallgebäude, Kleinvieh an der Gangwand, veraltete Einrichtung ...
— enger Hofplatz: 12 m lang, 10 m breit, der Mistplatz nimmt auch noch Platz weg ...
— kein Platz für neue Gebäude, der Garten ist zu klein, Nachbar grenzt an ...
— Bauer Hauser will einen neuen Hof bauen, im Feld draußen, einen Aussiedlerhof; er hat uns den Platz gezeigt (vom Hof aus einzusehen, 500 m entfernt im Feld draußen) ...

3.2 Schließen des Problemkreises
Erkenntnisse und Einsichten anhand eines Bildes (Planes) gewinnen

Bauer Hauser muß neu bauen. Er wird aussiedeln aus dem Ort.
Ein Aussiedlerhof hat genügend Platz. Viele Felder liegen unmittelbar um das neue Gehöft.

3.3 Planspiel
Auftrag an Partnergruppen
Austeilen eines Plankartons mit der Größe des Aussiedelungsplatzes (ohne Maßstab)

Zeichnet den Grundriß des Aussiedlerhofes, wie ihr ihn bauen würdet. Beachtet die Notizen an der Tafel!

*4. Anwendung und Vertiefung*

4.1 Weitergeben der Pläne an Bauer Hauser

4.2 Vergleich mit dem wirklichen Bauplan

4.3 Verfolgen der im Frühjahr einsetzenden Bauarbeiten

4.4 Eintrag der Stichpunkte in den Arbeitsordner als Ganztext
Sammeln von Beispielen für Aussiedlungen (Landwirtschaftsblatt)

4.5 Transfer
Aussiedlungen bei Neubau von Verkehrswegen, bei Stau eines künstlichen Stausees (Dorf in Südtirol)

d) Grundlegender Erdkundeunterricht stützt sich auf den Abstraktionsprozeß beim Kind nach dem Modell von Piaget. Denkstrukturen werden in Wechselwirkung zwischen Individuum und Umwelt entwickelt. Deshalb müssen wichtige Kriterien der Entwicklung von Denkstrukturen beachtet werden. Die Präambel der Heimat- und Sachkunde berücksichtigt dies in der schrittweisen Differenzierung von „Wahrnehmen, Denken, Handeln, Darstellen, Einfühlen und Erleben". Logisches Denken wird durch die Bewußtwerdung von Denkoperationen initiiert. Kinder problematisieren eine Lernfrage, bilden Hypothesen, beobachten, erkunden, befragen, stellen neue Lerneinsichten heraus, verifizieren bzw. falsifizieren, transferieren und innovieren (neue Ideen anhand bekannter Denkstrukturen gewinnen).

● **Unterrichtsbeispiel: Warum mußte die alte Post abgerissen werden?**

4. Jahrgangsstufe

*1. Problematisieren*

| | |
|---|---|
| Problemgrund | Zeitungsbericht über den Abriß des alten Postgebäudes (Teilausschnitt) |
| Problemfindung | Schüler fragen nach: Warum wurde die alte Post abgerissen? |
| | Weiterlesen des Zeitungsartikels: |
| Problemerkenntnis | Neue großzügige Verkehrsdrehscheibe soll enstehen |
| | Die alte Post ein Verkehrshindernis |
| genetische Zielstellung | Wir wollen das Straßenprojekt erkunden |

*2. Hypothesen bilden*

| | |
|---|---|
| — über den Abriß | Die alte Post mußte abgerissen werden, weil die Straße zu eng war, |
| | weil die Fußgänger ... |
| | weil die Radfahrer ... |
| — über das neue Verkehrsprojekt | Die neue Straße bekommt vielleicht eine Fußgängerunterführung |
| | Ein Radweg wird angelegt |
| | Ampeln werden aufgestellt ... |

*3. Beobachten und Erkunden*

| | |
|---|---|
| durch Unterrichtsgang | Was wir beobachten: |
| | — die Baustelle |
| | — den Umleitungsverkehr |
| durch Befragung | Wen wir befragen: |
| | — den Bauleiter |
| | — Fußgänger |
| | — Autofahrer |
| | — Anwohner |
| durch das Modell oder vereinfachten Plan | — Modell der Verkehrsdrehscheibe |

*4. Neue Lernerkenntnisse und -einsichten herausstellen*

| | |
|---|---|
| durch Auswerten der Beobachtung und Erkundung | Die alte Post mußte abgerissen werden, weil sie ein Verkehrshindernis bildete. |

| | |
|---|---|
| durch Verbalisieren am Modell und am Plan | Die alte Post hätte den großzügigen Ausbau der Verkehrsdrehscheibe verhindert. Das hätte weiterhin bedeutet: <br> — Gefährdung der Fußgänger und Radfahrer <br> — Belästigung der Anwohner <br> — Rückstau bis in die Innenstadt <br> — Verstärkter Stau von Abgasen |
| durch anschaulichen Vergleich mit der früheren Situation (Bild) | — Beeinträchtigung der Arbeitsgänge der Post <br> ... |
| durch Vergleich von Zahlen einer ähnlichen Verkehrsanlage (Unfälle vor dem Ausbau — nach dem Ausbau, Verkehrsteilnahme von Pkw vor dem Ausbau — nach dem Ausbau) | Die neue Verkehrsdrehscheibe <br> — schützt den Fußgänger durch eine Unterführung <br> — hebt den Kreuzungsverkehr durch eine Überführung auf <br> — ist vierspurig und kann so schneller die Autos in die Innenstadt bringen oder aus ihr heraus |

5. *Verifizieren — Falsifizieren*

im Vergleich zu den Hypothesen
durch Verbalisieren

6. *Transferieren*

| | |
|---|---|
| horizontal auf ähnliche Situationen | Bau eines Parkplatzes, eines neuen Kaufhauses |
| vertikal auf anders strukturierte Situationen | Ein neues Landratsamt wird gebaut: Standortfrage bauliche Gestaltung |

7. *Innovieren*

| | |
|---|---|
| zu eigenem Bauen und Konstruieren, | Bau eines Autobahnkreuzes Bau einer Brücke |
| zu eigenem Forschen nach ähnlichen Geotopen in der Stadt | Ein altes Haus wird abgerissen, weil es baufällig ist Eine Kiesgrube wird als Badesee angelegt |

e) Grundlegender Erdkundeunterricht kann trotz notwendiger rationaler, realer Struktur der Lerninhalte auf das *Erleben* nicht verzichten. Die Verbindung von kognitivem und emotionalem Bereich gelingt immer dann, wenn die Schüler die „Lernsache" in einer Situation erfahren, in der sie sich innerlich beteiligen können. Eine solche Situation (meist Initialphase, Beobachtungsphase, Ausweitungsphase) schließt Vorgang, Handlung und Eigenaktivität ein. Traditionelle Heimatkunde verblieb häufig in der „gefühlsbetonten Ganzheit". Da gab es dann „die Schönheit des leuchtenden Herbsttages, ... die Heiligkeit der Friedhofsruhe, ... den Adel schwieliger, verarbeiteter Hände" (Reichert, W., S. 16). Grundlegender Erdkundeunterricht erreicht durch eine erlebnishafte Motiva-

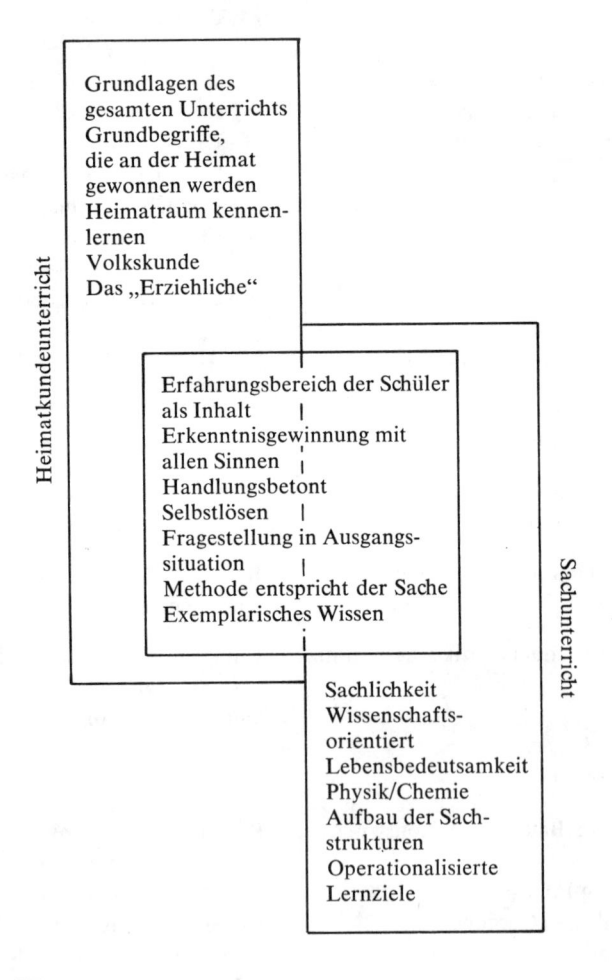

```
┌─────────────────────────────────┐
│  Grundlagen des                 │
│  gesamten Unterrichts           │
│  Grundbegriffe,                 │
│  die an der Heimat              │
│  gewonnen werden                │
│  Heimatraum kennen-             │
│  lernen                         │
│  Volkskunde                     │
│  Das „Erziehliche"              │
│           ┌─────────────────────┴───────────┐
│           │  Erfahrungsbereich der Schüler  │
│           │  als Inhalt        │            │
│           │  Erkenntnisgewinnung mit        │
│           │  allen Sinnen      │            │
│           │  Handlungsbetont                │
│           │  Selbstlösen       │            │
│           │  Fragestellung in Ausgangs-     │
│           │  situation         │            │
└───────────┤  Methode entspricht der Sache   │
            │  Exemplarisches Wissen          │
            │                    │            │
            │  Sachlichkeit                   │
            │  Wissenschafts-                 │
            │  orientiert                     │
            │  Lebensbedeutsamkeit            │
            │  Physik/Chemie                  │
            │  Aufbau der Sach-               │
            │  strukturen                     │
            │  Operationalisierte             │
            │  Lernziele                      │
            └─────────────────────────────────┘
```

Heimatkundeunterricht — Sachunterricht

(Maras, R., S. 677)

tion und die sachgerechte Informationsaufnahme und -verarbeitung eine Synthese von rationalen und emotionalen Komponenten in der Persönlichkeitsstruktur des Kindes.

Die Änderungen im bayerischen Lehrplan bezüglich der grundlegenden Ziele und Aufgaben der Heimat- und Sachkunde versuchen, eine notwendige Synthese zwischen positiven Ansätzen der traditionellen Heimatkunde und den notwendigen wissenschaftsorientierten, sachlichen Gesetzmäßigkeiten des grundlegenden Sachunterrichts zu finden. Es liegt nicht nur an den Fachdidaktikern, daß eine Übereinstimmung gefunden und extreme Positionen vermieden werden — auch oder gerade die Lehrer können zum Klärungs- und Stabilisierungsprozeß notwendige Entscheidungshilfen durch ihre Unterrichtstätigkeit entwickeln.

Vorstehende Darstellung von R. Maras bietet einen theoretischen Orientierungsrahmen für die „neue" Heimat- und Sachkunde, wie sie im Bayerischen Lehrplan angestrebt wird (siehe S. 38).

### 1.2.4 Grundlegende Erdkunde in den Sachunterrichtslehrplänen anderer Bundesländer

Die Ziele, Aufgaben, Lernbereiche, Lerninhalte, Lernmethoden und Arbeitsmittel des Sachunterrichts in der Grundschule sind in allen Lehrplänen der Bundesländer ähnlich strukturiert. Wir wollen als erweiterte Information und innovatorische Ansätze zur Aufbrechung statischer Unterrichtsstrukturen Auszüge aus den geographischen Fachbereichen bzw. Handlungsfeldern einzelner Lehrpläne vorstellen.

*1.2.4.1 Erdkunde im Grundschullehrplan von Baden-Württemberg*

Die Inhalte des Sachunterrichts sind aufgegliedert in

a) Erfahrungsbereiche

b) Handlungsbereiche.

„In *Erfahrungsbereichen* werden Schüler dazu herausgefordert und dazu geführt, Erlebnisse und Beobachtungen, die sie in ihrer Umwelt machen, in einen sinnvollen Zusammenhang zu bringen und auszulegen. Im Lehrplan werden folgende Erfahrungsbereiche unterschieden:

| | |
|---|---|
| Luft | Elektrischer Strom |
| Wasser | Umwelt I |
| Schall | Wetter |
| Licht | Pflanzen |
| Wärme | Tiere |
| Bewegung | Mensch. |
| Magnetismus | |

In den *Handlungsbereichen* übernimmt der Unterricht die Aufgabe, den Kindern im ständigen Bezug auf das eigene Handeln zu zeigen, wie man innerhalb vorgegebener Ordnungen nach übernommenen Verhaltensmustern mit anderen Personen und mit Dingen umgeht und wie verschiedene menschliche Bedürfnisse durch gesellschaftliche Einrichtungen in jeweils besonderer Weise versorgt, zum Teil auch erzeugt werden.

Im Lehrplan werden folgende Handlungsbereiche unterschieden:

| | |
|---|---|
| Familie | Dienstleistung/Verwaltung |
| Schule | Politik/Öffentlichkeit |
| Wohnen | Umwelt II |
| Freizeit | Massenmedien |
| Arbeit | Konsum |

Handlungs- und Erfahrungsbereiche werden im Entwurf zwar getrennt dargestellt, es lassen sich jedoch vielfältige Beziehungen zwischen ihnen feststellen."
(Arbeitsanweisungen für die Grundschulen in Baden-Württemberg, S. 6/7)
Erfahrungs- bzw. Handlungsbereiche wie Umwelt I, Wetter, Wohnen, Freizeit und Umwelt II enthalten vorrangig elementare geographische und sozialgeographische Lerninhalte.

Beispiel „Umwelt I":

3./4. Klasse

a)
— Elemente der Erdoberfläche unserer Gegend kennen, benennen, unterscheiden. Steine und Böden der näheren Umgebung unterscheiden können.
— Erdkundliche Grundbegriffe: z. B. Hügel, Berg, Quelle.

— Wissen, daß das Wachstum von der Bodenart abhängt.
— Sandiger Boden für Kartoffeln, lehmiger Boden für Getreide, feuchte Böden für Wiesen.

— Dörfer, Städte, Siedlungen als gewachsene Formen kennen und erklären lernen.
— Alte Dörfer und Städte, Stadtgründungen; Stadtkern, Dorfkern.

c)
— Symbolische Darstellungen von Oberflächenformen auf Karten entschlüsseln können.
— Topographische Kartensymbole. Von der Eigensymbolik zur normierten Symbolik.

— Einige Namen von Straßen, Plätzen, Fluren, Gebäudeformen erklären können.

d)
— An einigen Beispielen die Geschichte der näheren Umgebung kennenlernen.
— Z. B. Quellensammlungen in der Literatur, Verordnungen, Gesetze usw.; oder: Berge, Burgen, Schlösser, Klöster; Feste und Brauchtum.

3./4. Klasse
a)
— Die ungefähre Kugelgestalt der Erde kennenlernen.
— Erdaufnahmen aus dem Weltraum. Modell: Globus, Nord-Südpol, Längen- und Breitenkreise.

- Die Einteilung der Erdoberfläche in Land und Wasser unterscheiden.
- Sonne, Erde, Mond als Gestirne benennen können.
- Himmelsrichtungen sind nach der Sonne festgelegt und werden dadurch erklärbar.
- Erdteile/Kontinente; Meere/Ozeane. Erdaufnahmen aus dem Weltraum.
- Erdbewegung, Entstehung von Tag und Nacht.
- Lokale Orientierung nach Himmelsrichtungen.

(a. a. O., S. 31)

Diese Beispiele zeigen eindeutig, daß neben fachlichen Strukturen auch kontinuierliche und integrierende Querverbindungen zu anderen fachlichen Bereichen bestehen, die das Kind in dieser Komplexität eines Handlungsfeldes erfährt. Die Inhalte der Erfahrungs- und Handlungsfelder sind der Lebensrealität der Schüler entnommen und nach ihrer gesellschaftlichen Relevanz, nach ihrer Propädeutik und nach dem Verstehenshorizont der Gruppe ausgewählt.

Allerdings sehen wir in *diesem* integrativen Prinzip die Gefahr, daß der Unterricht nur von fächerübergreifenden Themen aus konzipiert wird, deren Relevanz für die einzelnen Fachbereiche weitgehend dem Zufall überlassen wird. Genau hier liegt aber das Problem, ob auf diesem Weg konstitutive Einsichten für fachspezifische Strukturen, also für geographische, soziale, wirtschaftliche, historische oder technische Phänomene, Funktionen u. ä. gewonnen werden können (vgl. Kap. 3.4).

## 1.2.4.2 Erdkunde im Lehrplan für die Grundschule der Länder Rheinland-Pfalz und Saarland

Dieser Lehrplan unterscheidet im Sachunterricht einzelne Lernbereiche, deren Inhalte von der Umwelt mitbestimmt sind und den lokalen Gegebenheiten angemessen sein müssen. Für den geographischen Lernbereich bedeutet dies, daß durch seine Lerninhalte Kenntnis vom Lebensraum des Menschen gegeben und die Abhängigkeit vom Raum gezeigt wird, wie der Mensch den Raum nach seinen Bedürfnissen gestaltet und in seiner Tätigkeit durch die natürlichen Gegebenheiten begrenzt wird. Bezeichnend ist auch, daß das Prinzip „vom Nahen zum Fernen" aufgegeben wird: „Das ... Lernen hat davon auszugehen, daß die Erfahrungen des Kindes heute nicht mehr auf seine unmittelbare Umwelt beschränkt bleibt, sondern in steigendem Maße durch die Möglichkeiten der modernen Verkehrsmittel und die Informationen durch die Massenmedien bereichert werden" (Lehrplan für die Grundschule der Länder Rheinland-Pfalz und Saarland, S. 138).

Ebenso wird auf Raumgliederungsschemata (Beschreibungsgeographie) verzichtet und werden erdkundliche Grundphänomene in den Mittelpunkt des Unterrichts gestellt.

Die geographischen Beispiele sind den verschiedenen Landschaften des Bundeslandes entnommen und können im Unterricht entsprechend ausgewählt werden:

**Lernziele:**

| Schul-jahre | Thematik | Beispiele | Einsichten | Kenntnisse | Funktionaler Aspekt |
|---|---|---|---|---|---|
| | Naturkräfte bilden und verändern die Gestalt der Erde | *Wind und Wasser verändern die Landschaft* | | | |
| 1/2 | | Im engen Raum: Sturm und Überschwemmungen; bewachsenes und unbewachsenes Gelände; Sand- u. Schneeverwehungen | Wasser reißt die Erde auf, schwemmt sie weg und an. Böschungen werden deshalb bepflanzt. Der Wind transportiert Sand und Schnee. | Rinnsal, Furche, Graben, Schwemmsand — Pflanzendecke | |
| 3/4 | | Im großen Raum: Wasserläufe, stehende Gewässer, Verlandungen, Durchbrüche, Gesteinsverwitterungen *Kräfte im Erdinnern gestalten die Landschaft* | Wind, Wasser und starke Temperaturschwankungen sind ständig wirkende Kräfte. | Ablagerung, Schwemmland, Durchbruch, Tal, Hang, Felsen, Geröll und Erosion | |
| 3/4 | | Vulkan, Grabenbruch, Becken, Faltungen | Kräfte im Erdinnern gestalten die Landschaft. Sie wirken ständig. Anderswo ist das auch heute noch deutlich sichtbar. | Erdbeben, Vulkane, Grabenbruch | Abgrenzen versch. Landschaften auf der Karte Orientierung im großen Raum |

Geogr. Beispiel: Rheinebene; Nahe-Bergland; Mittelrheintal, Vulkaneifel; Lisdorfer-Au; Schaumberg-Landschaft.

## Lernziele:

| Schuljahre | Thematik | Beispiele | Einsichten | Kenntnisse | Funktionaler Aspekt |
|---|---|---|---|---|---|
| | Menschen verändern die Landschaft | | | | |
| 1/2 | | *Besiedlung:* Erschließungsgebiete, Straßenbau, Kanalisation, Erdaushub, Planierarbeiten | Der Mensch gestaltet u. verändert die Erdoberfläche nach seinen Wünschen, Bedürfnissen und Möglichkeiten. | | |
| 3/4 | | Verschieden besiedelte Gebiete unter Einbeziehung der eigenen Heimat | Die Besiedlung eines Gebietes wird durch viele Faktoren bestimmt. Die Bevölkerungsdichte ergibt sich aus der Zahl seiner Bewohner. Raumprobleme der Stadt u. des Landes sind unterschiedlich (Verkehr, Arbeitsplätze, Wohnraum). Städte gliedern sich zunehmend. | Einzelhof, Gehöft, Dorf, Klein-, Mittel- u. Großstadt; Ballungsraum, Erschließungsgebiet, Satellitenstadt; Kartenzeichen für Einzelgebäude u. Ortschaften versch. Größe | Lesen von Orts- und Stadtplan, von Karten; Lesen u. Anfertigen von Schaubildern über Bevölkerungsdichte; Orientierung im engen Raum |

Geogr. Beispiel: Ludwigshafen — Arbeiterwohngemeinde; Koblenz — Neuwied mit Siedlung in Höhengebieten; Großraum Saarbrücken — Bliesgau.

(a. a. O., S. 140/141)

Auf zwei Gestaltungskriterien dieses Lehrplans, die durch die vier aufgezeigten Beispiele „Wind und Wasser verändern die Landschaft", „Kräfte im Erdinnern gestalten die Landschaft", „Besiedlung" und „Orientierung" auch transparent werden, sei noch hingewiesen:

a) Sozialgeographische Problemfelder spielen nicht *die* große Rolle wie im Bayerischen oder Nordrhein-Westfälischen Lehrplan, sondern der Vorrang gehört der Beschreibungsgeographie, dem Erkennen geographischer Strukturen und der Untersuchung von geographischen Erscheinungen (Vulkanismus) ohne enge Wechselbeziehung zum Menschen als „Raumgestalter und -erhalter".

b) Die Aufgabe der „Orientierung im Raum" beginnt wie bei der traditionellen Heimatkunde erst im 3. Schuljahr, findet aber wie in anderen Lehrplänen eine enge Bindung zunächst an den heimatlichen Erfahrungsraum.

### 1.2.4.3 Richtlinien und Lehrpläne für die Grundschule in Nordrhein-Westfalen

Der Grundschullehrplan Nordrhein-Westfalens hat wohl im Sachunterricht die strengste Fächerung vorgenommen. Folgende Lernbereiche sind ausgewiesen:

Physik/Wetterkunde (PY)   Soziale Studien (SST)
Chemie (CH)               Haushaltslehre (HW)
Technik (TE)              Geographie (GG)
Biologie (BI)             Verkehrserziehung (V)
Geschlechtserziehung (GEZ)

Im Lernbereich Geographie werden geographische Vorstellungen und Kenntnisse insbesondere durch die unmittelbare Anschauung und Erschließung der räumlichen Umwelt des Kindes gewonnen.
Fachspezifische Denk- und Arbeitsweisen sollen besonders durch die originale Begegnung erschlossen, angebahnt und verfügbar gemacht werden:

„Die unmittelbare Anschauung hat gerade in der Kindheit hervorragende Bedeutung. Dazu ergibt sich die Notwendigkeit, den Kindern Hilfen für die Erschließung ihrer Umwelt zu geben. Aus diesen Tatsachen erwächst die Forderung, zunächst die eigene räumliche Umwelt des Kindes zu ‚erforschen', zu strukturieren, zu ordnen und zu durchdringen. Das verlangt vom Lehrer sorgfältige Auswahl aus dem Themenangebot und die Umsetzung auf die örtlichen Gegebenheiten.
Den Unterrichtsgängen in allen Schuljahren, den eintägigen Lehrfahrten und mehrtägigen Schullandheim- bzw. Jugendherbergsaufenthalten in der 4. Klasse kommt daher besondere Bedeutung zu. Auch die in die Schule mitgebrachten Beispiele von Waren, Erzeugnissen, Gegenständen dienen der unmittelbaren Anschauung und sind Abbildern vorzuziehen. Aus den Unterrichtsgängen ergibt sich die Thematik des Unterrichts. Querverbindungen zu den Bereichen der Verkehrserziehung, der Biologie, der Technik, der Sozialen Studien, der Physik, Chemie und Wetterkunde sind dabei zu beachten.
Während der Themenkatalog als Angebot gedacht ist, aus dem den jeweiligen Bedingungen entsprechend ausgewählt werden sollte, sind die angegebenen instrumentalen Lernziele (der Katalog der zu erlernenden Arbeitsweisen und Arbeitshaltungen) verpflichtend. Es handelt sich um folgende:

- Anfertigung einfacher Faust- und Wegskizzen (ab 1. Klasse)
- Einführung in den Ortsplan, das Luftbild und die Karte (ab 2. Klasse). Dabei sind neben den topographischen auch die thematischen Karten weitgehend zu berücksichtigen
- Einführung in die Beschreibung geographischer Objekte (ab 1. Klasse) und geographischer Bilder bzw. von Diareihen aus der bekannten unmittelbaren Umgebung (ab 2. Klasse) und ausgewählter Filme
- Auswertung eines geographisch bestimmten Sachtextes, nach Möglichkeit aus bekannter Umgebung (ab 2. Klasse)
- Übung einfacher mündlicher Berichte (ab 1. Klasse) und schriftlicher Berichte (ab 3. Klasse). Hier zeigt die Versprachlichung der Kenntnisse die mehr oder weniger erreichte Einheit von Sache und Sprache und die Richtigkeit der gewonnenen Anschauung
- Schrittweise, anschauliche Einführung geographischer Darstellungen zur Erfassung zahlenmäßiger Verhältnisse einfacher Art (ab. 2. Klasse, in Verbindung mit der Mathematik)

Neben dem Gespräch soll die Tätigkeit der Kinder stark wechseln: Schreiben, Zeichnen, Beobachten, Basteln, Bauen, Rechnen sind Tätigkeiten des geographisch akzentuierten Sachunterrichts.

Von der 3. Klasse an werden in wachsendem Maße Gegenstände und geographische Einzelbilder behandelt, die wegen ihrer Entfernung der unmittelbaren Anschauung nicht mehr zugänglich sind. Das erfordert einen verstärkten Einsatz von Bildern und Diapositiven. Auch der Film kann bei geeigneten Themen herangezogen werden. Die Arbeit mit dem Film muß aber eingeübt werden. Dasselbe gilt auch für Schulfunksendungen. Der Sachtext ist verstärkt einzusetzen.

Die Ergebnisse der Behandlung der ausgewählten Themen sind möglichst von den Kindern in Sammlungen festzuhalten. Sie können aus Niederschriften, Berichten, farbig angelegten Faustskizzen, Kartenausschnitten, Bildern, graphischen Darstellungen, Zeichnungen, Zeitungsausschnitten usw. bestehen. Die Berichte über die Lehrfahrten, die Projekte der Lehrfahrten oder Schullandheimaufenthalte können gemeinsam gestaltet und fixiert werden. Durch Wiederholung anhand der Mappen, durch Einordnung der Ergebnisse in andere Zusammenhänge, durch Vergleiche und Spiele sollen die Ergebnisse gesichert werden."

(vgl. Richtlinien und Lehrpläne für die Grundschule, Heft 42, S. 59)

Bereits dem 1. Schuljahr werden Lerninhalte zugeordnet, die der Alters- und Lernstruktur gemäß bearbeitet werden können.

Beispiele:

| Lernziele — Lerninhalte | Hinweise für den Unterricht |
|---|---|
| **Auf dem Schulweg** | |
| *1. Der Schüler als Fußgänger* | |
| — Erkennen, daß Gehwege speziell für Fußgänger angelegt sind und daher größere Sicherheit bieten | Die Schüler berichten über ihren Schulweg; |
| — Erkennen, daß die Fahrbahn in erster | Beobachten der Verkehrsteilnehmer auf der Straße; |

| Lernziele — Lerninhalte | Hinweise für den Unterricht |
|---|---|
| Linie den Fahrzeugen gehört, daß sie daher für den Fußgänger gefährlich ist und auf dem kürzesten Weg überquert werden muß<br>— Erkennen, daß die linke Seite sicherer ist (weil der entgegenkommende Verkehr beobachtet werden und man leicht nach links ausweichen kann) | Beschreiben des Verhaltens<br>Übungen zur Förderung der Wahrnehmungsfähigkeit (optisch, akustisch) und des Reaktionsvermögens<br>Unterrichtsgänge zu Gefahrenpunkten des Schulbezirks<br>Üben des Überquerens von Fahrbahnen |

*2. Der Schüler als Fahrgast*

(Schulbus, im öffentlichen Verkehrsmittel und im PKW)
Mögliche Konfliktsituation beim Warten auf den Schulbus (Straßenbahn, PKW), beim Einsteigen, während der Fahrt und beim Aussteigen erkennen und selbst Ordnungsprinzipien für ein angemessenes Verhalten finden

Erklären und Üben des richtigen Aufstellens an der Haltestelle, des Ein- und Aussteigens und des Verhaltens während der Fahrt

*3. Helfer im Straßenverkehr*

— Wissen, daß Schüler- und Erwachsenenlotsen sowie Polizeibeamte an gefährlichen Stellen helfen

Beobachtungsgänge, Gespräch und Übung mit den Schüler- und Erwachsenenlotsen und den Polizeibeamten, Suchen und Erkennen der sicheren Wege: Ampel, Fußgängerüberweg, Zebrastreifen, Gehweg

— gelbe Mützen, helle Kleidung, Schulranzen mit Reflektoren, gelbe Umhänge besser zu sehen sind

Versuch: Personen mit heller und dunkler Kleidung bei schlechten Sichtverhältnissen wie Dämmerung

— Verkehrszeichen helfen (Gehweg, Radweg, Kraftfahrstraße, Autostraße, Reitweg, Fußgängerüberweg, Schülerlotsen, Ampel, Lichtzeichenanlage, Polizei, Fußgänger)

Unterrichtsgang zu einem Fußgängerüberweg und zu einer Ampel. Ampelmodell, Schülerbücher, Arbeitsblätter, Bildtafeln

*4. Schwierige Situationen*

— Gefahrenstellen auf dem Schulweg erkennen
— Einsehen, daß der kürzeste Schulweg nicht immer der sicherste ist
— Einsehen, daß Übermut beim Verlassen des Schulgebäudes eine besondere Gefahrenquelle ist
— Das Überschreiten der Fahrbahn zwischen parkenden Fahrzeugen lernen

Unterrichtsgänge zu besonderen Gefahrenstellen des Schulbezirks
Überqueren der Fahrbahn in größeren Gruppen

(a. a. O., S. 73/74)

Sachbereiche (Themen)

Die Sachbereiche orientieren sich in den ersten drei Klassen vornehmlich an Daseinsfunktionen (Wohnen, Arbeiten, am Verkehr teilnehmen, sich erholen u. a. m.) aus der unmittelbar wahrnehmbaren Umgebung der Schüler. In der 4. Klasse wird diese mehr analytische Arbeitsweise ergänzt durch die stärker synthetisch ausgerichtete Behandlung von drei typischen Landschaften Nordrhein-Westfalens.

Es kann bei den Tieflandslandschaften gewählt werden:
Westfälisches Tiefland *oder*
Niederrheinisches Tiefland *oder*
Köln-Bonner Bucht mit Randlandschaften

Bei den Gebirgslandschaften kann gewählt werden:
Eifel- und Eifelvorland *oder*
Südwestfälisches Bergland *oder*
Weserbergland

Verbindlich für alle Kinder ist die Behandlung des Ballungsraumes Ruhrgebiet und die Behandlung der Beziehungen Nordrhein-Westfalens zur Welt.

Beispiel „Ruhrgebiet":

| **Lernziele — Lerninhalte** | **Hinweise für den Unterricht** |
|---|---|
| *1. Ruhrgebiet* | |
| 1.1 Ruhrgebiet als Ballungsraum | |
| — Verständnis für die besonderen Siedlungsverhältnisse eines Ballungsraumes | Auswertung der topographischen Karte im Atlas |
| — Ausdehnung des Ruhrgebiets feststellen | Analyse einer Bevölkerungsdichtekarte Diagramme zur Bevölkerungsdichte und zum Anteil besonderer Bevölkerungsgruppen |
| — Entstehung des Ruhrgebiets kennenlernen | |
| — Information über ausländische Arbeitnehmer früher und heute | |
| — Dichtekarten und Diagramme lesen | |
| Grundlegende Begriffe | |
| Ballungsraum, Bevölkerungsdichte, Bevölkerungswanderung, Städtereihung, Wachstumszone | |
| 1.2 Industrie im Ruhrgebiet und ihre Entstehung | |
| — Grundkenntnisse zur Entstehung der Steinkohle und Entwicklung des Bergbaus erwerben | Betrachtung von Fossilien Auswertung von Sachtexten, Schulfunksendungen |
| — Grundkenntnisse zur Entwicklung der Eisenhütten gewinnen und ihre Standorte begründen | Filme zum Bergbau, zur Hüttenindustrie Anfertigung von Skizzen; Lageskizzen, Wirtschaftsskizzen, geologische Profile |
| — Wichtige Werke der Schwerindustrie des Ruhrgebiets kennen | Vorbereitung, Durchführung und Auswertung einer Lehrfahrt (Vorschläge siehe S. 246) |

| Lernziele — Lerninhalte | Hinweise für den Unterricht |
|---|---|
| | Auswertung der Wirtschaftskarte des Atlas |
| Grundlegende Begriffe<br>Karbon, Verkohlung, Steinkohle, Fossil (Farn, Siegelbaum, Schachtelhalm), Steinkohlenwald, Bergbau, Revier, Hochofen, Hüttenwerk, Walzwerk<br>Beispiele für einige Werke: Hoesch, Krupp, Thyssen, Mannesmann | |
| 1.3 Verschiedene Arbeitsplätze im Ruhrgebiet<br>— Die Arbeit des Bergmanns kennenlernen und darüber berichten<br>— Aufbau einer Kohlenzeche kennenlernen und anhand eines Blockdiagramms beschreiben<br>— Die drei wichtigsten Teilbereiche eines Hüttenwerkes (Hochofen, Stahlwerk, Walzwerk) kennenlernen und ihre Funktion beschreiben | Betriebsbesichtigung oder Besuch im Bergbaumuseum<br>Filme, Diareihen<br>Interviews<br>Analyse der Zeichen in der Wirtschaftskarte<br>Sammeln von Bildern und Zeichnungsausschnitten |

(a. a. O., S. 246)

*1.2.4.4 Grundschule und Vorklasse — Lehrplan in Schleswig-Holstein*

Die jüngste Konzeption weist der Lehrplan für den Sachunterricht der Grundschule in Schleswig-Holstein auf (1975). Dieser Lehrplan ordnet dem Teilbereich Gesellschaft und dem Teilbereich Natur relevante Fachbereiche zu:

| Teilbereich<br>Gesellschaft | Teilbereich<br>**Natur** |
|---|---|
| Geschichte<br>Sozialerziehung<br>Geographie | Biologie<br>Chemie<br>Physik |

Allerdings treten diese Fachbereiche nicht fachlich isoliert auf, sondern sind nach übergreifenden Themenbereichen innerhalb der Teilbereiche Gesellschaft oder Natur integriert.

Für den Teilbereich Gesellschaft sind acht Themenbereiche ausgewiesen, die wesentlichen Bezügen des menschlichen Lebens entsprechen:

Familie/Gruppe/Gesellschaft         Arbeit/Wirtschaft
Wohnen                              Orientierung/Information
Gesundheit/Schutz des Lebens        Verkehrsteilnahme
Freizeit/Erholung                   Natur des Raumes

Die Struktur des Gesamtplanes erlaubt es, die Eigengesetzlichkeit der beteiligten Fächer zu wahren und dennoch interdisziplinär zusammenzuarbeiten. (Lehrplan in Schleswig-Holstein, Grundschule und Vorklasse, S. 4)

„Der geographische Sachunterricht steht unter folgenden allgemeinen *Zielsetzungen:*
Die Schüler sollen lernen,
— wie man sich im Umweltraum bewußt orientiert,
— daß räumliche Bedingungen menschliches Handeln beeinflussen,
— daß menschliches Handeln auf den Raum zurückwirkt,
— daß die Erdräume ständigen Veränderungen unterliegen,
— daß Karten als Informationsquellen und Orientierungshilfen zu nutzen sind.

Der geographische Sachunterricht konzentriert sich fast immer auf kleinste, in sich homogene Standorteinheiten verschiedener Integrationsstufen (sogenannte *Geotope*). Die Arbeit an repräsentativen Geotopen und ihren Teilen ermöglicht den Schülern eine gründliche Durchdringung der Sache und sichert ihnen den geistigen Zugang zu den entsprechenden Verbreitungsmustern. In allen Lerneinheiten wird der Wechselbezug zwischen Mensch und Raum direkt oder indirekt deutlich, wobei die Funktionen und Probleme sowie die Entwicklung eines jeden Kleinstraumes im Mittelpunkt des Unterrichts stehen, während Fragen der äußeren Erscheinung nur nach Bedarf einbezogen werden. Auf naturgeographische Grundphänomene wurde nicht verzichtet. So wird auf induktivem Wege eine erste Einführung in den *Raum der Heimat* geleistet, dabei jedoch auch weit über die Landesgrenzen hinausgegriffen.

Das sachorientierte *Gespräch* und der *handelnde Umgang* sind methodischer Kern des geographischen Sachunterrichts. Als Arbeitsgrundlagen empfehlen sich neben Unterrichtsgängen o. ä. (originale Begegnungen) vor allem thematische Dia-Reihen, Filme, Sachtexte und Hörbilder, Modelle und Detailkarten.

Die Fähigkeit, mit der Karte umzugehen und der Erwerb topographischen Grundwissens erwachsen aus der Arbeit an den Geotopen und ihren Verbreitungsmustern." (a. a. O., S. 5)

Einige Beispiele aus dem Themenbereich „Freizeit/Erholung" des Teilbereiches „Gesellschaft" soll die Ziele des geographischen Sachunterrichts konkretisieren, zugleich aber die überfachliche Integration exemplarisch darstellen:

TB: F r e i z e i t / E r h o l u n g

☐ **2.06 LE Freizeitgestaltung**

Lz:
SSs 1. verschiedene Freizeitmöglichkeiten aufzählen und untersuchen, ob man selber zu ihrer Gestaltung beitragen kann,
2. Konsumentenhaltung abbauen und Beispiele erstrebenswerter Freizeitgestaltung nennen,
3. an einem Beispiel üben, wie man mit Freunden gemeinsame Unternehmungen plant,
4. Sendungen im Fernsehprogramm kritisch auswählen.

Dieser LE liegt die Vorstellung zugrunde, daß freie Zeit erst Freizeit ist, wenn sie gestaltet wird; sonst bleibt Freizeit leere Zeit, die sinnlos vertan wird. Wer Freizeit gestalten will, muß sich etwas einfallen lassen. Dazu braucht er Selbstbesinnung, Ruhe und Phantasie. Er muß Aktivitäten entwickeln, sich Mühe machen, sich engagieren.

## 2.07 LE Schwimmbad

Lz:
SSs 
1. die Bedeutung des Schwimmbades als Freizeiteinrichtung erläutern,
2. ein Schwimmbad auf dem Ortsplan lokalisieren und die Lage beurteilen,
3. die Ausstattung des Bades ermitteln und benennen,
4. den Plan eines Schwimmbades lesen und anfertigen.

In Form eines Unterrichtsganges oder einer Einzelerkundung werden Informationen beschafft. Man kann eine Benutzungsordnung vervielfältigen und diese zur Diskussion stellen.

## 2.08 LE Stadtpark

Lz:
SSs
1. Spielmöglichkeiten im Stadtpark aufzählen,
2. freie und verbotene Rasenflächen erkunden,
3. Funktionen wichtiger Parkanlagen (Spielplatz, Teich, Ruheplatz usw.) erkennen und erklären,
4. einen Park mit Darstellung auf dem Stadtplan vergleichen.

Ein Unterrichtsgang mit vorher formulierten und verteilten Beobachtungsaufträgen (Freizeitaktivitäten für Kinder, für ältere Menschen ...) führt zur Verarbeitung im Gespräch und zur Arbeit am Stadtplan.
Dahm, C. Hrsg., 1973 (a. a. O., S. 32/33)

### *1.2.4.5 Kurzanalyse der Lehrpläne*

Die kurze Vorstellung der Lehrpläne für den grundlegenden Erdkundeunterricht einiger Bundesländer zeigt folgendes:

a) Die Neuorientierung der Fachwissenschaft Geographie hat über die Fachdidaktik Eingang gefunden in die Lehrpläne und Richtlinien. Traditionelle Prinzipien wie „Vom Nahen zum Fernen" oder der Vorrang der physischen Geographie wurden über Bord geworfen, statt Erwähnungsgeographie wird geographisches Funktionswissen angestrebt, das den Menschen im Raum sieht, seine Fragen an den Raum, die Antwort des natürlichen Raumes und damit die Verantwortung des Menschen.

b) Die Auffächerung des Sachunterrichts in der Grundschule ist nach wie vor umstritten. Einige Lehrpläne (Baden-Württemberg, Schleswig-Holstein) bevorzugen fächerübergreifende Erfahrungs- und Handlungsbereiche, andere (aus Rheinland-Pfalz, Nordrhein-Westfalen, Bayern) sind nach Fachbereichen aufgegliedert, bejahen jedoch mehrperspektivische bzw. integrierende Lehrsequenzen.

c) Das didaktische Primat der grundlegenden Erdkunde ist in allen Lehrplänen die originale Begegnung, der anschauliche Bezug zur Erfahrungswelt des Kindes. Der Unterrichtsgang als didaktisches Mittel dieser Forderung ist unumstritten und wird in einigen Lehrplänen sogar verbindlich vorgeschrieben.

d) Die Bildung geographischer Erkenntnisse und die Gewinnung geographischer Einsichten vollziehen sich an kleinen, überschaubaren Erdräumen (Geotopen) aus der Umwelt des Kindes.

e) Exemplarisches Lehren im grundlegenden Erdkundeunterricht hat in allen Lehrplänen seinen berechtigten Platz. Nur wird dem Lehrer die didaktische Entscheidung überlassen, welche Lerninhalte, welche Strukturen er für den Lernprozeß auswählt, welche nicht.

f) Die Lehrpläne orientieren sich an den Anliegen der Sozialgeographie, d. h. sie stellen Grunddaseinsfunktionen des menschlichen Lebens in den Mittelpunkt der geographischen Problem- und Handlungsfelder und sehen geographische Strukturen und Phänomene vornehmlich unter sozialgeographischen Kriterien (Wie nutzt der Mensch den Raum? Welche sozialen Funktionen erfüllt dieser Raum u. ä.).

## 1.3 Der Bezug des grundlegenden Erdkundeunterrichts zur Fachwissenschaft

Seit einem halben Jahrzehnt ist die Fachwissenschaft Geographie und mit ihr die Fachdidaktik in Bewegung geraten. „Allgemeine Geographie statt Länderkunde!" forderte A. Schultze 1970 auf dem deutschen Schulgeographentag. Die wissenschaftlichen Lehrinhalte bedürfen der Ergänzung durch gesellschaftsrelevante Probleme wie Verstädterung, Bevölkerungsexpansion, Daseinsfürsorge für morgen, weltpolitische Konflikte als Folge sozialer Spannungen u. ä. (vgl. Schultze, A., S. 225). Das Unbehagen der Fachwissenschaft über die deskriptive Erforschung und Darstellung abgrenzbarer Erdräume erfaßte auch die Fachdidaktik, die zu einem reinen Lern- und Erwähnungsfach ohne effiziente Bildungswirksamkeit degradiert wurde. So führte diese berechtigte Kritik zu einer verstärkten Orientierung an Teildisziplinen der Allgemeinen Geographie, besonders an der Anthropogeographie und Sozialgeographie. In diesen Teilbereichen findet man solche gesellschaftsrelevante Probleme angesiedelt, an denen transferwürdige und -fähige geographische Kenntnisse, Fähigkeiten und Fertigkeiten gewonnen werden. So blieb es nicht aus, daß in die Lehrpläne aller Schulstufen sozialgeographische Komponenten einflossen und heute die Lehrplankonzeptionen bestimmen.

### 1.3.1 Der sozialgeographische Auftrag der Erdkunde

Die Sozialgeographie nahm ihren Ausgangspunkt in der Anthropogeographie bzw. Humangeographie und gelangte Ende der sechziger Jahre in der Schulgeographie zum Durchbruch. Vor allem die Fachwissenschaftler Schaffer und Bauer

entwickelten die sozialgeographische Konzeption als Weiterentwicklung der funktionalen Anthropogeographie unter sozialwissenschaftlichen Aspekten: „Die Sozialgeographie ist die Wissenschaft von den räumlichen Organisationsformen und raumbildenden Prozessen der Grunddaseinsfunktionen menschlicher Gruppen und Gesellschaften" (Ruppert, K. /Schaffer, F., S. 191).
Das Hauptinteresse der Sozialgeographie richtet sich demnach nicht auf die Physiognomie der Landschaft, sondern zielt auf soziale Gruppen bzw. auf die Gesellschaft „in ihrer räumlichen Aktivität mit ihren Verhaltensweisen und den von ihnen ausgehenden raumbildenden Prozessen und Funktionen" (Ruppert/Schaffer, S. 191).
Es darf aber nicht verkannt werden, daß die Schulgeographie schon immer bis zu einem gewissen Grad sozialgeographische Ziele verfolgt hat, weil sie die Mensch-Raum-Beziehungen auch in den Mittelpunkt länderkundlicher Betrachtungen gestellt hat.
Allerdings wurden noch nie so klar räumliche Muster und raumbildende Prozesse der Grundfunktionen menschlicher Existenz herausgearbeitet wie durch die Sozialgeographie. So wurden menschliche Grunddaseinsfunktionen herausentwickelt, die stärker als bisher das Wirken des Menschen bzw. der menschlichen Gruppen im Raum (in sozialen Räumen) berücksichtigen.
Wir wollen diese Grunddaseinsfunktionen in einer Kurzdarstellung vorstellen:

1. Sich fortpflanzen und in Gemeinschaft leben:
Bevölkerungsexplosion in verschiedenen Räumen — Tragfähigkeit der Erde— Reserveräume — Gesellschaftliche, wirtschaftliche und menschliche Probleme in den großen Ballungsräumen (bereits in der Unterstufe in Angriff zu nehmen, ebenso die Frage, welchen sozialen Gruppen der Schüler angehört)
— Staat, Nation, Volk heute und morgen — Bündnissysteme der Weltpolitik
— die Sicherung des Weltfriedens in einer bipolaren und polyzentrischen Welt.

2. Wohnen:
Seßhafte Völker und Nomaden — Mobilität und moderner Nomadismus — Städteplanung — Wohn- und Trabantenstädte.

3. Arbeiten:
Die Arbeit des Menschen in verschiedenen Zonen und in verschiedenen Wirtschaftsbereichen als Leitthema des Länderkundeunterrichts der Unter- und Mittelstufe — Was will ich werden, wo will ich einmal arbeiten? (besonders Unterstufe) — Existenzfragen der Industriegesellschaft.

4. Sich versorgen und konsumieren:
Woher stammen die Güter unseres täglichen Bedarfs? (Unter- und Mittelstufe) — Probleme der Weltwirtschaft — Der Normalverbraucher (Zusammenhänge zwischen Massenproduktion, Konsum, Konformismus, Werbung in der modernen Wirtschaft).

5. Sich bilden:
Die Zukunft der Bildungsinstitutionen (räumliche Konzentration, fachliche Spezialisierung).

6. Sich erholen:
Strukturelemente und sozialer Wandel in Fremdenverkehrsorten — Freizeit und Freizeitindustrien.

7. Verkehrsteilnahme:
Die Überwindung der Entfernungen (die Entwicklung des Personen-, Waren- und Nachrichtenverkehrs) — Transportbelastung verschiedener Güter in verschiedenen Räumen — Schiene und Straße.
(vgl. Hausmann, W., S. 9—11)

Diese Funktionsfelder haben auf breiter Basis Eingang gefunden in die Lehrpläne der verschiedenen Schularten. Der Grundschullehrplan des Landes Bayern sieht in diesen Grunddaseinsfunktionen vorrangige Lehraufgaben, die im Unterricht soziale Räume und menschliche Aktivitäten in diesen Räumen in den Erfahrungshorizont des Schülers rücken, Fragen an sie richten und Probleme in ihnen erkennen und erste Erkenntnisse und Einsichten an ihnen gewinnen lassen sollen.

Dies geschieht in Abgrenzung zum Geographieunterricht der Orientierungsstufe und Hauptschule. Während auf der Orientierungsstufe diese sozialen Räume als räumliche Einheit in ihrer inhaltlichen und strukturellen Kompliziertheit mit Methoden und Kenntnissen der analythischen Raumbetrachtung ins Bewußtsein der Schüler gebracht und von ihnen erfaßt werden, bleibt der erdkundliche Grundschulunterricht primär im propädeutischen Feld: Anbahnen, Wecken, Erfahren lassen, Heranführen, Steigern (des Problembewußtseins) sind Grundforderungen zur Erschließung psychischer Fähigkeiten und Funktionen beim Kind (Fragen, Vermuten, In-Frage-Stellen, Untersuchen, Beobachten, Urteilen, Schließen, *Verbalisieren,* Symbolisieren, problemlösendes, operatorisches und kreatives Denken), die gerade durch den sozialgeographischen Schwerpunkt des fachlichen Bereichs Erdkunde erfüllt werden können.

Die fachwissenschaftliche und fachdidaktische Orientierung der Schulgeographie an der Sozialgeographie erfordert neue Zielsetzungen in den Lerninhalten, die diese Grunddaseinsfunktionen dem Grundschüler nahebringen sollen.

Diese Zielsetzungen können wir folgendermaßen formulieren:

1. Soziale Räume stehen im Mittelpunkt, Räume einheitlichen sozialen Handelns und Verhaltens
2. Menschliche Daseinsfunktionen entfalten sich in diesen Räumen, verändern und prägen sie in verantwortlichem bzw. unverantwortlichem menschlichem Handeln
3. Soziale Räume stehen nicht isoliert nebeneinander, sondern sind einander zugeordnet, voneinander abhängig
4. Erwerb von Verhaltensqualifikationen durch fachspezifische Darstellung geographischer Aussagen.
(vgl. Kapitel 3.1)

Das gewandelte Selbstverständnis der Erdkunde erfordert also auch ein Umdenken des Grundschullehrers in seiner unterrichtlichen Planung und Durchführung von erdkundlichen Lehrsequenzen. Viele Grundsätze, die die bisherige

Arbeit im Bereich der erdkundlichen Komponente des Heimatkundeunterrichts bestimmt haben, brauchen eine neue Struktur, eine neue Zielrichtung.

Aus diesem gewandelten Selbstverständnis der Fachwissenschaft und Fachdidaktik heraus können folgende Unterrichtsgrundsätze präzisiert werden:
1. Die *Lehraufgaben* sind die vorrangigen Ziele sinnvoller und lehrgangsmäßiger Unterrichtsarbeit. Aus den implizierten Grunddaseinsfunktionen Wohnen, Arbeiten, sich erholen, sich bilden, Verkehrsteilnahme und in Gemeinschaft leben ergeben sich alle folgenden Grundgedanken.
2. Die Umgebung von Schule und Wohnraum bleibt als regionaler Grunderfahrungsraum erhalten. Er gibt ein Angebot von Beispielen, an denen erdkundlich relevante Fragestellungen erkannt, untersucht und gelöst, an denen fachspezifische Arbeitsmethoden und Betrachtungsweisen erfahren und angewendet, an denen generelle Erfahrungen, Erkenntnisse, Einsichten und Inhalte konkret anschaulich und operativ gewonnen werden.
3. Aus den Lehraufgaben sollen jene implizierten Feinziele herausgestellt und operationalisiert werden, die nicht auf ein Stoffwissen über den regionalen Bezugsraum, sondern auf ein „Funktionswissen" und auf Gewinnung von Verhaltensqualifikationen ausgerichtet sind.
4. Forschende und vergleichende Intentionen ergeben die Notwendigkeit, daß der Blick über den regionalen Bezugsraum hinaus auf ähnliche bzw. unterschiedliche geographische Erscheinungen in anderen Regionen geworfen wird. Der vergleichende Ausblick macht auch nicht vor Grenzen halt, er umfaßt die ganze Erde.

Beispiel: Wie wir wohnen
Wie Menschen im Norden der Erde wohnen (Eskimo)
Wie Menschen in Afrika, in Australien wohnen und warum auf diese Art?
(Vorsicht vor Klischeevorstellungen)

Diese Vergleiche sollen dem Schüler zeigen, daß sich Daseinsfunktionen entsprechend räumlicher Verhältnisse entfalten und diese Gegebenheiten nicht ohne weiteres auf andere Räume übertragbar sind.
5. Dem sozialgeographischen Auftrag muß innerhalb des erdkundlichen Sachunterrichts eine zentrale Stellung eingeräumt werden. Seine Inhalte sind Problemfelder mit realem Vergangenheits-, Gegenwarts- und Zukunftsbezug.
6. Topographische und geomorphologische Bereiche bilden keine eigenen Lehraufgaben. Aus dem sachlichen Zwang der Daseinsfunktionen ergeben sich organisch diesbezügliche Kenntnisse und Begriffe.

Beispiele: Das Leben im Gebirge — im Tiefland ist es anders
Raummarkante Punkte:
Berg, Tal ...

7. Das Lernen und Einüben fachspezifischer Arbeitsformen erfolgt unter dem Aspekt der Gewinnung von relevanten Verhaltensqualifikationen und wissenschaftsorientierten Arbeitsmethoden. Die einzelnen Arbeitsformen werden später an konkreten Beispielen noch genauer untersucht.

a) Anzustrebende Verhaltensqualifikationen sind (kognitive Lernziele):
— Das Leben in sozialen Räumen erfordert Kooperation in allen Zweigen des Lebens
— ein ausgebildetes Bewußtsein der Lagebeziehungen
— eine Vorstellung von Distanzen
— Einsicht in das enge Zusammenspiel von Gesundheit, körperlicher und geistiger Leistungsfähigkeit und räumlicher Umwelt
— Verantwortungsgefühl und -bewußtsein für die Lebensbedingungen der eigenen Umwelt
— Problembewußtsein gegenüber geographischen Erscheinungen und gesellschaftsrelevanten fachlichen Aufgaben.

b) Relevante geographische Arbeitsformen (instrumentale Lernziele):
— Planmäßiges Beobachten, Beschreiben (Verbalisieren) und Vergleichen geographischer Erscheinungen und Vorgänge anhand von Unterrichtsgängen, Modellen (Sandkasten), Reliefs, Bildern, Fernsehfilmen, Filmen und Zeichnungen
— Hypothesenbildung, Überprüfung durch Verifizieren und Falsifizieren
— Lesen, Anfertigen, Zeichnen und Vergleichen von Skizzen, Schaubildern, Tabellen, Plänen und Karten. Diese Arbeitsformen dürfen nicht nur auf die Lehraufgabe VII „Orientierung im Raum" beschränkt sein, sondern müssen durchgängig in allen Lehraufgaben eingesetzt werden.

**1.3.2 Geotopen als ideale Raumeinheiten für elementaren Erdkundeunterricht**

Räumliche Aktivitäten und raumbildende Prozesse des Menschen bzw. menschlicher Gruppen sind an den geographischen Raum gebunden. So gesehen muß der grundlegende Erdkundeunterricht auch von Räumen ausgehen, die zur Klärung des Mensch-Umwelt-Verhältnisses beitragen. Dabei müssen für die Grundschule Raumbeispiele gewählt werden, die für das Kind wirklichkeitsnah und überschaubar sind. Pollex fordert dies aus fachdidaktischen und entwicklungspsychologischen Gründen nachdrücklich: „Die unterrichtliche Behandlung eines Erdraumes hängt nicht unwesentlich von seiner Größe ab; denn die Größe des Raumes und die Ausführlichkeit der Behandlung befinden sich bei Zugrundelegung der gleichen unterrichtlichen Zeitspanne in einem reziproken Verhältnis: ein großer Erdraum vermag nur knapp dargestellt zu werden, ein kleiner dagegen ausführlich. Je knapper jedoch die Darstellung wird, desto schwächer auch der Gehalt an greifbaren Tatsachen, desto stärker das Abstrakte, Generalisierte.

Daraus folgt für die Geographie in der Grundschule die didaktische Notwendigkeit, sich Erdräumen zuzuwenden, die so klein wie nur irgend möglich gehalten sind" (Pollex, W.: Die Geographie in der Grundschule, S. 245).
Im Erfahrungsbereich des Grundschülers liegen eine ganze Reihe solcher geographischer Kleinräume, die nach sinnvollen geographischen Strukturen bzw. sozialgeographischen Phänomenen aufgebaut sind:

Beispiele

| Geotopen | geographische Struktur | sozialgeographisches Phänomen |
| --- | --- | --- |
| 1. Schulhaus | Standort<br>Lage und Distanz<br>innerer Aufbau | Wie weit haben die Kinder unserer Klasse zur Schule? (Schulweg)<br>Das Schulhaus ist größer als ... |
| 2. Naherholungsgebiet | natürliche Landschaftsformen:<br>Hügelland, Wald, Flußufer, See, Park, Naturschutzgebiet u. ä. | Menschen brauchen Erholung<br>Die Natur bietet Erholung durch ...<br>Der Mensch nutzt den Raum und gestaltet zusätzliche Erholungsmöglichkeiten:<br>Badesee, Vita-Parcours, Wanderwege u. ä. |
| 3. Kiesgrube | geomorphologischer Aufbau<br>Bedeutung der Bodenschichten | Wirtschaftliche Nutzung<br>sinnvolle Umgestaltung nach Stillegung, z. B. Badesee, Grillplatz u. ä. |
| 4. Wohnung | Wohnhaus in der Landschaft —<br>Prinzip der Planung<br>Abhängigkeit des Wohnhauses von geographischen Faktoren wie Klima, Bodenbeschaffenheit, Grundwasser | Die Wohnung als abgegrenzter Lebensraum des Menschen<br>Die Auswirkung der Wohnung auf andere Lebensbedürfnisse des Menschen<br>Unterschiedliche Wohnansprüche<br>Wohnansprüche können nicht immer erfüllt werden, Bezug zur wirtschaftlichen Komponente |
| 5. Dorf | Abhängigkeit der Ansiedlung von geographischen Faktoren:<br>Nähe eines Flusses, Platz für landwirtschaftliche Nutzung, Bauentwicklung u. ä.<br>Standorte für Industrieanlagen, Versorgungs- und Erholungseinrichtungen | Wohnen im Dorf<br>Minimales Angebot an Arbeitsplätzen<br>Kulturelle Aktivitäten im Dorf<br>Angebot an Dienstleistungen, Freizeiteinrichtungen, kulturelle Einrichtungen |

| Geotopen | geographische Struktur | sozialgeographisches Phänomen |
|---|---|---|
| 6. Spielplatz | Standortbestimmung in Abhängigkeit geomorphologischer Beschaffenheit Landschaftsgebundenheit | Spielbedürfnisse der Kinder Verschiedene Modelle: traditioneller Kinderspielplatz — Abenteuerspielplatz Spiel- und Verhaltensregeln auf dem Spielplatz |
| 7. Bushaltestelle | Standortfaktoren: übersichtliche Landschaftsstruktur, nicht am Berg oder direkt an einem Fluß u. ä., geräumiges Areal, Wetterschutz | Entfernung Bushaltestelle — Wohnung, zentrale Lage der Haltestelle, Verkehrssicherheit, Möglichkeiten eines geordneten Ein- und Aussteigens |
| 8. Einkaufsstraße (Fußgängerzone) | Lage und Distanz im bzw. zum Wohnraum breite Fußgängerzone Zufahrt für Versorgungsautos | Vergleich von Wohn- und Einkaufsstraße Vorteile einer Einkaufsstraße Vergleich von Geschäften, die in einer Einkaufsstraße bzw. an der Peripherie des Wohnviertels liegen |
| 9. Campingplatz | Lage und Distanz zu Wohngebieten Beschaffenheit des geographischen Raumes: ebenes Areal, Baumbestand, Windschutz, genügend Wasser, Nähe eines Sees bzw. eines Flusses u. ä. | Menschen suchen Erholung natürliche und vom Menschen geschaffene Erholungsmöglichkeiten, individuell nutzbares Angebot soziale und wirtschaftliche Bedingungen und Wirkungen Umweltschutz |
| 10. Straßenbau | Veränderung der Landschaft: Erdbewegungen, Reduzieren des Baumbestandes u. ä. Veränderung im ökologischen Gleichgewicht, z. B. Senkung des Grundwasserspiegels, Brechen einer Waldschneise | Schnellere und sichere Bewegung im Raum Verbindung von sozialen Räumen und damit Austausch von Waren, Dienstleistungen, Bildungsangeboten u. ä. |

Diese Beispielreihe kann noch beliebig erweitert werden (Parkplatz, Bauernhof, Industrieanlage, Bahnhof, Flugplatz, Parkplatz, Marktplatz, Berg, Stromschlinge, Steilküstenabschnitt usw.).
Aus der bisherigen Aufstellung ist ersichtlich, daß sich die Größe solcher Geotopen zwar in Grenzen halten, im einzelnen jedoch unterschiedlich groß sind. Dies spielt jedoch für das Erlernen fachspezifischer Denkweisen wie Typisieren, Problematisieren und Generalisieren keine bedeutende Rolle.

Damit Geotope als geographische Einheitsformen und Transfermodelle für ähnliche geographische Phänomene vom Grundschüler besser erfaßt und die erwähnten fachspezifischen Denkweisen an diesen Phänomenen überdauernd gewonnen werden können, ist es notwendig, sie nach folgenden Gesichtspunkten zu untersuchen (in einer Art didaktischer Analyse), bevor aus ihnen entsprechende Themen und Inhalte herauswachsen (vgl. dazu auch Pollex, W., S. 246 bis 252):

1. Der Geotop weist eine vertikale Integration von Fakten der verschiedenen allgemein-geographischen Disziplinen auf.

   Beispiel:

Dorf

| | |
|---|---|
| Siedlungsgeographie: | Warum eine Ansiedlung in dieser Landschaft? |
| Agrargeographie: | Eignet sich die Landschaft für eine effektive agrarische Nutzung? |
| Vegetationsgeographie: | Nutzpflanzen in dieser Landschaft |
| Sozialgeographie: | Erfüllung der Lebens- und Daseinsbedürfnisse des Menschen im Dorf |
| Verkehrsgeographie: | Verkehrslage des Dorfes — Anschluß an wichtige soziale Räume |

2. Ein Geotop muß sowohl in seiner Physiognomie als auch in seinem Funktionsgefüge erfaßt werden, wobei der Schwerpunkt im funktionalen Bereich liegt: Aufspüren der Wechselbeziehungen von Geofaktoren und Humanfaktoren. Physiognomische Phänomene fließen zwanglos und sinnvoll in die funktionale Betrachtung ein.

**Unterrichtsbeispiel: Möchtest du in einem Hochhaus wohnen?**

2. Jahrgangsstufe

| **physiognomische Phänomene** | **Funktionsgefüge** |
|---|---|
| a) Standort in der Landschaft<br>b) Grundriß des Hochhauses<br>c) Größe und Form des Gebäudes<br>d) Einteilung des Gebäudes | a) Im Hochhaus wohnen viele Menschen dicht nebeneinander<br>b) Das Hochhaus verfügt über Gemeinschafts- und Versorgungseinrichtungen<br>c) Spiel- und Erholungsmöglichkeiten sind begrenzt<br>d) Vergleich einer Wohnung im Parterre und im 10. Stock |

| physiognomische Phänomene | Funktionsgefüge |
|---|---|

    e) Vergleich einer Wohnung im Einfamilienhaus und im Hochhaus
    f) Wirtschaftliche Vorzüge einer Wohnung im Hochhaus.

3. Geotopen müssen einer genetischen Betrachtungsweise unterzogen werden. Geographische Phänomene und Strukturen sind nicht statisch, sondern unterliegen einem genetischen Prozeß. „Genetische Betrachtung heißt nicht Einordnen des Geschehens in einen großen Zeitstrom, sondern Erkenntnis der Zeitetappen eines Einzelvorgangs . . ." (Pollex, W., S. 247).
Geotopen verfügen neben den Kategorien Form, Gefüge, Funktion auch über die Dimension Zeit. Geographische Objekte sind also nicht statische Raumgebilde sondern raum-zeitliche Erscheinungsformen. Beim Bau einer Talsperre, eines Wohnviertels, einer Verkehrsdrehscheibe u. ä. muß die genetische Betrachtungsweise hinzukommen.

**Unterrichtsbeispiel: Im Rodetal wird eine Talsperre gebaut**

4. Jahrgangsstufe

**I. Lernziele**

1. Erkenntnis, daß eine neue Talsperre die Landschaft verändert: neuer Wasserkörper — erhöhte Verdunstung — verändertes Regionalklima — anderer Grundwasserstand — veränderte Anbaumöglichkeiten — Bewässerung
2. Einsicht in die veränderten Wohn- und Erholungsbedingungen: eventuell Umlegung von Siedlungen — Neubau von Wohngebieten — Hochwasserschutz — Möglichkeiten für Wassersport — Ausbau der Fremdenverkehrsindustrie
3. Erkenntnis, daß sich die Verkehrsbedingungen ändern
4. Erkenntnis, daß Wasserkraft industriell genützt werden kann (Kraftwerk, Industrieanlage, z. B. Holzverarbeitung).

**II. Didaktisch-methodische Verlaufsplanung**

*1. Problemgewinnung*

    — Natürliche Lage des Rodetales als Modell in Sandkasten, Bildmaterial bietet sich für eine Talsperre an
    — Bezug des Umlandes zum Rodetal: Trinkwasserversorgung

*2. Raum- und Situationsanalyse*

1. Teilziel:
Warum wird im Rodetal eine Talsperre gebaut? Informationen durch Befragung: Aussagen der Umlandbewohner und Kommunalpolitiker, Statistiken über den Wasserverbrauch und die Energiequellen dieser Landschaft
2. Teilziel:
Wohin würdest du die Talsperre bauen? Planspiel mit Modell, Kartenskizzen, Verifizierung bzw. Falsifizierung durch reale Baupläne
3. Teilziel:
Verändert eine Talsperre die Landschaft?
Zukunftsprognose, Vergleich mit ähnlichen schon fertigen Projekten

*3. Raum- und Situationsbewertung*

— Das Rodetal braucht eine Talsperre
— Abwägen der Vor- und Nachteile, die eine Talsperre bringt
— Zukunftsmöglichkeiten in der Wertung, z. B. Zunahme des Fremdenverkehrs, Steigerung des Freizeitwertes u. ä.

4. Geotopen sind keine singularen räumlichen Einheiten, sondern haben einen Verbreitungsraster im Großraum, z. B. sind Baggerseen nicht nur für das Donaugebiet typisch, sondern werden auch an anderen Flüßen gefunden. „Jede dieser Geotop-Arten hat ein Verbreitungsmuster im Großraum aufgebaut. Es ist also je ein Muster für Seen, Fabriken, Einzelhöfe, Campingplätze usf. vorhanden, das sich auch kartographisch darstellen läßt. Da sich alle Verbreitungsmuster in einem größeren Erdraum überlagern, ist das Bild eines Raummosaiks durchaus zutreffend; denn die Summe aller Muster nähert sich dem strukturierten Gesamtinhalt eines Großraumes, z. B. Bayerns" (a. a. O. S. 247).
Dem grundlegenden Erdkundeunterricht, bzw. dem Lehrer, der grundlegende Erdkunde unterrichtet, müßte es gelingen, mit der Darstellung und Bearbeitung eines Geotops auch die übrigen Geotopen desselben in Griff zu bekommen bzw. die Schüler so zwangsläufig in die Physiognomie, Ökologie, sozialgeographische Funktion und in die Genese größerer Räume einzuführen.

5. Der Geotop ist zunächst aus der unmittelbaren Erfahrungswelt des Kindes genommen, kann aber, nachdem die Umwelt des Kindes heute vielfache Bindungen nach außen besitzt, über die unmittelbare Erfahrungswelt hinaus auch „fremdländisch" sein, wenn das Kind durch Erlebnisse und Konfrontation mit ihnen Verbindung hat, z. B. Waren aus Japan, Orangen aus Israel, Menschen in fremden Ländern wohnen anders u. ä.

**Unterrichtsbeispiel: Wie Menschen in fremden Ländern wohnen**

2. Jahrgangsstufe

| Didaktisch-Methodische Absicht | Stoffliche Abfolge | Arbeitsformen und -mittel |
|---|---|---|
| *1. Initialphase* | | |
| 1.1 Reorganisation vorhandenen Wissens | Dia eines Wohnzeltes | Diaeinsatz |
| Verbalisieren der Vorkenntnisse | SS: Das Zelt als Urlaubswohnung Wir haben ein kleines Zelt im Garten aufgestellt... | gemeinsames Gespräch |
| 1.2 Problematisierung | L: Stell dir vor, du müßtest das ganze Jahr über im Zelt wohnen! | |
| Abwägen der Vor- und Nachteile des Zeltes als Dauerwohnung | SS: Platz gering, wenig Schutz gegen Kälte, nicht so stabil... | |
| 1.3 Zielorientierung | L: Es gibt viele Menschen, die das ganze Jahr über in Zelten wohnen | |
| | SS: Indianer in Südamerika, Beduinen in der Wüste | |
| | L: Menschen in anderen Ländern leben in anderen Wohnungen als wir. Warum leben Menschen in anderen Wohnungen als wir? | Tafelanschrift |
| *2. Stufe der Problemlösung* | | |
| 2.1 Meinungsbildung — über die Wohnarten — über die Gründe dieser Wohnarten | SS: Beduinen können in der Wüste keine Häuser bauen, weil... Eskimos bauen ihre Häuser aus „Schneesteinen"... | |
| genannte Wohnarten werden durch Wortkarten fixiert | | Einsatz von Wortkarten mit Wohnarten wie Iglu, |

| Didaktisch-Methodische Absicht | Stoffliche Abfolge | Arbeitsformen und -mittel |
|---|---|---|
| | | Lehmhütte, Hausboot |
| 2.2 Lösungsplanung | L: Was kann uns bei unseren Fragen helfen: In welchen Wohnungen leben Menschen in anderen Ländern? Warum leben sie in solchen Wohnungen? SS: Bilder, Erzählung, Film... | |
| 2.3 Lösungsvollzug Dias und Filmeinsatz mit verschiedenen Wohnarten Erarbeitung anhand kurzer Lehrererzählung bzw. eines Informationstextes oder Gruppenarbeit | Informationstext im Anhang | Dias Film Text auf Informationsblatt |
| 2.4 Lösungsauswertung und -überschau Verbalisieren und erste Erkenntnisbildung | SS: Die Eskimos wohnen in Iglus, weil... Beduinen in Zelten, weil... | Verbalisieren |
| *3. Stufe der Erkenntnis- und Einsichtbildung* | | |
| gemeinsames Gespräch | a) Gründe dieser unterschiedlichen Bauweise: — billiges Baumaterial — wenig Geld — Witterungsverhältnisse — Bodenverhältnisse — andere Lebensführung | Bilder Tafeltext |

| Didaktisch-Methodische Absicht | Stoffliche Abfolge | Arbeitsformen und -mittel |
|---|---|---|
| Problemausweitung | b) Wäre diese Bauweise bei uns auch möglich? Wären sie untereinander in den einzelnen Ländern austauschbar? c) In diesen Ländern gibt es auch Steinbauten, vermehrt in Städten. Auf dem Land herrschen die genannten Wohnformen vor. d) Das Leben in einer solchen Wohnung | Filmeinsatz |
| Entscheidungsspiel | In welcher Wohnung möchtest du gern wohnen? Begründe! | Arbeitsblatt |
| *4. Anwendungsstufe* | | |
| 4.1 Schließen des Problemkreises | L: Du weißt jetzt, warum wir im Urlaub in Zelten wohnen können | |
| 4.2 Transfer Bildeinsatz Verbalisieren | L: Wohnen in einer Höhle? L: Auch Häuser sind verschieden, z. B. Landhaus in Spanien, in Norwegen | Bilder |

INFORMATIONSBLATT

I. Solche Wohnungen gibt es noch auf der Welt:

**Wie und warum Menschen in fremden Ländern anders wohnen**

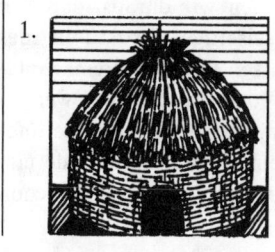

1. In Afrika gibt es heute auch viele moderne Städte. Im Urwald und in der Savanne leben jedoch noch viele Menschen in Hütten. Die Hütten wurden aus Material gebaut, das die Menschen im eigenen Land vorfinden: Lehm, Äste, Bambus, Palmzweige und Steppengras.

2. Eskimos, die im Norden unserer Erde wohnen, bauen ihre Iglus aus Eisblöcken. Diese Eisblöcke sind billig und geben dem inneren Raum viel Wärme.

3. In Wüsten und trockenen Gebieten leben die Menschen in Zelten. Sie ziehen mit ihren Viehherden von Weideplatz zu Weideplatz. Deshalb brauchen die Menschen Wohnungen, die sie leicht ab- und wieder aufbauen können.

4. Vor allem in Afrika und Asien finden viele Menschen keine Wohnung auf dem Land. Deshalb hat man schon früher Hausboote gemacht, die weniger Platz einnehmen als ein festes Haus.

II. Warum leben die Menschen in solchen Wohnungen?
Lies den Text genau durch und unterstreiche Gründe für eine solche Wohnform!

6. Geotope sind aus der Umwelt entnommen und enthalten deshalb auch natürliche, soziale, gesellschaftliche und kulturelle Bezüge und Faktoren, die nicht isoliert voneinander behandelt werden können. Wenn Pollex von einem „umweltimmanenten Wirkungsgefüge" spricht, das die Umweltobjekte intensiv miteinander verbindet (a. a. O., S. 251), so schließen wir daraus, daß sich über solche bereits benannten Geotope wechselseitige Strukturen des „Mensch-Raum-Natur-Zeit-Bezuges" aufdecken lassen und somit einer integrativen Didaktik in Heimat- und Sachkunde das Wort sprechen. Wir werden in Kapitel 3.4 noch gesondert auf das Problem und die Aufgabe eines integrativen (mehrperspektivischen) Unterrichts in Heimat- und Sachkunde eingehen. Einige kurze Beispiele sollen diesen integrativen Ansatz hier schon verdeutlichen:

| Geotop | Lerninhalte | Fachbereiche |
| --- | --- | --- |
| 1. Altstadt | — Funktionsbeschreibung der Altstadt<br>— Wohnungsprobleme in der Altstadt, z. B. Entvölkerung, Sanierung, Ghettosituation<br>— Wie die Altstadt vor 200, 500 Jahren aussah | Erdkunde<br>Soziallehre<br>Geschichte |
| 2. Neubaugebiet | — Lage des Neubaugebiets<br>— Verkehrsverbindungen zum Ort und zu anderen Orten<br>— Spiel-, Erholungs- und Versorgungsmöglichkeiten<br>— Vergleich von Neubaugebiet und altem Ortskern | Erdkunde<br>Verkehrserziehung<br>Geschichte |
| 3. Aussiedlerhof | — Lage und Einteilung des Betriebes<br>— Arbeitsablauf an einem Tag<br>— Mechanisierung und Spezialisierung des landwirtschaftlichen Betriebes<br>— Vergleich mit einem Hof im Ortskern | Erdkunde<br>Wirtschaftslehre<br>Geschichte |
| 4. Moorland (Riedland) | — geographische und biologische Eigenarten des Moors (des Riedes)<br>— Vegetationsformen des Moors<br>— wirtschaftliche Nutzung<br>— Torfstechen vor 100 Jahren | Erdkunde<br>Biologie<br>Wirtschaftslehre<br>Geschichte |

Wir wollen abschließend noch einmal auf die Forderung von Pollex hinweisen, daß sich der Erdkundeunterricht der Grundschule Erdräumen, also Geotopen, zuzuwenden hat, die so klein wie möglich und deshalb überschaubar, strukturierbar sind und damit der kindlichen Raumauffassung entsprechen. Demnach können in der 1. und 2. Jahrgangsstufe auch unselbständige Geotope wie ein Radweg, eine Straßenkreuzung, Kirche, Rathaus, Hochhaus, Zoologischer Garten u. ä. im Erdkundeunterricht die Mensch-Raum-Beziehung andeuten, elementare geographische Denk- und Arbeitsweisen anbahnen und problemorientierten Unterricht initiieren.

## 2. Entwicklungspsychologische Grundlagen und erziehliche Aufgaben der grundlegenden Erdkunde

Eine der schwierigsten und differenziertesten Fragestellungen der Fachdidaktik Geographie gilt der Entwicklung des Raumverhältnisses des heranwachsenden Menschen. Es ist bezeichnend für die Fachdidaktik, daß in den letzten Jahren der Schwerpunkt mehr auf Problembereichen wie „Neuorientierung der Geographie" oder „lernzielorientierter Geographieunterricht" lag als auf der Weiterentwicklung von Untersuchungen zur Raumerfassung, zum Raumverständnis und damit zum räumlichen Denken des Kindes.

Wer sich mit dieser Fragestellung befaßt, muß auf Untersuchungen bzw. Veröffentlichungen zurückgreifen, die schon Jahre bzw. Jahrzehnte zurückliegen oder auf der Basis neuer entwicklungspsychologischer Erkenntnisse eigene Untersuchungen anstellen, die dann erst noch einer wissenschaftstheoretischen Überprüfung standhalten müssen. Wir wollen zum besseren Verständnis der psychologischen Grundlagen des Grundschulkindes bzw. der psychologischen Voraussetzungen des Erdkundeunterrichts beides tun:

a) grundlegende Untersuchungen zum „Kind-Raum-" bzw. „Kind-Landschafts-Verhältnis", wie sie Stückrath, Hansen und Sperling angestellt haben, kurz vorstellen und

b) Untersuchungen in Grundschulklassen auf der Grundlage der modernen Entwicklungspsychologie einbringen (vgl. Engelhardt, W. D./Glöckel, H. S. 103 ff., Stückrath, F., S. 28 ff., Sperling, W., S. 23 ff.).

### 2.1 Das Verhältnis des Kindes zum Raum und zur Landschaft

#### 2.1.1 Der Raum im Schulalter

*F. Stückrath* weist anhand konkreter und praktischer Orientierungsspiele nach, daß Einsichten und Verhaltensweisen, die das Kind im *Ichraum* (2.—6. Lebensjahr) gewonnen hat, im *Laufraum* (7.—15. Lebensjahr) weiter differenziert werden (a. a. O. S. 28 ff.)

Der grundlegende Pflegeraum des Kindes (Familie) wird verlassen, die Umwelt des Wohnhauses und des Wohnviertels wird im Spiel erkundet, Erfahrungen über die Ferne bilden sich ungeläutert durch Reisen und entsprechende Medien.

Innerhalb dieser Differenzierung des Laufraumes sieht Stückrath drei Stufen der Gewinnung einer exakten Raumvorstellung:

a) 1. Stufe: Die dynamische Ordnung (7.—8. Lebensjahr)
Das Kind steht in einer dynamischen Spannung zum Raum. Einzelne geographische Phänomene werden als hervorragende Objekte bzw. Plätze erfaßt, ohne

daß sie in einem funktionalen Zusammenhang und einer räumlich-ganzheitlichen Konstellation stehen. Umfassende und planmäßige Orientierung im Raum ist noch nicht möglich.

b) 2. Stufe: Die gegenständliche Ordnung (9.—11. Lebensjahr)
Der Raum löst sich aus der Bewegung und ichbezogenen Einzelperspektive und wird gegenständlich objektiviert, d. h. das Kind fixiert räumliche Phänomene, setzt sie linear in einen geographischen Gesamtzusammenhang und kann sich planvoll orientieren. Aus subjektiver Meinung wird ein begründetes Urteil über räumliche Phänomene und geographische Probleme. Allerdings bereitet ein Standortwechsel noch Schwierigkeiten in der Auffassung der damit verbundenen räumlichen Veränderungen.

c) 3. Stufe: Die figurale Ordnung (12.—15. Lebensjahr)
Die gegenständliche Auffassung des Raumes wird ausdifferenziert in ein figurales Raumgebilde. Erhebungen, differenziertes Wegnetz, Richtungsänderungen und Entfernungen werden jetzt erkannt und in Beziehung gesetzt. Dies bedeutet auch, daß der Heranwachsende jetzt über ein Ortsbewußtsein verfügt und sich auch ohne anschauliche Grundlage auf der verinnerlichten Stufe orientieren kann. Er vollzieht gedankliche Raumbeschreibungen nach, kann Wege aus dem Gedächtnis heraus beschreiben und zeichnen.

Die stufenweise Entwicklung des räumlichen Denkens, wie sie Stückrath darstellt, ist nach Erkenntnissen der modernen Entwicklungspsychologie nicht mehr in dieser strengen Differenzierung haltbar. Diese Entwicklungsstufen sind vielmehr durchgängig, überlagern sich und können durch entsprechende Konditionierung eher durchschritten werden. So konnten wir in der 2. Jahrgangsstufe feststellen, daß Achtjährige schon mit der linearen Darstellung einer Raumbewegung beginnen, z. B. die Wanderung von A-Dorf nach B-Dorf. Auf dieser Stufe kann der Schüler auch bereits mit der Umstrukturierung hervorragender geographischer Objekte in das Grafisch-Symbolhafte vertraut gemacht werden.

Beispiele:

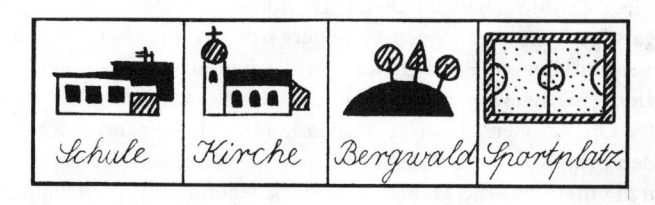

| Schule | Kirche | Bergwald | Sportplatz |

*Engelhardt* führte seine Untersuchungen mit Schülern eines 4. Jahrgangs aus Nürnberg durch. Für ihre Bewegungen im Gelände erhielten die Schüler eine Skizze der betreffenden Gegend, die verschiedene topographische Angaben, darunter auch die zu gehenden Wege und Abkürzungen enthielt. Die Ergebnisse dieses Versuchs bestätigten einerseits Befunde Fritz Stückraths, andererseits förderten sie neue Erkenntnisse über das kindliche Raumerfassungsvermögen zutage.

Der gegenwärtige Erkenntnisstand in dieser Sache läßt sich zusammenfassend etwa so kennzeichnen:

1. Die Orientierung im Raum erfolgt in verschiedenen Altersstufen nicht grundsätzlich verschieden, vielmehr sind verschiedenartige Leistungen bei gleichem Alter und gleichartige Leistungen bei unterschiedlichem Alter feststellbar. Hatte Stückrath in seiner Studie „Kind und Raum" beabsichtigt, eine Entwicklung vom 7. bis zum 15. Lebensjahr zu verfolgen, so war bei Engelhardt die Aussage für eine besonders wichtige Altersstufe, nämlich für 10jährige, versucht worden. Bei dem Versuch Engelhardts rannten die beobachteten Schüler eben noch, um einen davonhoppelnden Hasen zu sehen und merkten sich diese Stelle, im nächsten Moment suchten sie auf der Karte nach der gegangenen Abzweigung, um sich dann wieder einen auffälligen Hochsitz zu notieren. Die drei Orientierungsverhalten bzw. Orientierungskategorien gehen, so läßt der Versuch Engelhardts schließen, unmittelbar ineinander über, spielen zusammen, wechseln ab. Die Beobachter Engelhardts stellten fest, daß eine wenig differenzierte Gesamtauffassung oder Anmutung des Raumes die Orientierung jeweils leitete, bis Schwierigkeiten leistungsfähigere Leistungen verlangten, wobei besonders die Karte das figurale Durchdringen unterstützte.

2. Die Altersangabe für den Beginn der figuralen Raumerfassung — 12 Jahre — gilt nicht starr und unbeeinflußbar. Die von Engelhardt beobachteten durchschnittlich 10jährigen Schüler des 4. Jahrganges, insbesondere die Knaben, waren zu einem hohen Prozentsatz in der Lage, auf dem selbständig zu findenden Rückweg Abkürzungen vorzunehmen. Sie zeigten sich mit dieser Leistung zu einer gewissen Distanzierung vom Raum, zu einer Um- und Neustrukturierung derselben in der Vorstellung, und zu Operationen mit den erkannten Figuren fähig. Die ausgegebenen Wegeskizzen unterstützten die Objektivierung des Raumes bzw. das Koordinieren verschiedener Standorte. Die Zahl der erfolgreichen Schüler belegt deutlich, daß durch unterrichtliche Maßnahmen scheinbar festliegende geistige Voraussetzungen verändert bzw. in ihrer Variabilität sichtbar gemacht werden können. Es zeigt sich hier der nämliche Effekt, den auch Aebli im Experiment nachgewiesen hat, nämlich daß „Verschiebungen in der Strukturhöhe der Operationen" bewirkt werden können. Dieser lerntheoretische Ansatz läßt den Schluß zu, daß das Raumerfassungsvermögen der Kinder variabel ist und durch unterrichtliche Maßnahmen stark beeinflußt werden kann.

3. Je nach Komplexität eines Raumes bereitet die gedankliche Erfassung geringere oder größere Schwierigkeiten, so daß dieses Kriterium schwerer wiegt als das des Alters. Mit anderen Worten, das Raumerfassungsvermögen unserer Schüler ist eher abhängig von der Struktur des Raumes als von der Altersstufe, in der sich die Schüler befinden. Raum ist nicht gleich Raum. In der Großstadt

findet man sich schwerer zurecht als in der Kleinstadt, in einer regelmäßig angelegten Gründung orientiert man sich schneller als in den winkeligen Straßenzügen einer mittelalterlichen Siedlung, in der offenen Ebene leichter als im unübersichtlichen Hügelland, im freien Feld leichter als im dichten Wald. So beherrscht der Schüler komplexe Räume später figural, während einfachere, durchschaubare, früher objektiviert sind.

Durch diese Befunde über das Raumerfassungsvermögen der Kinder ist unser bisheriges Vorgehen bei der Einführung in das Kartenverständnis, was den zeitlichen Ansatz betrifft, neu begründet. Die Überführung des Wahrnehmungsraumes in den Vorstellungsraum, was ja eine konstitutive Teilleistung des Kartenverständnisses ausmacht, kann bereits in der Grundschule angebahnt werden. Ebenso sicher ist — und das haben die erwähnten Untersuchungen auch deutlich erwiesen —, daß sich die Aufgabe der Einführung in das Kartenverständnis nicht auf die Grundschulzeit allein beschränken läßt, wie das aus Richtlinien und Lehrplänen immer wieder hervorzugehen scheint. Der Kartenleselehrgang muß sich über die gesamte Schulzeit hinweg erstrecken.

### 2.1.2 Umwelterfahrungen als Grundlage des geographisch-räumlichen Denkens

Sperling setzt seine Kritik beim Prinzip „vom Nahen zum Fernen" an (vgl. Sperling, W., S. 23 ff.), das bis vor wenigen Jahren noch als bestimmendes Kriterium für den Aufbau von Lehrplänen und Erdkundebüchern galt. Er empfindet es als eine unpsychologische Einengung, weil „sehr vieles, was den Kindern geographisch nahe ist, ihnen zuweilen noch lange fremd ist, und vieles, was geographisch fern ist, sie schon sehr früh bewegt und beschäftigt" (a. a. O., S. 25).

Durch die Reisemobilität und die Massenmedien ist das Kind mit geographischen Phänomenen in Berührung gekommen, die es mehr ansprechen als die Lage der Kreisstadt in der Region. Das Verständnis erdkundlicher Sachverhalte ist nur vom Gegenstand selbst, von seiner Eigenart und besonderen Struktur abhängig, nicht von seiner räumlichen Nähe und Ferne. Dies verstärkt ein Versuch in einer 2. Jahrgangsstufe. Den Schülern wurden einige Ländernamen genannt, worauf sie spontan folgende Antworten gaben:

Lappland: Machen Rennen mit Rentieren, tragen bunte Mützen, wohnen in Zelten oder Holzhütten, ziehen in warme Länder

Rußland: Viel Schnee und Wölfe, Sibirien, Schneehütten, tragen Stiefel und Pelzmützen, fahren mit Schlittenhunden

Afrika: Die Menschen heißen Neger, sie wohnen in Strohhütten, sie gehen auf Jagd mit Speer und Bogen und Schild,
da wachsen Palmen, tragen Kinder auf dem Rücken

(vgl. Wagner, E., S. 6)

Die heimatliche Umwelt erfaßt das Grundschulkind nicht global, sondern vorrangig an einzelnen geographischen Phänomenen, an Gebäuden (Wohnhaus, Kirche, Bahnhof), Geschäften, Verkehr, Spielplatz, Wald und Feld, wie eine Untersuchung von 1973 nachweist (vgl. a. a. O., S. 5).

Diese Untersuchungen haben auch nachgewiesen, daß das Grundschulkind neben erdkundlichem Interesse und sporadischem geographischem Faktenwissen auch Ansätze geographischen Arbeitens mitbringt, auf denen der Lehrer systematisch aufbauen kann. Der Schulanfänger kann beobachtete Dinge zeichnerisch verständlich wiedergeben und Bildinhalte im Gespräch und in der Zeichnung entwickeln. Die Lagevorstellungen sollen nicht nur im Mathematikunterricht ausgeprägt werden, sondern sind Spezies der grundlegenden Erdkunde. Ute Moeller-Andresen gibt einige Beispiele von Lagebezeichnungen, wie sie schon in den ersten Schultagen spielerisch erworben werden können (vgl. Moeller-Andresen, S. 67/68). Sie führen geradlinig zu ersten geographischen Skizzen.

Beispiel: Mein Schulweg

## 2.2 Die originale Begegnung als psychologisches Bindeglied zwischen Kind und Lerngegenstand

Die oben genannten Stufen der Entwicklung des Raumverständnisses und die starke Bindung des Kindes an die Umwelt erfordern im Erdkundeunterricht die originale Begegnung. Roth fordert, daß das originale Kind, wie es von sich auch in die Welt hineinlebt, mit dem originalen Gegenstand, wie es seinem eigentlichen Wesen nach ist, so in Verbindung zu bringen ist, daß das Kind fragt, weil ihm der Gegenstand Fragen aufgibt, weil er eine Antwort für das Kind hat (vgl. Roth, H., S. 111 ff.).

Dies ist in erster Linie ein lernpsychologisches Moment, erst dann wird es zum methodischen Prinzip. Die moderne Entwicklungspsychologie betont den hohen Konditionierungswert des eigentlichen Gegenstandes, verglichen mit seinen Repräsentanten oder dem bloßen Reden über den originalen Gegenstand, besonders wenn die Begegnung mit dem originalen Gegenstand noch mit Handlungen verbunden ist (vgl. Oerter, R., S. 428). Das kann ein einfaches Be-greifen, Handeln oder Experimentieren sein, kann aber in Erdkunde vor allem das Erkunden der Landschaft bzw. geographischer Phänomene durch Unterrichtsgang, Wanderung, Lehrfahrt und Exkursionen mit praktischen Übungen sein.

Gerade im grundlegenden Erdkundeunterricht bieten sich genügend Möglichkeiten einer originalen Begegnung zwischen Kind und der geographischen Wirklichkeit, weil die geographischen Räume bzw. Phänomene (Geotope) sehr eng begrenzt sind und Unterrichtsgänge nicht vom Stundenplan diktiert werden wie in der Hauptschule oder anderen weiterführenden Schulen.

Die originale Begegnung bedeutet jedoch nicht nur ein bloßes Aufsuchen der geographischen Wirklichkeit, ein Anschauen und Befragen „vor Ort", sondern sie fordert die echte „Erstbegegnung" zwischen Kind und Gegenstand, Erstbegegnung im Sinne eines Problems, das der Schüler zunächst lösen muß, um das geographische Phänomen zu verstehen und geistig in Besitz zu nehmen (vgl. a. a. O., S. 113). Schmaderer berichtet von einem Lehrgang über „environmental education" (Umwelterziehung) in England, der in einem sog. „field-study-centre" stattgefunden hat. Die Kinder haben dort die Möglichkeit, in freier Feldforschungsarbeit die Landschaft, die Natur, Gebäude oder markante Punkte in der Landschaft kennenzulernen und über die originale Erkundung Verantwortungsbewußtsein für diese Landschaft und die Natur zu gewinnen. „Einmal soll gelehrt und gelernt werden *von* der Umwelt — es ist also ein erzieherischer Prozeß gemeint, der Wissen und Verständnis vermittelt für diese Umwelt — und zum zweiten ist damit gemeint ein Lehren und Lernen *für* die Umwelt — ein Erziehungsprozeß, der eine bewußte Haltung zur Verantwortung gegenüber den Problemen der Umwelt zum Inhalt hat. Und eine der Hauptaufgaben ist die Entwicklung eines „good feeling" ... Es soll also eine Liebe für die Umwelt, eine Identifizierung mit der Umwelt angebahnt und im Gefühl entwickelt werden, auf daß man sagen kann: „I am a part of the enviroment and it is a part of me" („Ich bin ein Teil der Heimat und die Heimat ist ein Teil von mir") (Schmaderer, O., S. 540). Die unmittelbare Begegnung mit der Wirklichkeit bildet nicht nur instrumentale Fähigkeiten aus, vermittelt nicht nur formale Kenntnisse über Raum und Natur, sondern trägt zur Gewinnung von Verhaltensqualifikationen bei, die zur Bewältigung von gegenwärtigen und zukünftigen Lebenssituationen gebraucht werden. Wir werden diese im Folgenden noch an Beispielen aufzuzeigen wissen.

Zunächst noch ein Wort zu Grenzen der originalen Erdkunde in der Grundschule:

Originale Erdkunde erfordert Zeit. Unterrichtsgänge müssen vorgeplant, durchgeführt und ausgewertet werden. Andere Fachbereiche beanspruchen ebenso berechtigt die für die Vielfalt der Fachbereiche und deren Stoffangebot sowieso schon zu geringe Unterrichtszeit. Ein Kompromiß könnte zugunsten der originalen Erdkunde insofern geschlossen werden, daß weniger Themeneinheiten aus den verschiedenen Lehraufgaben behandelt werden und dafür in integrierender und fächerübergreifender Sicht *ein* Thema bzw. Lerninhalt ausführlich im Sinn des „field work" oder „environmental education" erschlossen wird. Dies würde auch den Zielen eines Projektunterrichts annähernd entsprechen.

### ● Unterrichtsbeispiel: Auf dem Wochenmarkt

3./4. Jahrgangsstufe

*1. Vorbereitung der originalen Erkundung*

1.1 Erfahrungshintergrund der Schüler ausloten:

— Wo findet der Wochenmarkt statt?
— Der Weg von unserer Schule zum Wochenmarkt
— Welche Stände und Waren gibt es auf dem Wochenmarkt?
— Woher kommen die Händler und die Käufer?

1.2 Vorläufige Lage- und Distanzskizze des Wochenmarkts entwickeln

— im Sandkasten
— als Spurenkarte

1.3 Aufgabenstellung zum Unterrichtsgang

— Aufzeichnen des Weges zum Wochenmarkt
— Aufzeichnen der Stände auf einer Skizze und Beurteilung der Anordnung der Stände
— Warenangebot auf dem Wochenmarkt feststellen und zu begründen versuchen
— Herkunft der Händler und der Einkäufer durch Befragung feststellen

— Typisierung und Kategorisierung der Waren nach Herkunft
— Waren und Preisvergleich
— Käuferverhalten an einzelnen Ständen feststellen und begründen
— Frage- und Anpreisungsgespräch für bestimmte Verkaufssituationen aufnehmen und analysieren

1.4 Unmittelbare Vorarbeiten (des Lehrers) zum Unterrichtsgang:

— den Wochenmarkt vorher aufsuchen, günstige Standorte für die Klasse bestimmen und Gesprächspartner vorbereiten
— den Weg zum Wochenmarkt abschreiten, Gefahrenpunkte ausmachen und Sicherheitsvorkehrungen treffen

2. *Durchführung des Unterrichtsganges*

2.1 Auf dem Weg zum Wochenmarkt

— Messen und Aufzeichnen der Wegstrecke, markante geographische Punkte als Orientierungsmarken verwenden
— der Schüler als Verkehrsteilnehmer

2.2 Auf dem Wochenmarkt

— „field-work" nach den vorbereiteten Arbeitsaufgaben mit entsprechendem Arbeitsmaterial (Lageplan, Tonband, Fragebogen, Erkundungsbogen)
— der Lehrer als Organisator, Moderator, Innovator

3. *Auswertung der Erkundungs- und Beobachtungsergebnisse im Klassenzimmer*

— Beschreibung und Darstellung der einzelnen Gruppenergebnisse nach Arbeitsauftrag an der Tafel bzw. am Tageslichtschreiber
Beispiel: Lageplan der Marktstände (siehe Abb. auf S. 74)
— Wertung und Beurteilung des Sachverhalts anhand der anschaulichen Ergebnisse
— Wertung und Beurteilung der Arbeitsmethoden

Beispiel: Warenanpreis

| Arbeitsergebnis einer Gruppe: | Wertungsvorschlag der Klasse: | |
|---|---|---|
| Der Händler preist Tomaten an, weil sie so billig und fest sind. | angepriesene Ware: | mit welchen Worten: |
| Er preist Kartoffeln an, weil es die letzten sind. Er preist Zwiebeln an, weil sie noch fest und sehr geschmackvoll sind. | Tomaten Kartoffeln ... | billig, fest sind die letzten ... |

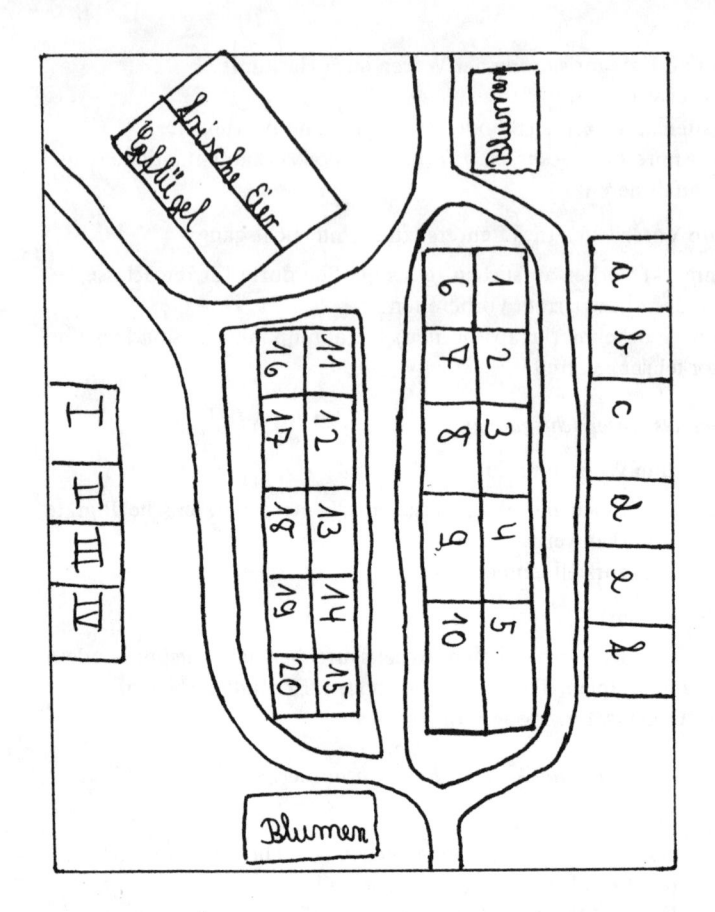

Marktstände 1-20: Frisches Gemüse, frische Salate, Kartoffeln

Marktstände a-f: Frisches Obst auch aus dem Ausland

Marktstände I-IV: Frisches Landbrot verschiedener Sorten, Semmeln u.ä.

Eier, Geflügel und Blumen verkaufen Bauersfrauen auf freien Standplätzen (keine Überdachung)

— Lernzielkontrolle durch Rollenspiel, z. B. Verkaufsgespräch durchführen, Gespräch zwischen zwei Händlern u. ä.

**4. Transfer auf ähnliche Sachverhalte:**

— Wochenmarkt in einem anderen Land
— Verkauf im Kaufhaus
— Verkaufsstände auf einem Volksfest

Dieses Beispiel mit der originalen Erkundung als didaktische Mitte weist integrierende Fachstrukturen auf:

| | |
|---|---|
| Erdkunde: | Grunddaseinsfunktionen Arbeiten, Versorgen, Verkehrsteilnahme, Orientierung im Raum |
| Wirtschaftslehre: | Preisvergleich, Warenangebot, Herkunft der Händler und Käufer, Preisbewegungen |
| Soziallehre: | Kommunikation zwischen Händler und Käufer, Waren aus fremden Ländern |
| Biologie: | selbst erzeugte Waren, Gemüse-, Obst-, Früchtesorten |
| Deutsch: | Verkaufsgespräch, Rollenspiel |
| Mathematik: | Preisvergleich |

Ironische oder warnende Stimmen bringen bei diesem mehrperspektivischen Beispiel sofort den Einwand: „alte Heimatkunde"! Dies müßten wir, auch wenn es zunächst als Gesamtunterricht erscheint, entschieden verneinen. Unterrichtsgang und Erkundung initiierten in der Heimatkunde das ganzheitliche Anschauen, das „Reden über Sachen", das Aufzeigen der Individualität geographischer Objekte. Originale Begegnung im Sachunterricht ist um Abstraktion und Generalisierung bemüht, bezieht vergleichbare Beispiele mit ein, verstärkt das handelnde Lernen und zielt auf allgemeine Fähigkeiten und Fertigkeiten ab.

Wägen wir Vorteile und Grenzen der originalen Begegnung mit der geographischen Wirklichkeit gegeneinander ab, so überwiegen die Vorteile aus folgenden Gründen:

1. Die originale Begegnung ist erlebnis- und handlungsbetonter. Sie fordert zu aktivem Lernen heraus und senkt durch den hohen Grad innerer Aufmerksamkeit die Vergessensquote.

2. Die originale Begegnung trifft den Erwartungs- und Fragehorizont der Schüler, weil sie sich an der Vorplanung beteiligen, die Erarbeitungsphase selbständig durchführen und ihre eigene Wertung zu geographischen Problemen abgeben können. Außerdem wissen die Schüler, daß der Fortgang und das Ergebnis der Unterrichtsarbeit von ihrem Beitrag abhängt.

3. Die originale Begegnung fördert die Lern- und Arbeitshaltung der Schüler im instrumentalen und sozialen Bereich. Instrumentale und fachspezifische Arbeits-

formen wie Messen, Zeichnen, Kartographieren u. ä. werden ausgebildet, Zusammenarbeit und gemeinsames Handeln sind erforderlich.

4. Die originale Begegnung fördert Verhaltensqualifikationen, die dem Schüler bei der Bewältigung von Lebenssituationen unmittelbar helfen können und für das Leben in der jeweiligen Gesellschaft innovierend wirken können (Verantwortungsbewußtsein für die Natur, Umweltschutz, Heimatverbundenheit u. ä.).

## 2.3 Gewinnung von Verhaltensweisen und Haltungen durch den grundlegenden Erdkundeunterricht

Der Mensch, auch der junge Mensch, lebt kraft seiner Umweltrelation und ist mit dieser Umwelt durch unzählige Bande verknüpft. Er ist ihr zugehörig und lebt zugleich in steter Spannung, ja im Konflikt mit ihr. Um einen sicheren Standort in der Umwelt zu finden und Konflikte mit ihr zu lösen, braucht der Mensch Verhaltensdispositionen, die ihm auch für die Bewältigung künftiger Lebenssituationen helfen.

Diese Verhaltensdispositionen umfassen nicht nur fachspezifische Kenntnisse und Fertigkeiten, sondern noch mehr und übergreifend affektive Fähigkeiten und Haltungen, wie sie die einzelnen Lehrpläne in ihren Präambeln zum grundlegenden Sachunterricht ansprechen:

„Im einzelnen soll der Unterricht
— die Kinder in ihrer emotionalen Entwicklung fördern, ihre Bedürfnisse berücksichtigen und zur Lösung kindlicher Probleme beitragen,
— das Interesse wecken für Natur und Kultur der Heimat und Verständnis anbahnen für die Verbindung des heimatlichen Bezugsraumes mit der Welt,
— die Verbundenheit mit der Heimat pflegen und zu entsprechendem Handeln erziehen" (Bekanntmachung des Bayer. Staatsministeriums für Unterricht und Kultus vom 16. September 1975).

Es soll an dieser Stelle genügen, einige Verhaltensdispositionen aufzuzeigen, die durch die grundlegende Erdkunde angestrebt werden. Weitere affektive Grob- und Feinziele werden in den Lehrgängen für die einzelnen Jahrgangsstufen und in den Unterrichtsbeispielen formuliert:
— Kooperation in allen Zweigen des Lebens
— Einsicht in die enge Korrelation von Gesundheit, körperlicher und geistiger Leistungsfähigkeit und räumlicher Umwelt
— Verantwortungsbewußtsein für das menschliche Handeln im Raum und in der Naturlandschaft
— Weckung des Interesses und Verständnisses für Raumprobleme, auch in Verbindung mit fremden Ländern und Landschaften und hierbei Abbau von Vorurteilen

— sinnvolles, zielgerichtetes soziales Denken und Handeln im Raum
— Verständnis für die räumliche Bedingtheit und die raumprägende Wirkung der Daseinsfunktionen in der eigenen Umwelt und die Verantwortlichkeit des Menschen gegenüber dem Raum und der Naturlandschaft

● **Unterrichtsbeispiel: Wohin mit dem Müll?**

3./4. Jahrgangsstufe

### I. Lernziele

*1. Kognitive Lernziele*

— Kenntnis über die örtliche Müllbeseitigung
— Erkenntnis, daß „wilde" Müllablagen die Landschaft, die Natur und den Menschen gefährden
— Erkenntnis, daß ein geeigneter Platz bzw. ein geeignetes Verfahren zur Müllbeseitigung gefunden werden muß, um Gefährdung zu vermeiden

*2. Instrumentale Lernziele*

— Fähigkeit, den Standort von Müllbeseitigungsanlagen nach landschaftsfreundlichen Gesichtspunkten zu bestimmen
— Fähigkeit, vor Ort Müllbeseitigungsanlagen zu erkunden und Bezugspersonen über die eigenen Vorstellungen zu informieren

*3. Affektive Lernziele*

— Interesse für den Schutz der Umwelt wecken
— Verantwortungsbewußtsein für die Naturlandschaft stärken
— Bereitschaft, sich für die Naturlandschaft einzusetzen und Aktionen zu ihrem Schutz bereits in der eigenen Umwelt in Gang zu setzen

### II. Didaktisch-methodische Planungsschritte

*1. Situationsbegegnung*

— Motivation durch Bilder einer „wilden" Müll- und Abfallgrube
— Berichte der Schüler aus dem eigenen Erfahrungsbereich
— Problemfindung: „Wilde" Müllablagerung schadet der Natur und der Landschaft
— Zielorientierung: Wir wollen herausfinden, warum wilde Müllablagerung der Natur und der Landschaft schadet und welche besseren Ablagerungsmöglichkeiten sich anbieten!

*2. Raum- und Situationsanalyse*

2.1 Hypothesenbildung über das zweiteilige Problem

2.2 Lösungsplanung mit Hilfe der Schüler:
Wir erkunden eine „wilde" Müllkippe, wir informieren uns anhand von Bildern über andere Möglichkeiten.

2.3 Lösungsverfahren:
a) Unterrichtsgang zur wilden Müllkippe mit Untersuchungen zur Boden- und Grundwasserverschmutzung und zur Gefährdung für Tiere und Menschen

*Alternative*
Berichte aus Zeitungen und Zeitschriften über die Verschmutzung des Bodens, die Verseuchung des Grundwassers und die Gefährdung der Tiere durch verrostete bzw. verrottete Gegenstände
b) Kennenlernen verschiedener Arten der Müllbeseitigung durch Dias bzw. Film: Deponie, Verbrennung, Kompostierung
c) Kennenlernen von amtlichen Vorschriften für die Müllbeseitigung (Elementarisieren dieser Vorschriften)

*3. Raum- und Situationswertung*

a) Organisation, Vergleich und Wertung der gewonnenen Informationen
b) Entwickeln von Vorschlägen zur Beseitigung der „wilden" Müllkippe — Standortbestimmung für eine kontrollierte Müllablagerung
c) Verfolgen einer Situationsverbesserung durch Vorlage der Vorschläge (3b) an entsprechende Bezugspersonen bzw. -institutionen
d) Langfristige Verfolgung des Projekts „Umweltschutz geht jeden an" in der eigenen Erfahrungswelt der Schule und des Freizeitraumes

**Ergebnisse der Erarbeitung auf der Stufe der Raum- und Situationsanalyse**

*1. Untersuchungen an der wilden Müllkippe*

| | |
|---|---|
| Bodenverschmutzung: | durch Rost, chemische Stoffe, Rohöl, Benzin |
| Grundwasserverseuchung: | durch Eindringen schädlicher Stoffe wie Benzin, Öl, Waschmittelreste, Rost in den Boden |
| Gefährdung der Tiere: | durch verrostete Blechdosen, Drähte und Plastiktüten, in denen sie hängenbleiben oder ersticken können, durch Futterreste, die vergiftet sind |
| Gefährdung der Menschen: | durch das verseuchte Grundwasser, das in die Wasserversorgung kommen kann |

| | |
|---|---|
| | durch umherfliegende Papier- und Plastikfetzen, die den Verkehr auf der Straße beeinträchtigen |
| Verschandelung der Landschaft: | durch umherfliegende Papier- und Plastikfetzen, durch sperrige Gegenstände, die nicht verfaulen |

*2. Verschiedene Arten der Müllbeseitigung*

| | |
|---|---|
| 1. Die Mülldeponie: | geordnete Abgabe des Abfalls, bewachter Platz, sperrige Gegenstände werden zerkleinert oder ausgesondert, mit Zaun eingegrenzt, befindet sich an einem in der Landschaft abgesonderten Platz |
| 2. Müllverbrennung: | Müll wird ganz beseitigt, allerdings Luftverschmutzung durch Rauch, solche Anlagen können sich nur große Städte leisten |
| 3. Kompostierung: | Abfall, der verfault und verrottet, kann kompostiert werden, gute Möglichkeit für Haushalte, die einen Garten oder Felder besitzen |

*3. Standort einer Müllbeseitigungsanlage für unsere Gemeinde*

a) Wir schlagen die alte Kiesgrube in der Flur „Lange Landen" vor. Sie ist von oben nicht einsehbar und bietet genügend Platz. Eine Einzäunung und regelmäßige Ablagerungszeiten sind notwendig.

b) Die wilde Müllkippe an der Bundesstraße muß beseitigt werden. Wir schlagen vor, daß sie eingeschoben und angepflanzt wird. Vielleicht läßt sich daraus ein Parkplatz machen.

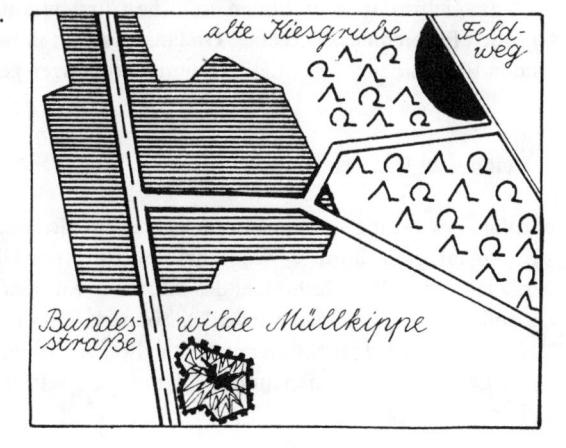

# 3. Lernzielorientierter und lehrplangemäßer Unterricht im fachlichen Bereich Erdkunde

Im Zuge der Lehrplanentwicklung der letzten Jahre setzte sich immer mehr die Frage nach den Zielen des Erziehens und Lehrens in der Schule durch; die Lerninhalte und -stoffe haben vorrangig Zubringer- und Erfüllungsfunktion erhalten. Allerdings steht über allen Zielen und Inhalten das Kind. Lernziele müssen auf den Entwicklungs- und Leistungsstand des Kindes, auf seine bisherigen Wissens-, Denk- und Handlungsstrukturen, auf seine Fähigkeiten, Fertigkeiten und Verhaltensdispositionen hin formuliert sein, aber dennoch gleichzeitig die Weiterentwicklung dieser kognitiven, affektiven und instrumentalen Strukturen bewirken. Sie müssen klar und eindeutig festlegen, über welche Lernleistungen der Schüler am Ende einer Lehrsequenz bzw. Unterrichtseinheit verfügen soll. Diese Lernleistungen sollen ebenso klar und eindeutig überprüfbar sein. Nach Westphalen bedeutet ein Lernziel eine Verhaltensänderung des Lernenden, das überprüfbar ist und das erwartete Endverhalten des Lernenden beschreibt (Westphalen, K., S. 42 ff.).

Neben dem schon erwähnten Fach- und Sachanspruch bzw. dem Anspruch des Lernenden muß als weitere bestimmende Determinante die Gesellschaft berücksichtigt werden, denn schulische Lernprobleme dienen der Entfaltung der Person ebenso wie der Erfüllung gesellschaftlicher Forderungen.

Lernzielorientierter und lehrplangemäßer Unterricht erfüllt deshalb nicht Lernziele für sich, sondern orientiert sich immer am Entwicklungsstand, an Verhaltensweisen und psychischen Kräften des Kindes. Dies verdeutlicht das Flußdiagramm auf Seite 81.

Der einzelne Lehrer ist überfordert, wenn er selbst nicht nur die Formulierung, sondern vor allem die Vorrangigkeit einzelner Lernziele bestimmen und das richtige Maß an Zielforderungen finden soll (die Curriculumforschung steht oft selbst vor großen Problemen). Folgende Gedanken sollen ihm zumindest für den grundlegenden Erdkundeunterricht Hilfen und Anregungen geben.

## 3.1 Vom Leitziel zu Richtzielen

In der Lehrplanentwicklung setzt sich immer mehr ein Gedanke durch, den jeder Lehrer, ob geplant oder intuitiv, schon immer zu verwirklichen suchte: Das Primat der Ziele und der Methoden des Lernens vor den Stoffzielen, d. h. nicht „was soll gelehrt (gelernt) werden?", sondern „wozu soll etwas gelernt werden?", Lernziele, die dem Schüler individuelles, selbständiges und kooperatives soziales Lernen ermöglichen und im Unterricht selbsttätiges, handelndes Lernen initiieren.

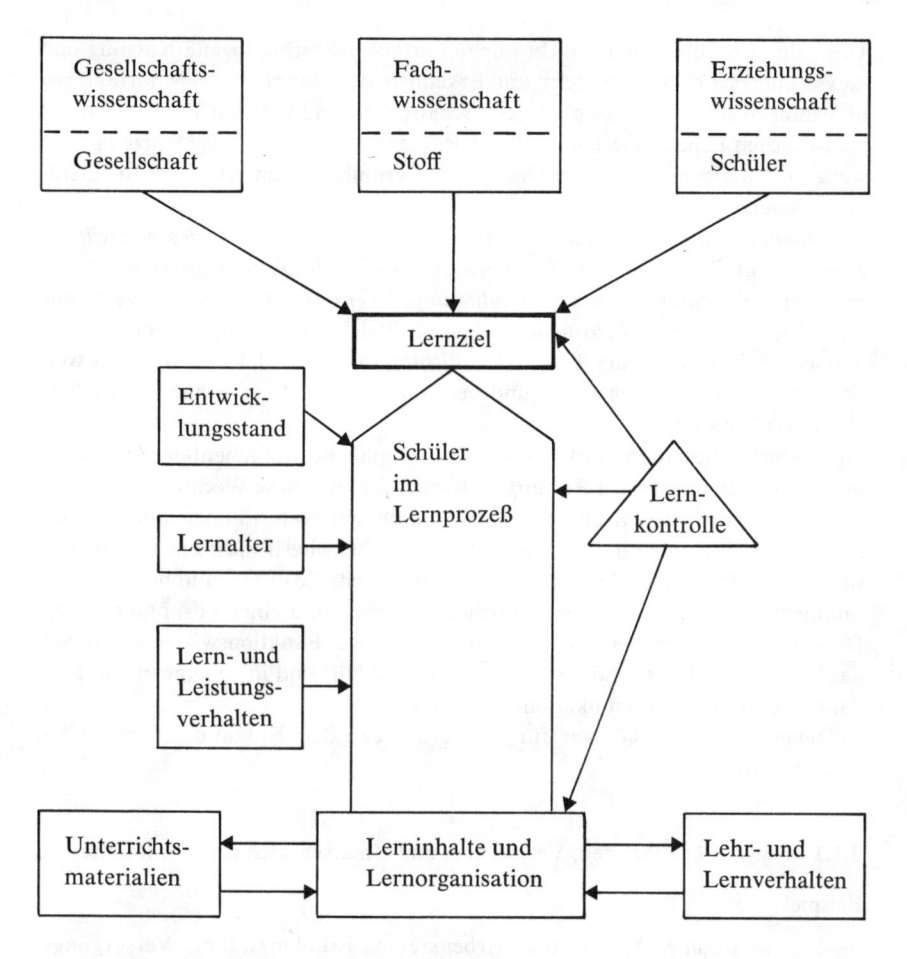

```
┌─────────────────┐   ┌─────────────┐   ┌─────────────────┐
│ Gesellschafts-  │   │ Fach-       │   │ Erziehungs-     │
│ wissenschaft    │   │ wissenschaft│   │ wissenschaft    │
│ ───────────     │   │ ─────────   │   │ ───────────     │
│ Gesellschaft    │   │ Stoff       │   │ Schüler         │
└─────────────────┘   └─────────────┘   └─────────────────┘
```

(Diagramm: Die drei oberen Kästen verweisen auf **Lernziel**, das wiederum mit **Schüler im Lernprozeß**, **Lernkontrolle** sowie **Lerninhalte und Lernorganisation** verbunden ist. Weitere Kästen: **Entwicklungsstand**, **Lernalter**, **Lern- und Leistungsverhalten**, **Unterrichtsmaterialien**, **Lehr- und Lernverhalten**.)

(erweitertes Modell nach einer Arbeitsunterlage von W. Hausmann „Lernzielorientierter Erdkundeunterricht")

Leitziele haben hohes Abstraktionsniveau und umfassen pädagogische und didaktische Aufgaben bzw. Absichten, die allgemeingültig sind. So stellt Geiling in den „Vorbemerkungen zum grundlegenden Erdkundeunterricht" folgendes Leitziel dem Erdkundeunterricht voraus:

„Der mündige Mensch nutzt und gestaltet die naturhaften Bedingungen der Erde in verantwortlicher Weise, um ein angenehmes Leben führen zu können" (Geiling, H., S. 112).

Uns geht es darüber hinaus nicht nur um primär menschbezogene Nutzung und „angenehmes Leben", sondern um Erkennen der Raum- bzw. Naturfaktoren und ihrer Wechselbeziehung zu gesellschaftlichen und sozialen Funktionen des menschlichen Lebens. Deshalb stellen wir folgendes Leitziel an die Spitze unserer weiteren Überlegungen zu Lernzielen und Lerninhalten im grundlegenden Erdkundeunterricht:
*Der mündige Mensch erkennt und wertet die Bedingungen des natürlichen Raumes und ihre Wechselbeziehungen zum menschlichen Leben; er nutzt und gestaltet diese naturhaften Raumbedingungen verantwortlich zur Verbesserung und Erhöhung der Lebensqualität.* Die Richtziele geben konkret einen Zielbereich an, in denen Aufgaben und Absichten, die im Leitziel beschrieben werden, verwirklicht werden sollen und bestimmen so die Lernvorhaben innerhalb eines Fachbereiches.

Die intensive Besinnung auf das sozialgeographische Aufgabenfeld der grundlegenden Erdkunde (vgl. 1.3) führt zu Richtzielen, die diese Wechselbeziehungen zwischen Naturfaktoren und sozialen Funktionen, Naturräumen und sozialen Räumen präzisieren und aufgliedern. Es geht dabei wieder nicht um Stoffinhalte, sondern um Problemfelder und Konfliktsituationen, die durch raumbildende und raumgestaltende Prozesse des Menschen entstehen und einer Lösung bedürfen. Diese sollen die Schüler erkennen und aus ihnen Funktionswissen gewinnen, das bei der Situations- und Konfliktbewältigung hilft und in zunehmendem Maß dauernde Verhaltensqualifikationen aufbaut.

Folgende Richtziele können für den grundlegenden Erdkundeunterricht bestimmt werden:

### 3.1.1 Richtziel 1: Erkennen, Vergleichen und Unterscheiden sozialer Räume

Beispiele

— Soziale Räume: Wohnraum, Arbeitsraum, Erholungsraum, Versorgungsraum
— Trennung von Arbeitsplatz und Wohnraum ergibt das Problem des Pendlers
— Die zentrale Funktion eines Erholungsraumes ist anders geartet als die eines Versorgungsraumes:
Erholungsraum: ruhige, abgeschlossene Lage, Wälder, aktivitätsanregende Einrichtungen, Verbesserung der Lebensqualität
Versorgungsraum: verkehrsgünstige Lage, Stadtrandlage, durch einen raumgestaltenden Prozeß des Menschen geschaffen, schnell erreichbar von vielen Menschen, Verbesserung der Lebensqualität.

Eine verbale Beschreibung dieser Räume genügt auf keinen Fall, die Zusammenhänge zwischen ihren sozialen und geographischen Funktionen müssen von den Schülern in einem forschend-entdeckenden Lernprozeß erschlossen werden,

d. h., daß sie vor Ort Erkundungen anstellen, die geographischen Bedingungen untersuchen und die sozialen Bezüge durch Befragen und Vergleichen aufdecken.

● **Unterrichtsbeispiel: Was man von einem guten Erholungsgebiet erwartet**
(Erholungsgebiete im Bereich einer Großstadt)

4. Jahrgangsstufe:

| Didaktisch-methodische Absichten | Stoffliche Abfolge |
| --- | --- |
| *1. Problemausbreitung* | |
| 1.1 Situationsschilderung mit Tonbandgespräch und Bild (an die Tafel geheftet) | Bild (Kinder beim Baden) wird gezeigt, gleichzeitiges Abspielen des Tonbandgesprächs bis zur Frage: |
| 1.2 Problemfrage und Zielstellung TA Vorlesen durch Schüler | Was erwartet die Familie Steurer vom Erholungsgebiet Kuhsee? |
| *2. Problemdurchdringung/Raumanalyse* | |
| 2.1 Vermutungen der Schüler zur SS: Problemfrage Verbalisieren Meinungsbildung Impuls | Sie wollen sich erholen. Sie wollen spazierengehen, wandern, baden... L: Was würdest du von einem Erholungsgebiet erwarten? SS: Ich will einen Abenteuerspielplatz... |
| 2.2 Weg- und Lagebeschreibung a) Aufhängen der Karte | |

83

| Didaktisch-methodische Absichten | Stoffliche Abfolge |
|---|---|
| Impuls | Lies aus der Karte, ob das Erholungsgebiet gut oder schlecht von eurem Wohnort aus erreichbar ist! |
| Schüler-Lehrer-Gespräch<br>TA | a) Ein Erholungsgebiet muß schnell erreichbar sein<br>b) in Stadtnähe liegen<br>c) günstige Verkehrsbedingungen und Zufahrtsstraßen haben<br>d) genügend Parkplätze |
| b) Teilzusammenfassung<br>Tafel geschlossen<br>Lehrerauftrag | Wie müssen Weg zu einem Erholungsgebiet und Lage eines Erholungsgebietes sein? |
| Schüler verbalisieren | |
| 2.3 Erweiterte Informationsaufnahme und -verarbeitung<br>Impuls | L: Du hast gehört, daß Herr Steurer noch andere Erholungsmöglichkeiten findet. |
| stummer Impuls | a) Anheften des Radfahrers<br>S: Er findet Radfahrwege vor. |
| TA | ⬚ radfahren ⬚ |
| stummer Impuls<br>Lehrer-Schüler-Gespräch | b) Anheften der Wandergruppe<br>SS: wandern, frische Luft<br>L: gut für die Gesundheit, waldreiche Gegend mit hohem Sauerstoffgehalt, markierte, sauber angelegte Wege |
| TA | ⬚ wandern ⬚ |
| stummer Impuls<br>Lehrer-Schüler-Gespräch | c) Anheften: Kinderspielplatz<br>SS: Möglichkeiten zum Spielen<br>L: Spielen dient dem körperlichen Ausgleich |
| TA | ⬚ Spielplatz ⬚ |
| Teilzusammenfassung | |

| Didaktisch-methodische Absichten | Stoffliche Abfolge |
|---|---|
| Auswerten der Ergebnisse<br>Partnerarbeit mit Blatt<br>Verbalisieren der Ergebnisse | Zuordnen von Begriffen zu thematischen Zeichen |

*3. Vertiefung durch Raumbeurteilung*

| | |
|---|---|
| 3.1 Schließen des Problemkreises<br>Impuls | L: Wir wissen jetzt, was Familie Steurer und auch wir von einem guten Erholungsgebiet erwarten. |
| Verbalisieren durch SS<br>Abspielen des Tonbandgesprächs, 2. Teil | |
| 3.2 Erkenntnisbildung | a) Erholungsgebiete helfen unserer Gesundheit, geben körperlichen Ausgleich, befriedigen menschliche Bedürfnisse. |
| Aufzählen bekannter naheliegender Erholungsgebiete, Bilder zeigen, Verbalisieren | b) Es gibt noch andere Erholungsgebiete. |
| 3.3 Anbahnen von positiven Verhaltensweisen<br>Bild im Episkop | Anheften: Müll und Abfall<br>Was würdest du sagen, wenn es am Sonntagabend im Erholungsgebiet so aussehen würde? |
| Schüleräußerungen | Wir müssen Erholungsgebiete sauberhalten, die Natur schützen. |
| Lehrerhinweis | Nicht willkürliches Abreißen von Zweigen, Blumen usw. |
| TA | Wir müssen Erholungsgebiete schützen (Umweltschutz). |

*4. Sicherung/Lernzielkontrolle*

4.1 Rollengespräch mit einem Fremden, der das Erholungsgebiet noch nicht kennt.
Tafelbilder einsetzen

4.2 Ausfüllen eines Kontrollblattes

## TONBANDGESPRÄCH

I: Wir sind hier draußen am Kuhsee. Die Buben der Familie Steurer tollen im Wasser, Frau Steurer liegt auf der Liegewiese und sonnt sich. Ah, da kommt Herr Steurer auf mich zu. Warum tollen Sie nicht im Wasser?

St: Meine Frau und ich machen uns nicht so viel aus Schwimmen und Kahnfahren. Wir finden in diesem Erholungsgebiet noch andere Möglichkeiten zum körperlichen Ausgleich.

I: Da hätte ich jetzt eine Frage, Herr Steurer — stop

> Welche Möglichkeiten der Erholung finden Sie in diesem Erholungsgebiet? Was erwarten Sie von einem Erholungsgebiet?

St: Ja, hier am Kuhsee finden wir schattige Waldwege zum Wandern vor. Die Wanderwege sind markiert, so daß wir auswählen können, ob wir eine kurze oder eine längere Wanderstrecke zurücklegen wollen.

I: Ich sehe, daß Sie auch zwei Klappräder im Kofferraum Ihres Autos haben.

St: Ja, meine Frau fährt gern mit dem Rad hier heraußen. Die Wege sind recht gut angelegt.

I: Und Ihre Kinder?

St: Ach, meine Buben tollen lieber auf der Fußballwiese oder belagern die Spielgeräte.

I: Eine letzte Frage, Herr Steurer, bevor Sie zu Ihrer Wanderung starten, sind Sie oft am Kuhsee oder suchen Sie auch andere Erholungsgebiete auf?

St: Freilich, manchmal fahre ich mit meinen Buben nach Leitershofen, um am Trimmpfad körperlichen Ausgleich zu finden und frische Waldluft zu tanken. Und letzten Sonntag waren wir in Horgau beim Minigolfspielen.

I: Vielen Dank, Herr Steurer, auf Wiedersehen und noch recht schöne erholsame Stunden heute.

St: Danke. Auf Wiedersehen!

TAFELBILD

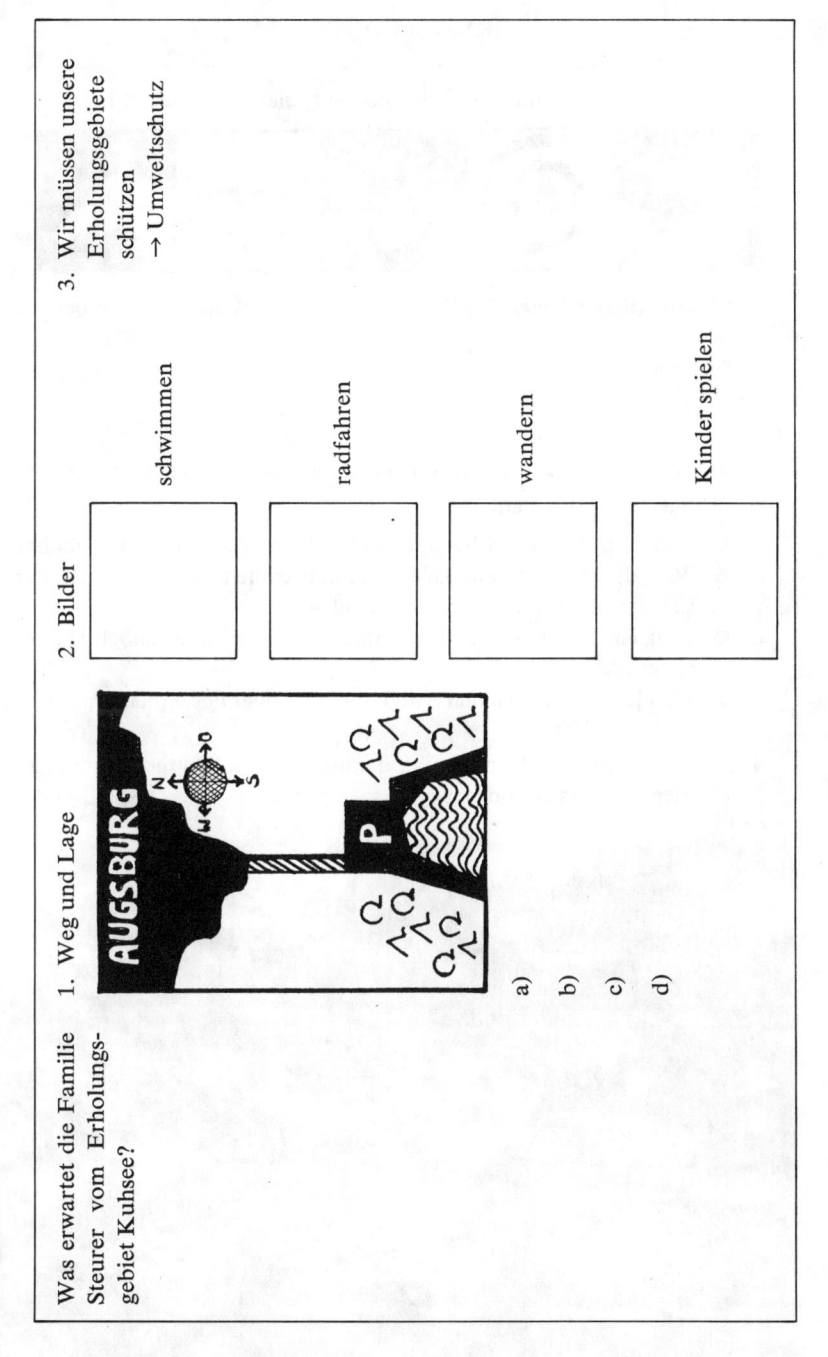

Was erwartet die Familie Steurer vom Erholungsgebiet Kuhsee?

1. Weg und Lage

a)
b)
c)
d)

2. Bilder

schwimmen

radfahren

wandern

Kinder spielen

3. Wir müssen unsere Erholungsgebiete schützen
→ Umweltschutz

# LERNZIELKONTROLLE

1. Schreibe die Erholungsmöglichkeiten auf, die dieses Gebiet hat!

2. Welche Möglichkeiten der Erholung bietet das Wohngebiet, in dem du wohnst?
Schreibe auf!

3. Warum braucht der Mensch Erholung? Denk nach und kreuze die richtigen Antworten an!
   - Wandern, Laufen, Schwimmen in der Natur stärkt die Gesundheit
   - Weil die Naherholungsgebiete und Fremdenverkehrsorte an den Erholungssuchenden verdienen wollen
   - Weil ein Wohnviertel in der Stadt keine Erholungsmöglichkeiten bietet
   - Weil jeder Mensch einen Ausgleich gegenüber der Arbeit braucht

4. Schau das Bild an! Könnte man daraus ein Erholungsgebiet machen? Überlege und mache Vorschläge!

## 3.1.2 Richtziel 2:

Soziale Räume als Gefüge raumbedingender Naturfaktoren und menschlicher Sozialfunktionen

*Fähigkeit, soziale Räume als differenzierte Gefüge raumbedingender Naturfaktoren in ihrem Wirkzusammenhang mit Humanfaktoren zu erfassen, zu durchschauen und selbst raumgestaltend (durch Planung und Handlung) auf dieses Gefüge einzuwirken.*

Beispiele

- Vergleich der Bodennutzung im Donauried — im Lechtal
- Die raumbestimmenden Faktoren eines Naherholungsgebietes, eines Großerholungsraumes sind anders
- Gründe, warum in der Stadt anders gebaut wird als auf dem Land
- Die Bauformen der Häuser richten sich nach ihren Bestimmungsfunktionen und ihrer geographischen Lage
- Notwendigkeit der Lösung des Abfallproblems — Suchen und Finden einer naturfreundlichen Lösung, z. B. aufgelassene Kiesgrube, Abdecken mit Boden, Anlegen eines Grüngürtels.

- **Unterrichtsbeispiel: Was fehlt im Neubaugebiet von U.?**

4. Jahrgangsstufe

### I. Didaktische Analyse

*1. Kennzeichnung der Sachstruktur*

Der Unterrichtsgegenstand beinhaltet die Funktionen des Wohnens, Versorgens und Erholens. Anhand eines neuen Wohngebietes soll aufgezeigt werden, daß eine solche Wohnsiedlung nicht nur am Reißbrett geplant werden kann — die Bedürfnisse des Menschen in einem solchen Wohngebiet verlangen eine entsprechende Gestaltung des Raumes. Im Mittelpunkt steht demnach folgende sozialgeographische Zielvorstellung:

Die Menschen gestalten den geographischen Raum mit dem Ziel, ihre Lebensqualität zu verbessern. Naturfaktoren und soziale Funktionen des Raumes sollen dabei in Einklang gebracht werden.

Voraussetzung einer handelnden Auseinandersetzung mit dem geographischen Sachverhalt ist die Kenntnis über das geplante Wohnviertel. Durch einen Unterrichtsgang wurde das Gelände erkundet, abgemessen und aufgezeichnet. Auf diesem Vorwissen und den notwendigen gesicherten geographischen Begriffen wie Wohnviertel, Baugebiet, Bautypen, Straßenführung, Bauplan u. ä. baut diese Lehreinheit auf. Sie will durch selbständiges, forschendes Lernen mit Hilfe von relevanten Arbeitsmaterialien (Bild, Sandkasten, Modell, Plan) das kausale und funktionale Denken fördern, um vom einzelnen Schüler Entscheidungen und Wertungen zum Problem „Was fehlt im Neubaugebiet?" fordern. Der Lerngegenstand steht im folgenden Zusammenhang der Lehrsequenz:

1. U. plant eine neue Wohnsiedlung.
2. Wir erkunden das Neubaugebiet (Unterrichtsgang).
3. Wir planen das Neubaugebiet (Ursituation).
4. *Was fehlt im Neubaugebiet von U.?*
5. Wir versuchen unseren Plan zu verwirklichen!

*2. Kennzeichnung des Bildungsgehalts*

Der Unterrichtsgegenstand besitzt Modellcharakter für das differenzierte Gefüge von Interessen und Bedürfnissen, die Menschen an einen sozialen Raum stellen. Wenn auch dieser Raum vorrangig der Daseinsfunktion Wohnen dient, können andere Bedürfnisse des Menschen nicht außer acht gelassen werden. Auch funktionale Beziehungen zwischen sozialen Räumen müssen aufgezeigt werden, die in folgende Fragen artikuliert werden können:

— Können sich die Menschen im Wohnraum mit lebensnotwendigen Mitteln versorgen?
— Gibt es Möglichkeiten der Erholung für die verschiedenen Altersgruppen?
— Wie sind die Verbindungen zu den Arbeitsplätzen, Bildungseinrichtungen u. ä.?

Der Unterrichtsgegenstand fördert darüber hinaus die psychischen Funktionen des Beobachtens, Analysierens, Vermutens, Vergleichens und Wertens. Besondere Bedeutung kommen den Denk- und Arbeitsformen des Kartenlesens und -zeichnens, des Bauens und Verbalisierens zu. Dies weist auf ein weiteres Anliegen der Lehreinheit hin, das durch die Sach- und Bildungsstruktur des Lerngegenstandes realisiert werden kann: das selbständig-forschende, handelnd-problemlösende Lernen. Durch das reiche Vorwissen der originalen Erkundung, die Information durch Film, Bild, Interview und Karte und die selbständige Verarbeitung und Wertung dieser Informationen über das sozialgeographische Problem sind die Leitlinien für einen schülerorientierten Unterricht gegeben.
Der Lerninhalt gewinnt darüber hinaus Bedeutung für das zukünftige Leben des Kindes. Es sieht seine Umwelt differenzierter, geht Probleme nicht von einem vorgefaßten und für sich selbst vorteilhaften Standpunkt an und gewinnt Ver-

ständnis und Einsicht für die Interessen und Bedürfnisse anderer. Toleranz und Achtung, Einsatz für das Wohl aller, die in einem Raum zusammen wohnen, sind Einsichten und Verhaltensweisen, die den jungen, heranwachsenden Menschen zu einem wertvollen Glied einer Gemeinschaft machen.

## 3. Anthropogene Voraussetzungen der Schüler

Diese Voraussetzungen muß jeder Lehrer aus dem täglichen Unterricht heraus für seine Klasse selbst bestimmen können und danach die Lernziele der Lehreinheit festlegen.

Es nützt wenig, wenn wir die Bildungssituation der Klasse schildern, in der diese Planungsarbeit realisiert wurde. Sinnvoller sind einige Leitfragen hinsichtlich der anthropogenen Voraussetzungen, die der Lehrer bei der didaktischen und methodischen Aufbereitung des Lerngegenstandes sich stellen soll:

— Sind die Schüler meiner Klasse bereits fähig, das sozialgeographische Problem zu erkennen, nach den Bedingungen und Wechselbeziehungen der Natur- und Humanfaktoren des Raumes zu fragen?
— Können sie problemlösend, produktiv, kreativ denken? Sind sie fähig, selbständig entdeckendes, handelndes Lernen zu initiieren und zu realisieren?
— Welches Vorwissen besitzen die Schüler?
— Wie bringe ich den erdkundlichen Lerngegenstand in den Fragehorizont der Schüler? Auf welche Motivationsarten sprechen sie an?
— Welche Kenntnisse und Einsichten, Fertigkeiten und Fähigkeiten aus der vorausgegangenen Lehr- und Lernarbeit sind schon vorhanden?
— Wo werden Verständigungs- und Arbeitsschwierigkeiten zu erwarten sein?
— Wie sind sie im Umgang und in der Auswertung von Arbeitsmaterialien geschult?
— Wie weit ist die Fähigkeit des Transferdenkens entwickelt?
— Welche Stufen der Lernzielkontrolle können beansprucht werden (Reproduktion, Reorganisation, vertikaler Transfer, problemlösendes Denken)?

## 4. Lernziele (nach Strukturplan)

### 4.1 Generelle Einsichten

— Die Menschen nehmen den Naturraum in Anspruch und gestalten ihn
— Die Menschen nutzen dabei bewußt die natürlichen Grundlagen und Gegebenheiten des Raumes (Hanglage der Wohnsiedlung, Straßenführung).

### 4.2 Fachlich-inhaltliche Lernziele

— Einblick in die Naturfaktoren des Neubaugebietes
— Kenntnis der sozialen Funktionen einer neuen Wohnsiedlung

- Erkenntnis, daß die Bedürfnisse der Menschen an den Wohnraum differenziert sind
- Erkenntnis, daß die Gemeinde U. diese Bedürfnisse nicht zufriedenstellend berücksichtigt hat
- Einsicht, daß die Grunddaseinsfunktion „Wohnen" Funktionen des Sich-Versorgens oder Sich-Erholens miteinschließt
- Einsicht, daß bei Planung eines solchen Projekts dieses differenzierte Bedürfnisgefüge der Menschen berücksichtigt und mit dem natürlichen Raum in Einklang gebracht werden soll

4.3 Fachlich-prozessuale Lernziele
- Fertigkeit im Umgang mit Sandkasten, Modell und Ortsplan
- Fähigkeit, selbständig und sachgerecht einen Kinderspielplatz und ein Lebensmittelgeschäft in die Wohnsiedlung einzuplanen
- Fähigkeit, Beobachtungen, Vergleiche, Lösungen und Erkenntnisse zu verbalisieren

4.4 Affektive Lernziele
- Wecken des Verständnisses für die verschiedenen Interessen und Bedürfnisse des Menschen in einer Wohnsiedlung
- Bereitschaft zu aktiver Teilnahme an gemeinsamen Projekten
- Interesse an sozialgeographischen Problemen

5. *Medien und Arbeitsmaterialien*

| | |
|---|---|
| 2 Filmausschnitte | Neubaugebiet 1970 (2 Häuser fertiggestellt) Neubaugebiet 1974 (19 Häuser fertiggestellt) |
| 2 Tonbandinterviews | Ein Bewohner der Siedlung wird gefragt, ob ihm alles an der Wohnsiedlung gefällt. Der Filialleiter des Südmarkts in Wertingen wird gefragt, warum das Geschäft gerade an dieser Stelle gebaut wurde (fingiert). |
| 2 Lichtbilder | Spielende Kinder auf der Straße; eine Frau mit schweren Einkaufstaschen auf dem Heimweg |
| Sandkasten Modell Siedlungspläne auf Overheadprojektor-Folien Arbeitsblätter | Richtiges Zuordnen von Satzteilen Siedlungsplan von Pfaffenhofen |

## II. Geplanter Unterrichtsverlauf

| Didaktisch-methodische Absichten | Stoffliche Abfolge | Anmerkungen/Begründungen |
|---|---|---|
| *1. Problemstellung/ Situationsbegegnung* | | |
| 1.1 Zwei kurze Filmausschnitte Schüleräußerungen (positive Beurteilung) | Neubaugebiet Unterthürheim 1970 und 1974 1970 standen erst zwei Häuser, jetzt sind es schon 19; die meisten Straßen sind geteert, usw. Wir haben die Siedlung am Montag besucht. Sag, wie es dir gefallen hat! | Wecken der Sprechbereitschaft durch Einbeziehen des Vorwissens |
| Impuls Schüler bestätigen Ankündigung | Die Bewohner müßten zufrieden sein! Wir wollen einen Bewohner des Neubaugebietes hören. Achte auf die Frage, die du aus seinen Worten hörst! | |
| 1.2 Tonbandinterview zunächst positive Beurteilung, dann Einschränkung Abbrechen des Gesprächs SS formulieren die Problemfrage | Aber... | |
| 1.3 Problemfrage/Zielstellung TA | Was fehlt im Neubaugebiet von Unterthürheim? | |
| *2. Problemdurchdringung/Raum- und Situationsanalyse* | *Warum* das Neubaugebiet Unterthürheim einen Kinderspielplatz und ein Lebensmittelgeschäft braucht | Im Mittelpunkt dieser Stufe steht die soziale Komponente des Erdkundeunterrichts. |

| Didaktisch-methodische Absichten | Stoffliche Abfolge | Anmerkungen/Begründungen |
|---|---|---|
| 2.1 Vermutungsphase (keine Stellungnahme durch L) TA | Wir vermuten ... | |
| 2.2 Informationsentnahme Zwei Mängel des Baugebietes werden durch Lichtbilder aufgezeigt Ankündigung | | |
| Lichtbild | Wir wohnen dort. Zwei Dinge sind es besonders, die wir vermissen. Spielende Kinder auf der | |
| Lichtbild | Straße; eine Frau mit schweren Einkaufstaschen auf dem Heimweg. | |
| Schüleräußerungen | Die Kinder spielen auf der Straße, das ist gefährlich, usw. | |
| 2.3 Erkenntnis L. deutet auf die Problemfrage, stummer Impuls S. erkennen: TA | Es fehlen ein Kinderspielplatz und ein Lebensmittelgeschäft | |

*3. Raum und Situationsbeurteilung*

| | | |
|---|---|---|
| 3.1 Begründung im Unterrichtsgespräch | | Warum ist der Spielplatz so wichtig? Denke an das Bild! Warum könnten wir ein Lebensmittelgeschäft gut gebrauchen? |
| S. begründen Lehrerergänzung, wenn nötig TA | | Wir dürfen herumtoben und stören die Erwachsenen nicht. Wir sind weg von |

| Didaktisch-methodische Absichten | Stoffliche Abfolge | Anmerkungen/Begründungen |
|---|---|---|
| | | der Straße, Fahrzeuge gefährden uns nicht. Blumen, Zäune und Fensterscheiben werden nicht beschädigt. Die Wege zum Geschäft sind kurz. Die Hausfrauen müssen nicht auf der gefährlichen Hauptstraße gehen und schonen ihre Gesundheit. Sie müssen keine großen Vorräte einkaufen. |
| 3.2 Vergleich mit den Vermutungen | | Wir wollen noch einmal sehen, was ihr vermutet habt. Was ist wirklich wichtig? |
| 3.3 Teilzusammenfassung Stillarbeit mit Arbeitsblatt Kontrolle durch TA | | Unsinntext Umfahre die zusammengehörenden Teile mit derselben Farbe! |

## 4. Aktion zur Situationsverbesserung

### 4.1 Meinungsbildung
Überleitung

Der Kinderspielplatz und das Lebensmittelgeschäft sind für die Siedlung wichtig. Wir wollen beides in den Bebauungsplan mit einplanen. Zunächst jedoch nur den Spielplatz. Wo sollen wir ihn einplanen?

Die geographische Arbeit steht auf dieser Stufe im Vordergrund; sie erhält ihre Berechtigung von der sozialen Notwendigkeit der geplanten Projekte.

Frage
Schüleräußerungen mit Begründung, L. hält sich zurück.

### 4.2 Planung in Gruppen
Differenzierung: Die schwächste Gruppe arbeitet am Sandkasten, eine mittlere Gruppe am Modell, 6 Gruppen erhalten Pläne auf Folien. Die Gruppensprecher notieren die Begründung.
Auftrag

Wählt den günstigsten Ort für einen Kinderspielplatz. Besprecht miteinander, warum ihr gerade diese Stelle wählt. Die Gruppensprecher notieren die Gründe!

3 Abstraktionsstufen als Hilfe, besonders für die schwächeren Schüler

### 4.3 Ergebnissichtung und -wertung
a) Verbalisieren der Gruppenergebnisse

6 Pläne auf Overhead-Folien werden übereinandergelegt und an die Wand geworfen; jede betroffene Gruppe nimmt zu ihrem Plan Stellung, auch die beiden Gruppen am Sandkasten und am Modell werden in das Gespräch mit einbezogen.

Auftrag

Zeigt euren Entwurf und begründet!

Der Plan im Sandkasten kann nicht allen Schülern gezeigt werden (aus organisatorischen Gründen), ist aber allen von der vorhergegangenen Stunde her bekannt. Er soll heute nur der schwachen Gruppe helfen.

Unbrauchbare Vorschläge werden ausgelöscht, nachdem die Schüler ihre Schwächen aufgezeigt haben.

b) Einsicht

Zusammenfassung durch Schüler

Auftrag

Nennt die Punkte, die wir bei der Planung beachten mußten!

TA

Zentrale Lage; weg von den Hauptstraßen; genügend großer Abstand zu den Häusern.

(SS. notieren die Punkte auf ihrem Arbeitsblatt, wenn die Zeit reicht; sonst Hausaufgabe)

4.4 Transfer der Erkenntnisse durch Einplanen eines Lebensmittelgeschäftes

Überleitung

Ihr habt die richtige Lage für den Spielplatz gefunden. Wir wollen nun noch versuchen, das Lebensmittelgeschäft an der richtigen Stelle einzuplanen.

| | | |
|---|---|---|
| a) Schülervorschläge mit Begründung<br>b) Information durch Tonbandinterview<br>Ankündigung | In Wertingen wurde ein neuer Südmarkt gebaut. Ihr wißt alle, wo. Ich habe den Filialleiter gefragt, warum gerade dieser Platz gewählt wurde. Merkt euch die Gründe! Notieren! | |
| c) Aussprache TA<br>(Übertragung auf unser Baugebiet)<br>d) Gemeinsames Einplanen des Geschäftes am Modell | An der Hauptstraße; zentrale Lage; Parkmöglichkeiten | |
| **5. Zusammenfassung — Sicherung** | | |
| *5.1 Verbalisierung als Gesamtzusammenfassung* | | |
| Schließen des Problemkreises<br>Impulse und Fragen | Zu Beginn dieser Stunde standen wir vor einer Frage!<br>Wir haben die Frage beantwortet!<br>*Warum* braucht unser Neubaugebiet einen Spielplatz und ein Lebensmittelgeschäft?<br>Wir haben den Spielplatz *hier* eingeplant. Warum?<br>Wir haben das Geschäft *hier* eingeplant. Warum? | |
| *5.2 Rollenspiel*<br>(nur wenn die Zeit reicht) | | Das ist eine spielerische Vorwegnahme der geplanten wirklichen Besprechung |

| | | |
|---|---|---|
| Eine Schülerabordnung kommt zum Bürgermeister (L.). Auftrag | Erklärt dem Herrn Bürgermeister, was wir heute erarbeitet haben. Erklärt ihm den Plan! | mit dem Bürgermeister am nächsten Tag, die im günstigsten Falle zu einer tatsächlichen Situationsverbesserung führen kann. |
| 6. *Anwendung — Übertragung — Lernzielkontrolle* | | |
| Arbeitsblatt | Pfaffenhofen hat für seine Siedlung einen Kinderspielplatz und ein Lebensmittelgeschäft geplant. Gefällt dir dieser Entwurf? Dann begründe, warum! Gefällt er dir nicht? Dann begründe auch und mache einen besseren Vorschlag! | Hausaufgabe |
| 7. *Vorarbeit für die nächste Stunde* | Fragt eure Eltern, warum die Gemeinde Unterthürheim wohl im Siedlungsgebiet keinen Kinderspielplatz und kein Lebensmittelgeschäft geplant hat! | |

Geographisches Institut
der Universität Kiel

> Im Neubaugebiet von Unterthürheim fehlen ein K ..................................................
> .............................. und ein L ............................................................................. .

1. So wird es sein, wenn wir einen Spielplatz haben:
Fahrzeuge / dürfen herumtoben und stören die Erwachsenen nicht.
Blumen, Zäune und Fensterscheiben / sind weg von der Straße.
Wir / werden nicht beschädigt.
Wir / gefährden uns nicht.

2. So wird es sein, wenn wir ein Geschäft haben:
Die Wege zum Geschäft / müssen nicht auf der gefährlichen Hauptstraße gehen.
Die Hausfrauen / sind kurz.
Vorräte / schonen ihre Gesundheit.
Die Hausfrauen / müssen nicht eingekauft werden.

Daran mußten wir bei der Planung denken:

| Kinderspielplatz | | Lebensmittelgeschäft | |
|---|---|---|---|
| 1. | | 1. | |
| 2. | | 2. | |
| | | | |
| 3. | | 3. | |
| | | | |

### Planung in Pfaffenhofen

Pfaffenhofen hat für seine Siedlung einen Kinderspielplatz und ein Lebensmittelgeschäft geplant. Gefällt dir dieser Entwurf? ..................... Dann begründe, warum! ..............................................................................................................
..........................................................................................................................

Gefällt er dir nicht? Dann begründe auch und mache einen besseren Vorschlag!
..........................................................................................................................
..........................................................................................................................

Fragt eure Eltern, warum die Gemeinde Unterthürheim wohl im Siedlungsgebiet keinen Kinderspielplatz und kein Lebensmittelgeschäft geplant hat.

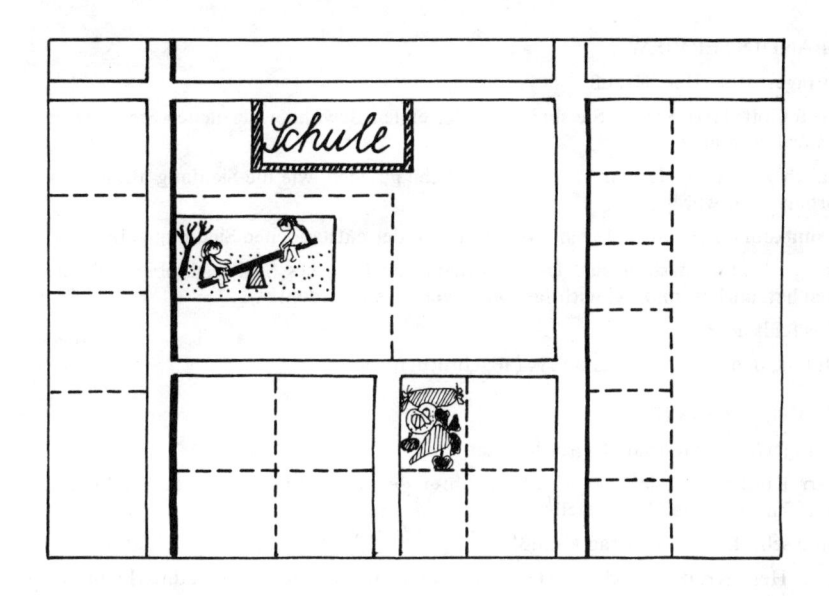

TAFELBILD

| Wir sind weg von der Straße. Fahrzeuge gefährden uns nicht. Wir dürfen herumtoben und stören die Erwachsenen nicht. Blumen, Zäune und Fensterscheiben werden nicht beschädigt. | Was fehlt im Neubaugebiet von Unterthürheim? <br><br> Kinderspielplatz <br><br> Warum? ←    Wo? → | Wir vermuten: <br><br> Zentrale Lage; weg von den Hauptstraßen; genügend großer Abstand zu den Häusern |
|---|---|---|
| Die Wege zum Geschäft sind kurz. Die Hausfrauen müssen nicht auf der gefährlichen Hauptstraße gehen. Die Hausfrauen schonen ihre Gesundheit. Vorräte müssen nicht eingekauft werden. | Lebensmittelgeschäft <br><br> Warum? ←    Wo? → | Zentrale Lage; an der Hauptstraße; Parkmöglichkeiten |

TONBANDINTERVIEW I

F = Frager; K = Herr Krauß

F: Grüß Gott, Herr Krauß. Sie sind einer der ersten Bewohner der neuen Siedlung in Unterthürheim.

K: Ja, ich wohne seit Januar 1970 hier und habe gesehen, wie die Siedlung allmählich fertiggestellt wurde.

F: Dann können Sie uns ja sagen, ob es Ihnen in der entstandenen Siedlung gefällt!

K: O ja, ich glaube schon, daß Unterthürheim ein hübsches Siedlungsgebiet bekommen hat, auch wenn zwei wichtige Dinge vergessen wurden!

F: Was fehlt denn?

K: Nun ja, denken Sie einmal an ... (abgebrochen)

TONBANDINTERVIEW II

F = Frager; K = Geschäftsführer Kratzer

F: Herr Kratzer, Sie sind der Geschäftsführer des neuen Südmarktes in Wertingen. Darf ich Ihnen eine Frage stellen?

K: Bitte sehr, fragen Sie, Frau Krauß!

F: Nun, Herr Kratzer, mich würde interessieren, warum der neue Südmarkt in die Märzenbachsiedlung gebaut wurde.

K: Das hat mehrere Gründe. Die drei wichtigsten werde ich Ihnen nennen.
1. Wir mußten schauen, den Südmarkt möglichst zentral in ein Siedlungsgebiet einzubauen. Dadurch kommen die Familien, die sich hier ein Eigenheim bauen, zu uns. Immerhin sind hier Wohnungen für etwa 100 Familien geplant.
2. Wir mußten unser Geschäft an eine Hauptstraße bauen, damit die Waren leicht mit den LKWs angefahren werden können.
3. An der Industriestraße in Wertingen war die günstigste Stelle. Wir konnten hier einen großen Parkplatz für die auswärtigen Kunden anlegen; so können sie mühelos mit dem Auto vorfahren.

F: Danke schön für die Auskunft, Herr Kratzer!

## 3.1.3 Richtziel 3:

Erkennen funktionaler Zusammenhänge sozialer Räume und Mitgestalten der notwendigen Kooperation zwischen sozialen Räumen

*Fähigkeit, funktionale Zusammenhänge zwischen sozialen Räumen zu erkennen, ihre Notwendigkeit einzusehen und eine sich daraus ergebende notwendige Kooperation mitzugestalten*

— Die Abhängigkeit von Wohn- und Versorgungsraum, Arbeitsraum und Versorgungseinrichtungen, Wohnraum und Erholungsraum, Schule und Wohnraum, Wohnraum und ärztlicher Versorgung, Verwaltung und Wohnraum, Landschaftsschutz und Erholungsraum, Umweltschutz und Wohn- bzw. Arbeitsraum steht hier im Vordergrund.

Auch hier gilt, daß die didaktische Aufgabe des Lehrers über eine rein phänomenologische Beschreibung hinausgehen muß bzw. daß es von Anfang an gar nicht dazu kommen darf. Es bieten sich aus dem Erfahrungsraum des Schülers einige elementare und überschaubare echte Probleminhalte zu diesem Richtziel, die Aufforderungscharakter haben, ein selbständiges Erforschen, Planen, Erproben und Handeln herausfordern und damit das problemlösende Denken und eine selbständige Wissenschaftstransformation erhöhen.

Einige Themenvorschläge mögen dies kurz andeuten:

— Hans und Susi müssen verschiedene Schulhäuser besuchen.
— Warum fährt die Familie König am Wochenende nach Illemad?
— Warum hat Herr Brenner seine Tankstelle an die B 2 gebaut?
— Warum muß die Familie Merkel umziehen?

● **Unterrichtsbeispiel: Herr E. und Frau S. „pendeln" zum Arbeitsplatz**

3./4. Jahrgangsstufe

**I. Lernziele**

1. Überblick über die Alltagssituation von zwei Pendlern
2. Einsicht, daß verschiedene Gründe (strukturelle, regionale, finanzielle, persönliche) Arbeitskräfte veranlassen, außerhalb des Wohnortes zu arbeiten
3. Kenntnis der Vor- und Nachteile der Pendlersituation im Blick auf die eigene Person und im Blick auf die Familienangehörigen
4. Bewußtsein, daß auch Verbandsschüler, die mit dem Bus befördert werden, „Pendler" sind.

**II. Sachanalyse**

In der 2. Jahrgangsstufe lernten die Schüler im Sachunterricht gemäß den örtlichen Gegebenheiten einen Wohn-/Arbeitsplatz (Bauernhof — Bäckerei) kennen, bei dem es keine räumliche Trennung gibt. Von hier aus weiterführend wurde dann ein Jahr später ein Arbeitsplatz untersucht, der räumlich mit der Wohnung der Arbeitnehmer (des Arbeitnehmers) nicht verbunden ist. Nun konnten erstmals Vergleiche herausgearbeitet und die Vor- bzw. Nachteile beider Wohn-/Arbeitsplatzverhältnisse besprochen werden. Die hierbei gewonnenen Kenntnisse, Erkenntnisse und Einsichten lassen sich jetzt im Rahmen der Auseinandersetzung mit dem vorliegenden Thema nutzbar machen. So kann z. B. deutlich werden, daß sehr viele Arbeitnehmer täglich oder einmal wöchentlich von der Wohnung zur Arbeitsstätte und zurück zu fahren haben und mitunter große Wegstrecken bewältigen. Die Alltagssituation dieser Menschen, die gemeinhin

„Pendler" genannt werden, wird durch diese Gegebenheiten entscheidend geprägt.

*1. Berufspendler*

Ehemals war Bayern ein fast reines Agrarland, in dem es das Pendlerproblem kaum gab. Das hat sich insbesondere in den letzten 20 Jahren entscheidend geändert. Der Wandel des Freistaates vom Agrar- zum Industriestaat und die hohen Beschäftigungsquoten in den verschiedensten Sparten verursachen die „Pendlerbewegungen", von denen zur Zeit bei 4,7 Millionen Beschäftigten gut drei Millionen erfaßt werden. Das heißt mit anderen Worten, daß täglich gut zwei Drittel der Berufstätigen unseres Landes kleine oder größere Reisen unternehmen müssen, um zu ihrem Arbeitsplatz zu gelangen.

Drei Zehntel der Berufspendler sind Frauen. Die Zahl der weiblichen Pendler, vor allem auch der verheirateten, hat beträchtlich zugenommen. 7% der Pendler arbeiten im produzierenden Gewerbe; im Handel, Geldwesen und Verkehr 16% und im sonstigen Bereich (Dienstleistungen) rund 11%. Bei der Volkszählung 1961 wurden zum erstenmal bundeseinheitlich die von den Pendlern benützten Verkehrsmittel und der Zeitaufwand für den Weg zur Arbeitsstätte erfragt. Ein überraschend hoher Teil — über ein Drittel (35%) aller Pendler — verwendet ein privates Kraftfahrzeug (Auto, Motorrad oder Moped). Nur 23% benützen die Eisenbahn. Den Omnibus benützen 18%, fast ebenso viele das Fahrrad. Ganze 6% sind ausschließlich Fußgänger.

Ein Fünftel aller Berufspendler, also rund 200 000, müssen täglich mindestens zwei Stunden Wegzeit auf sich nehmen, darunter 5%, die sogar mehr als drei Stunden unterwegs sind!

*2. Die Ausbildungspendler*

Unter Ausbildungspendlern versteht man Schüler und Studierende, die täglich zwischen Wohnsitzgemeinde und Ausbildungsort pendeln. Dabei sind jene Schüler nicht erfaßt, die in Heimen und Internaten untergebracht sind und nur in größeren Zeitabständen nach Hause zurückkehren.

*3. Binnenpendler*

Die Binnenpendler, die innerhalb der Gemeinden Berufs- und Ausbildungswege zu überwinden haben, sind besonders in München genau erforscht worden:
Von den rund 255 000 im Stadtkern von München Beschäftigten — einschließlich 38 000 Schülern und Studierenden — wohnten etwa 75 000 (30%) in den zugehörigen Stadtbezirken selbst, während 180 000 aus dem übrigen Stadtgebiet einpendeln müssen. (Dabei ist der von außerhalb Münchens nach dem Stadtzentrum zielende Berufsverkehr nicht mitgerechnet!)

### III. Methodische Planung

*1. Problembegegnung*

a) Interview mit Herrn E. und Frau S.
b) Problemerkenntnis:
Herr E. und Frau S. arbeiten getrennt von ihrem Wohnplatz. Sie pendeln mit öffentlichen Verkehrsmitteln zum Arbeitsplatz.

*2. Problemdurchdringung*

2.1 Der Alltag von Herrn E. und Frau S. in der Stadt wird anhand von Bildmaterial, Texten und weiteren Interviewteilen dargestellt:
a) Herr E. ist ein Wochenendpendler, der im Bayerischen Wald seinen Wohnort hat (220 km entfernt) und auf dem Münchner Flughafen arbeitet
b) Frau S. wohnt in einem oberbayerischen Markt, 25 km von München entfernt, und fährt täglich zur Arbeit in eine Sportmodenfabrik nach München

2.2 Anhand von Informationen bearbeiten die Schüler in arbeitsteiligem Gruppenunterricht folgende Problemfragen:
a) Warum pendeln Herr E. und Frau S. nach München zur Arbeit?
b) Welche Nachteile müssen Pendler und ihre Familien in Kauf nehmen?
c) Ergeben sich auch Vorteile für die Pendler und ihre Familien?

*3. Problemwertung*

Auswerten der Informationsverarbeitung
Stellungnahme und Wertung durch Schüler
Bestätigung bzw. Berichtigung durch die Aussagen von Pendlern selbst (Tonbandaufnahme, Aussagen von Eltern der Kinder)

*4. Problemausweitung*

a) Schüler als Pendler — Einbringen eigener Erfahrungen
b) Sind Gastarbeiter auch Pendler?
c) Pendeln Menschen nur zum Arbeitsplatz oder auch noch in andere Räume? (Freizeitraum, Versorgungsraum, Kulturraum)

#### 3.1.4 Richtziel 4:

Geordnete Darstellung sozialer Räume und von Geotopen (Lage- und Distanzordnung) und zielgerichtete Bewegung im Raum

*Fähigkeit, die sozialen Räume geordnet darzustellen (Lage- und Distanzordnung) und sich durch zielgerichtete Orientierung in ihnen bewegen zu können*

Beispiele
— Wir wandern nach Kloster Holzen.
— Wie kommen wir gefahrlos zur Schule?
— Anfahrt zum Urlaubsort.
— Vater fährt von der Arbeit heim.

Natürlich erfordert gerade dieses Richtziel, daß der Grundschüler planvolle Raumorientierung und zielgerichtete Bewegung im Raum an realen Lebenssituationen erlernt, um sich in seiner Umwelt sicher und selbständig zu bewegen. Die Folgerung daraus heißt: Unterrichtsgänge, die beide Aspekte, Kennenlernen der sozialgeographischen Faktoren und planvolle Raumorientierung, berücksichtigen.

Können Raumorientierung und zielsichere Bewegung nicht vor Ort durchgeführt werden, um dadurch relevante Lösungsstrategien für zielgerichtetes Verhalten zu entwickeln, müssen solche Problemsituationen durch geeignete methodische Maßnahmen wie Situations-, Rollen- und Planspiel im Unterricht durchgespielt und gelöst werden, auch solche Situationen, die der Erwachsenenwelt entsprechen, zu denen das Kind aber einen lebensechten Zugang hat und deren Lösung es für zukünftige Lebenssituationen braucht.

Beispiele

— Wir gerieten in einen Verkehrsstau — Umgehen des kritischen Verkehrsknotenpunktes
— Umleitung wegen Bauarbeiten — Wie erreichen wir schnell und gefahrlos unser Ziel?

Unterrichtliche Entlastung und Vertiefung dieser Orientierungs- und Verhaltensstrategien im Raum bieten sich vor allem durch einen integrativen Verkehrsunterricht (siehe 3.4.6).

● **Lehrsequenz: Das Baugebiet Weinberg wird erschlossen**

3./4. Jahrgangsstufe

### I. Lernziele

a) Erkenntnisse
1. Pläne helfen uns bei der Orientierung
2. Es gibt verschiedene Pläne
3. Pläne sind besondere Abbilder der Wirklichkeit
4. Die wichtigsten Ortsverbindungen der Stadt Wemding
5. Vor- und Nachteile einer bestimmten Wohnlage

b) Begriffe
1. Straßenkarte, Bauplan
2. Himmelsrichtungen, einordnen
3. Wohnviertel, Siedlung, Stadtrand, Stadtzentrum

c) Fertigkeiten
1. einen Plan zeichnen (Versuch)
2. einen Plan erkennen, lesen und ergänzen
3. Kartensymbole verwenden
4. mit dem Kompaß umgehen können
5. verschiedene Wohnlagen beurteilen

d) Fähigkeiten
1. in einer Gruppe aktiv und produktiv mitarbeiten
2. sich an der Diskussion beteiligen
3. Gesprächsregeln anerkennen und einhalten

## II. Arbeitsmittel

1. Notizen und Beobachtungen vom Unterrichtsgang
2. Kompaß und Uhr
3. Sandkasten
4. einfache Wegekarte (Umdruck)
5. Zeitungsartikel vom 31. 8. 1973 in der Donau-Zeitung

## III. Unterrichtspraktischer Vollzug

*1. Problembegegnung*

| | |
|---|---|
| Motivation | Auf dem Heimweg von der Turnstunde hat neben uns ein Autofahrer gehalten und den Weg zum Weinbergbaugebiet wissen wollen. |
| | Monika und Peter konnten ihm keine genaue Auskunft geben. |
| Unterrichtsgespräch | Gemeinsamer Versuch einer Wegbeschreibung |
| Mitzeichnen der Wegeskizze an der Tafel | — aus dem Gedächtnis |
| | — nach einer einfachen Wegeskizze |
| Problemerkenntnis | Nicht jeder von uns kann Auskunft geben. |

| | |
|---|---|
| Zielorientierung | Unklare Angaben wie „links herum" oder „weiter vorn abbiegen" helfen dem Fremden nicht.<br>Wir müssen uns selbst gut auskennen und wissen<br>a) wohin von Wemding aus die Straßen führen,<br>b) welche Hilfspunkte an der Straße wir als Orientierungsmerkmale dem Fremden geben.<br>Am besten ist es, wenn wir die Wegstrecke zum Weinberg selbst kennenlernen. |

## 2. Raumanalyse

| | |
|---|---|
| 1. Teilziel | Unterrichtsgang um den Stadtgraben von Wemding |
| a) Planungsgespräch | a) Beobachtungsaufgaben:<br>— Hilfspunkte an der Straße zum Weinberg markieren<br>— wohin die Straßen führen<br>— Messen von Teilstrecken<br>— Aufzeichnen des Weges<br>b) Aufzeichnen der Beobachtungen nach einem Arbeitsblatt<br>c) Bestimmen von Gruppenführern und -schreiber<br>d) Hinweis auf das richtige Verhalten im Straßenverkehr |
| b) Unterrichtsgang | |

(Ende der ersten zwei Unterrichtsstunden)

| | |
|---|---|
| 2. Teilziel | Erarbeitung einer Straßenskizze |
| a) Verlaufsmotivation | Wenn dich der Fremde heute wieder nach dem Weg zum Weinberg fragen würde ... |
| b) Aktivierung des gesammelten Wissens<br>Auswertung der Gruppenergebnisse auf den Arbeitsblättern | |

| | |
|---|---|
| Tafelskizze vom Weg Schule — Weinberg | |
| c) Problemerweiterung | Nicht jeder Fremde, der zum Weinberg will, fährt direkt an unserer Schule vorbei. Er kann aus verschiedenen Richtungen in unsere Stadt hereinfahren. |
| d) Auftrag für Partnerarbeit | Zeichnet auf eure Wegskizze auch noch Straßen, die von anderen Orten nach Wemding und zum Baugebiet Weinberg führen. |
| Vergleich der Arbeitsergebnisse | Die einzelnen Ergebnisse der Partnerarbeit sind verschieden, stimmen nicht überein. Sie entsprechen nicht immer der Wirklichkeit. |
| e) Einsatz des Sandkastens Rekonstruktion des Unterrichtsganges Markante Geländepunkte Sandkasten einnorden Erweitern des Modells durch weitere wichtige Straßen Erkenntnis | Sandkastenmodell ist wirklichkeitsgetreu, aber kleiner als die Wirklichkeit |
| f) Vom Sandkasten zur Karte (Arbeitsgang ist bereits bekannt) Übertragen der Skizze auf der Glasplatte, auf der Tafel oder Karton | |
| g) Erkenntnisbildung und -vertiefung | Vergleiche deine Wegskizze mit dem Plan, den wir aus dem Sandkasten gewonnen haben. |
| Verbessern der Fehler Zuordnen von Namen und Bezeichnungen | Wir ordnen den Merkpunkten die richtigen Namensschilder zu, z. B. Kirche, Kreuzung, altes Haus. |
| Verbalisieren des gesamten Unterrichtsganges Orientierung auf der Karte durch Standpunktänderung Verbalisieren | Du gibst einem Fremden Auskunft, der von Nördlingen, Harburg... kommt. |
| h) vertiefende Hausaufgabe | Zeichne anhand deines Entwurfes die Wegekarte sauber als Hausaufgabe! |

(Ende der 3. Unterrichtsstunde)

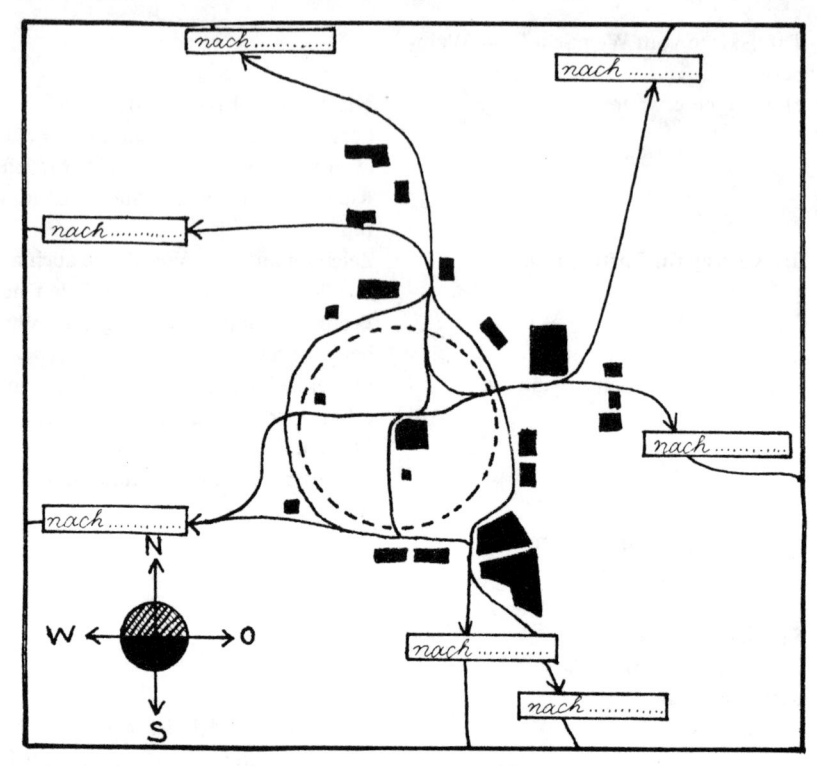

3. *Teilziel* Baugebiet Weinberg — ein neues Wohnviertel

a) Verlaufsmotivation — Warum wollte der Fremde wohl auf den Weinberg?

Vermutungen — Er will einen Bauplatz kaufen, er ist Vertreter für Baustoffe u. ä.

b) Problemeinengung — Ist der Weinberg geeignet für ein neues Wohnviertel?

Einbringen des Vorwissens
c) Informationsbeschaffung durch einen Unterrichtsgang
Planen des Unterrichtsganges
Beobachtungs- und Erkundungsaufgaben

a) Wie liegt das Baugebiet im Bezug zur Stadt?
b) Erschließungsmaßnahmen im Neubaugebiet
c) Vor- und Nachteile des Baugebietes, die wir erkennen bzw. erfragen können

3. *Raumbeurteilung*

a) Auswerten des Unterrichtsganges

a) Lage zur Stadt:
günstige Verkehrslage, gute Wohnlage (Hang, Sonnenseite, Ruhe)
b) Straßen — Wasser — Strom — Kanal
Erschließungsmaßnahmen muß der Bauherr bezahlen
c) Vorteile:
ruhige Wohnlage, große Plätze, günstige Verbindungen zur Stadt, Naturnähe
Nachteile:
Baulärm und -schmutz, teure Plätze, keine Versorgungseinrichtungen

b) Werten der Faktoren im Gespräch Rollengespräch „Pro und contra"
c) Ausweitung

Wo kann in Wemding noch gebaut werden?

*4. Sicherung/Vertiefung*

a) Überprüfen der Kartenskizze, Orientierung anhand der Wegekarte
b) Befragen der Eltern
Auswerten

Würdet ihr auf dem Weinberg wohnen wollen?

### 3.1.5 Richtziel 5:

Ausbilden eines Problembewußtseins gegenüber sozialgeographischen Phänomenen und selbständiges Lösen sozialgeographischer Problemfragen

*Ausbilden eines Problembewußtseins gegenüber geographischen Erscheinungen und ihren gesellschaftsrelevanten Aufgaben — Fähigkeit, sich daraus ergebende Probleme in selbsttätigem Forschen, Denken und Handeln zu lösen*

Dieses Lernziel umfaßt in integrierender Sichtweise die anderen Richtziele und verweist bereits auf einen entscheidenden didaktischen Auftrag des entdeckenden Lernens: *Problemsituationen aus dem elementaren geographischen Erfahrungsbereich des Grundschülers zu arrangieren, die einen bekannten Ausgangs- und Zielpunkt haben, aber die Lösungswege, wie das Ziel erreicht werden kann, nicht beinhalten.*

Diese soll der Schüler mit Hilfe konkreter Materialien durch selbständige Lösungsversuche finden und so auf individuellem Weg strukturiertes Wissen erwerben.

Diese Problemsituationen können einerseits für den Schüler selbst eine eindeutige Zielfunktion haben (Wie komme ich am schnellsten und sichersten zum Schwimmbad?), andererseits Zielfunktionen aufdecken, die für das Handeln der Erwachsenen entscheidend sind und so einen klaren Zukunftsbezug für den Schüler beinhalten.

Beispiele
— Warum wollen viele Leute nach Lauterbach bauen?
— Wohin würdest du ein Wohnhaus bauen? (Erkennen von Vor- und Nachteilen der Raumfaktoren eines Wohngebiets, darüber urteilen, mit anderen Wohngebieten vergleichen und Entscheidungen fällen.)

● **Unterrichtsbeispiel: Wer hat mehr Platz in unserem Wohnviertel — wir Kinder oder die Autos?**

2. Jahrgangsstufe

### I. Lernziele

— Einblick in die Platzverteilung Spielplätze — Parkplätze
— Erkenntnis, daß mehr Platz zum Parken der Autos als zum Spielen für Kinder vorhanden ist
— Einsicht in die Notwendigkeit von Parkplätzen
— Fähigkeit, eigene Interessen vertreten zu können
— Einsicht, daß bei vielen Erwachsenen das Auto eine bedeutendere Rolle spielt als Kinder
— Bereitschaft, für ein berechtigtes Anliegen einzutreten

### II. Didaktisch-methodisches Vorgehen

| Artikulation | inhaltliche Strukturierung | Arbeitsformen Medien |
|---|---|---|
| 1. Raumbegegnung | zwei Bilder zum Vergleich: Parkplatz — Spielplatz | Bilder |
| Aktualisieren des Vorwissens | In unserem Wohnviertel gibt es viele Parkplätze, aber nur einen Kinderspielplatz. | gemeinsames Gespräch |
| Problemfrage | Was ist wichtiger, Parkplätze oder Kinderspielplätze? | TA |

| Artikulation | inhaltliche Strukturierung | Arbeitsformen Medien |
|---|---|---|
| Zielorientierung | Wir wollen erkunden, wieviel Platz für Kinder und wieviel Platz für Autos zur Verfügung steht. | TA |
| *2. Raumanalyse* | | |
| 2.1 Erkundung durch Unterrichtsgang | | |
| — Vorplanung | — Messen und Aufzeichnen der Parkplätze, des Kinderspielplatzes<br>— Gibt es Platz für weitere Spielplätze?<br>— Befragen von Erwachsenen und Kindern aus anderen Klassen | gemeinsames Gespräch auf Protokollkarten aufschreiben |
| — Durchführung | Aufsuchen der Parkplätze, des Kinderspielplatzes usw. | Unterrichtsgang Gruppenarbeit |
| 2.2 Auswerten des Unterrichtsganges | Sammeln der Ergebnisse und Aufschreiben<br>Planquadrate zum ungefähren Flächenvergleich<br>Befragung der Erwachsenen bzw. Kinder auf Tonband | Folie Tafel Planquadrate aus Tonpapier Tonband |
| *3. Raumbeurteilung* | | |
| 3.1 Beantwortung der Problem- und Zielfrage | — In unserem Wohnviertel gibt es vier große Parkplätze, aber nur einen Kinderspielplatz.<br>— Parkplätze sind wichtig, damit die Autos von der Straße weg sind und den Verkehr nicht behindern. Kinder gehören auch von der Straße weg, damit sie vom Verkehr nicht gefährdet werden, deshalb | gemeinsames Gespräch Flächenvergleich |

| Artikulation | inhaltliche Strukturierung | Arbeitsformen Medien |
|---|---|---|
| 3.2 Wertung | — mehr Kinderspielplätze für unsere Sicherheit, für unsere Erholung, für sinnvolle Beschäftigung, als Treffpunkt mit anderen Kindern. | |
| | — Befragung: Viele Erwachsene meinen, wir finden schon allein irgendwo einen Platz, ihr Auto aber nicht. | Tonband |
| | — Vorschlag für einen weiteren Kinderspielplatz: Wiese hinter der Brauerei | Plan |
| 4. Aktionsverfolgung | Vergleichszahlen und -zeichnungen, Vorschläge für einen weiteren Kinderspielplatz an Bezugspersonen (Stadtrat, Elternbeirat, Verkehrswacht) | |

### 3.1.6 Richtziel 6:

Aneignung und selbständiger Einsatz elementarer geographischer Arbeitsmethoden

*Fähigkeit, geographische Arbeitsmethoden sich anzueignen und sachgerecht einsetzen zu können*

Beispiele
— Erkunden eines geographischen Phänomens durch Beobachten und Untersuchen, Befragen von Bezugspersonen und Notieren von sozialgeographischen Vorgängen
— Fertigen von Planskizzen und Lesen von Karten
— Orientieren im Raum
— Verbalisieren sozialgeographischer Erscheinungen und Vorgänge
— Experimentieren und Konstruieren

● **Unterrichtsbeispiel: Kiesweiher oder Badesee?**

2. Jahrgangsstufe

*1. Raumbegegnung*     Unterrichtsgang zum Kiesweiher
                           Es wird seit zwei Jahren kein Kies mehr abgebaut

| | |
|---|---|
| Problemfrage | Könnte aus dem Kiesweiher ein Badesee werden? |

## 2. Raumanalyse

| | |
|---|---|
| 2.1 Vorschläge zur Raumgestaltung | eine Uferseite zum Hineinlaufen aufschütten<br>eine Wiese mit Bäumen anlegen<br>Spielgeräte aufstellen<br>die Ufer säubern |
| 3. Raum- und Situationswertung | Zeichnungen mit Lösungen anfertigen<br>ein Modell im Sandkasten bauen<br>einen Brief mit den Vorschlägen an die Gemeinde schreiben |
| 4. Situationsverfolgung | Zeichnungen in der Schule ausstellen, den Eltern zeigen, mit den Briefen dem Bürgermeister übergeben |

Brief eines Schülers

---
Lieber Herr Bürgermeister!
Wir waren am Montag am Baggersee. Da ist es nicht schön. Das Gras wächst und es liegt altes Glump herum. Ein Badesee wäre schön. Unser Lehrer sagt, das kostet fast kein Geld. Man muß ein flaches Ufer haben für Kinder und eine Wiese. Da kann man liegen und spielen. Ein Baum gibt Schatten. Die Zeichnung zeigt den Badesee. Es wäre schön.
                                                                    Ihre Klasse 2b
---

### 3.1.7 Richtziel 7:

Sachgerechte Handhabung geographischer Arbeitsmittel und Medien

*Fähigkeit, geographische Arbeitsmittel und Medien sachgerecht handhaben zu können*

Beispiele
— Planskizzen und Karten
— Modelle
— Prospekte
— Bilder
— Tonbilder
— reale Gegenstände
— Film

● **Unterrichtsbeispiel: Unsere Gemeinde will eine Wochenendsiedlung anlegen**

2./3. Jahrgangsstufe

| Artikulation | Inhaltliche Strukturierung | Arbeitsformen / Medien |
|---|---|---|
| 1. *Problemstufe* | Zeitungsüberschrift: Markberg gibt das Marienfeld für eine Wochenendsiedlung frei | Zeitungsausschnitt im Episkop |
| Begriffsklärung | Was ist eine Wochenendsiedlung? | gemeinsames Gespräch |
| Erfahrungsbereich | Wochenendhaus? Warum gibt unsere Gemeinde Bauplätze für eine Wochenendsiedlung frei? | TA |
| 2. *Raum- und Situationsanalyse* | | |
| 2.1 Hypothesenbildung | Menschen aus der Stadt brauchen Erholung in der frischen Luft. In der Stadt wohnen sie in großen Hochhäusern. Es ist eng in der Stadt. Am Wochenende können sie aufs Land fahren, zu uns heraus. Platz für Kinder u. ä. | TA |
| 2.2 Lösungsplanung — Lösungsfragen | Wohin kommt die Wochenendsiedlung? Wie wird sie einmal aussehen? Wieviel Wochenendhäuser haben Platz? Warum eine Wochenendsiedlung? Wer baut auf dem Marienfeld ein Wochenendhaus? | Lehrer-Schülergespräch TA |
| — Planen eines Unterrichtsganges | Wir unternehmen einen Unterrichtsgang und versuchen, die Fragen zu lösen | |

| Artikulation | Inhaltliche Strukturierung | Arbeitsformen |
|---|---|---|
| | | Medien |
| Planungsaufgaben an arbeitsteilige Gruppen aufteilen | a) Ausmessen und Aufzeichnen des Platzes<br>b) Bürgermeister und Kaufinteressenten fragen<br>c) Was sich in der Landschaft verändern wird<br>d) Für und wider eine Wochenendsiedlung — Passanten befragen | Aufschreiben der Planungsaufgabe |
| 2.3 Informationsgewinnung<br>— Durchführen des Unterrichtsganges<br>— Auswerten des Unterrichtsganges | a) auf dem Marienfeld<br>b) beim Bürgermeister<br>c) Passanten auf der Straße<br>— Planskizze auf Karton: 1 km langer, 2 km breiter Platz für Wochenendhäuser<br>— eigene Planeinteilung: 30 Wochenendhäuser<br>— Marienfeld ist mit Sträuchern und Gras bewachsen, Begriff „Brachland". Wenn die Wochenendsiedlung fertig ist: kleine flache Häuser, schöne Gärten<br>— Erholung für Stadtleute: frische Luft, Gartenarbeit als Erholung, andere Gegend als die Wohnung in der Stadt<br>— Vorteil für die Geschäfte: Wochenendsiedler kaufen ein<br>— Vorteil für die Gemeinde: Verkauf von Bauplätzen | field-work-Erkundung vor Ort<br><br>Planskizze<br><br>Modelle: Planskizze mit Platzeinteilung<br><br>Auswerten der Befragung<br>TA |
| *3. Raum- und Situationsbeurteilung* | | |
| 3.1 Schließen des Problemkreises — Ver- | Amtlicher Bebauungsplan — unser Bebauungsplan | gemeinsames Gespräch |

117

| Artikulation | Inhaltliche Strukturierung | Arbeitsformen |
|---|---|---|
| | | Medien |
| gleich mit dem amtlichen Bebauungsplan | 40 Wochenendhäuser — 30 Wochenendhäuser Plätze für Wochenendhäuser sind kleiner als Bauplätze für Häuser Das Wochenendhaus ist auch kleiner Vergleich Wochenendhaus — Einfamilienhaus Herausarbeiten von Unterschieden: Wochenendhaus: meist Wohnraum, Schlafraum, Geräteraum, kleiner Keller, aus Holz gebaut... | Modelle Bilder |
| 3.2 Wertung | Abwägen der Vor- und Nachteile | gemeinsames Gespräch Tafelnotizen einbeziehen |
| *4. Vertiefung/Ausweitung* | | |
| 4.1 Lernzielkontrolle 4.2 Transfer | Ausfüllen eines Fragebogens Neubaugebiet Ein Waldgelände wird angelegt Erholung im ländlichen Raum — Erholung in der Stadt | individuelle Stillarbeit gemeinsames Gespräch |
| 4.3 Weiterführende Hausaufgabe | Soll das Riedmoos ein Erholungsgebiet werden? | Befragungsbogen Befragung der Eltern, Passanten u. ä. |

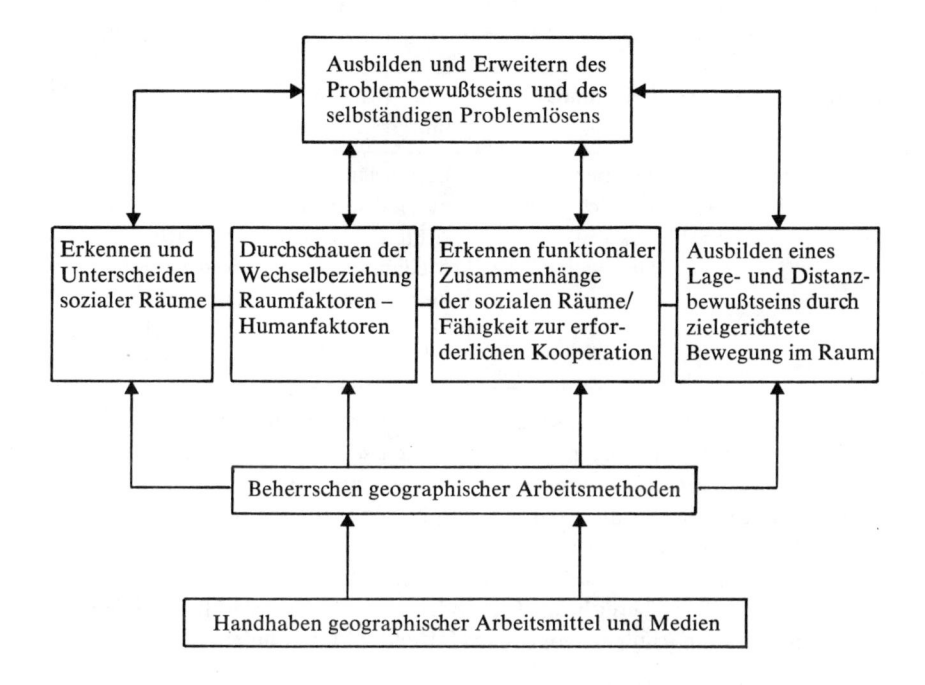

*Schaubild:* Richtziele im grundlegenden Erdkundeunterricht

```
                    ┌─────────────────────────────┐
                    │  Ausbilden und Erweitern des│
          ┌────────→│  Problembewußtseins und des │←────────┐
          │         │  selbständigen Problemlösens│         │
          │         └─────────────────────────────┘         │
          │            ↑        ↑        ↑                  │
┌─────────────┐ ┌─────────────┐ ┌─────────────┐ ┌─────────────┐
│Erkennen und │ │Durchschauen │ │Erkennen     │ │Ausbilden    │
│Unterscheiden│ │der Wechsel- │ │funktionaler │ │eines Lage-  │
│sozialer     │─│beziehung    │─│Zusammenhänge│─│und Distanz- │
│Räume        │ │Raumfaktoren-│ │der sozialen │ │bewußtseins  │
│             │ │Humanfaktoren│ │Räume/Fähig- │ │durch ziel-  │
│             │ │             │ │keit zur er- │ │gerichtete   │
│             │ │             │ │forderlichen │ │Bewegung im  │
│             │ │             │ │Kooperation  │ │Raum         │
└─────────────┘ └─────────────┘ └─────────────┘ └─────────────┘
       ↑               ↑               ↑               ↑
       └──────┬────────┴───────┬───────┴───────────────┘
              │  Beherrschen geographischer Arbeitsmethoden │
              └────────────────────┬────────────────────────┘
                                   ↑
              ┌────────────────────┴────────────────────┐
              │ Handhaben geographischer Arbeitsmittel  │
              │              und Medien                 │
              └─────────────────────────────────────────┘
```

## 3.2 Die Lehraufgaben — Bestimmungsrahmen für Feinziele, Lerninhalte und Unterrichtsverfahren

Die fachwissenschaftliche und fachdidaktische Neuorientierung der Schulerdkunde zu Beginn der siebziger Jahre hat im Grundschullehrplan 1971 mit den *Lehraufgaben* ihre schulpraktische Transformation erfahren. Diese beschreiben eindeutig, aber noch nicht ins Detail gehend, die Lernergebnisse und Verhaltensweisen, die innerhalb der grundlegenden Erdkunde erreicht werden sollen. Sie müssen noch mit entsprechenden Lehr-/Lerninhalten, Feinzielen, Unterrichtsverfahren und Lernzielkontrollen gefüllt werden (curriculares Lehrplanmodell) und dürfen nicht nur als Sammelüberschriften für eine Reihe von stofflich-inhaltlich geprägten Themen gelten. Aus den implizierten Grunddaseinsfunktionen wohnen, arbeiten, sich erholen, sich versorgen, sich bilden, sich im Raum orientieren, Verkehrsteilnahme und Verwaltung im Zusammenleben ergeben sich folglich didaktische Leitlinien zur Bestimmung der Feinziele, der Lehr-/Lerninhalte, der Unterrichtsverfahren und der Lernzielkontrolle.

### 3.2.1 Curriculares Lehrplanmodell

Curricularer Lehrplan heißt ein Lehrplan, der in vier Kategorien konkrete Lernziele, Lerninhalte, Unterrichtsverfahren und Lernzielkontrollen umfaßt:

| Lernziel | Lerninhalt | Unterrichtsverfahren | Lernzielkontrolle |
|---|---|---|---|
| konkrete Lernziele | Themen stoffliche Inhalte Lektüre Übungen u. ä. | Lernorganisation methodische Absichten Medien Zeitplanung | mündlich schriftlich praktisch (Reorganisation, Transfer des Wissens, der Erkenntnisse ...) |

„Es wird angestrebt, die vier Kategorien soweit wie möglich aufeinander zuzuordnen, d. h. den vorgegebenen Lernzielen müssen die jeweiligen Lerninhalte, Unterrichtsverfahren und Lernzielkontrollen entsprechen. Auf diese Weise entsteht ein Regelkreis, da die Lernzielkontrolle die Erfüllung des Lernziels rückmeldet" (Westphalen, S. 42).

Konkrete Lernziele umfassen den kognitiven, affektiven und instrumentalen Lern- und Handlungsbereich des Lernenden und werden nach dem Modell des Staatsinstitutes für Schulpädagogik nach folgender Matrix unterschieden:

Siehe nebenstehende Tabelle (S. 121)

### 3.2.2 Kriterien eines spiralförmigen Lehrgangs im grundlegenden Erdkundeunterricht

Die Lehrgangseinheit im Sachunterricht der Grundschule, speziell des fachlichen Bereiches Erdkunde, muß geprägt sein vom Prinzip der optimalen Passung. Was beinhaltet und will dieses Prinzip?

a) Struktur des Gegenstandes und altersspezifisches Verständnis des Kindes müssen sich deckungsgleich entsprechen. Die Anforderungen müssen gemäß diesem Prinzip von Altersstufe zu Altersstufe entsprechend gesteigert werden. Die gleichen Themenbereiche einer Lehraufgabe können in den verschiedenen Jahrgängen, natürlich unter Verlagerung der Akzente, wiederkehren. Wichtig erscheint hier die Steigerung des Abstraktionsprozesses: konkretes Erfahren, konkrete Handlungsgrundlage mit immer stärkerer, abstrakterer und komplexerer Begriffsgewinnung.
Dadurch ergibt sich folgerichtig das „Spiralmodell" (Bruner) als echte Realisierung des Prinzips der optimalen Passung.

| 1. Wissen | 2. Können | 3. Erkennen | 4. Werten |
|---|---|---|---|
| *1.1 Einblick* (flüchtiger Einblick bei der ersten Begegnung mit dem Wissensgebiet) | *2.1 Fähigkeit* (= dasjenige Können, das zum Vollzug einer Tätigkeit notwendig ist) | *3.1 Bewußtsein* (bedeutet eine Vorstufe des Erkennens, die zum Weiterdenken anregt) | *4.1 Bereitschaft* (entsteht, wenn Werte anerkannt, als persönliche Ziele gesetzt werden) |
| *1.2 Überblick* (systematischer Überblick, den sich der Schüler erst verschaffen kann, wenn er in mehrere Teilbereiche des Wissensgebietes Einblick gewonnen hat) | *2.2 Fertigkeit* (= ein durch reichliche Übung eingeschliffenes, sicheres, fast müheloses Können) | *3.2 Einsicht* (= eine grundlegende Anschauung, die erworben und beibehalten wird, wenn ein Problem eingehend erörtert und einer Lösung zugeführt ist) | *4.2 Freude bzw. Interesse* an bestimmten Lerngegenständen (Operationalisierung und Lernzielkontrolle schwierig, nur in psychologischen Tests, Fragebogen oder noch problematischer im „Gesinnungsaufsatz" möglich) |
| *1.3 (genaue) Kenntnis* (eines Sachverhaltes oder eines Wissensgebietes setzt den Überblick voraus, fordert aber zusätzlich detailliertes Wissen und einen Grad gedächtnismäßiger Verankerung, der zu einer zutreffenden Beschreibung befähigt) | *2.3 Beherrschung* (= hoher Grad von Können) | *3.3 Verständnis* (ist die Ordnung von Einsichten und ihre weitere Verarbeitung zu einem begründeten Urteil) | |
| *1.4 Vertrautheit* (= erweiterte und vertiefte Kenntnisse über einen Sachverhalt oder ein Wissensgebiet — geläufiges Verfügen darüber) | psychomotorischer Bereich | | affektiver Bereich |
| kognitiver Bereich | | | |

(n. Westphalen, K., S. 46—47)

b) Ein weiterer Grundsatz, dieses Prinzip der optimalen Passung im erdkundlichen Fachbereich zu realisieren, ist die epochale Abfolge. Themenbereiche werden epochal in Wochenthemen aufbereitet und durchgeführt:

Beispiele von Wochenthemen:
2. Jahrgangsstufe: Wir legen einen Spielplatz an
3. Jahrgangsstufe: Erholungsplätze unserer Stadt (unseres Dorfes)
4. Jahrgangsstufe: Umweltschutz in unserem Dorf?
Die Abfolge kann auch 1½ bzw. 2 Wochen umfassen.

c) Ein erdkundlicher Lehrgang im grundlegenden Sachunterricht muß sich mehr als Lehrgänge der anderen Fachbereiche *an örtlichen räumlichen Gegebenheiten orientieren und konzentrieren.* Hier soll nicht dem abgelösten Begriff „Heimatraum" das Wort geredet werden, sondern einem konstitutivem und unabdingbarem Raumbezug, wobei nicht nur eine vorschnelle Lokalisierung genügen darf, sondern ein echtes problemhaftes Aufzeigen der Sozial-, der Natur- und Raumkomponente.

Zwei Fehlhaltungen können bei Vernachlässigung dieses echten Raumbezuges auftauchen:
— Verbalisieren rein sozialkundlicher Fakten und Lösungswege. Engelhardt sagt dazu: „Von Wohnen, Spielen, Sich-Erholen und von der Arbeit läßt sich gut reden, wenn man nur die zwischenmenschlichen, wirtschaftlichen und hygienischen Beziehungen ausspricht" (Engelhardt, W.-D., S. 28).
— Die Bindung an den geographischen Raum als Naturraum geht verloren. Die Schüler erfahren zwar Probleme der Arbeitsteilung, des Umweltschutzes, werden aber nur dann für diese Probleme sensibilisiert, wenn sie deren Komplexität anschaulich, konkret, handelnd erfahren und Lösungen suchen. Dies geschieht zunächst am engeren Grunderfahrungsraum der eigenen Umwelt, dann erweitert an erfahrbaren Räumen.

d) Der fachliche Bereich Erdkunde muß *mit anderen Bereichen des Sachunterrichts koordiniert werden,* d. h. Themen bzw. Ergebnisse dieser fachlichen Bereiche (vor allem sozio-kulturelle) werden in geographischer Betrachtungsweise hinsichtlich ihrer Funktion bei der Daseinsgestaltung des Menschen vertiefend erfaßt. Im Rahmen einer solchen Kooperation werden dann entsprechende Themenbereiche und deren Ergebnisse unter raumbezogenen Gesichtspunkten integriert und wirksam. Damit ist auch die Gefahr der Isolierung sozialer und humaner Funktionen vom Raum gebannt.

Kooperationsbeispiele zeigt vor allem Sirch in seinen Wochenplänen auf:

Beispiele:
2. Jhg.: Auf dem Bauernhof (Sirch, L., Bd. I. S. 158)
3. Jhg.: Der Schienenweg verbindet uns mit anderen Orten (Sirch, Bd. II S. 80 f.)
4. Jhg.: Arbeitsplätze außerhalb des Wohnortes — Industrie sucht Arbeitskräfte und bietet Arbeitsplätze (Sirch, Bd. II. S. 126 f.)

e) Der Lehrgang im fachlichen Bereich Erdkunde weist über die Grundschule hinaus.

Die Lehraufgaben der Grundschule erfahren eine fach- und altersspezifisch relevante Weiterführung in den Leitthemen der Orientierungsstufe und Hauptschule. Die Orientierungsstufe schließt sich der Anlage des Lehrgangs im erdkundlichen Bereich an, führt das Spiralmodell und die kategoriale Auffassung in Leitthemen fort und erweitert es durch höhere facheigene Lernziele.

f) Aus den Lehraufgaben sollen jene Feinziele herausgestellt und operationalisiert werden, die nicht allein auf ein Stoffwissen über den regionalen Bezugsraum, sondern auf ein Funktionswissen und auf Gewinnung von Verhaltensqualifikationen ausgerichtet sind.

Beispiele:

Die Tankstelle an unserer Straße (negativ, Faktenwissen wird vermittelt)
Warum hat Herr R. seine Tankstelle an die B 2 gebaut? (positiv, Funktionswissen wird aufgebaut)

g) Forschende und vergleichende Intentionen ergeben die Notwendigkeit, daß der Blick über den regionalen Bezugsraum hinaus auf ähnliche bzw. unterschiedliche geographische Erscheinungen in anderen Regionen geworfen wird. Der vergleichende Ausblick macht auch nicht vor Grenzen halt. Er kann die ganze Erde umfassen, wenn er Kriterien der Kindgemäßheit berücksichtigt.

Beispiele:

Wie wir wohnen
Wie Menschen im Norden der Erde wohnen (Eskimo)
Wie Menschen in Afrika, in Australien wohnen und warum auf diese Art?
(Vorsicht vor Klischeevorstellungen!)

### 3.3 Beispiel eines curricularen Lehrgangs für die grundlegende Erdkunde

In den letzten Jahren haben sich viele Arbeitsgemeinschaften von Lehrern der Aufgabe gewidmet, für die einzelnen Fachbereiche des Sachunterrichts bzw. der Heimat- und Sachkunde Lehrgänge zu entwickeln, die den Kriterien eines curricularen Lehrplans entsprechen und vor allem die Ortsgebundenheit und die jeweilige Umwelt des Kindes berücksichtigen. Die Orientierung an den jeweiligen örtlichen geographischen Gegebenheiten ist unabdingbare Maxime eines Lehrgangs in der grundlegenden Erdkunde. Wir wollen hier einen örtlichen Lehrplan vorstellen, der von einer solchen Arbeitsgemeinschaft für die Grundschullehrer im Bereich eines Staatlichen Schulamtes entworfen worden ist und als Planungsunterlage des täglichen Unterrichts gilt.

## 3.3.1 Lehrgang für die 2. Jahrgangsstufe (teilweise auch 1. Jahrgangsstufe)

**Lehraufgabe I:** Menschen müssen wohnen

| Lernziel | Lerninhalt | Unterrichtsverfahren | Lernzielkontrolle |
|---|---|---|---|
| – Kenntnis der Raumaufteilung und zweckmäßigen Zuordnung der Räume eines Hauses<br>– Fähigkeit, die einzelnen Räume identifizieren zu können<br>– Fähigkeit, einen Grundriß lesen zu können<br>– Einsicht gewinnen in die Schutzfunktion eines Hauses | *Wir bauen ein Haus* (1. Jhg.)<br>– Die Räume des Hauses<br>– Grundriß des Hauses (Draufsicht)<br>– Warum bauen Menschen Häuser? | – Bau eines Modellhauses aus Styropor für eine „konkrete" Familie<br>– Unterrichtsgang an eine Baustelle<br><br>Literatur:<br>Auer, S. 35—37<br>Oldenbourg, S. 80/81<br>Kamp, S. 44/45 | – Zuordnen von Begriffen zu einer Skizze<br>– Wortkarten an einer Hafttafel einem Grundriß zuordnen<br>– Zu jedem gewonnenen Begriff einen Satz schreiben<br>– Begründen (mündl.) der Schutzfunktionen des Hauses |
| – Überblick über die verschiedenen Hausformen | *Menschen bauen verschiedene Häuser*<br>– Hochhaus, Bungalow, Ein- und Zweifamilienhaus, Reihenhaus u. a. | – Klassengespräch anhand geeigneter Bilder, Modelle o. ä.<br>– Gruppenarbeit<br>– Beschreiben der einzelnen Hausformen | – Mündliche Wiedergabe des Berichts<br>– Arbeitsblatt: Benennen der Hausformen<br>– Ankreuzen von Auswahlantworten |

**Lehraufgabe I:**

| Lernziel | Lerninhalt | Unterrichtsverfahren | Lernzielkontrolle |
|---|---|---|---|
| — Fähigkeit, die verschiedenen Haustypen zu benennen und zu beschreiben<br>— Einsicht, daß Wohnlage und finanzielle Möglichkeiten die verschiedenartigen Hausformen bedingen | — Größe des Grundstückes, Lage, Baukosten, Siedlungsraum<br>— Betrachten der verschiedenen Hausformen unter den gegebenen Lernzielaspekten | — Diskussion über die Gründe die für das verschiedenartige Bauen in einem bestimmten Raum (nach einem Unterrichtsgang)<br>— Bau von Modellhäusern aus Lego oder Streichholzschachteln<br><br>Literatur:<br>Auer, S. 38<br>Oldenbourg, S. 78 | — Bericht zu dem eigenständig erstellten Modellhäuschen |
| — Kenntnis der „Hausformen" von Menschen anderer Klimazonen<br>— Einsicht, daß die klimatischen Gegebenheiten, der Entwicklungsstand eines Volkes und das zur Verfügung stehende Baumaterial die Hausform bestimmen | *Wie wohnen Menschen anderer Erdteile?*<br>Iglu, Zelt, Blockhütte, Lehmhütte u. a.<br>— Eis, Holz, Lehm, Stroh, Felle u. a. | — Bericht der Lehrperson unter Beanspruchung geeigneten Bildmaterials (Film)<br>— Gruppenarbeit: Beschreiben der einzelnen „Hausformen"<br>— Aussprache über die einzelnen Hausformen<br>— Gruppengespräch über die Abhängigkeiten zwischen Klima und Hausform<br><br>Literatur:<br>Wolf, Arbeitsblätter<br>Diesterweg-Buch | — Mündliche Wiedergabe<br>— Arbeitsblatt: Benennen der Hausformen Ankreuzen von Auswahlantworten<br>— Ausfüllen eines Lückentextes<br>— Kurzbericht (mündlich oder schriftlich) über die einzelne Hausform |

**Lehraufgabe II:** Menschen müssen arbeiten

| Lernziel | Lerninhalt | Unterrichtsverfahren | Lernzielkontrolle |
|---|---|---|---|
| — Einblick in einen Wohn/Arbeitsplatz, der räumlich verbunden ist<br>— Überblick über die Lage der einzelnen Räume (Wohnräume — Arbeitsräume) und ihr Zueinander | *Beim Kaufmann zu Besuch* (je nach örtlicher Gegebenheit variierbar: „Beim Tankwart" „Auf dem Bauernhof" o. a. | Vorbereitung des Unterrichtsganges (Erarbeiten eines Fragenkataloges — Einteilung der Gruppen) | Erarbeitung des Fragenkataloges in Gruppenarbeit<br>Bekanntgabe der Ergebnisse und Begründung |
| — Fähigkeit, die räumliche Anordnung des Wohn/Arbeitsplatzes „unter einem Dach" auf einem Grundriß identifizieren zu können<br>— Einsicht in die Vor- und Nachteile der räumlichen Verbindung des Wohn/Arbeitsplatzes<br>— Einblick in einen räumlich getrennten Arbeitsplatz | Lage der Räume zueinander:<br>Arbeitsräume<br>Wohnräume<br>Vor- und Nachteile<br>Anlage eines Grundwissens<br>Identifizieren eines schon fertigen Grundrisses<br><br>*Der Lagerhausverwalter und sein Arbeitsplatz* (evtl. Rückgriff auf einen Beruf, der beim vorigen Thema angeführt wurde) | Gespräch über die Vor- und Nachteile der räumlichen Verbindung des Wohn/Arbeitsplatzes<br>Arbeit anhand von Anschauungsmitteln, Grundwissen u. a.<br><br>Literatur:<br>Auer, S. 22/23<br>Oldenbourg, S. 72—82/83<br><br>Vorbereitung des Unterrichtsganges im Klassengespräch (evtl. auch Gruppenarbeit) | Auswertung des Unterrichtsganges — Erstellen einer Übersicht<br>Szenische Gestaltung (Streitgespräch) über Vor- und Nachteile des räumlichen Zueinanders<br>Erstellen eines eigenen Planes über Wohn- und Arbeitsraum eines Bauern<br>Erarbeitung eines Fragenkataloges<br>Wertung durch die Schüler |
| — Fähigkeit, Berufe in bezug auf die Lage des Arbeits/Wohnplatzes vergleichen zu können<br>— Erkenntnis der Vor- und Nachteile der Trennung (bzw. Verbindung) | *Wir vergleichen zwei Wohn/Arbeitsplätze*<br>Lage der Wohn/Arbeitsplätze<br>Vorteile und Nachteile (Weg — Zeit — Lage — Freizeit — Kosten) | Unterrichtsgang an einen Arbeitsplatz, der getrennt von der Wohnung ist<br>Aufnahme der Fakten — Befragung<br><br>Literatur: Auer, S. 36—38<br>Oldenbourg, S. 83 | Auswertung der Ergebnisse des Unterrichtsganges<br>Arbeitsblatt —<br>Lückentext<br>Rollenspiel |

**Lehraufgabe III:** Menschen brauchen Erholung

| Lernziel | Lerninhalt | Unterrichtsverfahren | Lernzielkontrolle |
|---|---|---|---|
| — Kenntnis der Kriterien zur Anlage eines Spielplatzes<br>— Erkenntnis, daß ein Spielplatz frei von Gefahrenstellen sein muß | *Wir richten einen Spielplatz ein* (1. Jhg.)<br>Bestimmen eines geeigneten Platzes —<br>Art der Spielgeräte —<br>Spielalter —<br>Größe u. a. | Aussprache und Aufnahme des Erfahrungswissens<br>Anlage im Sandkasten<br>Basteln von Spielgeräten<br>Zeichnen eines Spielplatzes | Merktext (gemeinsam)<br>Begründung der Anlage und Beschriftung (Arbeitsblatt)<br>Interpretieren der Zeichnung |
| — Einsicht, daß auf dem Spielplatz auf die Kleinen Rücksicht genommen werden muß | *Verhalten auf dem Spielplatz* (1. Jhg.)<br>Gegenüber den Kleinen —<br>Gegenüber Erwachsenen | Bericht der Kinder<br>Provokation (Tonbandszene wird vorgespielt — Lärm, Streit u. a. sind erkennbar)<br>Lesen geeigneter Texte —<br>Lehrerdarbietung | Erarbeitung von Merktexten<br>Szenische Gestaltung und Wertung<br>Textwiedergabe und Wertung |
| — Einblick in Formen moderner Spielplätze | *So sehen moderne Spielplätze aus* | Lehrerdarbietung unter Beanspruchung von Bildern und Dias<br>Aussprache<br><br>Literatur:<br>Auer, S. 39/40<br>Oldenbourg, S. 84/85 | Wiederholung (mündlich)<br>Bildinterpretation |

**Lehraufgabe V:** Verkehr und Verkehrswege
**Lehraufgabe VII:** Der Mensch muß sich im Raum orientieren

| Lernziel | Lerninhalt | Unterrichtsverfahren | Lernzielkontrolle |
|---|---|---|---|
| — Kenntnis der wichtigsten Straßen und Gebäude, die zum Schulviertel gehören<br>— Fähigkeit, Richtungsangaben formulieren zu können | *Unser Schulviertel*<br>Schulhaus<br>Straßen<br>markante Gebäude u. a.<br>*Wir fragen nach dem Weg*<br>links, rechts, geradeaus, u. a. | Unterrichtsgang im Schulviertel<br>Lokalisieren markanter Punkte in einer Grobskizze<br>Fragen nach dem Weg | Nach Anweisung Wege und Gebäude in die Skizze eintragen<br>Selbstgefertigte Skizzen (Bildskizzen) erklären |
| — Fähigkeit, Wegangaben auf der Skizze (im Sandkasten) zu erkennen und zu lokalisieren<br>— Erkenntnis der Orientierungsfunktion markanter Gebäude u. a. | *Das Schulviertel im Sandkasten und auf der Skizze*<br>Sandkastenarbeit — Übertragen auf die Glasplatte — Anfertigen der Skizze | Gruppenarbeit<br>Übertragen aus der Grobskizze — Vergleich | Formulieren von Gruppenaufträgen<br>Schildchen u. a. fertigen für Sandkasten<br>Arbeitsblattgestaltung |
| — Fähigkeit, den Schulweg mit Hilfe von Ortsangaben beschreiben und skizzenhaft nachgestalten zu können | *Wir beschreiben den Schulweg u. a.*<br>Übungen — Entfernungsangaben u. a. | Übungen in der Realsituation („Wir fragen Passanten nach dem Weg")<br>Literatur:<br>Auer, S. 41—43<br>Oldenbourg, S. 91—93 | Stellen von Fragen (Szenische Gestaltung) |

**Lehraufgabe VIII:** Der Mensch fragt nach dem Wetter

| Lernziel | Lerninhalt | Unterrichtsverfahren | Lernzielkontrolle |
|---|---|---|---|
| — Kenntnis der Wetterarten<br>— Erkenntnis, daß das jeweilige Wetter auf Bedingungsfaktoren zurückgeht | *Wir beobachten das Wetter*<br>Sonnenscheinwetter — Regenwetter — Frostwetter — Nebel — Gewitter — Schneefall<br>Temperaturwirkungen — Niederschlagsbildung — Windentwicklung | Anlegen eines Wetterbeobachtungsbogens<br>Umgang mit Thermometer, Barometer, Windmesser u. a.<br>Lehrerdarbietung | Tabelle ausfüllen und interpretieren<br>Zuordnung von Begriffen<br>Richtiger Umgang mit dem Gestalten |
| — Kenntnis der Niederschlagsarten und Windstärken<br>— Fähigkeit der Zuordnung bestimmter Wetterarten zu den Jahreszeiten | *Wir beobachten Regen und Wind*<br>Sprühregen — Regenschauer — Platzregen<br>Windhauch — Brise — Windstoß — Bö — Taifun — Orkan | Lehrerdarbietung<br>Aufgreifen des Erfahrungswissens<br>Informationsentnahme aus Schülerbuch und Film | Erstellen einer Übersicht in Gruppenarbeit (selbständig)<br>Merktext bzw. Arbeitsblattentwicklung |
| — Einsicht in die Bedeutung des „Schlechtwetters" für die Fruchtbarkeit des Bodens, die Wasserversorgung u. a. | *Wieder Regen!*<br>Lehrerdarbietung<br>Bilder und Texte aus Dürrezonen | Aussprache nach Festhalten von oberflächlichen Behauptungen<br>Bildinterpretation | Reihensätze über „schlechtes Wetter"<br>Mündliche Wiederholung |

**Lehraufgabe VIII:**

| Lernziel | Lerninhalt | Unterrichtsverfahren | Lernzielkontrolle |
|---|---|---|---|
| — Kenntnis über die jeweilige dem Wetter angepaßte Kleidung | *Wir schützen uns vor dem Wetter* <br> Sommerkleidung <br> Winterkleidung <br> Übergangskleidung u. a. | Auswerten von Katalogen <br> Unterrichtsgespräch über die „richtige" Kleidung | Bildzusammenstellung und Beschriftung <br> Interpretation |
| — Einsicht in die Bedeutung der angepaßten Kleidung für die Gesundheit und Sicherheit des Kindes | *Richtige Kleidung erhält gesund* <br> Zu warm bzw. zu leicht angezogen und die Folgen <br> Helle Kleidung — dunkle Kleidung <br> an Regentagen <br> und im Verkehr | Lehrerdarbietung <br> Aussuchen entsprechender Kleidung, die die Kinder mitgebracht haben | Erstellen einer Schautafel und Begründung (schriftlich) für die Ausrichtung <br> Szenische Gestaltung und Wertung |

## 3.3.2 Lehrgang für die 3. Jahrgangsstufe

**Lehraufgabe I:** Menschen müssen wohnen

| Lernziel | Lerninhalt | Unterrichtsverfahren | Lernzielkontrolle |
|---|---|---|---|
| — Erkenntnis, daß eine Skizze oder ein Plan Orientierungsmöglichkeit bietet (Je genauer der Plan, um so besser die Orientierung) | *Familie Müller baut sich ein Haus* | Sandkasten, Modell, Diagramm, Symbol/Bildkarte, Unterrichtsgang | Stumme Karte/unvollständige Karte ergänzen |
| — Einsicht in die Vielschichtigkeit des Wertes einer Wohnanlage (Vorteil — Nachteil) | *Vorteile und Nachteile der Wohnlage* Entfernung zum Arbeitsplatz, Schule, Einkaufsmöglichkeiten, Spielplätze, Kindergarten, Freizeitmöglichkeit, ruhige Lage, verkehrsgünstig | Lehrerdarbietung Auswerten eines konkreten Falles *Gruppenarbeit:* Erarbeitung der Vorteile — der Nachteile | Bildkarte: Zuordnen von Symbolen und Begriffen Planquadrat bzw. Standort (Position) erkennen Collage fertigen Leistungstest (vom Lehrer erstellt) |
| — Kenntnis, daß Plan, Modell und Grundriß Übersicht geben und Arbeitsgrundlage (Handwerker — Bauherr — Verwaltung) sind | *Lage des Hauses im Bezugsraum* *Das Haus im Grundriß* | Literatur: Auer, S. 44 ff. Kamp, S. 2 ff. Oldenbourg, S. 58—60 | Kurzbericht (mündlich oder schriftlich) Szenische Darstellung, Streitgespräch oder Zwiegespräch |
| — Fähigkeit, Maßstab, Himmelsrichtungen, Windrose u. a. als Orientierungshilfen beanspruchen zu können | Der Plan verkleinert die Wirklichkeit Eigenentwurf eines Planes im Maßstab 1:100 (1 cm = 1 m: volle Meter) | | Skizze bzw. Zeichnung fertigen (Schnitt, Draufsicht, Ansicht) Rechnerische Auswertung des Maßstabes |
| — Einsicht in den Wert einer Wohnanlage im Zentrum (City), am Stadtrand (Randgebiet) u. a. | | | |

**Lehraufgabe I:**

| Lernziel | Lerninhalt | Unterrichtsverfahren | Lernzielkontrolle |
|---|---|---|---|
| — Fertigkeit im Lesen des Planes und im Umgang mit dem Kompaß<br>— Fertigkeit im Bestimmen der Himmelsrichtungen nach dem Sonnenstand<br>— Fähigkeit, eine einfache Planskizze (nicht maßstabsgetreu) zu erstellen | *Das Haus mit seiner engeren Umgebung*<br>Lage zu den Nachbarn, Straßen (Sandkastenarbeit)<br>Vom Modell zum Plan<br>*Die Himmelsrichtungen* | Lehrerdarbietung<br>Arbeit (Partner) am Plan<br>Erstellen eines Modells im Sandkasten<br><br>Literatur:<br>Auer, Arbeitsblatt, S. 27 f.<br>Westermann, S. 11/231<br>S. 1—5, 11, 231<br>Film FT 986 | Stumme Karte/unvollständige Karte ergänzen<br>Bildkarte; zuordnen von Symbolen und Begriffen<br>Skizze bzw. Zeichnung fertigen<br>Planquadrat bzw. Standort (Position) erkennen<br>Leistungstest (vom Lehrer erstellt)<br>Karte lesen und interpretieren<br>Kurzbericht (mündlich oder schriftlich) |

**Lehraufgabe II:** Menschen müssen arbeiten

| Lernziel | Lerninhalt | Unterrichtsverfahren | Lernzielkontrolle |
|---|---|---|---|
| — Erkenntnis, daß Arbeitsplatz und Wohnung häufig räumlich getrennt sind<br>— Kenntnis, daß viele Arbeiter Pendler sind<br>— Überblick über die Geschäfte, Fabriken (Industrie), Ämter, Handwerksbetriebe am Wohnort (Umgebung)<br>— Kenntnis eines wichtigen Produktions- oder Dienstleistungsbetriebes am Wohnort (Umgebung) | *Herr Meier muß täglich zur Arbeit*<br>Wo ist der Arbeitsplatz?<br>Entfernung zur Wohnung/Wohnort<br>Wie erreicht er seine Arbeitsstätte?<br>(Fuß, Fahrrad, Zug, PKW, Bus)<br>*Erkundung eines Dienstleistungs- oder Produktionsbetriebes* | Schaubild: Wo die Eltern überall arbeiten (entsprechend den Himmelsrichtungen)<br>Lehrerdarbietung<br>Unterrichtsgespräch<br>Literatur:<br>Auer, S. 23—28, 30 f. 49 f.<br>BSV, S. 18/19<br>Wolf, S. 21/22<br>FT 934 | Stumme Karte/unvollständige Karte ergänzen<br>Bildkarte; Zuordnen von Symbolen und Begriffen<br>Skizze bzw. Zeichnung fertigen<br>Graphische Darstellung statistischer Art erstellen<br>Erstellen bzw. Auswerten von Tabellen<br>Collage fertigen<br>Leistungstest (vom Lehrer erstellt)<br>Kurzbericht (mündlich oder schriftlich)<br>Lückentext bearbeiten<br>Auswahlantworten ankreuzen (Wort oder Bild) |
| — Fähigkeit, ein Arbeitsstättendiagramm erstellen zu können | *Vor- und Nachteile des Standortes eines Betriebes*<br>Berücksichtigung<br>— der geographischen Lage im Bezugsraum<br>— gegebener Entfernungen<br>— der Wohnorte der Pendler<br>Beurteilung der Vor- und Nachteile | Lehrerdarbietung<br>*Gruppenarbeit:*<br>Erstellen des Arbeitsstättendiagramms nach gemeinsamer Festlegung der Aufnahmedetails<br>Gespräch mit dem Firmenchef oder einer Führungskraft | Graphische Darstellung statistischer Art erstellen<br>Erstellen bzw. Auswerten von Tabellen<br>Kurzbericht (mündlich oder schriftlich)<br>Szenische Darstellung, Streitgespräch oder Zwiegespräch |

**Lehraufgabe III:** Menschen brauchen Erholung

| Lernziel | Lerninhalt | Unterrichtsverfahren | Lernzielkontrolle |
|---|---|---|---|
| — Erkenntnis, daß Wald Erholung, Ruhe, Entspannung, gesunde Luft u. a. bietet<br><br>— Einsicht, daß sich die Natur durch menschliche Eingriffe verändert<br><br>— Einblick in die zwecksprechende Anlage einer Freizeitstätte<br><br>— Überblick über wichtige Gegebenheiten im Nahbereich einer Freizeitstätte<br><br><br><br><br><br>— Überblick über die Vorbereitungsmaßnahmen<br>— Verständnis für die Gründe, die zur Anlage einer Erholungsstätte führen | *Erholungsobjekte in unserer näheren Umgebung*<br>Bademöglichkeiten<br>Welche?<br>Wald, Wanderungen<br>Wo?<br>Trimm-dich-Pfad<br>Wie?<br>Eissport, Rodeln, Skifahren<br>Der Mensch verändert die Natur für Erholungszwecke<br><br>*Untersuchung einer Freizeitstätte*<br><br>(z. B. Bad, Sportanlage, Trimm-dich-Pfad, Park) auf Funktionsgerechtigkeit (Lage, Anlage, Besucherkreis)<br><br>*Der Ort (Verein o. a.) legt eine Erholungsstätte an*<br>Wirtschaftliche Gründe:<br>Verdienstquelle<br>Ideelle Gründe:<br>Verbesserung der Lebensqualität<br><br>Bedürfnismanipulation:<br>Freizeitindustrie | Unterrichtsgang zu einer Freizeitstätte<br>Auswertung von Bild- und Prospektmaterial<br><br>*Gruppenarbeit:*<br>Untersuchung einer Freizeitstätte nach Erstellen eines Fragenkataloges<br><br>Literatur:<br>Auer, S. 31<br>BSV, S. 30/31<br>Oldenbourg, S. 68/69<br>Prospektmaterial, Katalog, Wanderkarten<br><br><br><br>Entwurf eines Prospektes<br>Eigenentwurf eines möglichen Erholungsgebietes in Gruppenarbeit | Lückentext bearbeiten<br>Auswahlantworten ankreuzen<br>Kreuzworträtsel lösen<br>Silbenrätsel lösen<br>Stumme Karte/unvollständige Karte ergänzen<br>Bildkarte; Zuordnen von Symbolen und Begriffen<br>Skizze bzw. Zeichnung fertigen<br>Graphische Darstellung statistischer Art erstellen<br>Erstellen bzw. Auswerten von Tabellen<br>Planquadrat bzw. Standort (Position) erkennen<br>Prospekt oder Plakat für ein Erholungsgebiet auswerten<br>Leistungstest (vom Lehrer erstellt)<br>Karte lesen und interpretieren<br>Kurzbericht (mündlich oder schriftlich)<br>Szenische Darstellung, Streitgespräch |

**Lehraufgabe IV: Stätten der Ausbildung, der Kunst und der Religion**

| Lernziel | Lerninhalt | Unterrichtsverfahren | Lernzielkontrolle |
|---|---|---|---|
| — Kenntnis der Ausbildungsstätten im Nahbereich<br>— Erkenntnis, daß ein Kindergarten in jedem Ort sein sollte, aber Schulen nur noch in größeren Gemeinden zu erreichen sind<br>— Erkenntnis, daß in den Städten vielfache Bildungsmöglichkeiten vorhanden sind | *Ausbildungsstätten im näheren Umkreis*<br>Kindergarten, Schulen, Museen,<br>Schlösser, Denkmäler, Klöster, Bibliothek | Erstellen einer thematischen Karte<br>Unterrichtsgespräch<br>Aufgreifen des Erfahrungswissens<br>Unterrichtsgang<br>Dia- bzw. Filmvortrag | Stumme Karte/unvollständige Karte ergänzen<br>Bildkarte; Zuordnen von Symbolen und Begriffen<br>Skizze bzw. Zeichnung fertigen<br>Grafische Darstellung statistischer Art erstellen<br>Erstellen bzw. Auswerten von Tabellen |
| — Erkenntnis, daß sich in der Kirche die Gläubigen zum Gottesdienst versammeln<br>— Kenntnis, daß in unserer Gegend kunstvolle Kirchen gebaut wurden | *Unsere Kirche im Ort*<br>Ausschnitt aus dem Ortsplan<br>Unterschied: alte Kirche — moderne Kirche | Literatur:<br>Oldenbourg, S. 47—49<br>Dia-Reihe<br>Thematische Karte<br>Kirchenführer<br>Landkreisbuch<br>Ansichtskarten<br>Zeitschrift „Nordschwaben" | Lückentext bearbeiten<br>Auswahlantworten ankreuzen<br>Kreuzworträtsel lösen<br>Silbenrätsel lösen |
| — Überblick über unsere Kirche (eine Kirche)<br>— Einsicht, daß der Mensch kulturelle und religiöse Bedürfnisse hat | *Der Grundriß unserer Kirche*<br>Apsis nach Osten, Kreuzform, Benennung der einzelnen Teile (Altarraum, Chor, Glockenturm, Kirchenschiff, Empore Säulen) | Lesen aus dem Grundriß der Kirche<br>Unterrichtsgang (Führung durch den Pfarrer) | Interpretation des Grundrisses<br>Wiederholung<br>Arbeitsblatt ausfüllen |

**Lehraufgabe VIII:** Der Mensch fragt nach dem Wetter

| Lernziel | Lerninhalt | Unterrichtsverfahren | Lernzielkontrolle |
|---|---|---|---|
| — Erkenntnis, daß unterschiedliche Niederschlagsmengen in verschiedenen Gebieten registriert werden<br>— Kenntnis der positiven und negativen Einflüsse des Wetters auf Arbeit und Erholung<br>— Einblick, daß in Wetterstationen das Wetter systematisch beobachtet wird<br>— Kenntnis der wichtigsten Wettersymbole<br>— Kenntnis einiger Wetterregeln<br>— Fertigkeit im Ablesen von Meßinstrumenten und dem Führen eines Beobachtungsbogens | *Wir Menschen sind vom Wetter abhängig*<br>Landwirt, Bauwirtschaft, Verkehr, Fremdenverkehr, Sport<br>Urlaub in südlichen Ländern<br>*Wir untersuchen das Wetter*<br>Temperaturmessung, Luftdruck, Windrichtung, Niederschläge<br>Beobachtung der Bevölkerung<br>Umgang mit Meßgeräten<br>Wettersymbole:<br>Bevölkerung, Niederschlagsart, Windrichtung, Windstärke<br>*Wir legen eine Beobachtungstabelle an*<br>Einübung der Meßtechnik, Verwendung von amtlichen Wettersymbolen | Aufgreifen des Erfahrungswissens<br>Lesen von Wetterkarten<br>Einträge in die selbstgestaltete Wetterkarte<br>Gang zum Wetterhäuschen und Kontrolle der Geräte<br>Literatur:<br>Auer, S. 58—61<br>BSV, S. 42 f.<br>Oldenbourg, S. 74—76<br>Wetterkarten<br>Tageszeitung<br>Radio, Wetterbericht TB. | Lückentext bearbeiten<br>Auswahlantworten ankreuzen<br>Kreuzworträtsel lösen<br>Silbenrätsel lösen<br>Bildkarte; Zuordnen von Symbolen und Begriffen<br>Grafische Darstellung statistischer Art erstellen<br>Erstellen bzw. Auswerten von Tabellen<br>Kurzbericht (mündlich oder schriftlich) |

## 3.3.3 Lehrgang für die 4. Jahrgangsstufe

**Lehraufgabe I:** Menschen müssen wohnen

| Lernziel | Lerninhalt | Unterrichtsverfahren | Lernzielkontrolle |
|---|---|---|---|
| — Vertrautheit mit der Topographie des Heimatortes | *Lage des Wohnortes im regionalen Bezugsraum* | Unterrichtsgang, Skizze bzw. Karte | Lückentext bearbeiten Auswahlantworten ankreuzen |
| | *Unser Wohnort* Kenntnis der topographischen Gegebenheiten des Wohnortes bzw. Wohngebietes (im Tal, am Fluß, Berghang etc.) | Kompaß, Stadtplan Planausschnitt Lehrerdarbietung | Bildkarte; Zuordnen von Symbolen und Begriffen Skizze bzw. Zeichnung fertigen Planquadrat anlegen |
| — Anbahnung eines systematischen Überblicks | *Unser Nahbereich* Größe, Lage, Bedeutung wichtiger Orte Vergleich Dorf, Kleinstadt, Großstadt evtl. Verkehrsverbindungen und Einkaufsmöglichkeiten, Einwohnerzahl | *Gruppenarbeit:* Herausarbeiten von Fakten aus dem Nahbereich Herausarbeiten und Darstellen der Beziehungen zwischen Nachbarorten *Literatur:* Auer, S. 25 f. Klett, S. 5, 10, 83 Oldenbourg, S. 52/53, evtl. 72/73 | Lückentext bearbeiten Auswahlantworten ankreuzen Stumme Karte/unvollständige Karte ergänzen Grafische Darstellung statistischer Art erstellen |
| — Einsicht in Beziehungen und Probleme von Nachbarorten | *Beziehungen zwischen Nachbarorten* Bezug des Ortes zu Nachbarorten bzw. zur Nachbarstadt Richtung, Entfernung, geschäftliche Verbindung | *Arbeitsblätter:* Auer, S. 13 Kieser, Nr. 4301 Statistische Angaben | Auswahlantworten ankreuzen Stumme Karte/unvollständige Karte ergänzen Skizze bzw. Zeichnung fertigen |
| | Auswahl: Region Ries: a) Riesebene b) Riesrand | Region Alb: a) auf der Albhöhe b) Tallage | Region Donau-Lech: a) an der Donau b) Südl. der Donau |

**Lehraufgabe VII:** Der Mensch muß sich im Raum orientieren

| Lernziel | Lerninhalt | Unterrichtsverfahren | Lernzielkontrolle |
|---|---|---|---|
| — Fähigkeit des Kartenlesens | *Einführung und Sicherung der Höhendarstellung* | Lehrerdarbietung Sandkastenarbeit | Stumme Karte/unvollständige Karte ergänzen |
| — Fertigkeit in der Anwendung von Maßstäben | *Arbeit mit verschiedenen Maßstäben* | Arbeit am Höhenmodell aus Fimo-Plastik, Holz, Pappe | Bildkarte; Zuordnen von Symbolen und Begriffen |
| | Feststellen der Entfernungen nach Maßstab | Höhenlinien aus Höhenschichten erarbeiten | Skizze bzw. Zeichnung fertigen |
| | Berechnung der Entfernung u. a. | Längsschnitt Querschnitt Draufsicht | Rechnerische Auswertung des Maßstabes Planquadrat anlegen |
| — Überblick über die Kartensymbolik | *Kenntnis der Kartensymbole* | Messen mit Lineal und Faden | Kurzbericht (mündlich oder schriftlich) |
| | Symbol für Orte Sehenswürdigkeiten Verkehrsverbindungen Gewässer Höhenlinien bzw. Höhendarstellung durch Farbe | Literatur: Auer, S. 54/55 und 50 BSV, S. 6–13 Klett, S. 12, 83, 148 | Auswahlantwortkarten ankreuzen Collage fertigen |

**Lehraufgabe VI:** Zusammenleben erfordert Verwaltung

| Lernziel | Lerninhalt | Unterrichtsverfahren | Lernzielkontrolle |
|---|---|---|---|
| — Kenntnis des Landkreises | *Unser Landkreis geographisch* Der Landkreis in seiner geographischen Ausdehnung Angrenzer | Informationsentnahme aus Karten und Büchern Aufgreifen des Erfahrungswissens | Lückentext bearbeiten Auswahlantwortkarten ankreuzen Stumme Karte/unvollständige Karte ergänzen |
| — Einsicht in die Notwendigkeit eines Verwaltungszentrums | *Verwaltungszentren im Kreis* Kreisstadt bzw. Zentren (DON, NÖ) Hauptorte, Unterzentren | *Gruppenarbeit:* — Einträge in eine stumme Karte — Einholen von Informationen über eine landkreisübergreifende Einrichtung und Auswertung | in der Industrie, Zuordnen von Symbolen und Begriffen Rechnerische Auswertung des Maßstabes |
| — Einblick in die Infrastrukturen | *Verkehrswege im Kreis* Verkehrsverbindungen: Straßen des Bundes, des Landes, des Kreises Schienenwege | Kreiskarte Autokarte Statistische Angaben Landkreisbuch evtl. Fahrplan | Erstellen bzw. Auswerten von Tabellen Leistungstest (vom Lehrer erstellt) Karte lesen und interpretieren |
| — Einsicht in die Bedeutung der Notwendigkeit überregionaler Einrichtungen | *Eine landkreisübergreifende Einrichtung* z. B. Bundesstraße Wasserzweckverband E-Werk | Literatur: Auer, S. 23 BSV, S. 16/17 Klett, S. 84—93, 144—147 Oldenbourg, S. 75/76 | |

**Lehraufgabe II:** Menschen müssen arbeiten

| Lernziel | Lerninhalt | Unterrichtsverfahren | Lernzielkontrolle |
|---|---|---|---|
| — Überblick über Pendler (Familien, Zahl und Ziel)<br>— Bewußtsein der wirtschaftlichen Abhängigkeit der Orte voneinander<br>— Kenntnis der Hauptindustriezweige in der Region<br>— Einsicht in Probleme der Pendler bzw. Arbeitnehmer und in Probleme der Industrie<br>— Verständnis für Entscheidungen aus wirtschaftlicher Sicht<br>— Fähigkeit im Umgang mit Spezialkarten | *Pendler im Nahraum*<br>Ein- bzw. Auspendler<br>Arbeitsplätze<br>in der Industrie<br>der Wirtschaft (Handel)<br>und in der Verwaltung<br>im Nahraum<br>*Wechselbeziehungen zwischen Industriesiedlung, Arbeitskräftepotential und Infrastruktur*<br>*Erarbeitung einer Wirtschaftskarte des Landkreises bzw. einzelner Regionen* | Klassen- bzw. dorfinterne Statistik, evtl. Betriebsstatistik anlegen<br>Zeitungsberichte auswerten<br>Lehrerdarbietung<br>Aufgreifen des Erfahrungswissens<br>*Gruppenarbeit:*<br>— Übersicht über Wechselbeziehungen<br>— Erarbeitung der Wirtschaftskarte<br>Literatur:<br>Auer, S. 28—30<br>BSV, S. 20/21<br>Oldenbourg, S. 66—70 | Stumme Karte/unvollständige Karte ergänzen<br>Grafische Darstellung statistischer Art erstellen<br>Rechnerische Auswertung des Maßstabes<br>Kurzbericht (mündlich oder schriftlich)<br>Szenische Darstellung, Streitgespräch oder Zwiegespräch<br>Erstellen bzw. Auswerten von Tabellen<br>Karte lesen und interpretieren<br>Bildkarte; Zuordnen von Symbolen und Begriffen |

**Lehraufgabe III:** Menschen brauchen Erholung

| Lernziel | Lerninhalt | Unterrichtsverfahren | Lernzielkontrolle |
|---|---|---|---|
| — Verständnis für Wert und Notwendigkeit der Erholung<br>— Überblick über bestehende Erholungsmöglichkeiten<br>— Kenntnis des Naherholungsraumes<br>— Bereitschaft zu persönlichem Engagement<br>— Einsicht, daß wirtschaftliche Vorteile für den einzelnen und die Gemeinschaft entstehen | *Ausflugsziele und Naherholungsgebiete in der Region bzw. im Landkreis*<br>Wie Menschen Erholung finden (Gegensatz zum Alltag)<br>Wo bieten sich Erholungsmöglichkeiten?<br>Region<br>weitere Umgebung<br>*Das Erholungsgebiet*<br>Voraussetzungen (Landschaft, Kunstdenkmäler, Bademöglichkeiten)<br>Erhaltung und Steigerung des Erholungswertes (Dorfverschönerung, Waldlehrpfad, Anlage eines Schwimmbades, Skilift usw.)<br>Wirtschaftliche Auswirkungen auf das Erholungsgebiet<br>Umweltschutz | Aufgreifen des Erfahrungswissens<br>Fahrt bzw. Wanderung<br>Lehrerdarbietung unter Beanspruchung von Filmen und Dias<br>Zeitungsinserate, Plakate, Prospekte auswerten<br>Zeitschrift „Nordschwaben"<br>Beilagen in der Tageszeitung lesen<br>Literatur:<br>Auer, S. 31/32<br>BSV, S. 26/27<br>Klett, S. 148/150<br>Oldenbourg, S. 62/63<br>Waldlehrpfad, Wemding<br>Waldspiele, Monheim/Alb<br>Waldlehrpfad, Ederheim<br>Skilift, Übersfeld<br>Minigolf | Stumme Karte/unvollständige Karte ergänzen<br>Bildkarte; Zuordnen von Symbolen und Begriffen<br>Szenische Darstellung, Streitgespräch oder Zwiegespräch<br>Collage fertigen<br>Lückentext bearbeiten<br>Kreuzworträtsel lösen<br>Silbenrätsel lösen<br>Grafische Darstellung statistischer Art erstellen<br>Karte lesen und interpretieren<br>Auswahlantworten ankreuzen<br>Prospekt oder Plakat für ein Erholungsgebiet auswerten und interpretieren |

**Lehraufgabe VIII:** Der Mensch fragt nach dem Wetter

| Lernziel | Lerninhalt | Unterrichtsverfahren | Lernzielkontrolle |
|---|---|---|---|
| — Fähigkeit im Ablesen von Instrumenten<br>— Fertigkeit im Führen von Tabellen<br>— Einsicht in die Zusammenhänge des Wettergeschehens | *Beobachtung des Wetters über einen längeren Zeitraum*<br>Monatliche bzw. wöchentliche Tabellen<br>Temperatur<br>Windrichtung und Windstärke<br>Bewölkung und Niederschlag<br>Luftdruck<br>Der Wetterbericht im Fernsehen und Rundfunk | Lesen von Wetterkarte und -tabelle<br>Erstellen monatlicher Zusammenfassungen<br>Bau oder Anlage einer Wetterstation<br>Arbeit am Wetterhäuschen<br>Lehrerdarbietung<br><br>Literatur:<br>Auer, S. 56<br>Klett, S. 138<br>Oldenbourg, S. 58/59 | Führen der Wetterkarte<br>Symbole in Sprache umsetzen<br>Darstellungen auswerten<br>Grafische Darstellung statistischer Art erstellen<br>Erstellen bzw. Auswerten von Tabellen<br>Kurzbericht (mündlich oder schriftlich)<br>Wetterbericht |

**Lehraufgabe V:** Verkehr und Verkehrswege

| Lernziel | Lerninhalt | Unterrichtsverfahren | Lernzielkontrolle |
|---|---|---|---|
| — Kenntnis des Verkehrsnetzes im Landkreis<br>— Erkenntnis, daß Straßen raschen Personen- und Güterverkehr ermöglichen<br>— Einsicht, daß der Verwendungszweck ihren Aus- und Aufbau bestimmt | *Straßen und Wege in unserem Ort* (Stadtviertel und im Landkreis)<br>Wo führen sie hin?<br>Ihre Bedeutung?<br>(Feldweg, Anliegerstraße, Sackgasse, Durchgangsstraße, Verbindungsstraße)<br>Straßennamen:<br>Wohnstraße, Geschäftsstraße, Umgehungsstraße<br>Eine Straße wird gebaut | Aufgreifen des Erfahrungswissens<br>Karten lesen<br>*Gruppenarbeit:*<br>Aufnahme und Einordnung der Straßen<br>Diskussion über den Verwendungszweck<br>Literatur:<br>Auer, S. 16—19<br>BSV, S. 24/25<br>Oldenbourg, S. 70—72<br>Westermann: Kartenverständnis, 16 f., 14 | Lückentext bearbeiten<br>Auswahlantworten ankreuzen (Wort oder Bild)<br>Kreuzworträtsel lösen<br>Silbenrätsel lösen<br>Stumme Karte/unvollständige Karte ergänzen<br>Skizze bzw. Zeichnung fertigen<br>Planquadrat bzw. Standort (Position) erkennen<br>Karte lesen und interpretieren<br>Kurzbericht (mündlich oder schriftlich)<br>Szenische Darstellung, Streitgespräch oder Zwiegespräch |

## 3.4 Integrierende Querverbindungen zu anderen fachlichen Bereichen

Schon beim Vergleich der Lehrpläne einzelner Bundesländer haben wir festgestellt, daß es innerhalb des grundlegenden Sachunterrichts sowohl das Prinzip der Fachdifferenzierung als auch der Fächerintegration gibt. Lehrpläne wie die in Bayern oder Nordrhein-Westfalen haben zwar aus propädeutischen und wissenschaftsorientierten Überlegungen heraus das Prinzip der Fächerdifferenzierung gewählt, weisen aber nachdrücklich darauf hin, daß bei entsprechenden Lehrsequenzen Querverbindungen zu anderen Fachbereichen didaktisch miteinzubeziehen und methodisch entsprechend zu realisieren sind. Integrierender oder mehrperspektivischer Sachunterricht verhindert einen zu deskriptiven und auf einseitige Wissensstrukturen ausgerichteten Fachunterricht in der Grundschule. Der Grundschüler ist nämlich noch nicht in der Lage, fachspezifische Wissenselemente untereinander zu verbinden, übergreifende Strukturen zu erkennen und fachlogisch zu argumentieren. Wir sind deshalb überzeugt, daß kein „entweder — oder", sondern nur ein „sowohl — als auch" dem Grundschulkind gerecht wird. So gilt für den grundlegenden Erdkundeunterricht die entsprechende Aussage des Bayerischen Lehrplans: „Eine der erfahrbaren und auch dem Kind gemäße Unterrichtsweise legt nahe, einzelne Ausschnitte aus der Umwelt unter mehreren fachlichen Aspekten zu bearbeiten. So entstehen Unterrichtseinheiten, in denen mehrere fachliche Bereiche integriert sind, ohne daß deren eigene Struktur verloren geht" (Lehrplan für die Grundschule in Bayern, S. 51).

Becher sieht allerdings — und wir meinen zu Recht — auch eine Gefahr des integrativen Prinzips: „Der Hauptmangel der integrativen Form ist darin zu sehen, daß sie den Unterricht von fachübergreifenden Themen aus konzipiert, deren Relevanz für die einzelnen Fachbereiche weitgehend dem Zufall überlassen bleibt. Es ist immer möglich, jedes beliebige Thema, sofern es einen gewissen Allgemeinheitsgrad besitzt, unter sozial- und wirtschaftskundlichen, geschichtlichen und erdkundlichen Aspekten zu behandeln" (Becher, H. R., S. 7). Er plädiert für ein „Synthese-Konzept", das zunächst nach kategorienbildenden essentiellen Strukturmomenten der von den einzelnen Fächern des Sachunterrichts repräsentierten Wirklichkeitsbereichen fragt. Korrespondieren solche Strukturmomente aus verschiedenen Fachbereichen miteinander, werden sie in ein gemeinsames, lebenswirkliches Thema integriert. Dies bietet auch Gewähr, daß die fachspezifischen Strukturen bei der Aufbereitung des Lerninhaltes nicht verlorengehen.

### 3.4.1 Erdkunde und Geschichte

Querverbindungen sind allein schon aus den Themenvorschlägen der amtlichen Lehrpläne ersichtlich, z. B.
Gegenüberstellung alter und moderner Wohnhäuser, Verkehrsmittel der Gegen-

wart und Vergangenheit, die Straßenführung vor 40 Jahren und heute, nicht zuletzt auch die Probleme der Gebietsreform. Erdkunde und Geschichte beinhalten solche essentiellen Strukturen, weil das Spezifische der Erdkunde und Geschichte der handelnde Mensch ist, der Mensch in seinem Zeit-Raum-Bezug. Geschichte legt Zeugnis ab von den Erfolgen bzw. Mißerfolgen des Menschen in seinem Bemühen, geographische Naturräume in soziale und Kulturräume umzugestalten. Der Mensch soll aus der Begegnung mit diesen Sozial- und Kulturräumen lernen für die gegenwarts- und zukunftsbezogene Gestaltung des Raumes.

● **Unterrichtsbeispiel: Wie entstanden die Flurnamen?**

3. Jahrgangsstufe

*1. Ausgangsproblem*

| | |
|---|---|
| 1.1 Zeitungsüberschrift | Die Gemeinde B. baut einen Kindergarten am hohen Gstad. |
| 1.2 Problemfrage | Wo liegt das hohe Gstad? <br> Wie kam es zu diesem Flurnamen? |

*2. Raumanalyse*

| | |
|---|---|
| 2.1 Hypothesenbildung | Das Gelände liegt hoch, wahrscheinlich an einem Abhang. <br> Gstad bedeutet vielleicht Hochebene. <br> Flurnamen sind schon alt, sie sind von Generation zu Generation überliefert. |
| 2.2 Lösungsplanung | Wir fragen alte Leute. <br> Wir lesen in der Gemeindechronik nach. <br> Wir untersuchen das Gelände. |
| 2.3 Informationsgewinnung <br><br> a) Unterrichtsgang ins Gelände — Erkunden der geographischen Struktur des Raumes mit und ohne Vorgabe der Flurnamen | <br><br><br> — am hohen Gstad <br> — Mühlfeld <br> — am Judenweg <br> — im Pfannenstiel <br> — im Hard <br> — Stephansrieder Jauchert |

| | |
|---|---|
| b) zusätzliche Information durch die Gemeindechronik | — am Judenweg: Felder und Wiesen am Fußweg nach Buttenwiesen. Früher wohnten in Buttenwiesen viele Juden. |
| *3. Problemerkenntnis* | |
| gemeinsames Gespräch Tafelanschrift | — Die Fluren wurden nach den räumlichen Gegebenheiten benannt.<br>— Flurnamen entstanden auch nach geschichtlichen Vorgängen. |
| Schließen des Problemkreises | — Flurnamen sind geschichtlich geworden. Sie zeugen von langer Tradition. Schon unsere Urvorfahren haben diese Flurnamen verwendet. |
| *4. Vertiefung/Anwendung* | |
| Eintrag des Tafeltextes Transfer auf ähnlichen Sachverhalt Bilder mit Raumbeispielen:<br>— Gelände an einer Feldkapelle<br>— Gelände an einem Bach | Wie entstehen Straßennamen?<br><br>Wie würdest du dieses Gelände benennen? |

TAFELBILD

| | |
|---|---|
| *1. Unsere Problemfrage* | a) Wo liegt das hohe Gstad?<br>b) Wie kam es zu Flurnamen? |
| *2. Wir meinen* | a) Das Gelände liegt hoch, wahrscheinlich liegt es an einem Abhang oder Hohlweg. Es kann auch eine Hochebene sein.<br>b) Unsere Vorfahren haben den Äckern und Wiesen Namen gegeben. Flurnamen sind schon alt. |
| *3. Wie lösen wir unsere Frage?* | a) Wir fragen alte Leute. |

b) Wir schauen das Gelände an.
c) Wir schlagen in der Chronik nach.

4. *Lösung der Frage*

a) Flurnamen richten sich nach dem Aussehen der Landschaft
— am hohen Gstad:     liegt am hohen Ufer der alten Zusam
— Mühlfeld:     Feld hinter der früheren Mühle, heute Elektrizitätswerk
— im Pfannenstiel:     das Feld hat die Form eines Pfannenstiels
— im Hard:     Wiesen in einem Waldgebiet

b) Flurnamen entstanden auch nach geschichtlichen Ereignissen und zeugen von der Vergangenheit
— am Judenweg:     Felder und Wiesen am Flußweg nach Buttenwiesen.
    In Buttenwiesen wohnten früher viele Juden.

— Stephansrieder Jauchert     Flur in Hinterried. Hinterried hieß früher Stephansried.

— an der Napoleonstanne     Felder auf einem Hügel um eine hohe einzelne Tanne. Diese soll Napoleon beim Durchzug durch unser Gebiet gepflanzt haben.

● **Unterrichtsbeispiel: Die erste Fabrik**

4. Jahrgangsstufe

**I. Lernziele**

— Kenntnis über die geschichtliche Entwicklung der ersten Fabrik eines Ortes
— Erkenntnis, daß der Strukturwandel des Ortes vom landwirtschaftlich orientierten Dorf zum Industrieort eng mit der Entwicklung der ersten Fabrik verbunden ist
— Erkenntnis, daß der Strukturwandel des Ortes entscheidende Auswirkungen auf die Entwicklung seines Wohnraumes, seiner Versorgungseinrichtungen, Dienstleistungsbetriebe, handwerklicher Gewerbebetriebe und Bildungs- und Erholungsstätten zeigte
— Erkenntnis, daß noch andere günstige Faktoren sowohl die Entwicklung der Fabrik als auch des Ortes beeinflußt haben und noch beeinflussen
— Einsicht, daß andere Orte eine ähnliche Entwicklung erfahren haben

## II. Didaktisch-methodische Planung des Unterrichts

*1. Problemstufe*

Luftaufnahme des Heimatortes heute — Vergleich mit einer Aufnahme vor 50 Jahren
Problemfrage: Weshalb hat sich unser Heimatort innerhalb der letzten 50 Jahre so stark entwickelt? Was hat zu dieser Entwicklung beigetragen?

*2. Problemklärung und -lösung*

| | |
|---|---|
| 2.1 Hypothesenbildung | Neue Siedlungen, Bauplätze vorhanden |
| | Arbeitsplätze durch die große Fabrik „Sigri" |
| | Gute Verkehrsbedingungen |
| | Die Ursache war die Fabrik. |
| 2.2 Lösungsplanung | Bilder vor 50 Jahren |
| Bilder | Aufbau der Fabrik |
| Unterrichtsgang zur Fabrik | Vergleich der Arbeitsplätze vor 20 Jahren und heute |
| 2.3 Informationsgewinnung durch Bilder, Pläne, Zahlen, Befragungen | |
| Erkundung des Standortes | a) günstiger Standort für die Fabrik: |
| | — genügend Platz zur Ausdehnung |
| Anlegung einer Lageskizze | — verkehrsgünstige Lage |
| | — Kraftwerk für Stromzufuhr in der Nähe |
| Erkundung eines Baugebiets | b) Die Entwicklung der Fabrik zog die Entwicklung des Ortes nach sich. Ausweisung von Baugebieten für Zuzügler, die in der Fabrik arbeiten. |
| Bebauungsplan lesen | |
| Statistiken und Zahlen vergleichen | c) Die Fabrik war der entscheidende Faktor für die Entwicklung des Wohnraumes und für die Erhöhung der Einwohnerzahl. |
| | Seit Gründung der Fabrik stieg die Einwohnerzahl um das Zehnfache. Der Wandel vom landwirtschaftlich orientierten Ort zum Arbeiterwohnort vollzog sich in diesen 50 Jahren. |
| Befragen von Geschäftsleuten | d) Die Fabrik — entscheidend für die Entwicklung handwerklicher Gewerbebetriebe, von Einzelhandelsgeschäften und Dienstleistungsbetrieben. |
| Befragen des Bürgermeisters (in der Klasse) | e) Die erste Fabrik — entscheidend für die schnelle Verbesserung der Infrastruktur des Ortes: Ausbau des Verkehrsnetzes, Bau von Bildungs- und Erholungsstätten. |

3. *Problemwertung*

3.1 Zusammenschau der Informationen (Tafel bzw. Folie) gelenktes Gespräch über die zusammengetragenen Fakten

3.2 Wertung — Unser Ort hat sich in den letzten 50 Jahren gewandelt. Die Ursache liegt in der Ansiedlung und im Ausbau der Fabrik „Sigri". Sie hat diese Umwandlung vom bäuerlichen Dorf zum bedeutenden Industrieort in der Region mitbestimmt.

4. *Vertiefung/Ausweitung*

4.1 Arbeitsrückschau und Schließen des Problemkreises
Verifizieren bzw. Falsifizieren der Hypothesen

4.2 Andere Sichtweise des Problems
Gespräch — Was wäre gewesen, wenn die Fabrik 1925 nicht gebaut worden wäre?

4.3 Problemauswertung — Auch andere Faktoren haben die Entwicklung unseres Ortes günstig beeinflußt:

aus der Karte herauslesen
— günstige Lage in der Region
— großer Zustrom von Heimatvertriebenen nach dem Krieg (1945/46)
— viel Platz, Baugelände
— Eingemeindungen von zwei Dörfern

4.4 Transfer
Aufzeigen ähnlicher Entwicklung anderer Industrieorte

Bobingen bei Augsburg
Gendorf im oberbayerischen Chemiedreieck

### 3.4.2 Erdkunde und Soziallehre

In der Soziallehre geht es vor allem um die Beziehungen Mensch — Mitmensch. Menschen müssen miteinander leben, miteinander arbeiten, zusammenwirken, um gemeinsame Aufgaben in der Familie, in der Schule, in der Gemeinde und in der Gesellschaft zu bewältigen.

Innerhalb dieses Zusammenlebens und -wirkens kommt es naturgemäß zu Meinungsverschiedenheiten und Konflikten, weil persönliche Interessen aufeinandertreffen und in den Interessen anderer Grenzen finden.

Menschen, die gemeinsame Interessen haben oder gemeinsame Ansprüche durchsetzen wollen, schließen sich zu sozialen Gruppen zusammen. Diese Ansprüche beziehen sich vor allem auf „Grunddaseinsfunktionen", wie sie als Lehraufgaben in der grundlegenden Erdkunde ausgewiesen sind. Wohl von keinem Fachbereich aus bieten sich so viele sachstrukturelle Querverbindungen zum Erdkundeunterricht an wie von der Soziallehre. Dies liegt nicht zuletzt in den Zielsetzungen des sozialgeographischen Anspruchs begründet. Der Mensch nimmt den Raum in Anspruch und gestaltet ihn nach seinen Bedürfnissen. Es entstehen Wohnviertel, Industriebezirke, landwirtschaftlich genutzte Räume, Erholungsgebiete, Versorgungseinrichtungen und Dienstleistungszentren, in denen soziale Aktivitäten des Menschen den Naturraum prägend gestalten.

Diese Korrelation fachimmanenter Strukturen und Inhalte führen zu integrierten Lerninhalten in beiden Fachbereichen (Beispiele zur Veranschaulichung dieser These):

| Jg. | Soziallehre | Erdkunde | Thema |
|---|---|---|---|
| 1./2. | — Wie eine Familie wohnt | Unsere Wohnung: Lage, Größe, Anordnung | Wie Menschen wohnen |
| | — Regelungen in der Schule (Haus- und Klassenordnung) | Lage von Wohnung und Schule | Mein Schulweg |
| | | Lage der Räume in der Schule | In der Schule |
| | — Der einzelne in der Gemeinschaft: Nachbar, Familie, Gruppen, Verwandte | Menschen wohnen in Gemeinschaft, räumliche Nähe zu anderen Menschen, verschiedene Wohnhäuser | Wer ist unser Nachbar? |
| | — Der einzelne Schüler innerhalb der Institution Schule, innerhalb der Schulgemeinschaft und der Klasse | Schule als Stätte der Ausbildung | Wir gehen in die Schule |
| | | Lage der Schule im geographischen Bezugsraum | |
| | Zusammenarbeit aller in der Schule tätigen Personen Rücksichtnahme auf den anderen | Sinn und Zweck der Einteilung des Schulgebäudes | Unsere Schule ist für uns Schüler da! |
| | — Der einzelne in Verbindung zu einem anderen: Partner, Freund, Gegner, Spielgruppe | Das Spiel als Brücke zum anderen: Spielorte, Spielmöglichkeiten, Spiele brauchen Platz | Im Zimmer rührt sich was! Wo können wir spielen? |

| Jg. | Soziallehre | Erdkunde | Thema |
|---|---|---|---|
| 3. | — Bildungseinrichtungen als Aufgabe der Gemeinde, des Schulverbandes, des Staates | Bildungseinrichtungen im Nahraum: Kindergarten, Volksschule, weiterführende Schulen, Bibliothek, Einzugsbereich dieser Bildungseinrichtungen | Wem gehört die Schule? Warum muß Monika mit dem Schulbus fahren? |
| | — Aufgaben der Gemeinde und Gemeindevertreter Der einzelne kann Gemeinschaftsaufgaben alleine nicht leisten, z. B. Kanalisation, Wasserversorgung | Kommunale Einrichtungen im heimatlichen Bezugsraum: Lage, Versorgungsgebiet, Anpassung an den Naturraum | Welche Aufgaben hat die Gemeinde? |
| | — Dienstleistungen für den einzelnen, z. B. Krankenhaus, Bahn, Post, Erholungsgebiet | Einrichtungen im heimatlichen Bezugsraum für die Versorgung des einzelnen: Supermarkt, Krankenhaus, Naherholungsgebiet Anpassung der Einrichtungen an den Naturraum | Braucht W. ein Einkaufszentrum? Warum baut der Landkreis ein neues Krankenhaus? |
| 4. | — Angebot und Leistung eines gegliederten Schulsystems | Schulen in der Region — Lage zum Heimatort | Welche Schulen kann ich noch besuchen? Schulen auf dem Weg zum Beruf |
| | — Der Mensch braucht Freizeit und Erholung zur Auffrischung der körperlichen und geistigen Kräfte | Erholungsräume in der Region und in fremden Ländern | Urlaub nur in Italien? Leute, die von unserer Freizeit leben |
| | — Mitmenschen mit anderer Hautfarbe, anderer Lebensweise | Heimat der Gastarbeiter | Wie Menschen in fremden Ländern wohnen |

● **Unterrichtsbeispiel: Kannst du einem Fremden trauen?**

2. Jahrgangsstufe

*1. Problemstufe*
Situationsschilderung mit Bild

Ein Fremder fragt nach dem Weg.
Karin will den Weg erklären, steigt dann aber doch ins Auto, weil der Weg schwer zu finden ist. Sie will dem Fremden den Weg zeigen.

## 2. Situationsanalyse

| | |
|---|---|
| 2.1 Gespräch über die Situation<br>Herausstellen des Für und Wider | Ich würde nicht zum Fremden in das Auto steigen, weil ...<br>Fremden muß man helfen ... |

2.2 Lösungsvorschläge
Sammeln im gemeinsamen Gespräch

— Den Weg von einem Erwachsenen beschreiben lassen
— dem Fremden den Weg aufzeichnen
— bis zur Kreuzung neben dem Auto herlaufen und dann weiter erklären
— einige markante Orientierungspunkte in richtiger Reihenfolge aufschreiben
— einem Klassenkameraden sagen, daß man dem Fremden den Weg zeigt — Autonummer aufschreiben
— die Richtung merken, wohin der Fremde gefahren ist

Verteilen der Lösungsvorschläge und Vorbereiten von Rollenspielen, entsprechende Materialien (Kartenskizzen) in der Gruppe vorbereiten

2.3 Lösungsangebote im Rollenspiel
Vorspielen — Werten durch Schüler
mögliche Themen

a) Karin steigt zum Fremden ins Auto
b) Karin zeichnet den Weg auf
c) Karin geht bis zur Kreuzung neben dem Auto mit
d) Karin bittet einen Erwachsenen um Hilfe
e) Karin informiert ihre Freundin

## 3. Wertungsstufe

Auswerten der richtigen Verhaltensweise
Begründung der Richtigkeit

Möglichkeit b) und d)

| | |
|---|---|
| 4. Schließen des Problemkreises | |
| 4.1 Rückkehr zur Ausgangssituation | „Noch einmal gut gegangen"<br>Was hätte passieren können? |
| 4.2 Ausweitung auf mögliche Gefahren<br>Konfrontation mit Zeitungsberichten | „Kind von Unbekanntem entführt" |
| 4.3 Vorsichtsmaßnahmen | — nicht allein spielen<br>— abgelegene Plätze meiden<br>— Autokennzeichen merken<br>— Erwachsene informieren |
| 4.4 Raumbezug<br>Ortsplan | Wo könnte dich bei uns ein Fremder ansprechen, der Böses im Sinn hat? |

### 3.4.3 Erdkunde und Wirtschaftslehre

Die Forderung, den Schüler wirtschaftskundliche Lehrinhalte an der Wirklichkeit selbst erfahren zu lassen, trifft mit der Forderung nach originaler Erdkunde zusammen. Besonders Wissensstrukturen der erdkundlichen Lehraufgaben „Sich versorgen", „Menschen müssen arbeiten", „Verkehrsteilnahme" und „Orientierung im Raum" lassen sich mit Zielsetzungen der Wirtschaftslehre verbinden: Berufsbilder aus der Umwelt, der Mensch als Produzent und Konsument, Standortfaktoren und Produktionsstätten, der Weg vom Rohstoff zur Fertigware, arbeitsteilige Fertigung u. ä. Erfahrungsbeispiele der Schüler sind immer raumgebunden und können nur gekoppelt an den jeweiligen geographischen Raum ausgeweitet werden:

| **Wirtschaftliche Erfahrungsbeispiele** | **Raumbezug** |
|---|---|
| — Vater arbeitet in einem Betrieb, der nicht ihm gehört. Er arbeitet für einen anderen, der ihm seine Arbeitskraft bezahlt. | Vater pendelt jeden Tag in die Stadt (innerhalb der Stadt) zu seinem Arbeitsplatz.<br>Trennung von Wohn- und Arbeitsplatz |
| — Mutter muß einkaufen<br>Vergleichen der Waren und des Preises<br>Angebot und Nachfrage<br>Vergleich von Selbstbedienungs- und Fachgeschäft<br>Große Versorgungseinrichtungen in Ballungsgebieten | Die „Geographie" eines Geschäfts — welche Ware an welchem Platz?<br>Versorgung des Wohnraums durch Einzelhandelsgeschäfte<br>Standortfrage für ein Versorgungszentrum |

| Wirtschaftliche Erfahrungsbeispiele | Raumbezug |
|---|---|
| — Vergleich von Handarbeit — Fabrikarbeit<br>arbeitsgleiche und arbeitsteilige Herstellung<br>Unterschied von Handarbeit und maschineller arbeitsteiliger Produktion | Standortfaktoren für die Errichtung eines Industriebetriebes<br>Standortgebundenheit wegen Produktionsmaterial (Ziegelei, Fertigbeton) |
| — Vom Rohprodukt zur Fertigware, ökonomischer Produktionsablauf<br>Vereinfachung und Verbilligung durch Mechanisierung<br>Beispiele: Ziegelwerk, Betonwerk, Zementfabrik, Molkerei u. ä. | Lage einer Produktionsstätte im heimatlichen Bezugsraum<br>Berücksichtigung von Standortfaktoren<br>räumliche Aufteilung des Betriebes<br>Verkehrsverbindungen wegen Abtransport der fertigen Güter |
| — Freizeit als Angebot und Aufgabe<br>Angebote der Freizeitindustrie<br>Auswahl nach persönlichen Interessen, finanziellen Möglichkeiten, Werbungshinweisen | Freizeit im heimatlichen Naturraum, in Naherholungsgebieten<br>Freizeitindustrie verändert den Naturraum, Beispiel: Skilifte und Skihotels<br>Freizeitangebot in fremden Ländern |
| — Landwirtschaft erzeugt standortgebunden, Mechanisierung und Spezialisierung steigert den Ertrag.<br>Landwirtschaftliche Erzeugnisse sind volkswirtschaftlich wertvoll. Die heimatliche Wirtschaft und die Weltwirtschaft hängen zusammen<br>Import — Export<br>Bewußtsein der Bedeutung des Zusammenhangs und Zusammenspiels der weltweiten wirtschaftlichen Verflechtungen mit der heimischen Wirtschaft | Abhängigkeit des Bauern vom Naturraum<br>Standortgebundenheit<br>Aufbau eines Bauernhofes<br><br>Lage und Distanz der Projekte<br>Geographisches Anliegen:<br>Warum kommen aus fremden Ländern Güter und Waren zu uns, aus welchen Ländern?<br>Welche Güter und Waren liefern wir in welche Länder? |

● **Unterrichtsbeispiel: Welche Geschäfte gibt es in unserem Wohnort?**

2. Jahrgangsstufe

*1. Problemstufe*

Einkaufszettel

Mutter schickt dich mit diesem Einkaufszettel zum Einkaufen:
6 Semmeln
4 Brezeln
1 Pfund Semmelbrösel
2 Pfund geschnittenes Semmelbrot
In welches Geschäft gehst du?

| | |
|---|---|
| Unterrichtsgespräch Begründung der Auswahl des richtigen Geschäftes Provokation | S: Ich gehe zum Bäcker Meier, weil... L: Aber in unserem Wohnort gibt es noch andere Geschäfte! S: Es gibt verschiedene Geschäfte. Der Supermarkt hat viel mehr verschiedene Waren als die Bäckerei. |
| Zielfrage | Welche Geschäfte gibt es in unserem Wohnort? |

## 2. Problemlösung

| | |
|---|---|
| 2.1 Erfahrungsbereich der Schüler | Bäckerei Metzgerei Milchgeschäft 2 Lebensmittelgeschäfte 1 Supermarkt 1 Schuhgeschäft 1 Textilgeschäft |
| 2.2 Lokalisieren der Geschäfte Einsatz des Sandkastenmodells erste Orientierungsübungen | Unser Wohnort  Schule dein Schulweg die große Fabrik der Sportplatz |
| Auftrag Einnorden mit entsprechender Verbalisierung | Wo befinden sich die einzelnen Geschäfte? |
| 2.3 Informationen zur Auswahl des richtigen Geschäfts  Informationsmaterialien: Bilder Filmausschnitt Preisangebote aus Anzeigen Plakate | a) Fachgeschäft für... Lebensmittelgeschäft Einzelhandelsgeschäfte: Vorteile: viel Auswahl, frische Ware, manchmal Sonderangebot, Qualität Nachteil: nicht alle Gebrauchsgüter vorhanden |

| | |
|---|---|
| Plan und Kaufweg durch einen Supermarkt | b) Supermarkt, Einkaufszentrum:<br>Vorteile:<br>reiche Auswahl an verschiedenen Gütern, vereint die Waren einzelner Fachgeschäfte, Selbstbedienung, viele Sonderangebote, billigere Preise als das Einzelhandelsgeschäft durch größere Mengenpackkung<br>Nachteil:<br>Liegt meist am Ortsrand, nicht für schnelle Einkäufe günstig, Abtransport der Ware nur mit Auto möglich |
| *3. Problemwertung*<br>3.1 Aussprache über die gesammelten Informationen anhand der Tafelskizze | Tägliche Gebrauchsgüter im Einzelhandelsgeschäft<br>Größere und umfangreichere Einkäufe im Supermarkt oder Einkaufszentrum |
| 3.2 Wertung durch die Aussage einer Hausfrau (Interview) | Abwägen von Zeit — Weg — finanzieller Ersparnis |
| 3.3 Wertung durch den originalen Vergleich Einzelhandelsgeschäft — Supermarkt (Unterrichtsgang) | Vergleich von Weg und Lage<br>Vergleich der Angebote<br>Vergleich von Ware und Preis |
| *4. Vertiefung/Anwendung*<br>Rollenspiel<br>Streitgespräch | Mutter schickt mich zum Einkaufen<br>Einzelhandelskaufmann<br>Leiter des Supermarktes |
| Finden weiterer Fachgeschäfte | Karin kauft ein Buch<br>Mutter braucht neues Geschirr<br>Vaters Bohrmaschine ist kaputt |

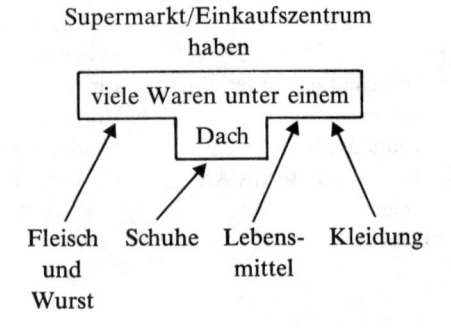

Einzelhandelsgeschäfte sind      Supermarkt/Einkaufszentrum haben

Fachgeschäfte für      viele Waren unter einem Dach

Fleisch und Wurst    Schuhe    Lebensmittel    Kleidung      Fleisch und Wurst    Schuhe    Lebensmittel    Kleidung

TAFELBILD

**Wegskizze durch einen Supermarkt**

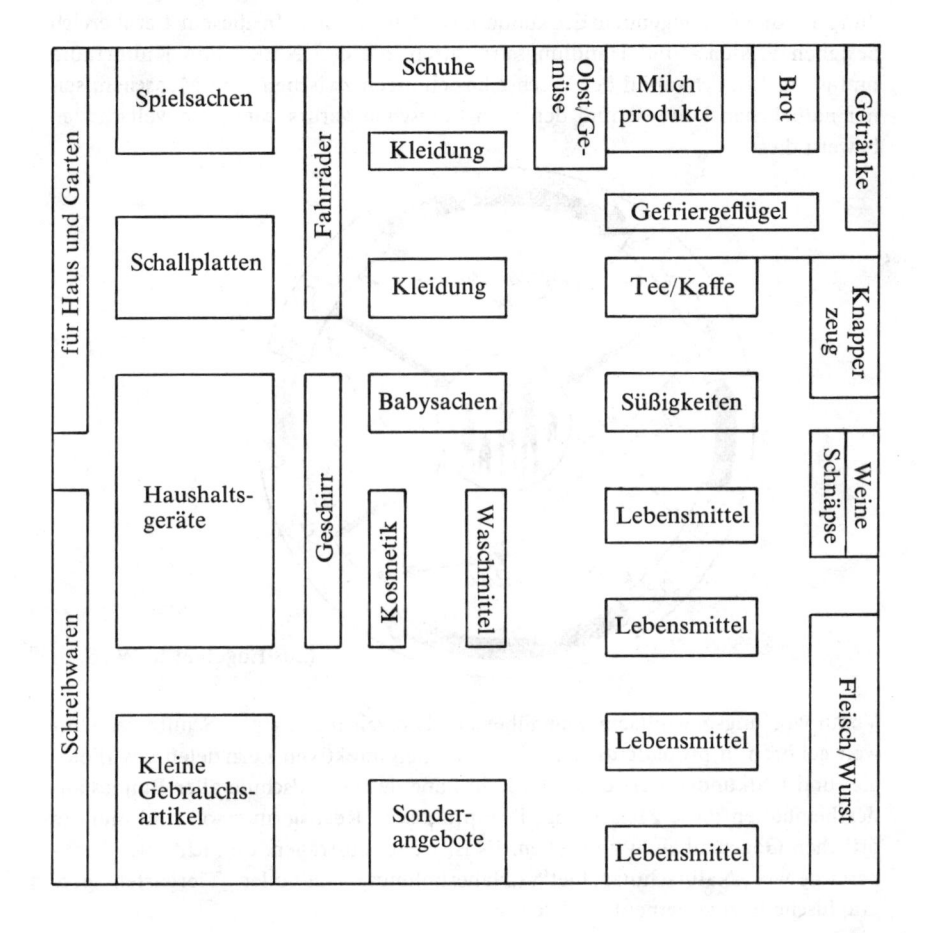

| für Haus und Garten | Spielsachen | Fahrräder | Schuhe | Obst/Gemüse | Milchprodukte | Brot | Getränke |
| | Schallplatten | | Kleidung | | Gefriergeflügel | | |
| | | | Kleidung | | Tee/Kaffe | | Knapperzeug |
| | | | Babysachen | | Süßigkeiten | | |
| | Haushaltsgeräte | Geschirr | Kosmetik | Waschmittel | Lebensmittel | | Weine Schnäpse |
| Schreibwaren | | | | | Lebensmittel | | Fleisch/Wurst |
| | Kleine Gebrauchsartikel | | Sonderangebote | | Lebensmittel | | |
| | | | | | Lebensmittel | | |

### 3.4.4 Erdkunde und Biologie

Das Prinzip der „Aktualgenese" findet besonders im Biologieunterricht Beachtung. Dinge wie Pflanzen und Tiere sind für das Grundschulkind nicht „da", sie „werden". Die „spontane Zuwendung zur lebendigen Natur" wird besonders durch die originale Begegnung gefördert, biologisches und ökologisches außerschulisches Erfahrungswissen wird geläutert und mit fachgemäßen Arbeitsweisen vertieft bzw. erweitert. Biologie als eigenständiges Fach mit fachimmanenten

Lerninhalten hat seine Berechtigung. Muß man dann nicht Querverbindungen zu anderen Fachbereichen, hier zur Erdkunde, verneinen?
Für den Lernbereich „Umweltschutz" können wir einer Absage von Querverbindungen zur grundlegenden Erdkunde nicht beistimmen. In diesem Lernbereich bestehen Wissens- und Handlungsstrukturen, die den Natur- und Kulturraum umfassen. Ein Schaubild der Wechselbeziehungen zwischen dem Menschen, seiner natürlichen Umwelt und den vom Menschen verursachten Umweltschäden beweist dies:

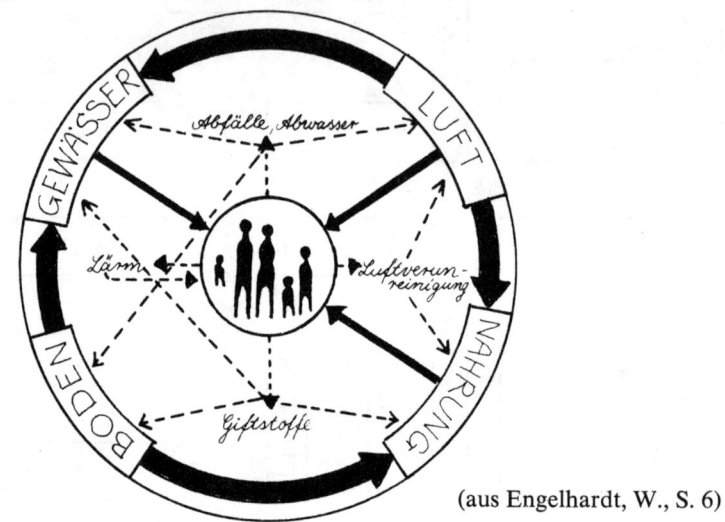

(aus Engelhardt, W., S. 6)

Verantwortungsbewußtsein gegenüber der Umwelt und aktiver Schutz der Umwelt gehören in propädeutischem Sinne zu den affektiven Lernzielen des Biologie- und Erdkundeunterrichts. Die Lehrpläne der Grundschule aller Bundesländer beinhalten diese Zielsetzung; ihre praktische Realisierung soll und muß an örtlichen Gegebenheiten geschehen. Es ist weiter zu fragen, ob nicht auch Lernbereiche wie „Naturschutzgebiet", „Naherholungsgebiet" oder „Tiergarten" geographische Bezugselemente aufweisen.


● **Unterrichtsbeispiel: Warum steht die „Höll" unter Naturschutz?**

4. Jahrgangsstufe

**I. Lernziele**

1. Kenntnis eines Naturschutzgebietes im regionalen Bezugsraum
2. Erkenntnis, daß Naturschutzgebiete zur Erhaltung der Landschaft, der Pflanzen- und Tierwelt dient

3. Weckung eines Umweltbewußtseins

4. Fähigkeit, schon in kleinen Bereichen Natur- und Umweltschutz selbst durchzuführen

5. Einsicht in die Notwendigkeit, Schutzgebiete zu errichten

6. Erziehung zur Bereitschaft, für den Naturschutz einen aktiven Beitrag (auch finanziellen Beitrag) zu leisten

**II. Didaktische und methodische Aufbereitung**

*1. Problemphase*

1.1 Zeitungsberichte und Bilder über den geplanten Bau einer Magnetschwebebahn im Donauried

1.2 Aktivierung des Erfahrungs- und Erlebnishintergrundes der Schüler: Vorwissen aus Gesprächen der Erwachsenen, aus Zeitungsartikeln u. ä.

1.3 Problemgrund: Die Magnetschwebebahn würde durch das Schutzgebiet „Höll" führen.

1.4 Problemfragen: Warum ist die „Höll" ein Natur- und Vogelschutzgebiet? Was würde geschehen, wenn die Magnetschwebebahn durch die „Höll" führen würde?

*2. Raum- und Situationsanalyse*

2.1 Hypothesenbildung über die Problem- und Zielfragen

2.2 Lösungsplanung
Notwendigkeit, das Schutzgebiet kennenzulernen durch Dias, Bezugsperson, Unterrichtsgang

2.3 Informationsphase durch Unterrichtsgang und entsprechenden Beobachtungsaufgaben:
— Wo liegt das Schutzgebiet „Höll"?
  Lageskizze, Distanzmessung (Gruppe 1)
— Wie sieht das Schutzgebiet aus?
  Beobachtung und Erkundung der Landschaft, des Bodens (Gruppe 2)
— Untersuchung des Pflanzenwuchses:
  Augenbeobachtung, Bestimmung durch Pflanzenbuch (Gruppe 3)
— Beobachtung und Erkundung der Tierwelt:
  Augenbeobachtung, Fernglas, Erfahrungen der Bezugsperson, Hören der Tierstimmen (Gruppe 4)

## 3. Raum- und Situationswertung

### 3.1 Auswerten der Informationen

Gruppe 1: Das Schutzgebiet Höll liegt nordöstlich unseres Wohnortes, 2 km entfernt. Es ist 2 km lang und 2 km breit. — Kartenskizze der Gruppe

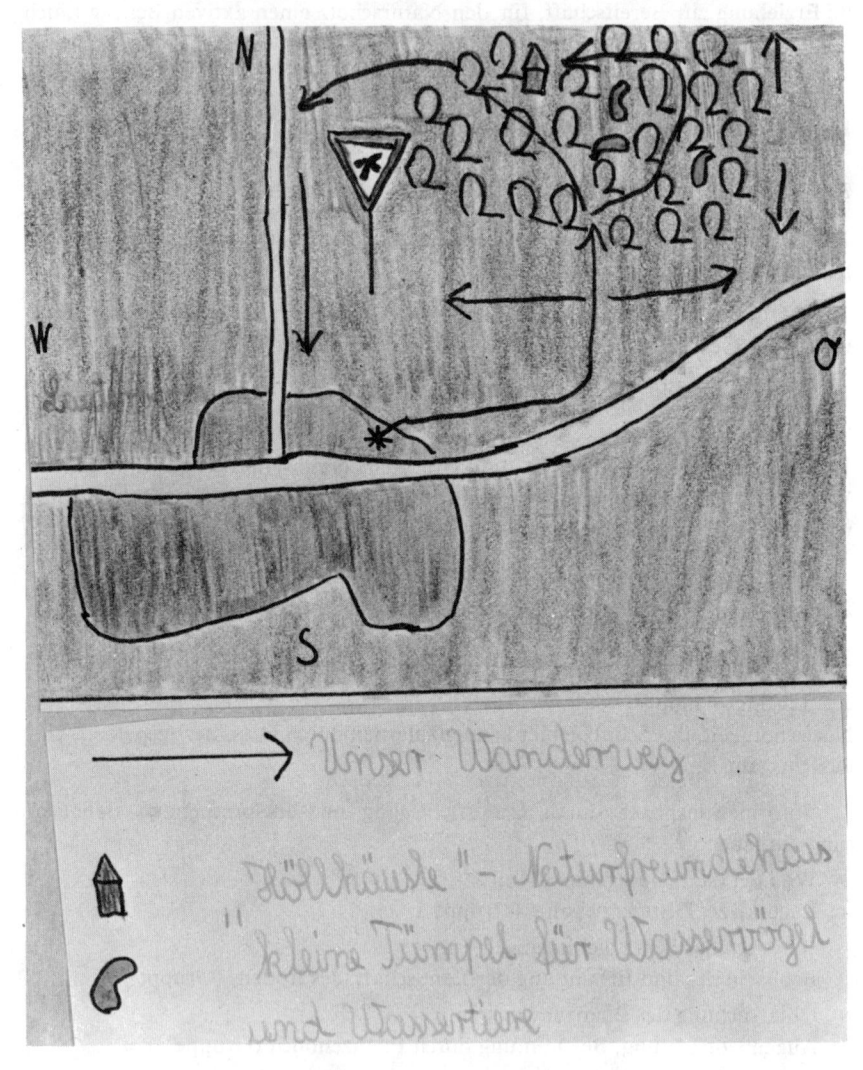

→ Unser Wanderweg

"Höllhäusle" – Naturfreundehaus
kleine Tümpel für Wasservögel und Wassertiere

Gruppe 2: sehr dichtes Gebüsch, dazwischen freies Gelände mit hohem Gras, Entwässerungsgräben, kleine Tümpel, sehr flach, eben
Moorboden, in manchen Teilen wurde früher Torf gestochen

Gruppe 3: ideales Gelände für niederwüchsige Büsche und Sträucher, hohes Seegras und Binsen, an den Tümpeln und Gräben Sumpf- und Wasserpflanzen: Dotterblumen, Schwertlilien
Sträucher: Berberitze, Schlehe, Hartriegel
Gruppe 4: sehr viele Wasser- und Wiesenvögel:
Wasserläufer, Schnepfen, Wiedehopf, Brachvogel
Herr H. (Naturschutzbeauftragter für dieses Gebiet) sagt, daß in der „Höll" 50 seltene Vogelarten nisten. Er ist „Ornithologe". Hasen oder Rehe gibt es keine. Es ist vor allem ein Vogelschutzgebiet.

3.2 Rückkopplung und Ausgangsproblem:
Was geschieht, wenn durch die „Höll" die Magnetschwebebahn gebaut wird?
Äußerungen der Schüler, Stellungnahme des Fachmannes, Herrn H.

3.3 Wertung und Stellungnahme
Das Schutzgebiet „Höll" muß erhalten bleiben,
— weil seltene Vogelarten dort nisten,
— weil es Pflanzen und Tieren Schutz bietet,
— weil dadurch die übrige Landschaft geschützt wird: ausgedehntes Heckengebiet bietet Windschutz, Schutz vor Austrocknung, natürliche Wasserreserve,
— weil es den Menschen zur Erholung dient.

*4. Situationsverbesserung*

— Die Umwelt auf das Schutzgebiet aufmerksam machen durch Aufstellen von Hinweisschildern, Malen und Schreiben eines Prospektes, Zeitungsartikel über unseren Besuch im Schutzgebiet
— Verhaltensregeln in einem Schutzgebiet

*5. Transfer*

— Umweltschutz in unserer nächsten Umwelt: Schule, Schulhof, Sportplatz, Wald, Spielgebiet
— Kennenlernen anderer Schutzgebiete durch Ausflug, Wanderkarte, Prospekt
— Unterstützen der Schutzgebiete durch finanzielle Zuwendung
— Planspiel mit Karte und Bildern: Wo und warum würdest du ein Schutzgebiet einrichten?

**3.4.5 Erdkunde und Physik/Chemie**

Mehrperspektivische Betrachtungsweisen von Lern- und Handlungsfeldern der grundlegenden Erdkunde und der Physik/Chemie beschränken sich vornehmlich auf den wetterkundlichen Bereich. In einigen Lehrplänen, hier sei der von Nordrhein-Westfalen exemplarisch genannt, wird die Wetterkunde und die Himmelskunde dem Fachbereich Physik/Chemie zugeordnet. Wettererscheinungen sind physikalische Vorgänge, die Messung solcher Wettererscheinungen geschieht mit Geräten, die auf physikalischen Gesetzmäßigkeiten beruhen. Auch die Orientierung im Raum kann nicht auf ein Meß- und Orientierungsgerät wie den Kompaß verzichten, dessen Wirkungsweise von physikalischen Phänomenen im Raum bestimmt wird.

**Lehrsequenz:** Der Kompaß als Orientierungshilfe im Raum

3. Jahrgangsstufe

**I. Lehraufgaben:** Der Mensch muß sich im Raum orientieren (Erdkunde)

Verschiedene Kräfte, ihre Wirkung und ihre Umwandlung — Bereich Kraftfeld

**II. Curriculares Modell**

| **Lernziele** | **Lerninhalte** | **Lernwege** |
| --- | --- | --- |
| — Erkenntnis, daß der Magnet Eisen anzieht | Materialien für Versuche: Magnete, eisenhaltige Materialien | Versuch zur Anziehungskraft |
| — Kenntnis über die Anziehung bzw. das Abstoßen der Pole | | |
| — Kenntnis der Teile eines Kompasses | fertiger Kompaß | Hantieren mit dem Kompaß |
| — Erkenntnis, daß der Kompaß ein Magnet ist Fähigkeit, einen Kompaß selber zu bauen | Teile eines Kompasses Nachweis der Anziehung durch ein Stück Eisen einfache Teile für den Bau | Versuche: schwimmende Rasierklingen u. ä. |
| — Einsicht, daß Eisen einen Magnet (auch den Kompaß) ablenkt | Ablenkung durch eisenhaltige Materialien | Versuche mit eisenhaltigem Material Versuche im Freien Einnorden |
| — Einsicht, daß die Magnetnadel nach Norden zeigt (propädeutisches Vorgehen) | Der Nordpol ist eisenhaltiger als der Südpol | |
| — Kenntnis der Himmelsrichtungen | Norden — Süden, Osten — Westen | Bestimmen der Himmelsrichtungen im Freien |
| — Fähigkeit, sich mit dem Kompaß im Raum zu orientieren | Ablesen des Kompasses | Orientierungsmarsch |

| Lernziele | Lerninhalte | Lernwege |
|---|---|---|
| — Fertigkeit im Gebrauch des Kompasses | Ablesen des Kompasses | von verschiedenen Orientierungspunkten aus die Himmelsrichtungen bestimmen |

● **Unterrichtsbeispiel: Lärmschutz für unser Wohnviertel!**

4. Jahrgangsstufe

## I. Das Unterrichtsbeispiel innerhalb der Lehrsequenz

*1. Stundeneinheit*

Die Lehrsequenz beginnt mit einigen Experimenten zur Feststellung der Schallwellen. Die Schüler erfahren, daß sich der Schall, der Ton, der Lärm in Wellen fortpflanzen. Diese Wellen können unterbrochen werden. Diese Unterrichtseinheit ist im Fachbereich Physik/Chemie angesiedelt.

*2./3. Stundeneinheit*

Zwei Stundeneinheiten werden für das vorliegende Unterrichtsbeispiel „Lärmschutz für unser Wohnviertel!" verwendet, weil Versuche im Freien bzw. ein Unterrichtsgang zum geographischen Raumbeispiel notwendig sind. Fachliche Wissensstrukturen der grundlegenden Erdkunde und der Physik/Chemie erfordern einen integrativ-mehrperspektivischen Unterricht.

*4. Stundeneinheit*

Die Lehrsequenz wird mit dem Thema „Wie entsteht das Echo?" abgeschlossen (Physik/Chemie).

## II. Lernziele

1. Kenntnis über die Entstehung von Lärm
2. Erkenntnis, daß Lärm nicht nur störend, sondern gesundheitsschädigend sein kann
3. Kenntnis von Materialien, die den Schall (Tonwellen) gut leiten, schlucken oder dämpfen
4. Einsicht, daß besonders in Wohngegenden Maßnahmen gegen zu hohen Lärm ergriffen werden müssen
5. Einblick in die Maßnahmen, den Raum gegen Lärm zu schützen

## III. Didaktisch-methodische Planung

| Artikulation | Lehrer- und Schüleraktivitäten | Sozialformen, fachgerechte Arbeitsweisen |
|---|---|---|
| *1. Situationsbegegnung* | | |
| 1.1 Problemgrund | Tonband läuft mit Verkehrslärm an der Autobahn | Tonbandaufnahme |
| 1.2 Problemfindung | Das sind Autos, wahrscheinlich die Autobahn<br>Der Verkehrslärm an der Autobahn. Der Lärm als Tonwellen, die sich fortpflanzen | Unterrichtsgespräch |
| 1.3 Problemzuordnung | Einsatz des Ortsplanes<br>Unser Wohnviertel liegt direkt an der neuen Autobahn Landsberg-München | Ortsplan |
| 1.4 Problemerkenntnis | Der Lärm ist nicht erträglich.<br>Unser Wohnviertel muß vor Lärm geschützt werden. | |
| 1.5 Zielstellung | Lärmschutz für unser Wohnviertel<br>Wir wollen Möglichkeiten finden, wie unser Wohnviertel vor Verkehrslärm geschützt werden kann. | Tafelanschrift |
| *2. Raum- und Situationsanalyse* | | |
| 2.1 Hypothesenbildung und Lösungsplanung | Schallwände werden aufgestellt. Autos dürfen in Wohngegenden nicht so schnell fahren.<br>Ein Wald wird dazwischen gepflanzt. | Tafelanschrift |
| 2.2 Lösungsversuche | Versuche im Freien:<br>a) Lärmquelle — Betonmauer<br>b) Lärmquelle — Holzwand | Aufnotieren der Ergebnisse der einzelnen |

| Artikulation | Lehrer- und Schüleraktivitäten | Sozialformen, fachgerechte Arbeitsweisen |
|---|---|---|
| | c) Lärmquelle — Waldstreifen<br>d) Lärmquelle — Bodenwall<br>e) Lärmquelle bei 80 km/h | Versuche in Partnerarbeit |
| 2.3 Organisation und Verknüpfung der Ergebnisse | Vergleichen der Einzelergebnisse | Tafelanschrift |
| *3. Raum- und Situationswertung* | | |
| 3.1 Auswertungsgespräch | a) Es gibt Materialien, die den Schall gut leiten: Stein, Beton, Holz<br>b) Schallschluckende oder -dämpfende Materialien: Erde, dichter Grüngürtel | Unterrichtsgespräch<br>Zeichnungen der Versuche an der Tafel |
| 3.2 Raumbezug | Welche Art des Lärmschutzes wäre für unser Wohnviertel am günstigsten?<br>Abwägen der Möglichkeiten durch Unterrichtsgang<br>Für und Wider herausstellen<br>Entscheidung der Klasse (Erdwall/Geschwindigkeitsbeschränkung) | Partnergespräch<br>Unterrichtsgespräch |
| 3.3 Situationsverbesserung | Die Auswahl der Klasse an das zuständige Amt schicken. Entsprechende Zeichnungen anfertigen und beilegen. | Brief<br>Anfertigung von Zeichnungen |
| 3.4 Nachvollzug im Sandkasten und Problemerschließung | Lärm kann man eindämmen | |
| 3.5 Sicherung/Vertiefung | durch Arbeits- und Kontrollblatt | Einzelarbeit |

| Artikulation | Lehrer- und Schüleraktivitäten | Sozialformen, fachgerechte Arbeitsweisen |
|---|---|---|
| 4. *Ausweitung/Anwendung* 4.1 Horizontaler Transfer | Lärmschutz im Schulhaus: schallschluckende Decken Teppichböden Lärmvorbeugung: Tragen von schallschluckenden Schuhen Lärmschutz auf dem Flughafen, in einer Fabrik | Unterrichtsgespräch konkrete Anschauung vor Ort<br><br><br><br>Bild |
| 4.2 Vertikaler Transfer | Lichtschutz: durch Lampenschirme, auf der Autobahn durch Lamellen bzw. Grünstreifen | Demonstrationsversuch Bild |
| 4.3 Ausweitung | Gibt es lärmfreie Autos und Verkehrsmittel? Elektroauto, Magnetschwebebahn Warum ist Lärm gesundheitsschädigend? Wie können wir Lärm vermeiden? | Aussage eines Fachmannes auf Tonband Bilder brain-storming Diskussion |

### 3.4.6 Erdkunde und Verkehrserziehung

Auch diese beiden Fachbereiche sind eng durch die Lehraufgaben „Verkehr und Verkehrsteilnahme" und „Orientierung im Raum" in den Lernzielen und Lerninhalten gekoppelt. Richtiges Verhalten im Verkehr kann nur am wirklichen Verkehrsgeschehen gelernt werden. Und dieses spielt sich tagtäglich in der Umwelt, im geographischen Bezugsraum des Grundschulkindes ab, mit ihm ist er als Verkehrsteilnehmer verbunden. Insbesondere die Lernbereiche Straßenkunde, Tageskunde und Bewegungskunde basieren auf der Kenntnis des jeweiligen Raumes. Die Kenntnis der Umwelt ist Voraussetzung für verkehrsgerechtes Verhalten.

● **Lehrsequenz:** Mein täglicher Weg zur Schule

1. Jahrgangsstufe

| Lehraufgabe | Lernziele | Lehrinhalt | Methodische und didaktische Hinweise | Hilfsmittel |
|---|---|---|---|---|
| I. Das Schulkind als tagtäglicher Verkehrsteilnehmer muß seinen Schulweg selbständig und sicher bewältigen lernen. | a) Als Fußgänger sind wir auf Straße wie Gehweg Verkehrsteilnehmer. Verkehr birgt Gefahren für Leib und Leben. Wir können uns durch geeignetes Verhalten vor den Verkehrsgefahren schützen. Der Gehweg dient zum Schutz des Fußgängers. Wege können unterschiedlich „sicher" sein. Oft ist der weitere Weg der ungefährlichere. Begriffe: Gehweg, Fußgänger, Verkehrsteilnehmer, Verkehrsgefahren, Verkehrsregeln, Bordstein. b) Zweckmäßigkeiten erkennen, Gefahren bedenken. | Der Gehweg gehört dem Fußgänger. | 1.1 Der Gehweg gehört dem Fußgänger<br><br>Warum sind wir auf dem Gehsteig besser aufgehoben?<br><br>*1. Teilziel:* Der Gehsteig ist eigens für den Fußgänger gebaut (Unterscheidung von Gehweg, Radweg, Straße — „Gehstreifen" auf der Landstraße — kein „Bordsteingehen").<br><br>*2. Teilziel:* Rechtsgehen ist „Verkehrsregel" (Schule, Treppe, Gehweg etc.).<br>Anmerkung: Im Falle der täglichen Benützung einer Landstraße durch die Kinder muß in weiterer Stunde das „Linksgehen" außerhalb geschlossener Ortschaften geklärt werden.<br><br>*3. Teilziel:* Der kürzeste Schulweg ist nicht immer der sicherste (Engstellen, kein oder schmaler Gehweg, viel Verkehr — dagegen vorteilhafter: Benützen eines Fußgängerüberwegs, einer Unterführung, eines längeren Park- oder Wiesenweges, einer mit Gehsteig versehenen Straße etc.). | Unterrichtsgang, Verhaltensbeobachtung, Verhaltensübung, Zeichnung, farbige Bilder, Schautafeln, F 977 „Pamfi auf der Landstraße" Diareihe (Auswahlbilder) „Fußgänger im Straßenverkehr". |

| Lehraufgabe | Lernziele | Lehrinhalt | Methodische und didaktische Hinweise | Hilfsmittel |
|---|---|---|---|---|
| I. Das Schulkind als tagtäglicher Verkehrsteilnehmer muß seinen Schulweg selbständig und sicher bewältigen lernen. | a) Das Überqueren von Straßen birgt erhöhte Gefahren. Ampel, Überweg und Verkehrspolizist dienen uns zum Schutz beim Überqueren der Straße. Richtiges Vorsehen schützt vor Unfällen. Begriffe: Ampel, Überweg, Zebrastreifen, überqueren, vorsehen. b) Erkennen von Gefahren, Einüben richtiger Verhaltensweisen, Gewöhnen an gültige Grundregeln. | Das richtige Überqueren der Fahrbahn. | 1.2 Das richtige Überqueren der Fahrbahn<br><br>Wo und wie gehe ich über die Fahrbahn?<br><br>*1. Teilziel:* Die Ampel und der Überweg helfen sicher über die Straße (Lichtsignalanlage, Zebrastreifen — Sammeln in Gruppen).<br><br>*2. Teilziel:* Verkehrspolizist und Schülerlotse werden mir zum Helfer beim Überqueren.<br><br>*3. Teilziel:* „Erst schau links, dann rechts . . . ." (Grundregel der Straßenüberquerung in Erläuterung und Übung). Gebot der Vorsicht; kein unbedachtes Überqueren der Straße: Absichern zuerst nach der verkehrsnahen linken, dann nach der verkehrsfernen rechten Seite; überlegtes „Hinübergehen", kein hastiges Laufen; zweckmäßiges Wartenkönnen (auf Verkehrslücke).<br><br>*4. Teilziel:* Gelbe Mützen und Tücher und helle Kleidung machen uns besser sichtbar. | Unterrichtsgang, Verkehrsbeobachtung.<br><br>Vermehrte Übungen im Schulhof, an unbelebter Straße.<br><br>F 923 „Pamfi will über die Straße" (mit Diareihe).<br><br>Bilder. |

| Lehraufgabe | Lernziele | Lehrinhalt | Methodische und didaktische Hinweise | Hilfsmittel |
|---|---|---|---|---|
| I. Das Schulkind als tagtäglicher Verkehrsteilnehmer muß seinen Schulweg selbständig und sicher bewältigen lernen. | a) Wer sich Zeit nimmt, braucht nicht zu eilen. Er kann ohne Hetze seinen Weg (und seine Arbeit) machen. Trödeln macht leichtsinnig. Wir vergessen Gefahren. Auch wenn mehrere zusammen gehen, muß jeder einzelne gut aufpassen. Begriffe: trödeln, hasten, rechtzeitig, gefährden. b) Zeit einteilen lernen, sich an Wegzeiten gewöhnen, Ablenkungen bedenken und vermeiden. | Wir trödeln und rennen nicht auf dem Schulweg. | Warum können Rennen und Trödeln auf dem Schulweg so gefährlich sein? Warum Rennen und Trödeln auf dem Schulweg so gefährlich sein können? *1. Teilziel:* Wer rechtzeitig aufsteht, hat Zeit für den Schulweg (Vorbereitung und Essen ohne Hast — rechtzeitiges Weggehen, kein Rennen). *2. Teilziel:* Nach der Schule müssen wir sofort nach Hause gehen (Mutter erwartet uns — müde Kinder müssen doppelt aufpassen). *3. Teilziel:* Gerade wenn mehrere miteinander gehen, heißt es gut achtgeben Behinderungen, Stoßen vom Randstein, Unachtsamkeiten. Notwendigkeit der Rücksichtnahme auf andere Fußgänger — durch unbedachtes Tun können wir auch andere gefährden (Kleinkinder, alte Leute, Radfahrer auf Radweg u. a.). | Spiel, Darstellungseinheit, Bilder, Zeitungsberichte, Dias. |

(vgl. Geiling, H., S. 153—155, Band 2)

### 3.4.7 Modelle einer integrativen Didaktik in der Fachliteratur

*3.4.7.1 Die „Erläuterungen und Handreichungen" zum Lehrplan der Grundschule von Kitzinger/Kopp/Selzle* weisen nachdrücklich auf die integrative Art der Planung hin. „Eine der erfahrbaren Wirklichkeit und auch dem Kinde gemäße Unterrichtsweise legt nahe, einzelne Ausschnitte aus der Umwelt unter mehreren fachlichen Aspekten zu bearbeiten. So entstehen Unterrichtseinheiten, in denen mehrere fachliche Bereiche integriert sind, ohne daß deren eigene Struktur verloren geht. Solche integrativen Unterrichtseinheiten dürfen also keineswegs die facheigene Ordnung verlassen, die durch die Lehraufgaben gekennzeichnet ist" (Kitzinger u. a., S. 212).
Als Beispiele werden gennant:

● **Unterrichtsbeispiel: Nachbarschaft**

1./2. Jahrgangsstufe
a) Sozial- und Wirtschaftslehre: Nachbar und Nachbarschaft — kennen wir den Nachbarn?
Störungen — Rücksicht und Regelung — nachbarschaftliche Hilfe
b) Erdkunde: Menschen wohnen in verschiedenartigen Häusern, z. B. Mietshaus, Reihenhaus, Hochhaus, Einfamilienhaus

● **Unterrichtsbeispiel: Wohngebiete**

3. Jahrgangsstufe
a) Erdkunde: Verschiedene Wohnlagen — die Familienmitglieder urteilen verschieden darüber
Ein neues Wohnviertel wird geplant — neue Ortsteile entstehen, alte werden verändert
Wege, Straßen und Plätze im Wohnort: Anlage, Aufgaben, Arten (auch Verkehrserziehung)
b) Sozial- und Wirtschaftslehre: Aufgaben, die Familie und Nachbarschaft nicht leisten können, z. B. Wohnungsbau
c) Geschichte: Neues und Altes nebeneinander, z. B. neue und alte Wohngebiete (Straßenführung)
Wohnen — heute anders als früher
(vgl. a. a. O. S. 212/213)

Diese Beispiele weisen über eine rein thematische Verbindung nicht hinaus. Es werden keine gemeinsamen Lernziele, Wissensstrukturen oder Einsichten aufgezeigt, die über diese Themen bzw. Lernstoffe erreicht werden sollen.

*3.4.7.2 Katzenberger* meint, daß ein rein fachorientierter, an der Struktur der Disziplin ausgerichteter Sachunterricht bisweilen der Komplexität gewisser Phänomene unserer Umwelt nicht voll gerecht wird. „Neben der fachpropädeutischen Aufgabe (Vorbereitung des Fachunterrichts der Sekundarstufe durch eine fachliche Ausrichtung des Sachunterrichts) hat der Sachunterricht der Grundschule bekanntlich die Aufgabe der sachadäquaten Umwelterschließung. Der letztgenannten Aufgabe dürfte das Konzept von der vielseitig aspektierenden Betrachtungsweise besonders entgegenkommen" (Katzenberger, L., Bd. 2, S. 382).

Zum Abschluß der theoretischen Grundlegung einer integrativen Didaktik im grundlegenden Sachunterricht bringt Katzenberger eine Auflistung der Pro- und Kontra-Argumente, die Grenzen, aber auch notwendige Strukturen eines mehrperspektivischen oder integrativen Sachunterrichts aufzeigen:

| FÜR | WIDER |
|---|---|
| integrierende Sachunterrichtseinheiten | |
| Komplexität der Umweltausschnitte | Gefahr der Vernachlässigung der fachstrukturellen Entfaltungslogik |
| Größere Realitätsnähe | |
| Die der Alltagserfahrung gemäße Betrachtungsweise erscheint kindgemäßer. | Gefahr der oberflächlichen und unsystematischen Fachkontakte |
| Die zwischen den einzelnen Disziplinen bestehenden Querverbindungen | Gefahr der Vernachlässigung der fachpropädeutischen Aufgabe im Rahmen des Sachunterrichts der Grundschule |
| Vielseitige Verknüpfungen erhöhen die Lerneffektivität. | Die Grenzen für die Stoffauswahl sind schwer zu ziehen. |
| Die vielseitig aspektierende Betrachtungsweise vermag dem „Spaltdenken" unserer Tage entgegenzuwirken (zunehmende Differenzierung der wissenschaftlichen Disziplinen). | Fächerintegrierende Curricula sind erst nach der Entwicklung der fachspezifischen Curricula möglich. |
| | Der vielseitig aspektierenden Betrachtungsweise sollte die fundamentierende, fachspezifische Betrachtungsweise vorausgehen. |
| Bei entsprechender Handhabung (Koordinierung mit dem fachlich orientierten Unterricht) ergänzt der integrierende Sachunterricht den fachorientierten Sachunterricht; er ersetzt diesen keineswegs. | Klebekonzentration |
| | Heimatkundeunterricht unter neuem Etikett (Katzenberger, L., S. 384) |

Die folgende Lehrsequenz „Bei uns daheim" ist sehr global, themen- und stofforientiert angelegt und berücksichtigt exemplarische Teilaspekte der familialen Funktionen. Auf geographische Erfahrungen des Kindes innerhalb dieses Themas wird nicht eingegangen (Haus als Schutz, Haus als Treffpunkt der Familie, Wohnungsstruktur u. ä.), obwohl sie eigentlich dem Rahmenthema den notwendigen und primären Raumbezug des Grundschulkindes aufzeigen würden.

*3.4.7.3 Die Klassenlehrpläne des Wolf-Verlages* versuchen konsequent über die Grobziele bzw. Lehraufgaben verschiedener Fachbereiche integrierende Strukturen aufzuzeigen und inhaltlich darzustellen. Die methodische Verzahnung dieser Strukturen in der Rubrik „Lernwege" gelingt jedoch nur selten. Teilziele werden additiv aneinandergereiht, Kooperations- bzw. Integrationsmöglichkeiten werden nicht genutzt.

**Lehrsequenz: Bahnhof**

3. Jahrgangsstufe

| Lernziele 1 | Lerninhalte 2 | Lernwege 3 | Lernziel-Kontrolle 4 |
|---|---|---|---|
| *Sozial- und Wirtschaftslehre I* | Die Bahn als organisierter Dienstleistungsbetrieb; | *Verfahren:* Beobachten — Dekodieren von Fahrplänen — Erstellen eines Modells — Text (einer Fahrkarte) deuten — raum-zeitliche Beziehungen gebrauchen — Erfragen — Hypothesen bilden | Wesentliche Details am Bahnhof durch Zuordnung benennen: Objekt — Symbol ■ 02 |
| *Die Stellung des einzelnen gegenüber dem Mitmenschen, gegenüber den Institutionen in der Gesellschaft und dem organisierten Zusammenleben;* hier: Aufgaben, die Familie und Nachbarschaft nicht leisten können in Verbindung mit *Erdkunde V:* | hier: Transportmittel von Gütern und Personen | *Motivierte Lernschritte:* Wir reisen mit der Bahn Am Bahnsteig Wir beobachten — Örtlichkeiten, — Einrichtungen, — Reisende, — Bahnbedienstete | |
| *Verkehr und Verkehrswege in Verbindung mit Erdkunde VII:* | Die Eisenbahn als Faktor von Verkehr und Wirtschaft Soziologische und wirtschaftliche Bedeutung eines Bahnhofes (des Heimatbahnhofes, des nächsten Bahnhofes) | Gezielte Beobachtungsaufträge zur Aktivierung des Vorwissens Wir sprechen über Bilder gleicher Thematik ■ 5 | |
| *Der Mensch muß sich im Raum orientieren* | | *Züge sind pünktlich* Im Klassenzimmer hängen Original-Fahrpläne: — Wir lernen an ihnen das Fahrplanlesen — Wir versuchen, einige Fahrzeiten zu begründen (Arbeitsverkehr, Sonntagsausflug, ...) | Lückenhaften Fahrplan ergänzen ■ 02 |
| *Wissen* Kenntnisse über Personen- und Güterbeförderung am Beispiel der Bundesbahn | Begriffe: befördern, reisen, verladen, umsteigen, transportieren, Eisenbahnnetz, -knotenpunkt...; dazu Fachausdrücke | Wir planen einen Schulausflug nach.... — Zeichnen der Bahnstrecke — Darstellung im Sandkasten — Fahrplanvergleich (Umsteigen, Raum-Zeit-Beziehung, Verkehrsknotenpunkte) | Selbständiges Planen einer Bahnfahrt unter Benützung des Fahrplans |
| Kenntnisse über technische Einrichtungen eines Bahnhofes | | | |

*Können*

Fähigkeit, einen Fahrplan zu lesen (dekodieren)

Fähigkeit, raum-zeitliche Beziehungen zu gebrauchen (km, Zeit, Ortsangaben)

*Erkennen*

Einsicht, daß die Bundesbahn für die Beförderung von Gütern und Personen besonders ausgestattet ist

Bewußtsein, daß die Personen- und Güterbeförderung eine besondere Form der Dienstleistung ist

Einsicht, daß die Funktionsfähigkeit der Bahn von der Koordination vieler Mitarbeiter unter Ausnützung technischer Hilfsmittel abhängig ist

aus dem Bereich der Bahn wie Bahnhof, Schienen, Gleise, Weiche..., Personenzug, Güterwagen, Lokomotive..., Zugführer, Schaffner..., Fahrkarte, Fahrplan... Plan- und Kartenzeichen: Bahnlinie, Bahnhof, Bahnübergang, Überführung, Unterführung

— Fahrpreisberechnung
— Vergleich der Fahrtkosten: Bahn — Pkw

*Die Fahrkarte*

— Wir lösen am Schalter eine Fahrkarte (siehe Beobachtungsaufträge am Bahnsteig)
— Vermuten der Bedeutung der Beschriftung einer Fahrkarte
■ 02/RS

*Viele Menschen sorgen für Sicherheit*

Unterrichtsgang in ein Stellwerk

Detailbilder technischer Sicherheitsvorkehrungen: Signale, Weichen, Rangierböcke, Schranken, usw., betrachten
■ 02/RS

(Bahnbedienstete mit unterschiedlichen Tätigkeiten)

Prospekte der Bahn lassen erkennen:
Viele Berufe sind für die Sicherheit tätig
■ 02/RS

*Der Bahnhof in ....*

Ausweitung des Themenkreises auf den erweiterten soziologisch-wirtschaftlichen Aspekt

Mögliche Leitthemen:
— Bedeutung des Bahnhofes
— Lage des Bahnhofes
— Güterverkehr — Personenverkehr
— Eisenbahnknotenpunkt

Zusammenfassende Betrachtung unter dem Gesichtspunkt

*Die Bahn dient den Menschen*

Bezeichnungen auf einer Fahrkarte analysieren
● 02

Lösen einer Fahrkarte im Rollenspiel

Berufe ihrem Tätigkeitsbereich zuordnen
■ 02/RS

(Drescher, u. a., Sachunterricht 3. S. 4)

*3.4.7.4* H. R. Becher hat sich in seinem Synthese-Konzept intensiv mit dem Problem einer integrativen Didaktik der Heimat- und Sachkunde beschäftigt. Er kommt über Wirklichkeitsbereiche, die kategorienbildende essentielle Strukturmomente aus verschiedenen Fachbereichen des Sachunterrichts korrespondierend enthalten, zu Handlungs- und Problemfeldern im Sachunterricht. Die unterrichtspraktische Ausformung solcher Handlungs- und Problemfelder gelingt jedoch nicht mehr, d. h. beschränkt sich nur auf Hinweise zu einzelnen Lehraufgaben der Fachbereiche: die für eine kontinuierliche didaktische Aufbereitung der Lerninhalte notwendigen „essentiellen Strukturmomente" werden nicht benannt.

**Lehrsequenz:** Unser Rathaus

3. Jahrgangsstufe

(Siehe Abb. auf S. 175)

### 3.4.8 Fächerdifferenzierung oder Fächerintegration? Fächerdifferenzierung und Fächerintegration!

Über die Notwendigkeit der Fächerdifferenzierung in der Grundschule besteht bei den meisten Fachdidaktikern Klarheit und Übereinstimmung. Darüber brauchen wir keine neue Wertung abgeben.

Das Prinzip der Fächerintegration, der mehrperspektivische oder integrative Sachunterricht, hat daneben aber seine Berechtigung. Wir haben dies in den bisherigen Ausführungen zum Kap. 3.4 sowohl theoretisch zu belegen als auch unterrichtspraktisch auszuformen versucht.

Vier Thesen sollen diese Berechtigung noch einmal klarstellen:

1. Eine Orientierung in der Umwelt, die die vielfältigen Zusammenhänge der Natur, des Raumes, der Kultur und der Zeit nicht verdeckt, sondern aufdeckt bzw. das Kind entdecken läßt, bedarf thematisch komplexer Einheiten. Fachimmanente Wissens- und Handlungsstrukturen helfen mit, die zahlreichen Verflechtungen der Lebenswirklichkeit transparent zu machen.

2. In einem integrativ-mehrperspektivischen Sachunterricht werden durch vielfältige Medien, durch Repräsentanten der Wirklichkeit und durch unterschiedliche Sprach- und Handlungsformen erlebnisbetonte, gemeinschaftsbezogene, wissenschafts- und fachorientierte und nicht zuletzt gesellschaftspolitische Aspekte eines geographischen Raumes gewonnen und integrativ aufeinander bezogen.

Unser Rathaus

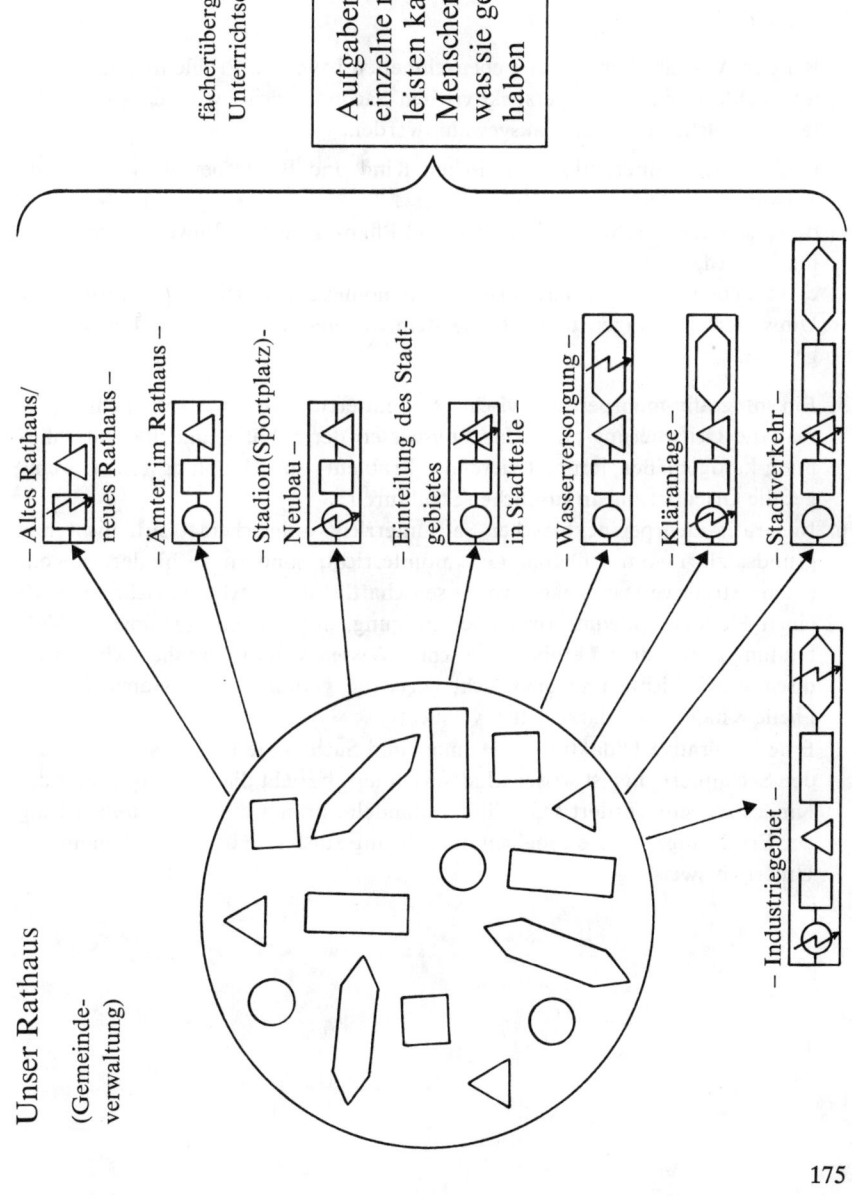

(Gemeindeverwaltung)

fächerübergreifende Unterrichtseinheit

Aufgaben, die der einzelne nicht leisten kann — Menschen verwalten, was sie geschaffen haben

– Altes Rathaus/neues Rathaus –
– Ämter im Rathaus –
– Stadion(Sportplatz)-Neubau –
– Einteilung des Stadtgebietes in Stadtteile –
– Wasserversorgung –
– Kläranlage –
– Stadtverkehr –
– Industriegebiet –

3. Integrativ-mehrperspektivischer Unterricht fördert fachspezifische Arbeitsformen und Denkkategorien. Durch diese Qualifikationen lernen die Schüler das Mensch-Raum-Verhältnis besser zu durchschauen, an öffentlichen Auseinandersetzungen um Aktivitäten im Raum (Straßenbau, Bau eines Schwimmbades, Bau einer Magnetschwebebahn u. ä.) teilzunehmen, eigene Interessen zu vertreten und Verantwortungsbewußtsein für Natur und Raum zu entwickeln.

4. Bei der Auswahl komplexer Lebenseinheiten bzw. von Problem- und Handlungsfeldern eines mehrperspektivischen Sachunterrichts wird darauf geachtet, daß solche Situationen ausgewählt werden,

a) die soziale Interaktionen zwischen Kind und Bezugspersonen im Raum aufweisen,

b) in denen der Schüler mit Tieren und Pflanzen seiner Umwelt bekannt gemacht wird,

c) in denen er mit geographischen Phänomenen, sozialen Strukturen und Umwelterscheinungen umgeht, die dem Schüler im „täglichen Leben" begegnen.

5. Ein integrativ-mehrperspektivischer Sachunterricht verlangt vom Lehrer primär die Orientierung am Erfahrungswissen der Schüler und die Aufschließung kindgemäßer, lernmotivierender Problem- und Handlungsfelder, weniger die Orientierung an stofflichen Strukturen.

6. Integrativ-mehrperspektivischer Sachunterricht unterscheidet sich nicht nur grundsätzlich vom früheren Gesamtunterricht, sondern verhindert sowohl einen extrem verstandenen, „verwissenschaftlichten" Sachunterricht, als auch einen Heimatkundeunterricht alter Prägung, der teilweise gekünstelte Verbindungen einzelner Lernbereiche schuf, Wissensstrukturen inhaltlich-methodisch verniedlichte und eine nicht gegebene gefühlsbetonte Ganzheit bzw. „heile Kinderwelt" darzustellen versuchte.

Eine integrative Didaktik der Heimat- und Sachkunde bzw. des grundlegenden Sachunterrichts ist wissenschaftsorientiert, bezieht die Erfahrungswelt des Kindes mit ein, fördert selbsttätiges Handeln, drängt auf die Strukturierung der Erfahrungen und ermöglicht den Zugang zur Sache über eine dynamische Unterrichtsweise.

# 4. Didaktische Grundpositionen und methodische Vollzugsformen im grundlegenden Erdkundeunterricht

Im folgenden steht die Unterrichtsvorbereitung, die didaktische Aufbereitung der Lerninhalte, die Planung des Unterrichtsvollzugs, die Strukturierung und Artikulation von Unterrichtsstunden und Lehrsequenzen im Mittelpunkt. Was wir geben können, sind nur Aufrisse, Überlegungen, Ideen zur pädagogischen, lernpsychologischen, fachdidaktischen und methodischen Besinnung, Bausteine für die tägliche Unterrichtsvorbereitung. Die Auswahl, Anordnung und Abfolge des Planungskonzeptes für einzelne Unterrichtseinheiten des Lernprozesses bleiben dem Entscheidungsraum des einzelnen Lehrers überlassen. Er kennt seine Klasse, er kennt die Umwelt der Schüler, er weiß um die Stärken und Schwächen einzelner beim Lernen — und plant seinen Unterricht nach dem Prinzip der Angemessenheit (optimalen Passung). Folgende Anregungen, Modelle und Strukturformen, die aus der Unterrichtspraxis heraus gewachsen sind, sollen ihn dabei angemessen unterstützen.

## 4.1 Das Strukturmodell einer Lehrsequenz

### 4.1.1 Didaktische Analyse

**I. Was soll der Schüler lernen? (Sachanalyse)**

— Welches Grundanliegen birgt der Stoff in sich? (Mensch-Raum-Beziehung, sozialgeographische Komponente, Wechselwirkung Natur-Kultur-Zeit, morphologische Besonderheiten ...)
— Welche neuen geographischen bzw. sozialgeographischen Begriffe, Phänomene, Strukturen enthält der Lernstoff?
— Welche neuen fachspezifischen Verfahren werden durch den Lerngegenstand impliziert? (exemplarisches Verfahren, genetisches Verfahren, orientierendes Verfahren)
— Auf welche Grundkenntnisse und instrumentale Verfahren baut das Neue auf?
— Welche Stellung nimmt der Lerngegenstand in der Lehrsequenz ein?
— Welche Beziehungen bestehen zu anderen fachlichen Bereichen? (Prinzip der Integration)

**II. Warum soll der Schüler dies lernen?**

(Kennzeichnung des Bildungsgehaltes)
— Welche geographischen Grundeinsichten und Gesetzmäßigkeiten können durch den Lerngegenstand deutlich werden?

— Besitzt er Modellcharakter?
— Ermöglicht es der Lerngegenstand, die gegenseitige Abhängigkeit von Mensch und Naturraum besonders eindrucksvoll aufzuzeigen?
— Vermag der Lerngegenstand die Umwelt und den Erfahrungsbereich des Schülers zu erhellen, auszuweiten?
— Welche Möglichkeiten bietet der Lerngegenstand für die Erziehung zum bewußten Beobachten und Erkunden? (Prinzip der Anschaulichkeit)
— Welche Denkschritte und Denkmethoden werden gefordert und gefördert? (kausales, funktionales, analoges, produktives, kreatives Denken)
— Welche Arbeitsweisen und -techniken werden besonders durch den Lerngegenstand gefordert? (Symbolisieren, Beobachten, Kartenlesen, Vergleichen, Verbalisieren)
— Welche Bedeutung kommt der Sprache als Mittel zur Kennzeichnung geographischer Gegebenheiten und sozialgeographischer Phänomene zu?
— Worin liegt die Bedeutung des erdkundlichen Bildungsgehalts für die Zukunft der Kinder? (Umweltschutz, Orientierung im Raum, Verantwortungsbewußtsein für den Raum u. ä.)

### III. Welche anthropogenen Voraussetzungen fördern bzw. hemmen den Lernprozeß?

(Stellung des Schülers zum Lerngegenstand)

— Sind die Schüler in ihrer geistigen Entwicklung so weit fortgeschritten, daß sie nach Ursachen, Bedingungen, Hintergründen sozialgeographischer Probleme fragen und diese ergründen können?
— Von welchen Dimensionen aus haben die Schüler bereits Zugang zum Lerngegenstand, welche sind ihnen noch fremd? (Eigenerfahrungen, mediale Erfahrungen)
— Welche Kenntnisse und Einsichten, Begriffe und Fertigkeiten aus der vorausgegangenen Unterrichtsarbeit sind bereits vorhanden?
— Wie bringe ich den erdkundlichen Lerngegenstand in den Fragehorizont der Schüler? Welchen Motivationshintergrund wähle ich?
— Sind die Schüler bereits fähig, nach Bereitstellung entsprechender Lernmaterialien, Anschauungsmittel u. ä. in selbstentdeckender, selbsthandelnder Arbeit Kenntnisse und Einsichten zu gewinnen?
— Wo werden Verständnisschwierigkeiten zu erwarten sein? (komplexe Strukturen, Modell, Karte, Transfer)
— Sind die Schüler schon imstande, ein am exemplarischen Beispiel erfaßtes Lösungsprinzip anzuwenden? (im Planspiel, mit Modellen, Karten, Bildern)

## IV. Lernzielformulierung

Die verschiedenen Taxonomien für Lernzielformulierungen sind auf einen Grundraster zurückzuführen:

*1. Kenntnisse (Einblick, Vertrautheit)*

— Erarbeitung und Anwendung geographischer Grundbegriffe
— Erarbeitung und Anwendung sozialgeographischen Wissens
— Erarbeitung und Anwendung topographischen Wissens (Orientierung im Raum)

*2. Erkenntnisse (Bewußtsein, Einsicht, Verständnis)*

— Erkennen geographischer und sozialgeographischer Strukturen, Phänomene, Prozesse, Dimensionen
— Erkennen der Wechselbeziehungen zwischen Human- und Naturfaktoren

*3. Instrumentale Fertigkeiten und Fähigkeiten*

— Umgang mit geographischen Lernmaterialien und Veranschaulichungsmitteln
— Beherrschen von fachspezifischen Arbeits- und Denkmethoden

*4. Affektiv-emotionale Lernziele (Werten, Bereitschaft, Interesse)*

— Verantwortungsbewußtsein, Bereitschaft zum aktiven Handeln u. ä.

### 4.1.2 Die einzelnen Strukturelemente einer Unterrichtseinheit

*1. Stufe — Problemstellung/Situationsbegegnung*
*Didaktische Zielstellung*

— Die Schüler sollen mit echten Problemfragen und Aufgaben aus überschaubaren, sie unmittelbar berührenden Lebenssituationen konfrontiert werden.
— Eine soziale Aufgabenstellung muß immer den betreffenden geographischen Bezug haben.
— Das Aufzeigen einer Planungs-, Handlungs- oder Ursituation schafft ein fruchtbares didaktisches Spannungsfeld Sache — Schüler, das über die Anfangsmotivation hinaus anhält und zum entdeckenden Lernen anregt.
— Die Problemfrage (Aufgabe) soll beim Schüler das Bedürfnis wecken, das Problemfeld kennenzulernen, mit fachadäquaten Medien zu erforschen und Lösungen aufzuzeigen.
— Die Problemfrage soll schnell und auf direktem Weg gefunden und als Frage

nach einem Entscheidungsverhalten formuliert werden, das anstrebenswert und einsichtig ist.
— Die Zielstellung soll nach Möglichkeit in genetischer Fragestellung erfolgen: Wir wollen erfahren, untersuchen, erkunden, planen, lösen ...

*Methodische Realisierung (Auswahlmöglichkeiten)*

a) Ausgehen von einer Erkundung: Unterrichtsgang, Interview, Befragen, Beobachten, Untersuchen, Konfrontation.
Beispiele: Tankstelle, Aussiedlerhof, Naherholungsgebiet, Mietshaus, Einfamilienhaus, Supermarkt, Bauernhof
b) Ausgehen von einer unbewußt aufgenommenen originalen Begegnung bzw. von einem realen Erlebnis der Schüler.
Beispiele: wilder Schuttplatz, an einer Baugrube, neue Straßenführung, Spielplatz, Schulbushaltestelle
c) Pressemeldungen (Zeitung, Fernsehen) über sozialgeographische Probleme
Beispiele: Umweltschutz, Zersiedelung der Landschaft, Anlage von technischen Großraumprojekten (Flugplatz, Magnetschwebebahn)
d) Schaffen von Planungs- und Handlungs- bzw. Ursituationen
Beispiele: Planen eines Kinderspielplatzes, eines Wanderzieles, einer neuen Siedlung, einer neuen Straßenführung, Regulierung eines Flusses
e) Besuch einer relevanten Bezugsperson in der Klasse
Beispiele: Bürgermeister, aus dem Straßenbauamt, Postbeamter, Heimatpfleger, Einzelhändler
f) Medieneinsatz: Bild, Film, Fernsehsendung, Karte, Modell u. ä.

*2. Stufe — Problemdurchdringung / Raum- und Situationsanalyse*
*Didaktische Zielstellung*

— Die Schüler sollen weitgehend zur selbständigen Informationsentnahme anhand fachspezifischer Arbeitsformen, -techniken und -mittel im Sinn des entdeckenden Lernens aufgefordert und befähigt werden.
— Durch die selbständige Informationsgewinnung soll sinnvolles sozialgeographisches Grundwissen entwickelt und vermittelt werden, aus dem auf den folgenden Stufen des Lernprozesses Funktionswissen und Verhaltensqualifikationen des Schülers erwachsen sollen.
— Im Sinne des entdeckenden Lernens sollen auf dieser Stufe besonders fach- und sachspezifische Fähigkeiten und Fertigkeiten entwickelt und gefestigt werden, die den Schüler befähigen, allmählich von sich aus über Informationen hinauszugelangen und Modelle für das Verstehen anderer, ähnlicher Sachverhalte, denen er noch begegnen kann, zu entwickeln (problemlösendes Denken).
— Kooperative Arbeitsformen sollen eingesetzt werden, um die selbständige Informationsentnahme und -verarbeitung weiter zu fördern.

*Methodische Realisierung:* (a) Verlaufsschritt, (b—f) Auswahlmöglichkeiten

a) Vermutungen äußern, Meinungen bilden

b) Informationsentnahme und -verarbeitung durch die Erkundung an der mittelbaren und unmittelbaren Wirklichkeit

Beispiele: Unterrichtsgang, Modell, Bildtext, reale Objekte

c) Informationsentnahme und -verarbeitung durch Lesen, Fertigen und Beschreiben von Plänen, Skizzen, Tabellen und Karten

d) Erkennen und Deuten sozialgeographischer Phänomene anhand realer Situationen und Materialien

Beispiele: Kiesgrube, Wochenendsiedlung

e) Symbolisieren: geographische und topographische Begriffe und Symbole aneignen und damit umgehen können

Beispiele: Kirche ♦ , Brücke ⋈ , Höhenlinien 🌀

f) Lösungsvorschläge durch Planen, Bauen, Handeln (in kooperativen Arbeitsformen)

Beispiele: Erschließen eines Baugeländes, Umbauen einer Einfamilienhaussiedlung, Entwerfen eines Planes für einen Spielplatz, Flußregulierung anhand eines Styropormodells, Herstellen von Ziegeln, Bauen eines Modells für ein Freibad (Erholungszentrum)

*3. Stufe — Raum- und Situationsbeurteilung*
*Didaktische Zielstellung*

— Das erarbeitete Wissen allein bringt noch nicht die Lösung der Problemsituation. Es muß nun die Strukturierung des erarbeiteten Stoffwissens zum „Funktionswissen" erfolgen, d. h.

— der Unterricht darf sich nicht mit der beschreibenden Charakteristik einzelner geographischer und sozialgeographischer Phänomene bzw. Situationen begnügen, sondern muß auf die Erkenntnisse ihrer Funktion und deren Bedeutung für die Gestaltung des menschlichen Lebens im Raum abzielen.

— Das In-Beziehung-Setzen und Werten von Naturfaktoren eines sozialen Raumes und der „humanen und sozialen Funktionen" der geographischen Erscheinungen sollen im Sinne des entdeckenden Lernens zu transferfähigen Einsichten und Verhaltensqualifikationen beim Schüler führen.

— Das Anbahnen von transferfähigen Einsichten und Verhaltensqualifikationen kann am effektivsten über handelndes Lernen erreicht werden. Aktionen zur Situationsverbesserung werden geplant und konkret durchgeführt, die weitere Entwicklung der begonnenen Aktivitäten zur Situationsverbesserung werden verfolgt und kritisch beurteilt.

*Methodische Realisierung (notwendige Verlaufsschritte)*

a) Ergebnissichtung durch eigene sprachliche Deutung, durch Vergleichen, Auswählen und Schließen
Beispiele: Verbalisieren der Gruppenergebnisse, Fixieren an der Tafel, am Modell, an einer Karte, einer Zeichnung u. ä.

b) Gewinnung von Erkenntnissen, Einsichten und Verständnis durch Werten der Ergebnisse (vom Stoffwissen zum Funktionswissen), durch Schließen des Problemkreises und durch eine Lösungsbestätigung (Verifizieren der Lösungsstrategien)

c) Transfer der Erkenntnisse und Einsichten auf ähnliche Sachverhalte in entdeckender Anwendung durch Arrangieren von Entscheidungssituationen (Planspiel, Rollenspiel)
Beispiele: Standortabhängigkeit einer Tankstelle — eines Einkaufszentrums, Bedingungen für die günstigste Lage einer neuen Wohnsiedlung
Einwirkungen technischer Planungsobjekte auf die Naturfaktoren und Gesellschaftsfaktoren des jeweiligen Raumes (z. B. Magnetschwebebahn), Wohndichte — Wohnform, naturgegebene und raumverändernde Faktoren eines Erholungsgebietes auf andere übertragen

d) Konkrete Aktionen zur Situationsverbesserung (Was können wir tun? An wen müssen wir uns wenden?)
Beispiele: Modell eines Kinderspielplatzes an den Stadtrat, Anlegen eines Grünstreifens zur Abdeckung einer Schuttgrube, Säubern des Freizeitparks und Aufstellen von Papierkörben und Wandertafeln, Beseitigung von Verkehrsgefahrenstellen

e) Aktions- und Situationsverfolgung
(Was ist aus den Anregungen geworden? Wie wurde die Situation verbessert?)

*4. Stufe — Sicherung /Lernzielkontrolle*
*Didaktische Zielstellung*

— Die gewonnenen sozialgeographischen Erkenntnisse und Einsichten erfahren durch die methodischen Schritte c, d, e der vorhergehenden Stufe eine langfristige Sicherung und Anwendung. Hier ist mehr eine kurzfristige „unterrichtliche" Überprüfung und Sicherung der Lernergebnisse im Sinne einer Lernzielkontrolle gemeint.

— Die Lernzielkontrolle soll die Möglichkeiten der vier Lernzielstufen variabel berücksichtigen:
a) Reproduktion des Gelernten
b) selbständige Reorganisation des Gelernten
c) Transferleistung (siehe c—e der 3. Stufe)
d) problemlösendes Denken mit gewonnenen Lösungsstrategien (siehe c—e der 3. Stufe)

*Methodische Realisierung (Auswahlmöglichkeiten)*

a) Verbalisieren im Sinne einer Gesamtzusammenfassung
b) Merksätze formulieren und fixieren
c) vertiefende Kartenarbeit
d) Ausfüllen eines Arbeitsblattes im multiple-choice-Verfahren, als Lückentext u. ä.
e) Probe, Test
f) weiterführende Arbeitsaufträge als Hausaufgabe

Die folgenden Unterrichtsbeispiele bzw. Lehrsequenzen sollen die einzelnen Stufen des Strukturmodells praxisnah verdeutlichen und Anregungen für dessen variable Handhabung bieten.

● **Unterrichtsbeispiel: Mein Schulweg**

1. Jahrgangsstufe

**I. Lernziele**

1. Kenntnisse über den eigenen Schulweg
2. Erkenntnis, daß der Schulweg Gefahrenpunkte bietet
3. Einsicht, daß Gehsteige und Fußgängerüberwege (Zebrastreifen, Ampel) zum Schutz des Fußgängers geschaffen wurden
4. Fähigkeit zum richtigen partnerschaftlichen Verhalten im Verkehr
5. Fähigkeit, sich der jeweiligen Verkehrssituation anzupassen

**II. Unterrichtsorganisation**

| didaktisch-methodische Absichten | stoffliche Abfolge |
| --- | --- |
| *1. Problembegegnung* | |
| a) Problemgrund | |
| Bildeinsatz | SS: Kind liegt vor einem Lastwagen. |
| Verbalisieren | Die Schultasche hat es einige Meter weggeschleudert. |
| b) Einbringen des eigenen Vorwissens | SS: Mich hätte auch beinahe schon ein Auto überfahren ... |
| c) Problemerkenntnis | SS: Das Kind hat auf seinem Schulweg nicht aufgepaßt. Es muß beim Überqueren einer |

| didaktisch-methodische Absichten | stoffliche Abfolge |
|---|---|
| d) Zielorientierung | Straße nach links dann nach rechts schauen ... <br> Wie wir auf unserem Schulweg richtig gehen |

2. *Problemdurchdringung — Raumanalyse*

| | |
|---|---|
| a) Meinungsbildung <br> Impuls <br> Verbalisieren <br> Einbringen der Eigenerfahrung <br> Anheften von entsprechenden Bildkarten (z. B. Gehsteig, Ampel, Zebrastreifen) | L: Wer weiß, wie man auf dem Schulweg richtig geht? <br> SS: Wir gehen auf dem Gehsteig. <br> Wir warten an der Ampel auf Grün. |
| b) Lösungsplanung <br><br> Vorschläge | L: Wie lernen wir auf unserem Schulweg das richtige Gehen? <br> SS: Wir lernen es von der Mama, Vati, Oma ... <br> Wir lernen es in der Schule. |
| c) Originale Erkundung <br> Erkunden des Schulweges <br> — nahe der Schule <br> — eines Schülers | L: Wir gehen den Schulweg ab, den viele von euch kurz vor der Schule gehen müssen. <br> Wir gehen den ganzen Schulweg vom Anton ab! |

*1. Teilziel:* **Auf dem Gehsteig**

| | |
|---|---|
| Üben des richtigen Verhaltens auf dem Gehsteig <br><br> Verbalisieren der Verhaltensregeln <br><br><br><br><br><br><br><br> Einsicht gewinnen | Wir benützen immer den Gehsteig. <br> Wir gehen rechts und überholen links. <br> Wir rennen, stoßen und spielen nicht auf dem Gehsteig. <br> Wir fahren nicht mit dem Rad, Roller u. ä. auf dem Gehsteig. <br> Gefahrenpunkte: äußerste linke Seite an der Straße, in die Luft schauen ... <br> Der Fußgängerweg schützt den Fußgänger vor den Autos und Lastwagen. |

| didaktisch-methodische Absichten | stoffliche Abfolge |
|---|---|

*2. Teilziel:* Die Brunnenstraße hat keinen Gehsteig

| | |
|---|---|
| Teilproblem | Ein Teilstück des Schulweges ist ohne Gehsteig. |
| Problemerkenntnis (geographisches Problem) | SS: Die Brunnenstraße ist ein Hohlweg. Es ist kein Platz da für einen Gehsteig. Es fahren wenig Autos. Sie dürfen nur in eine Richtung fahren (Einbahnstraße). |
| Einüben richtigen Verhaltens | Wir gehen auf der rechten Straßenseite. |
| Verbalisieren der Verhaltensregeln | Wir gehen einzeln hintereinander. Wir tragen Schutzfarben an der Schultasche (Leuchtaufkleber). Wir tragen helle Kleidung. |

*3. Teilziel:* Wie überqueren wir die Fahrbahn?

| | |
|---|---|
| Vorwissen der Schüler | SS: Schau links, schau rechts, geh geradeaus, dann kommst du sicher gut nach Haus. |
| Verhaltensregeln aufstellen | Autos vorbeifahren lassen, schnell die Straße überqueren. |
| Einüben richtigen Verhaltens — an der Ampel — am Zebrastreifen — mit dem Schülerlotsen | |

*3. Problemerkenntnis und -wertung*

| | |
|---|---|
| a) Verbalisieren der Erkenntnisse am Modell (Magnettafel) Verschiedene Situationen mit Figuren durchspielen und verbalisieren | |
| b) Ausweitung und Transfer Aufbau im Sandkasten | Der Weg zum Schwimmbad, zur Kirche |
| c) Schließen des Problemkreises — Einsatz des Bildes vom Unfall des Kindes | L: Was hat das Kind falsch gemacht? |

| didaktisch-methodische Absichten | stoffliche Abfolge |
|---|---|

— Verifizieren bzw. Falsifizieren der eigenen Meinungen mit Hilfe der Bilder

*4. Sicherung und Vertiefung*

a) Aufschreiben der Verhaltensregeln (sobald die Klasse lesen kann)

b) Planspiele am Modell, auch falsches Verhalten aufzeigen

c) Zeichnen des eigenen Schulweges
— Gefahrenstellen einzeichnen

● **Unterrichtsbeispiel: Warum sind beim Bauern Wohn- und Arbeitsplatz so nah beieinander?**

2. Jahrgangsstufe

**I. Lernziele**

1. Einblick in die Anlage eines Bauernhofes
2. Erkenntnis, daß aus Gründen der Versorgung und Sicherheit des Viehs und der Arbeitsökonomie Wohn- und Arbeitsplatz nah beieinander liegen sollen
3. Fähigkeit, die gewonnenen Erkenntnisse auf andere Berufe zu übertragen
4. Fertigkeit, eine einfache Lageskizze zu zeichnen und Modelle aus verschiedenen Materialien (Holz, Ziegel, Styropor) zu bauen
5. Interesse für verschiedene Berufe gewinnen

## II. Unterrichtsorganisation

| didaktisch-methodische Absichten | stoffliche Abfolge |
|---|---|

*1. Problembegegnung*

a) Vorbereitete Hausaufgabe:
Die Schüler haben zu Hause erfragt, welchen Beruf der Vater (die Mutter) ausübt und wo er (sie) arbeitet

Auswertung der Hausaufgabe, gezielte Aussprache, Entwicklung eines Tafelbildes

Mein Vater ist Kaufmann und arbeitet bei Lehmann in Nürnberg.
Mein Vater ...

| | |
|---|---|
| Kaufmann | Nürnberg |
| Lehrer | Nürnberg |
| Maurer | Fürth |

b) Problemgrund

Wohnen in Roßtal
Arbeiten in Nürnberg/Fürth

c) Problemfindung durch Antwort eines Kindes

Mein Vater ist Bauer und arbeitet daheim. Er muß nicht wegfahren zur Arbeit.

Zielorientierung

Warum kann der Bauer in *einem* Haus und am *gleichen* Platz *wohnen und arbeiten?*
Muß der Bauer an einem Platz wohnen und arbeiten?

*2. Problemdurchdringung — Raum- und Situationsanalyse*

a) Meinungsbildung

Der Bauer muß früh aufstehen und die Kühe füttern und melken.
In der Stadt hat er kein Feld ...

b) Lösungsplanung

L: Wie finden wir genau heraus, warum er an einem Platz wohnt und arbeitet?

Vorschläge

S: Wir fragen den Vater von Hans, wir schauen uns einen Bauernhof an ...

c) Originale Erkundung
— Erkunden und Aufzeichnen der einzelnen Gebäude (gemeinsam)
— Aufbauen des Bauernhofes im Mo-

Wohnhaus
Stallgebäude
Scheune
Silos

| didaktisch-methodische Absichten | stoffliche Abfolge |
|---|---|
| dell auf dem freien Innenhof (mit Ziegelsteinen) | Geräteschuppen<br>Garagen |
| — Erklären der sinnvollen Anordnung und der Funktion der einzelnen Gebäude durch den Bauern (nach vorhergehender Absprache) an der Wirklichkeit und am Modell | Stall liegt in der Mitte, Durchfahrt mit dem Futterwagen möglich, von oben wird Heu und Stroh in den Futterbarren geworfen.<br>Verbindung von Wohngebäude und Stall |
| — Abmessen der Entfernungen Ergebnis | Alle Gebäude liegen nah beieinander, kurze Wege bei der Arbeit auf dem Bauernhof. |
| — Befragen über die Notwendigkeit des Wohnens und Arbeitens an einem Platz | Schnelle und sichere Versorgung der Tiere (auch bei Nacht) |
| | Tiere, Futter und Geräte müssen zur Arbeitserleichterung beieinander sein. |
| (Rückkehr vom Unterrichtsgang) | |

*3. Raum- und Situationsbeurteilung und -bewertung*

a) Verbalisieren der Erkenntnisse durch die Schüler und Fixieren an der Tafel (auf der Folie) mit gleichzeitiger Entwicklung eines Styropormodells und einer Lagekarte des Bauernhofes (durch eine Schülergruppe in der Mitte des Klassenzimmers)

b) Vergleichen der Erkenntnisse mit der eigenen Meinung

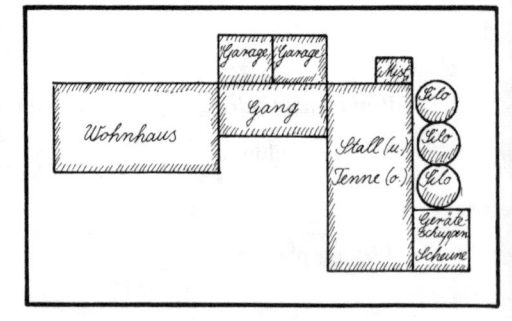

| | |
|---|---|
| c) Ausweitung und Transfer | L: Bei welchen Berufen liegen Wohn- und Arbeitsplatz noch beieinander? |
| Entsprechende Bilder (z. B. Gärtnerei) werden eingeblendet<br>Schüler finden die Begründung analog<br>Problemkreis schließen | S: Schmied, Müller, Gärtner ...<br>L: Andere Arbeitsplätze des Bauern?<br>S: Wiese, Acker, Feld, Viehmarkt |

| didaktisch-methodische Absichten | stoffliche Abfolge |
|---|---|

*4. Sicherung und Vertiefung*

a) Reproduktion und Reorganisation des Wissens und der Erkenntnisse
— durch Planspiel
— durch Lernzielkontrolle

b) Bauen von Modellen von Bauernhöfen aus verschiedenen Materialien (Styropor, Holz, Papier, Schaumstoff) nach Prinzipien der Funktionsgerechtigkeit

---

TAFELBILD

*1. Wir fragen:* Warum liegen Wohn- und Arbeitsplatz beim Bauern so nah zusammen?

*2. Wir meinen:* Der Bauer muß früher aufstehen und die Kühe melken und füttern.
Er muß obacht geben, daß den Tieren nichts passiert.
In der Stadt hat er kein Feld . . .

*3. Unser Bauernhof sieht von oben so aus:*

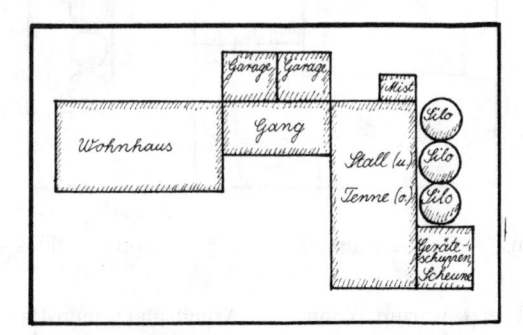

[Skizze: Wohnhaus, Gang, Garage/Garage, Mist, Stall (u), Tenne (o), Silo/Silo/Silo, Geräteschuppen/Scheune]

Der Bauer kann seine Tiere schnell versorgen (melken, füttern, ausmisten, putzen, pflegen).

Vieh, Futter und Geräte müssen beieinander sein. Das macht die Arbeit des Bauern viel leichter und schneller.

Alle Gebäude sind zweckmäßig angeordnet.

## PLANSPIEL

Schneide die Teile aus und ordne sie zu einem zweckmäßigen Bauernhof!

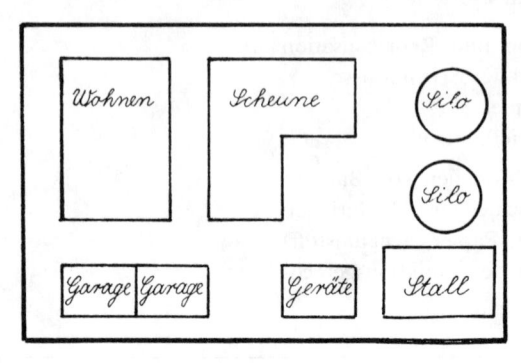

## LERNZIELKONTROLLE

1. Hier siehst du den Bauernhof von Herrn Miller. Schreibe die Namen dazu!

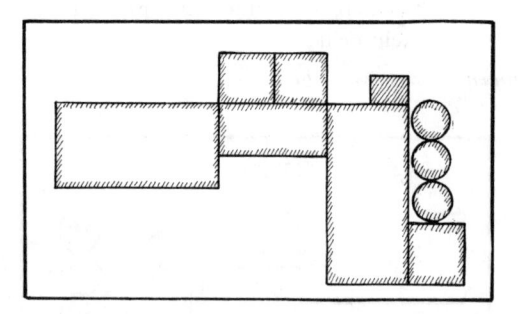

   Wohnhaus — Geräteschuppen — Stall — Tenne — Silos — Mistplatz — Garagen

2. Du weißt jetzt, warum Wohn- und Arbeitsplatz beim Bauern nah beieinander liegen. Schreibe die richtigen Wörter ein:
   Wohn- und Arbeitsplatz liegen so ............... beieinander, damit der Bauer sein Vieh ............... ............... kann.
   Vieh, ............... und ............... müssen nah beieinander liegen, damit der Bauer ............... und ............... arbeiten kann. Alle Gebäude sind ............... angeordnet.
   zweckmäßig, Geräte, nah, Futter, schnell versorgen, schneller, leichter

3. Welche Berufe haben auch noch einen gemeinsamen Wohn- und Arbeitsplatz? Streiche falsche Antworten durch!
Gärtner — Lokomotivführer — Bäcker — Sekretärin — Elektriker — Polizist — Müller

4. Male ein Bild mit allen Arbeitsplätzen des Bauern!

● **Unterrichtsbeispiel: Unsere Gemeinde braucht einen Sportplatz!**

3. Jahrgangsstufe

| **Didaktische Aufbereitung** | **L-S-Aktivitäten** | **Stoffliche Abfolge** |
|---|---|---|
| *1. Stufe der Problemgewinnung* | | |
| a) Der Problemgrund<br>Ein problemhaltiger Sachverhalt, der den Anlaß zum Suchen und Forschen der Schüler geben soll | Vergleich von 2 zur Verfügung stehenden Grundstücken | Bilder der 2 Grundstücke |
| b) Die Problemfindung<br>Die Schüler suchen und finden die Problemfrage und formulieren sie gleichzeitig als Zielorientierung. | Fixieren der Zielorientierung | Welcher Platz eignet sich für die Anlage eines Sportplatzes? |
| c) Die Problemerkenntnis<br>Die Schüler erkennen, daß es etwas gibt, was sie nicht wissen, was aber wissenswert ist. Sie erfassen es als ihr Arbeitsproblem, dieses Nichtwissen zu lösen. Das Sachproblem gibt ihnen Fragen auf, die Schüler stellen Fragen an den Gegenstand (vgl. H. Roth). | genetische Fragestellung der Schüler | Wir wollen erfahren und erkunden, welcher Platz aus welchen Gründen besser für eine Sportplatzanlage geeignet ist. |

| Didaktische Aufbereitung | L-S-Aktivitäten | Stoffliche Abfolge |
|---|---|---|

*2. Stufe der Problemlösung*

Die nun einsetzenden Denkprozesse sind auf die Lösung des erkannten Problems ausgerichtet

| | | |
|---|---|---|
| a) Das bereits vorhandene Wissen bzw. die vorhandene Erfahrung wird in Hypothesen, Vermutungen und Lösungsvorschlägen eingebracht. Die Schüler gehen von ihrem Phänomen- und Erfahrungsbereich aus, gelangen aber bereits zu selbständigen entdeckenden Lernakten durch die Information der Bilder. | a) Hypothesenbildung Meinungsäußerung | Der Platz am Fluß ist ungünstig, weil... Der Waldplatz erfordert sehr viel Vorarbeit... |
| b) In der Phase der Lösungsplanung finden die Schüler Wege der Informationsgewinnung, bestimmen mitverantwortlich das Arbeitsvorgehen und schlagen lösungsgerechte Arbeitsmittel vor. | b) Lösungsplanung Vorschläge der Schüler | Wir schauen uns die beiden Grundstücke an. |
| c) Vor allem in dieser Phase der Problemdurchdringung ergeben sich oft Möglichkeiten für den Lehrer, Situationen entdeckenden Lernens zu arrangieren und den Schüler durch problemorientierte Lehrhilfen zu selbständigem, problemlösendem Denken zu führen. | c) Durchführen des Lösungsverfahrens, arbeitsgleiche und arbeitsteilige Gruppen, gemeinsames Erarbeiten von Informationswissen | Erkunden durch Unterrichtsgang zu den Auswahlplätzen: Aufzeichnen und Messen des Weges bzw. der Entfernung, Untersuchen der Platzverhältnisse, der Schwierigkeiten des Geländes, der naturgegebenen Faktoren, Möglichkeiten der Schwierigkeitsüberwindung (Modell im Sandkasten) |

| Didaktische Aufbereitung | L-S-Aktivitäten | Stoffliche Abfolge |
|---|---|---|
| *3. Stufe der Problemerkenntnis* | | |
| Das erarbeitete Wissen allein bringt noch nicht die Lösung der Problemfrage. Das erarbeitete Wissen muß durch Strukturieren, In-Beziehung-Setzen und Werten einzelner Faktoren zu Erkenntnissen und Einsichten führen, die im weiteren Lernprozeß der Schüler neue Denkstrukturen und Verhaltensqualifikationen aufbauen. | a) Organisation und Auswertung der Arbeitsergebnisse, Fixieren der Ergebnisse (Folie, Ortsplan, Tafel) | Der Wald ist günstiger, weil . . . Das Gelände am Fluß ist ungünstig, weil . . . Ein Sportplatz muß folgenden Anforderungen gerecht werden: genügend Platz für Feldspiele (Fußball, Handball) ausreichend Platz für den Schulsport Platz für Sprung- und Laufdisziplinen genügend Platz für Parkplätze und Zufahrten Platz für ein Sportheim |
| b) Die Arbeitsrückschau als „Besinnung auf den durchlaufenden Arbeitsprozeß" erhält beim entdeckenden Lernen besonderes Gewicht, weil die Schüler über Wege und Methoden des Lernens reflektieren und dabei nicht nur die neuen Erkenntnisse festhalten, sondern gleichrangig, was sie getan haben, um zu diesen neuen Erkenntnissen zu gelangen. Damit werden Auffassungstätigkeiten bzw. facheigene Verfahrensweisen verfügbar und auf neue Sachverhalte übertragbar und anwendbar. Ein so bewußtes Erleben von Wegen und Methoden des Lernens und der selbständi- | b) Arbeitsrückschau / Gesamtzusammenfassung Verbalisieren anhand der Arbeitsergebnisse c) Schließen des Problemkreises, Verifizieren bzw. Falsifizieren der Vermutungen | Was wir jetzt wissen. Wie wir zur Lösung unserer Problemfrage gelangt sind. Wir vergleichen unsere Vermutungen mit den Arbeitsergebnissen. Wie wir uns entscheiden (Begründung): Waldplatz ist trocken, leicht zugänglich, genügend Platz für mehrere Sportarten, wenig Erdbewegungen erforderlich, sehr schöne Lage, naher Wald als Erholungsraum, Nachteil: weiterer Weg, längere Schneelage im Winter und Frühling. |

| Didaktische Aufbereitung | L-S-Aktivitäten | Stoffliche Abfolge |
|---|---|---|

gen Problemlösung fördert die Bereitschaft des Schülers zum selbständigen Weiterlernen, um von sich aus über bereits bekannte Wissensstrukturen hinauszugelangen.

*4. Stufe der Anwendung*

a) Es genügt nicht, mit diesen neu gewonnenen Wissensstrukturen und Lösungsstrategien den Lernprozeß abzuschließen. Verhaltensqualifikationen und neue Einsichten können nur über handelndes Lernen in Anwendungssituationen aufgebaut werden.
Und handelndes Lernen bedeutet, selbsttätig eine Situation gestalten und verbessern helfen. Der Lehrer muß solche Transfersituationen bereitstellen bzw. aufsuchen helfen.

a) Aktion zur Situationsverbesserung
Planspiel (siehe Grafik)

Unsere Vorschläge für den Bau eines Sportplatzes leiten wir an Bezugspersonen weiter: Bürgermeister, Vorstand des Sportvereins, Gemeinderäte

b) Die weitere Entwicklung begonnener Aktivitäten zur Situationsverbesserung wird verfolgt und kritisch beurteilt.

b) Aktions- und Situationsverfolgung (längerfristiges Beobachtungsziel)

Was wird aus unseren Anregungen?

Werden sie realisiert?

c) Diese Phase kann wieder verstärkt entdeckende Lernakte initiieren, durch die die Schüler von sich aus die gewonnenen Erkenntnisse und Einsichten auf ähnliche Sachverhalte übertragen, neue

c) Transfer der Erkenntnisse auf ähnliche Sachverhalte

Vergleich mit dem Sportplatz der Nachbargemeinde, mit dem Sportgelände einer größeren Stadt...
Warum hat die Gemeinde G. keinen Sportplatz?

| Didaktische Aufbereitung | L-S-Aktivitäten | Stoffliche Abfolge |
|---|---|---|
| Problemfragen selbständig finden und lösen können. | | Weitere Möglichkeiten der Erholung in unserer Gemeinde, in unserer Umgebung (Waldpfad, Trimmpfad, Hallenbad ...) |
| | d) Sicherung der Lernergebnisse, Lernzielkontrolle | |

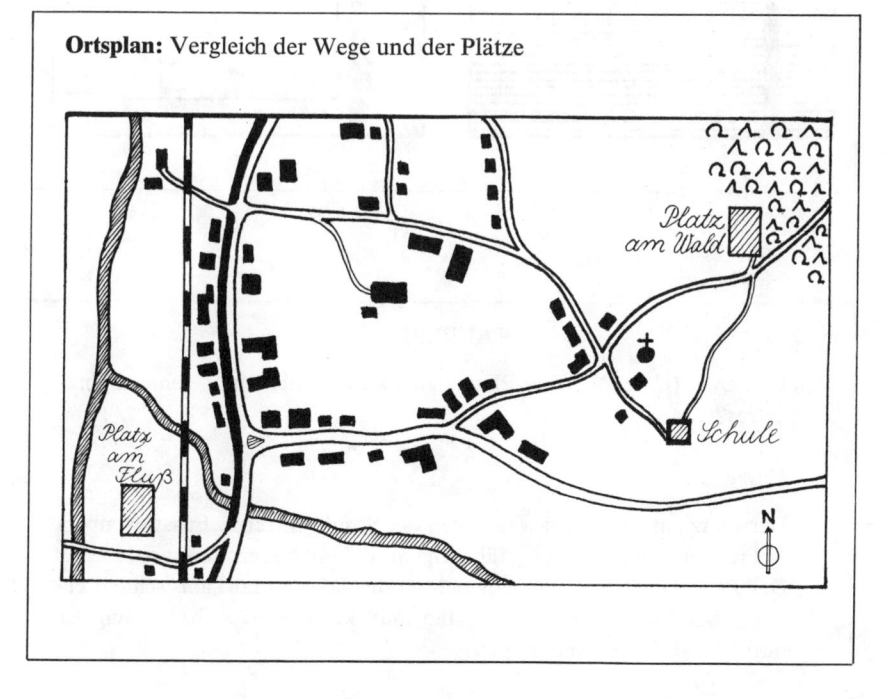

**Ortsplan:** Vergleich der Wege und der Plätze

**Ergebnisse zum Planspiel** „Unsere Gemeinde braucht einen Sportplatz"

Waldplatz:                       Wie man den Waldplatz gestalten könnte:

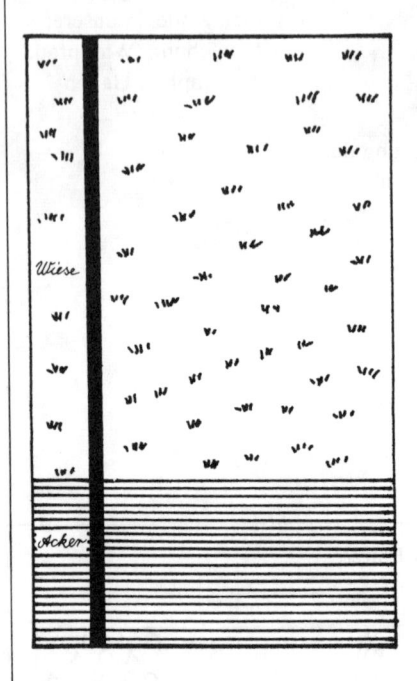

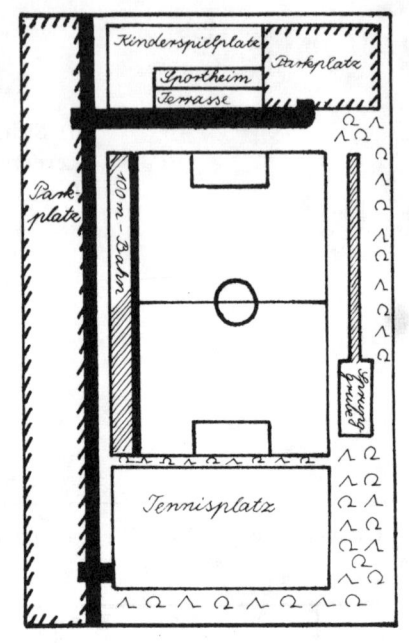

---

### TAFELBILD

*Ziel unserer Arbeit:* Welcher Platz eignet sich für die Anlage eines Sportplatzes?

*1. Unsere Meinung*

    Der Platz am Fluß liegt weiter von der Schule entfernt. Er ist, wenn es viel regnet, oft naß. Eine gefährliche Straße muß überquert werden.
    *Der Platz am Wald* liegt sehr nah an der Schule und kann schnell erreicht werden. Er ist trocken. Man muß keine Straße überqueren. Er liegt von der Wohnsiedlung weg.

2. *Was wir gefunden haben:*

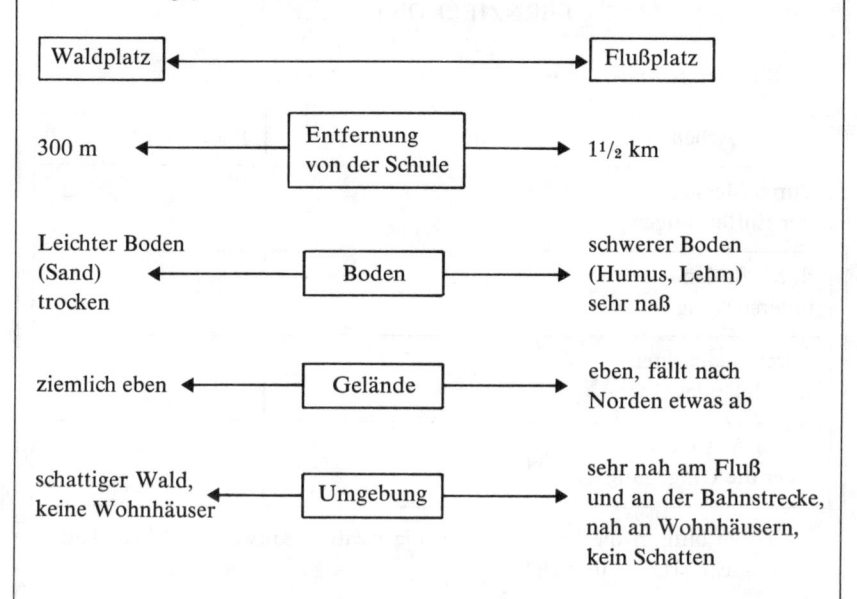

| Waldplatz | ←――――――→ | Flußplatz |

| 300 m | ← | Entfernung von der Schule | → | 1½ km |

| Leichter Boden (Sand) trocken | ← | Boden | → | schwerer Boden (Humus, Lehm) sehr naß |

| ziemlich eben | ← | Gelände | → | eben, fällt nach Norden etwas ab |

| schattiger Wald, keine Wohnhäuser | ← | Umgebung | → | sehr nah am Fluß und an der Bahnstrecke, nah an Wohnhäusern, kein Schatten |

3. *Anforderungen an einen Sportplatz*

— genügend Platz für Feldspiele wie Handball und Fußball
Länge: 120 m
Breite: 60 m
— Platz für Weitsprunggrube und Laufbahn
— Platz für ein Sportheim
— Platz für Parkplätze

4. *Unsere Entscheidung*

Abstimmungsergebnis:
2 Stimmen für den Platz am Fluß
34 Stimmen für den *Waldplatz*

*Vorteile:* trocken, leicht zugänglich, Platz für mehrere Sportarten, sehr schöne Lage, naher Wald als Erholungsraum, wenig Erdbewegung notwendig, von der Schule aus schnell und ohne Gefährdung erreichbar.

*Nachteile:* Für manche Bewohner des Ortes weiter Weg, längere Schneelage im Winter und Frühling, hohes Schutzgitter zum Ackergelände hin.

## LERNZIELKONTROLLE

1. *Was wir gefunden haben*

| Unsere Arbeit | Waldplatz | Platz am Fluß |
|---|---|---|
| durch Messen der Entfernungen | | |
| durch Bodenuntersuchung | | |
| durch Beobachten des Geländes | | |
| durch Aufzeichnungen über die Umgebung | | |

Trage bitte in die leeren Spalten die richtige Antwort ein! Wer Hilfe braucht, schaut zur Tafel!

2. *Welche Anforderungen stellst du an einen Sportplatz. Streiche falsche Antworten durch!*

— genügend Platz für Ballspiele aller Art
— Er muß mitten im Wohnort liegen
— schnell und ohne Gefährdung erreichbar
— Es muß ein Schwimmbad dabei sein.
— Er muß eben und trocken sein.
— Es muß noch Platz sein für eine Sprunggrube, eine Laufbahn und ein Sportheim.
— Es muß viel Gras auf ihm wachsen.

● **Unterrichtsbeispiel: Warum fährt die Familie König nach Illemad?**

4. Jahrgangsstufe

**I. Das Vorhaben im Zusammenhang**

a) Wochenthema: Menschen brauchen Erholung (III. Lehraufgabe)
b) Vorausgegangenes: Wir legen einen Spielplatz an
c) Folgendes: Erholung in der Stadt?

## II. Didaktische Interpretation des Unterrichtsbeispiels

a) Sachanalyse

Illemad liegt westlich der B 2 in einem Seitental zwischen Donau und Lech. Es hat ca. 50 Einwohner und gehört zur Gemeinde Lauterbach. Ausgedehnte Wälder schließen es ein, nur der Blick ins Donauried und nach Donauwörth ist offen. Folgende Faktoren zeichnen es als Naherholungsgebiet aus:

— über die B 2 vom Augsburger und Donauwörther Raum aus schnell erreichbar;
— zahlreiche Wanderwege im Wald und über freies Feld;
— hügelige, abwechslungsreiche Landschaft;
— geschichtliche Zeugnisse bestehen noch: Römerstraße, Hünengräber, Mühle mit Holzwasserrad, Barockkirche Holzen in der Nähe;
— Rastplätze am Wasser (einige Fischweiher);
— Vogelschutzgebiet „Höll" mit sehr vielen, auch seltenen Vogelarten;
— Spielmöglichkeiten für Kinder (Spielplatz, Sportplatz in Lauterbach);
— Schwimmbad bei Lauterbach
— Gasthaus in Illemad mit Freiterrasse und großem Parkplatz;
— abseits des Verkehrs, nur eine Zugangsstraße, keine Industrie;

b) Bedeutung der Lerninhalte für den Schüler

Illemad kann als Modellfall für ein Naherholungsgebiet typischer Ballungs- und Industriezentren (Augsburg, Donauwörth) gelten.

Die Schüler besitzen ein ungeläutertes, subjektives Vorwissen, das durch erweiterte Informationen gesichtet und objektiviert wird. Die Lerninhalte sind geeignet, fachliche Fragestellungen wie Notwendigkeit der Erholung, Bedingungsfaktoren eines Erholungsgebietes, Landschafts- und Umweltschutz u. ä. anzubahnen, problemlösendes Denken (Unterrichtsgang, Planspiel und Aktion zur Raumverbesserung) zu schulen und Verhaltensqualifikationen aufzubauen.

Außerdem üben die Schüler fachbestimmte Arbeitsmethoden wie das Erkunden (Befragen, Betrachten, Beobachten, Beschreiben, Vergleichen), das Verbalisieren, das Symbolisieren und das Werten, die wesentlich beim Aufbau von kognitiven, psychischen und affektiven Funktionen des Schülers helfen.

c) Grundzüge der methodischen Lernrealisation

Mit einer Situationsskizze (Interview) wird der Lerngegenstand eingeführt. Ein Unterrichtsgang wird aus Gründen rationeller Zeiteinteilung (siehe 2.5 Grenzen . . .) nicht realisiert, weil die Schüler das Naherholungsgebiet Illemad von früheren Wandertagen (im 2. Schuljahr) und von Ausflügen mit den Eltern bzw. Klassenkameraden gut kennen. Danach folgt eine intensive Erkundung der Lage, der Zufahrtswege und raumbestimmenden Faktoren in selbständigen Lösungsversuchen (gruppengleicher Unterricht, Partnerarbeit). Die eingesetzten Medien und Lernmaterialien fördern einen forschenden Unterricht durch ihre

Wirklichkeitsnähe, ihre isomorphe Repräsentanz der Wirklichkeit, ihre zielgebundene Vielfältigkeit und ihre Aktivitätsaufforderung. Das Auswerten der Ergebnisse mündet in eine weitere didaktische Grundform des entdeckenden Lernens im grundlegenden Erdkundeunterricht: das Werten der Erkenntnisse und Einsichten, das zu einem Modell bzw. zu einer Grundlage für das Verstehen anderer, ähnlicher Sachverhalte wird (Transferdenken) und affektive Verhaltensqualifikationen wie Identifizieren mit Aufgaben der Raumgestaltung, Verantwortungsbewußtsein gegenüber dem Erholungsraum und Rücksicht gegenüber Erholungssuchenden aufbauen hilft.

### III. Lernziele

a) Kognitive Lernziele (Wissen, Kenntnisse, Erkenntnisse, Fähigkeiten)

Die Schüler sollen
— erkennen, daß Erholung für die Menschen notwendig ist
— forschend herausfinden, welche Bedingungsfaktoren ein Erholungsgebiet auszeichnen (gesunde Luft, Ruhe, körperliches Ausspannen ...)
— forschend herausfinden, daß Illemad durch eine Reihe solcher Bedingungsfaktoren als Naherholungsgebiet für den Augsburger und Donauwörther Raum ausgezeichnet ist
— wertend erkennen, daß ein Naherholungsgebiet allen Menschen nutzt und es deshalb geschützt werden muß (Abfälle, richtiges Verhalten)
— wertend erkennen, daß ein Naherholungsgebiet noch verbessert werden kann (weitere Erholungsmöglichkeiten, Ruhebänke, Abfallkörbe, Wegmarkierungen ...)

b) Psychomotorische Lernziele (Fähigkeiten, Fertigkeiten)

Die Schüler sollen
— Karten selbständig lesen, erarbeiten und anwenden können
— in einem Planspiel forschend-entdeckend Verbesserungsvorschläge für das Naherholungsgebiet erarbeiten und an die zuständige amtliche Stelle weiterleiten (Gemeinderat, Heimatpfleger)

c) Erziehliche Lernziele (Fähigkeiten, Einstellungen, Verhaltensweisen)

Die Schüler sollen
— in Partner- und Gruppenarbeit ihre Fähigkeit, kooperativ zu arbeiten, erweitern
— ihre Gesprächsbereitschaft, -fähigkeit und -disziplin in allen Phasen des Unterrichtsverlaufs kontrollieren (Redetafel) und erweitern
— wertend erkennen, daß sie sich rücksichtsvoll gegenüber Erholungssuchenden und verantwortungsbewußt gegenüber der Landschaft verhalten sollen.

## IV. Arbeitsmaterialien

Tonbandinterview mit der Familie König, Bild der Familie König, Bilder von Illemad, Bild mit Abfall, them. Karte und geogr. Karte (die Symbole sind bekannt), Informationsblatt, Haftkarten (zur Demonstration), Karte für Planspiel, Lernzielkontrollblatt

## V. Unterrichtsorganisation

| Did.-meth. Absichten | Stoffliche Abfolge | Medien |
|---|---|---|
| *1. Problembegegnung/Situationsausbreitung* | | |
| 1.1 Situationsskizze Tonbandinterview mit gleichzeitigem Bildeinsatz | Interview mit der Familie König aus Augsburg, aufgenommen in Illemad. (Inhalt s. Anhang) Woher kommt die Familie K.? Wie fährt sie nach Illemad? Wie lange braucht sie? Häufigkeit des Kommens? Gespräch stoppt bei: „Sie haben uns erzählt, daß Sie oft nach Illemad kommen, besonders im Sommer. Dazu haben wir noch eine Frage..." | Tonband Bild im Episkop |
| 1.2 Zielorientierung Problemformulierung durch die Schüler | S: Wir möchten erfahren, warum die Familie K. aus Augsburg am Wochenende nach Illemad fährt. | TA (Tafelanschrift) |
| *2. Problemdurchdringung/Raumanalyse* | | |
| 2.1 Meinungsbildung Vermutungen der Schüler im Schülergespräch | S: In Illemad gibt es viel Wald, Spazierwege, frische Luft, das suchen die Leute aus der Stadt, Kin- | |

| Did.-meth. Absichten | Stoffliche Abfolge | Medien |
|---|---|---|
| | der können herumtollen, Federball spielen, bolzen, der Wirt hat gute Brotzeiten ... | |
| kurze Fixierung der Schülervermutungen | Unsere Meinung: Familie K. sucht in Illemad Erholung, frische Luft, Wald ... | TA |
| 2.2 Weg- und Lagebeschreibung a) Erkunden und Beschreiben des Weges der Familie K. und der Lage von Illemad anhand von Bildern und Karten | | |
| Arbeitsauftrag für arbeitsgleichen Gruppenunterricht | Lies aus der Karte, ob Illemad von der Familie K. günstig erreicht werden kann! Lies aus den Bildern und der Karte, was Illemad für die Familie K. bietet! | TA Arbeitsblatt 1 Bilder |
| b) Auswerten der Gruppenarbeit Verbalisieren und Fixieren der Informationsergebnisse | 1. Die Familie K. erreicht Illemad schnell über die B 2. Für 32 km braucht sie 35 Min. | TA |
| Fixieren der km-Zahlen | *[Skizze: nach Donauwörth, Illemad 4 km, Nordendorf, Kompassrose N/W/O/S, B 2, 28 km, Augsburg]* | 1. Demonstrationskarte auf Styropor |

| Did.-meth. Absichten | Stoffliche Abfolge | Medien |
|---|---|---|
| Verbalisieren | 2. Illemad bietet<br>— gesunde/frische Waldluft<br>— Ruhe durch seine abgeschlossene Lage<br>— Wanderwege<br>— Stärkung (Gasthaus) | TA |
| Anheften der betreffenden Symbole an der Karte | | 2. Demonstrationskarte auf Styropor Symbole |

c) Verifizieren der Teilergebnisse durch erweiterte Tonbandinformation — Familie K.: Wir kommen so häufig nach Illemad, weil... — Tonband

2.3 Erweiterte Informationsaufnahme und -verarbeitung
a) Verlaufsmotivation — L: Sprechen noch mehr Möglichkeiten für Illemad? Denk an die Kinder Thomas und Sabine!

Vermutungen — S: ... spielen, herumtollen, Sportplatz, Schiffe im Bach fahren lassen...

b) Darbieten der Information durch Bilder und Lehrerergänzung — Lauterbach in der Nähe bietet Sportplatz und Bad. Im Vogelschutz „Höll" Möglichkeiten zum Beobachten und Fotografieren seltener Vögel, geschichtliche Zeugnisse, die von Illemad aus erreichbar sind: Römer- — Tonband Bilder

| Did.-meth. Absichten | Stoffliche Abfolge | Medien |
|---|---|---|
| | straße, Hünengräber, Barockkirche Kloster Holzen, Holzmühlrad, Möglichkeit zum Fischen | |
| c) Verarbeiten der Information<br>Karte mit Symbolen<br>Herauslesen der wichtigsten Faktoren<br>Entscheidungen treffen<br>Arbeitsaufträge zur arbeitsgleichen Partnerarbeit | Lies aus der Karte, welche Erholungs- und Entspannungsmöglichkeiten du rund um Illemad noch findest!<br>Entscheidet, welche Möglichkeiten die Kinder, welche die Erwachsenen wählen! Begründet eure Entscheidung! | TA<br><br>Arbeitsblatt 2 |
| d) Auswerten der Ergebnisse<br>Verbalisieren und Fixieren | 3. Erholung rund um Illemad<br>— Spielen auf dem Sportplatz,<br>— Baden im Freibad,<br>— Fotografieren im Vogelschutz<br>— Aufsuchen geschichtlicher Zeugnisse: Römerstraße, Hünengräber, Kloster Holzen, Mühle | TA |
| Anheften der betreffenden Symbole an der Demonstrationskarte (siehe 2.2 b)<br>e) Teilzusammenfassung der bisherigen Informationen | | Symbole |

| Did.-meth. Absichten | Stoffliche Abfolge | Medien |
|---|---|---|

| Verbalisieren in einem Rollenspiel (Familie König) | L: Wir spielen die Familie K. Begründet eure Entscheidungen! (Einschnitt: 1. Stundeneinheit ist zu Ende) | |

## 3. Raum- und Situationsbeurteilung

### 3.1 Erkenntnisbildung/Einsichtgewinnung

| | | |
|---|---|---|
| Schließen des Problemkreises | L: Unsere Ausgangsfrage ist gelöst! | |
| Verbalisieren anhand der Demonstrationskarten Erkennen, daß die einzelnen Raumfaktoren zusammenwirken müssen | S: Illemad bietet Erholungsmöglichkeiten. Es ist ein Naherholungsgebiet für den Augsburger Raum, weil... | Karten |
| | L: Augsburg bietet doch auch Erholung: Parkanlagen... | |
| | S: Wald allein genügt nicht, ein Erholungsgebiet braucht mehr... | |
| Erkennen, daß menschliche Bedürfnisse und Raumfaktoren übereinstimmen müssen | L: Nicht jedes abgelegene, ruhige Gebiet ist gleichzeitig ein Erholungsgebiet | |
| | S: Der Thürlesberg ist kein Naherholungsgebiet, weil... | |

| Did.-meth. Absichten | Stoffliche Abfolge | Medien |
|---|---|---|

### 3.2 Ausweiten und Transfer

| | | |
|---|---|---|
| Vorzeigen eines Bildes von Illemad mit vorwiegend Augsburger und Donauwörther Nummernschildern Bild eines anderen Erholungsgebietes | S: Nicht nur die Familie K. kommt nach Illemad, auch Erholungssuchende aus dem Donauwörther Raum ... <br><br> L: Nicht alle Augsburger und Donauwörther kommen nach Illemad! | Dia |
| Lokalisieren auf der geographischen Karte Verbalisieren Funktionswissen gewinnen | S: Es gibt noch andere Naherholungsgebiete für Augsburg und Donauwörth <br> Horgau — Minigolfbahn, Waldwege, Café, Leitershofen — Trimm-Pfad, Karthäusertal — Burgruinen, Zeltplatz | Dias |

### 3.3 Aktion zur Situationsverbesserung

| | |
|---|---|
| a) Anwenden der Erkenntnisse und Einsichten | L: Illemad kann nicht alle Erholungsmöglichkeiten bieten |
| Anbahnen von Verhaltensqualifikationen Vorschläge der Schüler in Partnerarbeit (Partnergespräch) Auswerten | S: Verbesserungen sind möglich: Ruhebänke aufstellen, Hinweisschilder zu den Wanderwegen und Erholungsmöglichkeiten, z. B. Freibad, Sportanlage in Lauterbach <br> L: An wen richten wir unsere Verbesserungsvorschläge? <br> S: An den Bürgermeister, die Gemeinderäte, den Heimatpfleger |

| Did.-meth. Absichten | Stoffliche Abfolge | Medien |
|---|---|---|
| Durchführen eines Planspiels in Gruppen | | |
| Auftrag | L: Findet Verbesserungs- | Hektogramm |
| Verbinden der sozialen und | vorschläge! Tragt sie auf | „Planspiel" |
| geographischen Funktionen | der Karte ein! Entscheidet euch für einen richtigen Platz! | |
| Fördern des entdeckenden und problemlösenden Lernens | Schreibt einen Brief an den Bürgermeister! | |
| b) Auswerten des Planspiels freies Schülergespräch | | |
| Herausfordern von Entscheidungen durch Vergleichen und Werten der einzelnen Vorschläge | z. B.: Braucht Illemad einen Trimm-Pfad? Günstiges Gelände? | |
| Erkennen der Gefahr einer übersteigerten Werbung | S: Zu viele Menschen bringen die Ruhe in Gefahr, der Erholungsraum wird überlaufen | |
| c) Anbahnen weiterer Verhaltensqualifikationen Vorzeigen eines Bildes mit verstreutem Abfall | L: Was würdest du sagen, wenn es am Sonntagabend so in Illemad aussehen würde! S: Wir müssen Erholungsgebiete sauberhalten, die Natur schützen: Aufstellen von Abfallkörben, von Hinweisschildern, selbst Ordnung halten, Abfälle mit nach Hause nehmen | Bild |

## 4. Gesamtsicherung/Lernzielkontrolle

4.1 Durchführen der Situationsverbesserung

| | | |
|---|---|---|
| Wählen einer Abordnung an den Bürgermeister (den Heimatpfleger) | Wir überbringen unsere Vorschläge mit den Karten | Briefe Planspielkarten |

4.2 Lernzielkontrolle
Ausfüllen des Kontrollblat-                           Kontrollblatt
tes in Einzelarbeit

4.3 Verfolgen der eingeleiteten Aktion
(langfristige Kontrolle)

---

KONTROLLBLATT 1

(Lernzielkontrolle)

Planspiel der Arbeitsgruppen in der Stufe „Aktion zur Situationsverbesserung":
Welche Verbesserungsvorschläge könnt ihr einzeichnen, um die Erholungsmöglichkeiten zu erweitern?
Schreibt sie auch auf und begründet!
(abgeschlossenes Planspiel als Ergebnis einer Gruppe)

*Einzeichnen von zwei Wanderwegen auf eine große Tafel: — 12 km lang, — 8 km lang.*
*Am braunen Wanderweg einen Trimm-Pfad, weil der Platz günstig ist: Schatten, hügelig, Schwimmbad zur Erfrischung in der Nähe.*
*Bänke zum Ausruhen: an den Fischweihern, im Vogelschutz, am Jagdhaus, an der Römerstraße*

KONTROLLBLATT 2
(Lernzielkontrolle)

**Menschen brauchen Erholung — Naherholungsgebiete geben sie ihnen**

1. Illemad ist ein ................................ für den Augsburger und Donauwörther Raum.

   Kreuze an, was Erholungssuchende in Illemad finden! Streiche Begriffe durch, die nicht zu einem Naherholungsgebiet gehören!

   Wald- und Wanderwege ○    Kino ○    Fabrik ○
   Tennisplatz ○    geschichtliche Zeugnisse ○    Vogelschutzgebiet ○
   Sportplatz ○    Burgruine ○    Gasthaus ○
   Minigolfbahn ○    Zeltplatz ○    Vergnügungspark ○

2. Begründe, warum Illemad ein Naherholungsgebiet ist!
   Wie würden Kinder sprechen:

   ....................................................................................

   ....................................................................................

   ....................................................................................

   Wie würden Erwachsene sprechen:

   ....................................................................................

   ....................................................................................

   ....................................................................................

3. Das ist die Stadt Germering. Schau die Karte an und finde heraus, ob ein Naherholungsgebiet vorhanden ist! Begründe deine Meinung!

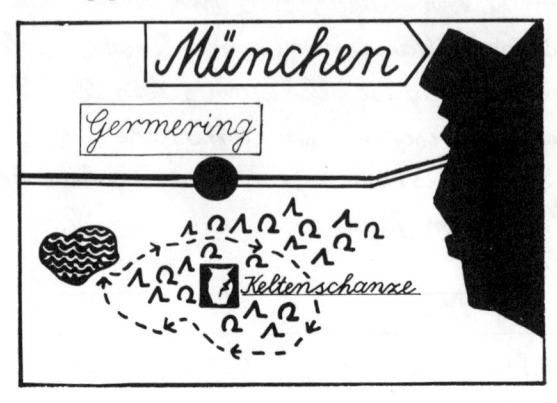

Interview mit der Familie König   I: (Interviewer), K: (Herr und Frau König)

I: Wir sind hier in Illemad an einem sonnigen Samstagnachmittag. Gerade kommt eine Familie, Vater, Mutter und zwei Kinder, auf uns zu. Guten Tag, wir möchten gerne einige Fragen an Sie richten. Woher kommen Sie?

K: Wir sind die Familie König und kommen aus Augsburg.

I: Fahren Sie häufig nach Illemad?

K: Ja, wir kommen meistens an zwei Wochenenden im Monat nach Illemad heraus, besonders im Sommer.

I: Liegt Illemad für Sie günstig? Können Sie dieses Gebiet schnell erreichen?

K: Sicher. Von unserer Wohnung bis nach Illemad sind es rund 30 km. Auf der B 2 schaffen wir die Strecke an einem ruhigen Samstag oder Sonntag in einer knappen halben Stunde.

I: Sie haben uns erzählt, daß Sie oft nach Illemad kommen, besonders im Sommer. Dazu haben wir noch eine Frage:

(Das Gespräch wird hier unterbrochen, um die Schüler selbst die Problemfrage finden zu lassen)

I: ... Dazu haben wir noch eine Frage:
Warum fahren Sie am Wochenende oft nach Illemad?

K: Illemad ist für uns ein Naherholungsgebiet. Wir finden hier Ruhe, wegen seiner ruhigen und abgeschlossenen Lage. Wir wandern viel in

den Wäldern rings um Illemad. Meine Kinder können hier nach Herzenslust herumtollen und spielen. Nach unseren ausgedehnten Wanderungen können wir uns im Gasthaus bei einer ausgezeichneten „Bauernplatte" stärken.
I: Dazu wünsche ich recht guten Appetit, weiterhin viel Spaß in Illemad und vielen Dank für das Gespräch. Auf Wiedersehen!
K: Auf Wiedersehen!

ARBEITSBLATT 1

Auftrag an die Gruppe bei der Stufe „Informationsentnahme und -verarbeitung":

Lies aus der Karte, ob Illemad von der Familie König günstig erreicht werden kann! Begründe!

Unsere Meinung:

ARBEITSBLATT 2

*Auftrag* an eine Gruppe im arbeitsgleichen Gruppenunterricht bei der Stufe „Informationsentnahme und -verarbeitung":

Welche Erholungs- und Entspannungsmöglichkeiten rund um Illemad findet Ihr noch?

Lest in der Karte und schreibt auf!

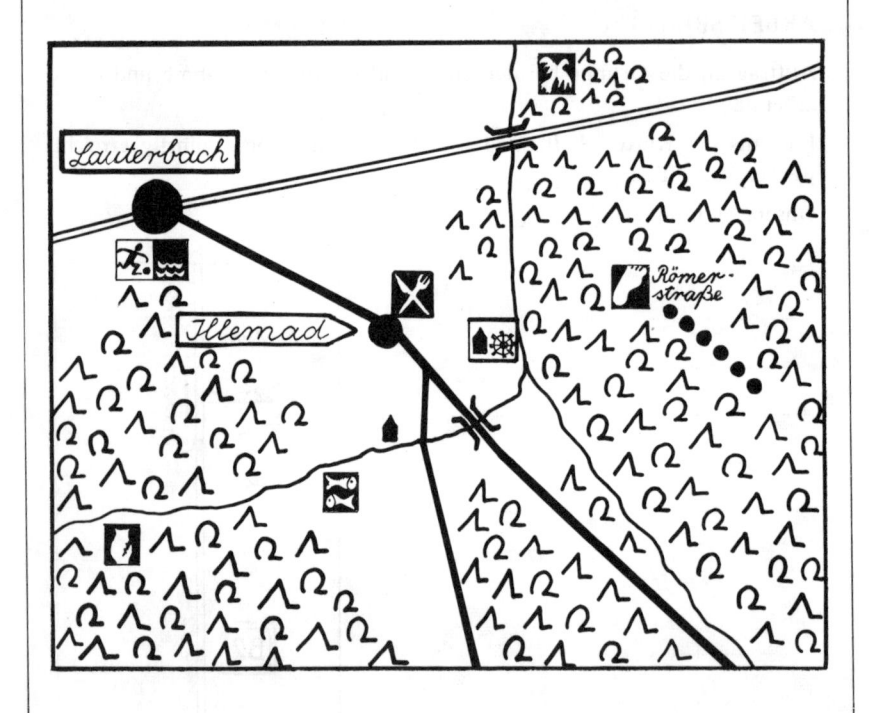

*Erweiterte Arbeitsaufgabe:*

Naherholungsgebiete im Raum Augsburg—Donauwörth

a) Lies die Symbole und schreibe auf, wie sich die Menschen erholen können:

Kuhsee:

..................................................

Horgau:

..................................................

Scherneck:

..................................................

Karthäusertal:

..................................................

b) Miß die Entfernungen von der Kreiskarte und trage sie ein!

c) Mach deinen Eltern einen Vorschlag, wohin ihr am nächsten Sonntag fahrt!

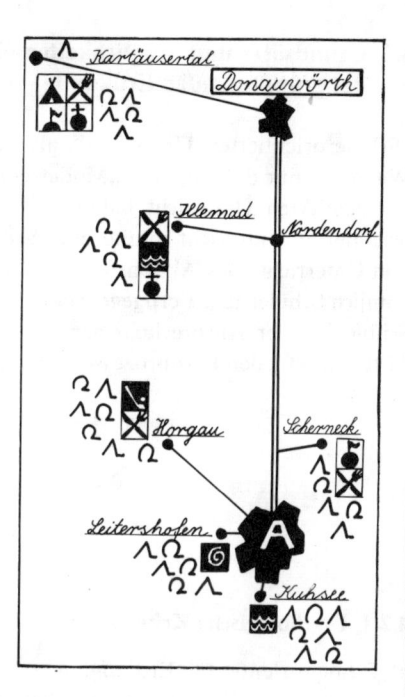

Ergebnis eines Gruppenbriefes

Lieber Herr Bürgermeister!
Nach Illemad kommen viele Leute am Wochenende. Sie kommen wegen der frischen Waldluft und der Ruhe.
Wir haben in der Schule einige Verbesserungsvorschläge für Illemad gefunden. Wir möchten Ihnen in dem Brief die Vorschläge aufschreiben.
Man könnte noch Sitzbänke bei der Mühle, an den Fischweihern und am Jagdhaus aufstellen. Es fehlen auch Hinweisschilder für die Erholungssuchenden, wo es zur Römerstraße geht und zum „Vogelschutz" und zum Lauterbacher Schwimmbad. Die Kinder brauchen auch noch einige Spielgeräte, eine Schaukel oder eine Wippe und einen Sandkasten, am besten gleich neben der Wirtschaft. Dann können die Erwachsenen ruhig Brotzeit machen, und wir Kinder können schaukeln oder Sand spielen.
Was meinen Sie zu unseren Vorschlägen?

## 4.2 Grundsätze und Möglichkeiten eines schülerorientierten Unterrichts in der grundlegenden Erdkunde

„Schülerorientierter Unterricht" als Schlagwort oder als Unterrichtsprinzip? Wenn wir nur didaktischen „Modetrends" nachjagen, wird das Wort vom schülerorientierten Unterricht bald an Wert und Aussagekraft verlieren. Schülerorientierter Unterricht müßte eine Selbstverständlichkeit sein, *das* Verständnis von Unterricht. Das Aktionsfeld des Unterrichts weist drei Pole auf, wobei zwei, nämlich Schüler und Lerngegenstand, sehr eng miteinander verbunden sind. Der Schüler ist der Ansprechpartner, die Bezugsperson, die Persönlichkeit, die im Mittelpunkt jeden Lernprozesses steht:

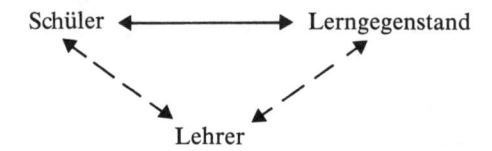

Schüler ⟷ Lerngegenstand
　　　↘ ↙
　　　Lehrer

### 4.2.1 Psychologische Kriterien

a) Schülerorientierter Erdkundeunterricht berücksichtigt das Prinzip der optimalen Passung, d. h. er trägt der altersspezifischen Eigenart des Schülers im kognitiven, instrumentalen, affektiv-emotionalen und sozialen Bereich Rechnung. Jede Altersgruppe besitzt ihre spezifischen erdkundlichen Grunderfahrungen, die einzelnen Schüler unterscheiden sich durch individuelle Lernvoraussetzungen und Lernfortschritte, und danach hat der Lehrer seine Auswahl der erdkundlichen Lerninhalte und seine didaktisch-methodischen Maßnahmen zu richten. So kann das Raumproblem „Wir planen einen Ausflug ins Ostrachtal" (3. Jahrgangsstufe) für eine Reihe von Schülern nicht angemessen sein, weil sie noch nie eine Fahrt mitplanen und -gestalten konnten, den Raum „Ostrachtal" bisher aus eigenem Erleben nicht kennen, mit den vorliegenden Planungsunterlagen wie Prospekten, Karten, Beschreibungen, Bildern u. ä. noch nicht sachadäquat arbeiten können.

b) Schülerorientierter Erdkundeunterricht richtet sich bei der Auswahl, Strukturierung und Anordnung der Lerninhalte nach den Prinzipien der *Wirklichkeitsnähe* und *Aktualität*. Ein Erdkundeunterricht, der sich zum Hauptziel setzt, dem Schüler Entscheidungshilfen für sein räumliches Verhalten zu geben, muß sich an der Lebenswelt der Schüler und an gegenwärtigen räumlichen Problemen, Erscheinungsformen, Prozessen orientieren. Erdkundliches Stoffwissen ist in unserer Zeit, in der Entwicklungen rasch und hochdifferenziert verlaufen, sehr rasch veraltet. Deshalb muß sich ein aktueller Erdkundeunterricht auf die Vermittlung überdauernder geographischer Strukturen und transferfähiger Erkenntnisse und Einsichten konzentrieren. Viele praktische Beispiele, die wir bisher aufgezeigt haben, berücksichtigen das in der Lernzielformulierung, Stoffauswahl und Artikulation des Lernprozesses. Aktueller Erdkundeunterricht richtet sich letztlich in der Grundschule nach den vorhandenen Geotopen des kindlichen Erfahrungsraumes (siehe 1.3.2).

c) Schülerorientierter Erdkundeunterricht richtet sich nach der Lernmotivation und fördert die Lernbereitschaft des Schülers.

Der Lehr- und Lernprozeß im Erdkundeunterricht darf sich also nicht nur auf schon vorhandene Lern- und Leistungsmotivation verlassen, sondern muß diese weiterentwickeln und fördern durch

— sachbestimmte Auswahl der Lerninhalte,
— problemhaltige und zur Identifikation reizende Ausgangssituationen,
— originale erdkundliche Begegnung,
— den Einsatz von Medien, mit denen der Schüler handelnd umgehen kann,
— forschend-entwickelndes Unterrichtsverfahren, bei dem der Schüler selbsttätig fachspezifische Arbeitsmethoden anwenden kann.

Nur so wird die Lernmotivation des Schülers überdauernd angesprochen und zum Motor eines Lernprozesses, an dem die Schüler sich auch innerlich beteiligen, Stellung beziehen, Fragen stellen, Lösungswege entwickeln.
Die Bedeutung eines entdeckenden Lehrverfahrens (siehe 4.3) und entsprechender schülerorientierter Arbeitsweisen und Medien (siehe 4.4) soll hier in ihrer unterrichtspraktischen Ausprägung nicht vorweggenommen werden. Sie werden anschließend sehr unterrichtsnah dargestellt.

### 4.2.2 Didaktisch-methodische Prinzipien

a) Schülerorientierter Erdkundeunterricht geht von einem exemplarischen und orientierenden Lehren aus.

Umfangreiches Stoffwissen kann heute kein Ziel des Erdkundeunterrichts mehr sein, natürlich auch nicht das Ziel des Unterrichts in anderen fachlichen Bereichen. Das Prinzip des Exemplarischen im Erdkundeunterricht kann hier nur in Grundzügen gestreift, nicht umfassend abgehandelt werden. Es ist wertvoller, weniger geographische Phänomene und Raumbeispiele gründlich als viele oberflächlich zu behandeln. Verfügbares, übertragbares Funktionswissen, geographische Grundbegriffe und Einsichten, fachspezifische Denkmethoden und Arbeitstechniken müssen an ausgewählten Raumbeispielen exemplarisch vermittelt werden und auf andere Raumbeispiele, denen der Schüler selbst — ohne geplanten Unterricht — begegnet, übertragbar sein. „In dieser Übertragbarkeit liegt der wesentliche Wert des Exemplarischen" (Kopp, F., S. 106).
Es ist demnach sinnvoll, zu den einzelnen Grunddaseinsfunktionen (Lehrauf-

gaben) ausgewählte Raumbeispiele zu finden, die übertragbares Funktionswissen und übertragbare Verhaltensdispositionen (instrumentale und affektive) enthalten.

Beispiel: Grunddaseinsfunktion „Zusammenleben erfordert Verwaltung"
(4. Jahrgangsstufe)

| Raumbeispiel | Funktionswissen | Lerninhalte |
| --- | --- | --- |
| Die Kreisstadt — Mittelpunkt des Landkreises | Einblick in die Lage der Kreisstadt innerhalb des Landkreises<br>Einblick in die wichtigsten Verwaltungs-, Schul- und kulturellen Einrichtungen der Kreisstadt<br>Fähigkeit, den Einrichtungen die entsprechenden Funktionsbereiche zuzuordnen<br>Erkenntnis, daß nicht alle Orte des Landkreises trotz räumlicher und organisatorischer Gliederung zur Kreisstadt orientiert sind<br>Einsicht, daß die Gebietsreform Veränderungen für die Bevölkerung eines Landkreises geschaffen hat | Verbindungen zur Kreisstadt: Verkehr, Wirtschaft, Bildung (Schulen), Kultur, Verwaltung<br>Funktionsbereiche der Verwaltung<br>Beziehungsgeflecht zwischen Kreisstadt und Umland<br>Beispiel einer fehlenden Orientierung zur Kreisstadt aus dem regionalen Bezugsraum<br>Vorwissen der Schüler über Veränderungen durch die Gebietsreform eruieren |

b) Schülerorientierter Erdkundeunterricht fordert und fördert aktives Lernen der Schüler. Aktives Lernen umfaßt mehr als selbständiges Untersuchen des geographischen Objekts und selbsttätiges Handeln mit geographischen Arbeitsmitteln.
Aktives Lernen meint
— das Mitplanen, Mitbestimmen und Mitvollziehen des Schülers im Unterricht,
— das Kundtun und Vertreten eigener Meinungen, Lösungsvorschläge und Lösungsergebnisse,
— das Überwinden von Lernhemmnissen und Arbeitsschwierigkeiten,
— das Streben nach Werkvollendung,
— das selbständige Übertragen von Erkenntnissen und Einsichten
— das Entwerfen und Gestalten erdkundlicher Arbeitsmittel.

● **Unterrichtsbeispiel: Warum hat die Firma B in unserem Ort eine Fabrik gebaut?**

4. Jahrgangsstufe

| Artikulation/Lerninhalt | Ansätze eines aktiven Lernens |
|---|---|
| 1. *Raum- und Situationsbegegnung* | |
| Den Schülern wird ein Brief einer Firma an den Bürgermeister vorgelegt, die vor ein paar Jahren im Ort eine Fertigungsanlage für Dachplatten errichtet hat. | |
| Der Erfahrungshintergrund der Schüler wird angesprochen. | Kundtun eigener Erfahrungen und Meinungen |
| Die Schüleräußerungen münden in die *Problemfrage:* Warum hat die Firma Berchtold eine Fabrik in unserem Ort errichtet? | |
| 2. *Raum- und Situationsanalyse* | |
| a) Hypothesenbildung durch die Schüler: | Kundtun eigener Meinungen |
| — kein Platz beim Stammwerk | |
| — noch wenig Industrie in unserem Ort, deshalb Arbeitskräfte vorhanden | |
| — bessere Verteilung innerhalb Bayerns | |
| — Bauplatz auf dem Land noch billig | |
| — Verarbeitungsmaterial vorhanden | |
| b) Informationsphase | Mitplanen des Unterrichtsverlaufs |
| Unterrichtsgang zur Fabrik | |
| Beobachtungs- und Erkundungsaufträge: | Selbsttätiges Untersuchen des Raumproblems |
| — Befragen des Werkleiters, warum in unserem Ort diese Fabrik gebaut worden ist, wieviel Arbeitsplätze ... | Finden von Lösungen zum Raumproblem |

| Artikulation/Lerninhalt | Ansätze eines aktiven Lernens |
|---|---|
| — Messen des Fabrikgeländes, Lageskizze mit Grundriß der Gebäude | Selbsttätiges Handeln mit geographischen Arbeitsmitteln |
| — Befragen eines Arbeiters über seinen Arbeitsplatz, Verbindung von Wohn- und Arbeitsplatz | Selbsttätiges Untersuchen des Raumproblems |
| — Befragen eines Kunden, der Ware abholt | |
| — Beobachten des Arbeitsvorgangs und Notieren | |
| — Erkunden der Verkehrsverbindungen nach außen | |
| — Befragen des Bürgermeisters | |

3. *Raum- und Situationswertung*

Die Wertungsphase ergibt zunächst eine Zusammenschau der erarbeiteten Informationen. Daraus werden schon die Vorteile für den Industriebetrieb ersichtlich:
— sehr viel und billiger Platz für Herstellung und Lagerung der Dachplatten
— standortgebundene Herstellungsmaterialien sind günstig zu beziehen: Sand, Wasser, Zement
— Arbeitskräfte sind im Ort vorhanden, auch Halbtagsbeschäftigung möglich
— die Verkehrsverbindungen zum Abtransport des Fertigprodukts sind günstig: Bundesstraße, Nähe Autobahn, Zugverbindung
— steuerliche Vergünstigung durch den Staat

Durch die Befragung von Arbeitern und des Bürgermeisters wird die Problemfrage ausgeweitet:

Kundtun von Lösungsergebnissen
Begründen von Ergebnissen

Ausweiten der Arbeitsergebnisse
Überwinden von zusätzlichen Problemfragen

| Artikulation/Lerninhalt | Ansätze eines aktiven Lernens |
|---|---|
| Was bedeutet die Ansiedlung von Industriebetrieben für unseren Ort?<br>— Kleine Bauern sind Arbeiter geworden und haben ihren Hof verpachtet bzw. betreiben ihn als Nebenerwerbsbetrieb.<br>— Einige Arbeiter haben den Arbeitsplatz gewechselt und brauchen jetzt nicht mehr „pendeln".<br>— Die Gemeinde hat ein viel höheres Steuereinkommen und kann mehr für die Bürger tun, z. B. wurden alle Ortsstraßen vollständig geteert, ein Kindergarten gebaut und ein Sportgelände ausgebaut.<br>— Zuzügler erwerben Bauplätze, der Ort wächst.<br>— Neue Geschäfte werden eröffnet.<br>Rückkoppelung zum Ausgangsproblem | |
| **4. Ausweitung/Transfer** | |
| Die gewonnenen Kenntnisse und Einsichten werden zunächst durch ein Lernzielkontrollblatt gesichert und vertieft.<br>Dann erfolgt die Generalisierung und Anwendung der Erkenntnisse auf ähnliche Raumbeispiele:<br>— Der Nachbarort hat auch einen Industriebetrieb.<br>— Warum hat das Dorf S. (200 Einw.) keinen Industriebetrieb?<br>— Muß jeder Ort Industriebetriebe haben?<br>— Könnte sich in unserem Ort noch ein weiterer Industriebetrieb ansiedeln? | Streben nach Werkvollendung<br>Übertragen von Erkenntnissen und Einsichten<br>Entwerfen von Funktionsskizzen und Karten |

c) **Schülerorientierter Erdkundeunterricht fördert das soziale Lernen.** Soziales Lernen ist nicht getrennt von aktivem Lernen, sondern bedingt es mit und erwächst aus ihm. Soziales Lernen müßte gerade heute in der Schule ein vorrangiges Unterrichtsprinzip sein, um zukünftige Probleme gemeinsam bewältigen zu können. Hier ist nicht der didaktische Ort, über fehlende Sozialkontakte im Unterricht, über die Amputierung sozialer Kontakte wegen bevorstehender Proben, Tests u. ä. zu sprechen, sondern auf die Möglichkeiten sozialer Kontakte und daraus entstehender sozialer Verantwortung im Erdkundeunterricht hinzuweisen. Erdkundeunterricht baut auf gemeinsame Arbeit am geographischen Sachverhalt. Erdkundliche Arbeitsmethoden wie Erkunden, Untersuchen, Aufzeichnen, Symbolisieren und Kartographieren können nur in gemeinsamen Arbeitsgruppen durchgeführt werden.

● **Unterrichtsbeispiel: Georg und Monika wohnen in verschiedenen Häusern**

2./3. Jahrgangsstufe

| Lernziele | Lerninhalte | Arbeitsformen |
|---|---|---|
| *1. Wissen* | | |
| — Einblick in verschiedene Wohnhausformen | Einfamilienhaus Reihenhaus | Bilder aus Katalogen und Zeitschriften sammeln |
| — Kenntnis verschiedener Wohnhausformen und ihrer Wohnfunktionen | Wohnblock Hochhaus | Originale Begegnung im Wohnviertel |
| *2. Können* | | |
| — Bauen und Zeichnen verschiedener Wohnhausformen | Lage, Größe, Einrichtungen, Umgebung — Unterschiede | Abmessen der Größe, Erkunden der Einrichtungen, Auszeichnen der Lage, Vergleichen verschiedener Wohnhausformen in Arbeitsgruppen |
| | | Bauen mit Styropor und Holz (Zündholzschachteln) in Arbeitsgruppen |
| — Vergleichen verschiedener Wohnhausformen durch Verbalisieren und Erkunden | | |

| Lernziele | Lerninhalte | Arbeitsformen |
|---|---|---|

3. *Erkennen*

| | | |
|---|---|---|
| — Bewußtsein von Vor- und Nachteilen für das Wohnen in den verschiedenen Wohnhausformen | Was das Einfamilienhaus bietet (nicht bietet): Platz, Ruhe ... | Vergleichen durch Verbalisieren anhand des Tafelbildes und der Modelle |
| — Einsicht, daß sich die Wohnvorstellungen der Bewohner nicht immer mit den Wohnhausformen decken | Was das Hochhaus bietet (nicht bietet): Gemeinschaftseinrichtungen, Spielplatz ... | |
| — Verständnis für die Wohnung anderer Menschen (Abbau von Klischeevorstellungen) | Gastarbeiter und alte Leute wohnen in älteren Wohnblöcken, wenig Geld für Miete | Planspiel „Hassan wohnt in einem alten Wohnblock" |

4. *Werten*

| | | |
|---|---|---|
| — Bereitschaft zu kooperativem Arbeiten<br>— Bereitschaft, Menschen nicht nach ihren Wohnungen zu beurteilen | Bauen verschiedener Häuser | |

Vorstehende thesenartige Aufgliederung von Prinzipien eines schülerorientierten Erdkundeunterrichts müßte eine noch glaubwürdigere unterrichtspraktische Bestätigung erfahren. Wir können und wollen dies in der folgenden Darstellung des entdeckenden Lernens und der fachspezifischen Arbeitsweisen und Medien zwar orientierend tun, plädieren aber gleichzeitig für die Setzung von Schwerpunkten schülerorientierten Lernens im Erdkundeunterricht, um eine Überforderung des Lehrers bzw. des Schülers und gleichzeitig ein Absinken des Unterrichts in Orientierungslosigkeit zu verhindern.

## 4.3 Entdeckendes Lernen im grundlegenden Erdkundeunterricht

Der Begriff „Entdeckendes Lernen" ist in dieser eindeutigen Festlegung selten in der pädagogischen und didaktischen Literatur der letzten Jahrzehnte zu finden,

hat aber schon seit Rousseaus „Emile" seine Berechtigung als didaktische Zielstellung des Unterrichts und der Schule; seit den Aussagen der Arbeitsschulbewegung hat entdeckendes Lernen eine objektive Verstärkung und Schwerpunktverlagerung auf die selbständige geistige Aktivität des Schülers erfahren.
So gesehen bedeuten unsere Überlegungen eine didaktische Neubesinnung und Rückbesinnung zugleich, sind aber auch ein eindringlicher Hinweis auf die Gefahr eines einseitigen Absolutheitsanspruches oder einer Euphorie des entdeckenden Lernens und eine Warnung vor Verbalbekenntnissen, die eines lernpsychologischen und didaktischen Realitätsanspruchs entbehren.
Schon jetzt treffen wir — noch ehe Wesen, Bedingungsfeld und Ziele des entdeckenden Lernens erhellt worden sind — eine für den Unterricht und letztlich für das Kind wichtige Entscheidung: Entdeckendes Lernen ist ein Weg neben anderen, ein Unterrichtsverfahren neben anderen möglichen, die auch ihren bestimmten Platz im Lehr-/Lernprozeß einnehmen.

### 4.3.1 Begriff und Wesen des entdeckenden Lernens

Ein gründliches Literaturstudium ergibt eine Vielfalt von Synonymen für entdeckendes Lernen: forschendes, problemlösendes, produktives, kreatives, forschend-entdeckendes Lernen.
Trotz dieser Vielfalt der Synonyme bleiben Wesen und Begriffskern gleich, wie einige Zitate einschlägiger Literatur nachweisen: „Entdeckendes Lernen ist ein zielgerichtetes Verhalten eines Lernenden, von sich aus bzw. durch Aufforderung eines Lehrenden eine Lehraufgabe ohne Hilfe bzw. mit minimaler Hilfe des Lehrers durchzuführen" (Dietrich, G., S. 157). „Forschendes Lernen impliziert ein Lehrverfahren, in dem durch die Wissenschaft geklärte Sachzusammenhänge bei didaktisch durchdachter Organisation und Steuerung der Lernprozesse in einer aktiven Sachauseinandersetzung entdeckt und in ihrer Strukturgesetzlichkeit einsichtig werden können" (Riedel, K., S. 36).
Der Schüler soll demnach fähig werden, sich ihm noch unbekanntes Sachwissen möglichst selbständig in ständiger Erweiterung des ungefähren Wissens bis hin zu bewußter Klarheit und Anwendung anzueignen, kognitiv zu organisieren (Kausalbeziehungen) und auf ähnliche Sachverhalte zu transferieren.

● **Unterrichtsbeispiel: Wie kommst du sicher zum Schwimmbad?**

2. Jahrgangsstufe

1. Phase:

Was der Schüler ungeklärt weiß:
Wo das Schwimmbad liegt (auf dem Heuberg), in welche Richtung er gehen bzw. fahren muß (Richtung Nettelstedt)

2. Phase:

Was der Schüler noch nicht weiß und was er möglichst selbständig erfahren soll:
Wie komme ich schnell und sicher zum Schwimmbad?
Welchen Weg muß ich wählen?
Ist der schnelle Weg auch der sicherste?

3. Phase:

Wie der Schüler Wissen und Kenntnisse selbständig aneignen, strukturieren und transferieren kann:
— durch originale Begegnung mit verschiedenen Wegen (Aufzeichnen in einer Bildkarte)
— durch Vergleich verschiedener Wege auf einem Modell bzw. Karte (Bildkarte) und Entscheidungsfindung

(Entscheidung einer Lerngruppe)
— durch Versprachlichen der Entscheidung
— durch selbständiges Anwenden (siehe „Entscheidung einer Lerngruppe")
— durch Übertragen auf ähnliche Sachverhalte, z. B. Weg zum Kinderspielplatz

(Siehe Abb. auf S. 224)

Zeichne ein, welchen Weg du zum Spielplatz gehen würdest. Begründe, warum!
Unterrichtsprojekte wie das „Nuffield Junior Science Project" oder „Science 5/13" (Kleiwitz/Mitzkat, S. 341 ff.) gehen noch einen Schritt weiter und stehen unter folgender didaktischer Intention :„In seiner Idealform ist entdeckender Unterricht nicht planbar; sein Ablauf orientiert sich an Interessen der Schüler und berücksichtigt spontan auftauchende Probleme und Themen. Je mehr die Eigeninitiative und Selbstverantwortung der Schüler eingeengt wird, desto weiter entfernt man sich von der Idealform" (Kleiwitz/Mitzkat, S. 185).
Die unterrichtsspezifische Bedeutung dieser Wesensmerkmale führt zu einem Verständnis des entdeckenden Lernens, das als ein abgestuftes Führungskontinuum zwischen streng originärem, freiem Forschen und überwiegend rezeptivem Lernen des Schülers gekennzeichnet werden kann.
(Siehe Grafik auf S. 225)

Einen idealtypischen Prozeß des entdeckenden Lernens kann es also nicht geben, die Skala des entdeckenden Lernens als geleitetes Entdecken zwischen den beiden genannten Polen erweitert und verengt situativ die Führungsintensität des Lehrers.

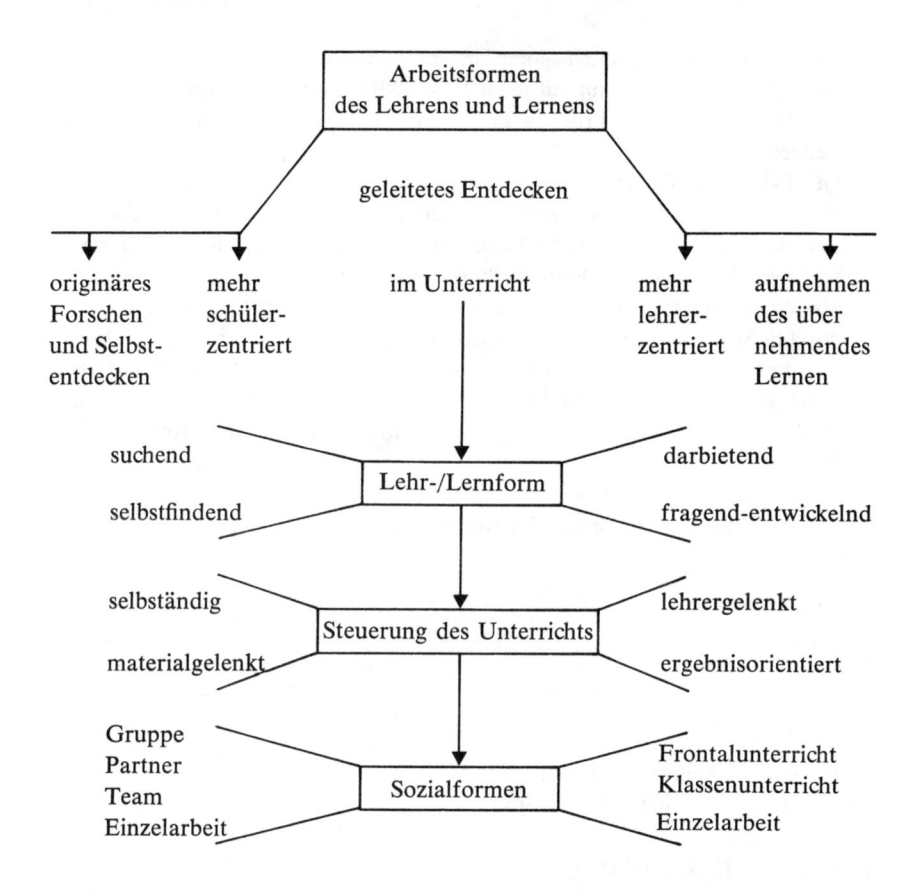

```
                    ┌─────────────────────┐
                    │   Arbeitsformen     │
                    │ des Lehrens und Lernens │
                    └─────────────────────┘

                         geleitetes Entdecken

originäres    mehr        im Unterricht      mehr         aufnehmen
Forschen      schüler-                       lehrer-      des über
und Selbst-   zentriert                      zentriert    nehmendes
entdecken                                                 Lernen
```

|                    |                        |                          |
|--------------------|------------------------|--------------------------|
| suchend            | **Lehr-/Lernform**     | darbietend               |
| selbstfindend      |                        | fragend-entwickelnd      |
| selbständig        | **Steuerung des Unterrichts** | lehrergelenkt     |
| materialgelenkt    |                        | ergebnisorientiert       |
| Gruppe             |                        | Frontalunterricht        |
| Partner            | **Sozialformen**       | Klassenunterricht        |
| Team               |                        | Einzelarbeit             |
| Einzelarbeit       |                        |                          |

### 4.3.2 Bedingungen und Voraussetzungen des entdeckenden Lernens

Mit diesem Aspekt öffnet sich vor allem für die empirische Unterrichtsforschung ein noch weitgehend brachliegendes Unterrichtsfeld. Unser Anliegen kann es nur sein, thesenartig einige Bedingungen und Voraussetzungen aufzuzeigen, die auf unterrichtspraktischen Erfahrungen beruhen und die verhindern sollen, daß der Lehrer sich voreilig und einseitig auf nur entdeckende Unterrichtsakte beschränkt bzw. diese ohne Wissen um lern- und entwicklungspsychologische Gesetzmäßigkeiten in Gang setzt, um dann Mißerfolge im Lehr-Lernprozeß zu erfahren, die störend und hemmend auf die Lernhaltung der Schüler einwirken können. Daß in den Bedingungen des entdeckenden Lernens zugleich einige seiner Grenzen liegen, wird in den weiteren Ausführungen klar.

a) Bedingungen vom Lehrer aus
— Der Lehrer kann entdeckendes Lernen als fachgerechtes, kindgemäßes und zielgerichtetes Lernen nur initiieren, wenn er um die entwicklungspsycholo-

gischen Gesetzmäßigkeiten seiner Schüler weiß. Erst dann kann Bruners Forderung „Jedes Kind kann auf jeder Entwicklungsstufe jeder Lehrgegenstand in einer intellektuell ehrlichen Form erfolgreich gelehrt werden" realisiert werden.

— Der Lehrer soll darüber hinaus über sicheres stoffliches Wissen und stoffliche Kenntnisse verfügen und soll selektierend planen und die ausgewählten Lerninhalte und aufgestellten Lernziele in ein didaktisch-methodisch klares und logisch aufgebautes Planungskonzept bringen können. Bei dieser methodischen Festlegung darf er nicht nur eine ihm bekannte Lösungsrichtung durchdenken und dann im Unterrichtsvollzug dorthin lenken, sondern Raum für mehrere Lösungswege offen halten und so dem geleiteten Entdecken durch die Schüler Möglichkeiten schaffen, die auch zu Umwegen und Irrwegen der Schüler im Sinne des „schöpferischen Irrtums" (H. Roth) führen können.

**Unterrichtsbeispiel: Die Eisenbahnstrecke zwischen M. und W. soll stillgelegt werden**

4. Jahrgangsstufe

| **Planung des Lehrers** | **Einfälle der Schüler** |
|---|---|
| *1. Problemstellung* | |
| Bildmontage: Kuh weidet auf dem Bahndamm bzw. steht auf den Schienen | |
| Problemgrund: Es fährt kein Zug mehr | |
| Zielfrage: Warum wird die Eisenbahnstrecke zwischen M. und W. stillgelegt? | |
| *2. Situationsanalyse* | |
| Informationsmaterial von der Bundesbahn | a) Hypothesenbildung |
| Modell des Straßen- und Schienennetzes (als Spurenkarte) | b) Lösungsplanung: Informationen vom Bahnhofvorsteher über Zahlen der Reisenden, über Güterverkehr |
| | Informationen von Anwohnern und früheren Pendlern |
| | Vergleich mit einer anderen stillgelegten Strecke |

— Der Lehrer soll selbst an den Lehrinhalten, Lernzielen, Lernwegen, Ergebnissen und Fortschritten des einzelnen Schülers interessiert sein und dieses Interesse durch entsprechende affektive Verhaltensweisen transparent machen.
— Der Lehrer soll über didaktische Variabilität und methodischen Einfallsreichtum sowohl in der Planung seines Unterrichts als auch im Unterrichtsvollzug verfügen, d. h. Ablösen starrer Formen des direkten, darbietenden Frontalunterrichts durch selbständige Planungs- und Probierphasen der Schüler und Öffnen mehrerer Zugangsebenen für den Schüler, um an die Aufgabe bzw. die Problemfrage heranzukommen und ihre Lösung auf verschiedenen Ebenen voranzutreiben.

Für die Unterrichtsplanung und Durchführung bedeutet dies: Orientieren am Erfahrungs- und Phänomenbereich der Kinder, Lernziele nicht nur formulieren, sondern auch vorüberlegen, auf welchem Lernweg sie erreicht werden können:

● **Unterrichtsbeispiel: Die Kreisstadt — Mittelpunkt des Landkreises**

4. Jahrgangsstufe

**I. Erfahrungsbereich der Schüler:** Fahrt mit den Eltern in die Kreisstadt, Vater arbeitet in der Kreisstadt, Einkauf von Kleidung, Spielsachen, Lebensmitteln u. ä.

**II. Lernziele**

— Einblick in die Lage der Kreisstadt
— Einblick in die wichtigsten Verwaltungs-, Schul- und Versorgungseinrichtungen
— Fähigkeit, den Einrichtungen entsprechende Funktionsbereiche zuordnen zu können
— Erkenntnis, daß nicht alle Orte des Landkreises trotz organisatorischer Gliederung zur Kreisstadt orientiert sind

**III. Lernwege**

a) Planung des Lehrers
— Einsatz der Landkreiskarte
— Fahrt in die Kreisstadt
— Lesen des Stadtplanes (vereinfacht)
— Gang durch die Kreisstadt mit Ausfüllen einer Wegkarte (Leerstellen für markante Punkte und Route)

— Bezugspersonen befragen (Bürgermeister, Landrat)
— Pendler befragen, ihre Strecke zum Arbeitsplatz kennenlernen
— Der Lehrer muß seinen Unterricht durch ein sozialintegratives Führungsverhalten offen, vertrauensvoll und partnerschaftlich gestalten, um entdeckendes Lernen überhaupt initiieren zu können.

b) Bedingungen vom Schüler aus
— Der Schüler muß von sich aus Interesse und Freude am Forschen, Suchen und Entdecken zeigen; erst das Vorhandensein der Neugier und eine Vielfalt von Interesseneinrichtungen lassen entdeckendes Lernen erfolgreich werden. Natürlich kann und muß der Lehrer gerade durch entdeckende Akte dieses Interesse und Neugierverhalten des Schülers steigern, differenzieren und so eine Bereitschaft zur aktiven Sachauseinandersetzung sensibilisieren, die über das schulische Lernen hinaus anhält.
— Der Schüler muß über ein bestimmtes Grundwissen und bestimmte grundlegende Denk- und Arbeitsmethoden als Voraussetzung neuer selbständig entdeckender Lernaktivitäten verfügen, die auch auf rezeptivem Weg erworben sein können:

| Grundwissen | Denk-/Arbeitsmethoden |
|---|---|
| — Beherrschen der Kartensymbole als Voraussetzung selbständigen Kartenlesens | — Beherrschen grundlegender kooperativer Arbeitsformen<br>— Fähigkeit, mit geographischen Medien und Materialien sachgerecht umgehen zu können |

### 4.3.3 Sichtweise und Kennzeichen des entdeckenden Lernens im grundlegenden Erdkundeunterricht

Beispiele für entdeckendes Lernen im Erdkundeunterricht sind bereits von Copei und Wittmann, in jüngerer Zeit von Bruner und Schrettenbrunner bekannt. Bruner berichtet von einem Versuch im Bereich der „Social Studies", der im Anschluß an einen konventionellen (darbietenden) Kurs über die Sozial- und Wirtschaftsgeographie der Südoststaaten der USA eine Einführung in die Region des Mittleren Westens zum Gegenstand hatte. Entscheidend dabei war, daß die Schüler die wichtigsten Städte dieses Gebiets anhand topographischer und wirtschaftlicher (Bodenschätze) Merkmale finden und lokalisieren mußten. Das ergab eine Fülle von Raumfaktoren, die für die Lage einer Stadt sprachen, aber nicht alle an demselben Platz zu finden waren, so daß die Schüler verschiedene Standorte für ihre größte Stadt (Chicago) wählten.

Das Ergebnis dieses Versuchs stellt sich für Bruner so dar:

a) Die Interessiertheit und Offenheit für neue Vorstellungen waren höher als beim konventionellen Verfahren.
b) Das Problembewußtsein der Kinder wurde geweckt und gesteigert.
c) Das Aufdecken der Frage ergab ein sinnvolles Ergebnis, weil ein als selbstverständlich angenommenes Phänomen in Frage gestellt, problematisiert und durch selbständiges Handeln und Denken gelöst wurde (Bruner, J., S. 34).

Damit haben wir bereits angedeutet, wie entdeckendes Lernen im Erdkundeunterricht verstanden werden kann. Ist auch Bruners Beispiel vergleichsweise aus unserer 5./6. Jahrgangsstufe entnommen, so bleibt doch die didaktische Intention, auf der Basis früherer Denkstrukturen durch selbständiges Forschen neue Inhalte zu strukturieren und neue Problemsituationen zu lösen, für den grundlegenden Erdkundeunterricht erhalten.

Wir wollen auf diesem Verständnis das entdeckende Lernen im grundlegenden Erdkundeunterricht kennzeichnen und entsprechende didaktische Leitlinien aufzeigen:

a) Voraussetzungen für das entdeckende Lernen im grundlegenden Erdkundeunterricht sind ein verfügbares Grundwissen über geographische Begriffe und Vorstellungen und eine zielgerichtete Motivationshaltung der Schüler, die sich durch Interesse und Neugier an neuen geographischen Sachverhalten, durch Problemsensibilität und durch Vertrauen in die eigenen Fähigkeiten auszeichnet.
Beispiel: Selbständiges Finden des Problems durch Vergleichen räumlicher Sachverhalte (Stadtrandsiedlung — dörfliches Neubaugebiet)

b) Die Grundstruktur gewisser Lehrsequenzen soll so gestaltet sein, daß sie von der Sache her zum entdeckenden Lernen anregt und herausfordert.
Das kann im grundlegenden Erdkundeunterricht dann geschehen, wenn nicht stoffliche Komponenten (Was wir im Erholungsgebiet Karthäusertal finden) additiv nebeneinander stehen, sondern in ein zielgerichtetes Geschehen aufgelöst sind. (Warum wählen wir das Karthäusertal als Wanderziel?)

c) Das entdeckende Lernen im grundlegenden Erdkundeunterricht muß vorrangig an der originalen Begegnung mit der geographischen Wirklichkeit und an einer sinnenhaften und handelnden Auseinandersetzung mit ihr orientiert sein.
Die Schüler erkunden auf Unterrichtsgängen die Wechselbeziehung Naturfaktoren — Gesellschaftsfaktoren durch selbständiges Beobachten, Befragen, Beschreiben, Vergleichen, Verbalisieren, Symbolisieren und Werten. Kann die Wirklichkeit nicht unmittelbar erkundet werden, müssen eine materialgerechte Umwelt (z. B. Bodensorten, Nachbildungen durch Modelle, Bezugspersonen, Wetterstation) und selbstlehrende Medien (z. B. Karten, Pläne, Tabellen, Bilder, audiovisuelle Medien) bereitgestellt werden, die die selbständigen Lernmöglichkeiten der Schüler erweitern.

d) In einem entdeckenden Lernen sollen Modelle und ordnende Kategorien anhand von geographischen Sachverhalten aufgebaut werden für das Verstehen anderer, ähnlicher Sachverhalte, denen der Schüler noch in der Schule, spätestens im außerschulischen Leben begegnet und die ihn zu einer Entscheidung herausfordern. Diese Modelle und Kategorien werden durch eine selbständige Auseinandersetzung und Wertung stärker strukturiert und länger behalten.

Ansatzpunkte:
— Wichtige Standortfaktoren für verschiedene Arbeitsstätten sind gleich — ähnlich — verschieden.
— Die Abhängigkeit und Wechselbeziehung der Raumfaktoren und sozialhumanen Faktoren eines Wohngebiets, eines Erholungsgebiets, eines Versorgungsgebiets
— Die Abhängigkeit von Verkehrswegen, Raumfaktoren und Gesellschaftsfaktoren: Anlegen eines Umgehungsweges unter Berücksichtigung des Grundwasserspiegels, der Untergrundstabilität, des Landschaftsbildes, Erschließung des sozialen Raumes durch neue Verkehrsmöglichkeiten (Autobahn), Verbesserung der Lebensqualität in diesem sozialen Raum u. ä.

e) Entdeckendes Lernen im grundlegenden Erdkundeunterricht ist auch handelndes Lernen.

Durch die Selbsttätigkeit, die aktive Auseinandersetzung an geographischen Sachverhalten, durch das konkrete Operieren unter dem Prinzip der minimalen Lehrerhilfe bilden sich neue Denkstrukturen und Verhaltensweisen, die das Denkvermögen des Schülers weiter differenzieren und neue Kombinationsmöglichkeiten eröffnen (nach Aebli: „Das Forschen erzeugt den Fortschritt des Denkens", S. 75). Gewisse Gesetzmäßigkeiten der Natur lassen sich nicht nur einfach beobachten und beschreiben, sie müssen durch experimentelle Handlungen aufgedeckt und durchschaubar gemacht werden.

Möglichkeiten:
— Durch selbsttätigen Umbau einer Einfamilienhaussiedlung zu einer Hochhauswohnanlage Faktoren wie Raumersparnis, kurze Wege, Zweckgebundenheit, Platz für soziale Einrichtungen u. ä. erkennen (Material: Sandkasten, Styroportafeln mit Holzklötzchen oder Zündholzschachteln)
— Durch Entwerfen von Modellvorstellungen (Kinderspielplatz, Freibad, Schulkomplex, Parkanlage, Bushalteplatz u. ä.) die Wechselbeziehung der geographischen Erscheinungen und menschlichen Bedürfnisse erkennen, werten und konkrete Situationsverbesserungen einleiten
— Durch Herstellen von Grundprodukten Abhängigkeitsverhältnisse wie Bodenarten — Bodennutzung — Schaffen von Arbeitsplätzen (Beispiel Kiesgrube, Lehmvorkommen, Wasserkraft) erkennen, vergleichen und übertragen. Hier bietet sich eine sinnvolle Integration von Lehrinhalten der fachlichen Bereiche Erdkunde und Sozial-/Wirtschaftslehre an (vgl. Einsiedler, W., S. 57 ff.).

Auch eine Reihe von Planspielen mit Karten und Tabellen tragen den Charakter eines experimentellen Nachweises, sind ebenso handlungsbetont wie o. a. Experimente, ermöglichen das selbständige Problemlösen und fordern eine Entscheidung heraus, die der Schüler begründen muß. Außerdem beinhalten sie den Transfereffekt eines Modells (im Sinne einer ordnenden Kategorie), ihre Ergebnisse sind sichtbar und dadurch leicht kontrollierbar.

Möglichkeiten (mit Kartenskizzen, Tabellen):
— Wohin würdet ihr das Einkaufszentrum legen?
— Welche Verbesserungsvorschläge für ein Erholungsgebiet findet ihr?
— Beurteilt eure Wohnlage, befragt Mutter und Vater nach ihrem Urteil!
— Entwerft einen Bebauungsplan für das Neubaugebiet!

f) Der Schüler muß durch entdeckendes Lernen fähig werden, selbständig den Transfereffekt der erlernten Modelle zu erproben und zu überprüfen.

Beispiele:
Vergleich sozialer Räume: Gelten die bestimmenden Natur- und Gesellschaftsfaktoren des einen Erholungsgebietes auch für ein anderes? Warum ist dieser Platz geeignet bzw. nicht geeignet für den Standort einer Tankstelle, eines Bushalteplatzes, eines Einkaufszentrums?

g) Das entdeckende Lernen soll nicht nur transferfähige Modelle und transferfähiges Funktionswissen aufbauen, sondern auch Arbeitsmethoden und Einstellungen, die den Schüler befähigen, selbst herauszufinden, wie er von sich aus über eine Grundinformation hinaus zu Lösungsmöglichkeiten und damit zu neuen Denkstrukturen gelangt, wie er also einen Fortschritt seiner eigenen Denkfähigkeit erreichen kann.

● **Unterrichtsbeispiel: Die Stadt (Gemeinde) will ein neues Baugebiet erschließen**

4. Jahrgangsstufe

Arbeitsvorschläge und Vorgehen der Schüler
— Erkunden der Gründe für eine Erschließung durch Befragen des Bürgermeisters, eines Bauinteressenten
— Erkunden durch Lesen des Ortsplanes (Lage, Ausdehnung), Vergleichen der Einwohnerzahl der letzten Jahre (Zuwachsrate), der Arbeitsmöglichkeiten, der Verkehrsverbindungen
— Erkunden der Aufgaben der Gemeinde bei der Erschließung eines neuen Wohngebiets durch Befragen des Bürgermeisters, durch Lesen des Bebauungsplanes, durch Transfer der Bestimmungsfaktoren eines bekannten, ähnlich oder anders strukturierten Gebietes (Wie ist der alte Dorfkern gestaltet? Muß ein neuer Ortsteil anders angelegt werden?)

— Verfolgen der Aktion durch Beobachten der Arbeiten, Befragen der Bauherrn, Vergleichen mit Neubaugebieten anderer Räume (Stadtrandsiedlung)
— Verbesserungsvorschläge entwickeln (im Planungsstadium noch möglich und schon mit Erfolg durchgeführt): Einplanen eines Kinderspielplatzes, eines Grünstreifens, eines Treffpunktes (Springbrunnen mit Sitzbänken)

Ortsplan mit sukzessiven Ergänzungen

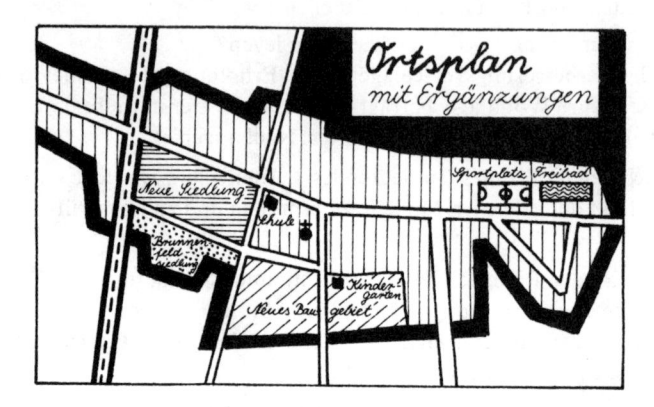

Planspiel: Bei diesen Neubaugebieten fehlen nicht nur Straßen! Zeichne weitere Vorschläge und Änderungen ein!

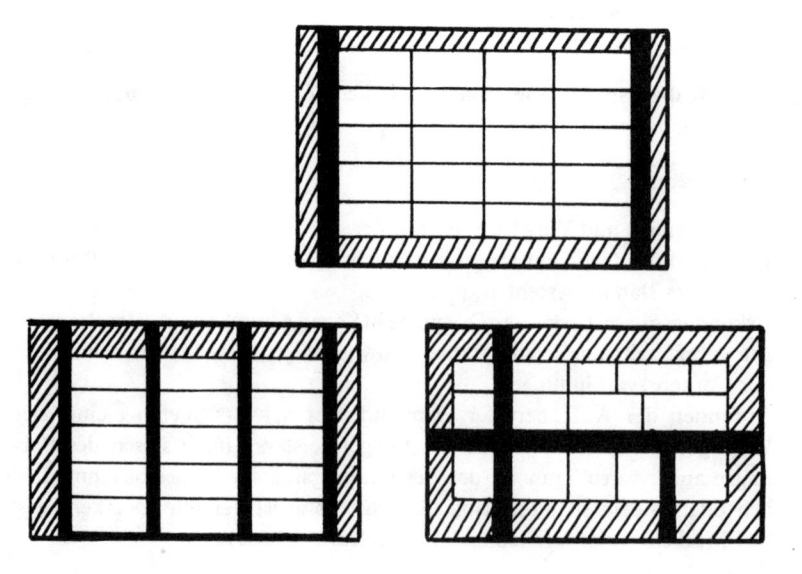

● **Unterrichtsbeispiel: Wie muß die Straße zwischen P. und B. verändert werden?**

3. Jahrgangsstufe

| Didaktisch-methodische Absichten | Stoffliche Abfolge | Arbeitsformen Medien |
|---|---|---|
| *1. Problembegegnung* | | |
| Konfrontation mit der Überschrift eines Zeitungsberichts | „Schon wieder Auffahrunfall bei B." | Zeitungsausschnitt |
| Erfahrungswissen äußern Herausfinden der Gründe der häufigen Unfälle mit Hilfe eines Bildes der betreffenden Straßenstelle und einem Kurzinterview mit einem Betroffenen | Innerhalb eines Jahres 6 Unfälle an der gleichen Stelle der Straße Gründe? | Unterrichtsgespräch<br><br>Bild (Dia) |
| Zielfrage | Wie muß die Straße zwischen P. und B. verändert werden, damit sich die Unfallgefahr verringert? | Tafelanschrift |
| *2. Raum- und Situationsanalyse* | | |
| 2.1 Hypothesenbildung mit Bild | Die Straße ist sehr kurvenreich und eng. Die Kurven sind unübersichtlich. Die Straße muß breiter werden... | Bild (Dia)<br><br>Tafelanschrift |
| 2.2 Arbeit am Modell<br>— Sandkastenmodell<br>— Styropormodell<br>— Spurenkarte<br>Einteilung in Arbeitsgruppen<br>Umbau im Sandkasten, „Glasplattenkarte" | Versucht die Straßenführung so zu ändern, daß eurer Meinung nach die Gefahrenstelle beseitigt ist! | Sandkasten<br>Modelle aus Pappe und Styropor<br>arbeitsgleiche Gruppen mit verschiedenem Material |
| 2.3 Vergleichen der Lösungen | | |

| Didaktisch-methodische Absichten | Stoffliche Abfolge | Arbeitsformen Medien |
|---|---|---|
| Herstellen des Raumbezuges (durch das Sandkastenmodell) | Erdbewegungen sind notwendig. Das Gelände wird verändert, es wird durchschnitten. Die Strecke wird breiter, geradliniger. | Darstellung an den Modellen Unterrichtsgespräch |
| *3. Raum- und Situationswertung* | | |
| 3.1 Verifizieren bzw. Falsifizieren der Lösungen durch die geplante Änderung — Planskizze des Straßenbauamtes (vereinfacht) | Wir vergleichen eure Lösungen mit dem Plan des Straßenbauamtes. | Plan des Straßenbauamtes Unterrichtsgespräch |
| 3.2 Raumbezug Bild einer Straßenbaustelle | Ihr seht, wie die Straße zwischen P. und B. bald aussehen wird: Erde wird ausgeschoben, Bodenwellen werden aufgefüllt, Abhänge werden durchgeschnitten bzw. abgeschoben. | Bilder einer Straßenbaustelle Tafelanschrift |
| *4. Vertiefung/Ausweitung* | | |
| 4.1 Planspiel mit Karte | Wie würdet ihr diese Straßenführung ändern? Begründet! | Partnerarbeit Planspielkarte |
| 4.2 Raumbezug Originale Begegnung Nachteilige Folgen für die Landschaft | Welche Straßen in unserem Wohngebiet müßten verbessert werden? Bäume werden gefällt, Grundwasserspiegel ändert sich ... | Unterrichtsgang |
| Planspielkarte | | |

h) Entdeckendes Lernen braucht einen „Führungsrahmen", der von seiten des Lehrers im Sinne des Prinzips der minimalen Lehrerhilfe abgesteckt wird, nicht als mäeutische Gängelung, sondern als Initiierung, Aktivierung und Innovierung des selbständigen Lernens. Wir schließen uns damit der Aussage G. Dietrichs an und meinen, daß gerade der grundlegende Erdkundeunterricht fachspezifische Begriffe und Kategorien (z. B. Standortabhängigkeit, Bodennutzung, Wohnlage, Kartensymbole, Straßennetz, topologische Begriffe) und fachspezifische Arbeitsmethoden ebenso als Voraussetzung für das selbstentdeckende Lernen braucht wie eine klare, zielgerichtete Arbeitsplanung. Aus der realistischen Sichtweite eigenen Unterrichtens wissen wir, daß dieses geographische Kernwissen, einige wesentliche Arbeitsmethoden (planvolles Erkunden) und diese Arbeits- und Lernplanung doch ein gewisses „Geben" des Lehrers implizieren, um zunächst solche kognitiven und psychischen Funktionen beim Schüler aufzubauen, die er beim entdeckenden bzw. problemlösenden Lernen im Erdkundeunterricht beanspruchen muß (z. B. Fragen, In-Frage-Stellen, Hypothesen bilden, Beobachten, Vergleichen, Schließen, Verbalisieren, Symbolisieren, Urteilen, Werten). Und das wird in den unteren Jahrgängen der Grundschule öfters und in mehr Situationen notwendig sein als in der 3./4. Jahrgangsstufe.

Dennoch bleibt gültig, daß der Lehrer innerhalb dieses Führungsrahmens durch entsprechende methodische Maßnahmen und problemorientierte Aktivitäten den Lernprozeß unter dem Aspekt des selbständigen Forschens und Entdeckens der Schüler gestaltet.

i) Entdeckendes Lernen führt zu produktivem und kreativem Denken. Entdeckendes Lernen im grundlegenden Erdkundeunterricht genauso wie in anderen Fachbereichen erhöht die Wendigkeit, die Offenheit, die Problemsensibilität, das Aktionsvermögen und das freie Spiel mit den eigenen geistigen Kräften und Fähigkeiten und führt zwangsläufig zu produktiven „Einfällen" und kreativem Verhalten.

## 4.4 Fach- und kindgemäße Arbeitsweisen, Arbeitsmittel und Medien

Neben kognitiven Lernzielen soll der grundlegende Erdkundeunterricht gleichrangig instrumentale Fertigkeiten und Fähigkeiten ausbilden und schulen, die auf gegenwärtige und zukünftige Verhaltensqualifikationen abzielen. Wir wollen keine Systematik oder gar Rangfolge fach- und kindgemäßer Arbeitsformen aufstellen, sondern auf der Basis von konkreten Unterrichtsbeispielen ihre Bedeutung und Leistung bewußt machen.

Einsiedler rechnet im Kanon der einzelnen Fachbereiche der Heimat- und Sachkunde der grundlegenden Erdkunde nur zwei fachadäquate Arbeitsformen zu: den Unterrichtsgang und die Arbeit mit Modell, Schema und Bild (vgl. Einsiedler, S. 52). Auch Engelhardt beschränkt sich in dem didaktischen Werk „Fach-

gemäße Arbeitsweisen in der Grundschule" auf die zentrale Arbeitsform „Arbeit mit thematischen Karten" (vgl. Bauer, Engelhardt u. a., S. 85 ff.). Im „Handbuch der Unterrichtspraxis" werden dem grundlegenden Erdkundeunterricht, zumindest in Andeutung, noch weitere Arbeitsformen wie Planen und Handeln zugerechnet (Meißner, O./Zöpfl, H., S. 143).
Wir meinen, daß die grundlegende Erdkunde wie wohl kein anderer Fachbereich primär handlungsorientiert sein soll und deshalb Arbeitsformen entwickelt und verfügbar gemacht werden müssen, die den Schüler zum Handlungsträger machen und bei ihm entsprechende Handlungs- und Verhaltensqualifikationen fördern und festigen. Deshalb sehen wir über die von Einsiedler und Engelhardt erwähnten klassischen Arbeitsformen des Erkundens und Symbolisierens hinaus noch andere, die in optimaler Passung zum Entwicklungsstand des Schülers, zur Struktur des Lerngegenstandes und zur Lehr-/Lernmethode des Unterrichts entsprechend eingesetzt werden.

Beispiele zur optimalen Passung

| Entwicklungsstand des Schülers | Lerngegenstand | Lehrmethode/ Lernweg | Arbeitsformen |
|---|---|---|---|
| Der Schüler orientiert sich an aktionsbetonten Einzelerscheinungen (Bushaltestelle) (1./2. Jahrgangsstufe) | Wir kennen uns im Schulviertel aus | Unterrichtsgang, selbständiges Aufzeichnen | Erkunden, Fragen, Messen, Zeichnen |
| Der Schüler ordnet gegenständlich, wertet Raumfaktoren noch auf den eigenen Standort bezogen 3. Jahrgangsstufe | Bietet unser Stadtpark Erholung für alle Bewohner? | Unterrichtsgang, selbständiges Aufzeichnen, gemeinsames Gespräch, Erholungssuchenden Fragen stellen, Einsatz von Bildern | Erkunden, Beobachten, Befragen, Symbolisieren, Planspiel |
| Der Schüler besitzt ungeläutertes Vorwissen über geschichtliche Vorgänge, steht in der Situation und nicht über ihr 4. Jahrgangsstufe | Warum steht unsere Burg auf einem Berg? (Harburg, Hochhaus u. ä.) | Personifizieren, Identifizieren, selbsttätiges Forschen, Erkennen der Funktionen einer Burg | Erkunden, Untersuchen, Bauen, Experimentieren im Sandkasten, Verbalisieren |

Noch ein wichtiger Faktor spricht für die Einübung differenzierter Arbeitsformen: der Blick über die Grundschule hinaus in die weiterführenden Schulen. Der grundlegende Erdkundeunterricht hat propädeutischen Wert für das Lernen an

weiterführenden Schulen. Deshalb gewinnt und sichert er ein in Begriffen darstellbares Wissen von der geographischen Eigenart der Umwelt und lehrt das Kind „facheigene Arbeitsweisen wie planmäßiges Beobachten und Beschreiben (Verbalisieren) geographischer Erscheinungen und Vorgänge, Vergleichen, Zeichnen von Skizzen und Schaubildern, Umgang mit Plänen und Karten" (Lehrplan für die Grundschule, S. 45).
Wir wollen im Folgenden geforderte und bewährte Arbeitsformen des grundlegenden Erdkundeunterrichts vorstellen, ihre didaktische Zielsetzung aufzeigen und innerhalb von erprobten Unterrichtsbeispielen ihren didaktischen Ort bestimmen.

### 4.4.1 Die Erkundung der geographischen Wirklichkeit

Unter Erkunden verstehen wir die Begegnung des Schülers mit der geographischen Wirklichkeit vor Ort oder durch reale Materialien und material- und fachgerechte Medien, die als isomorphe Repräsentanten geographischer Erscheinungen in das Klaßzimmer hereingeholt werden. Dabei ist Erkunden mehr als nur Anschauen, Betrachten oder Beobachten, es will den Schüler so mit dem originalen Gegenstand in Verbindung bringen, „daß das Kind fragt, weil ihm der Gegenstand Fragen stellt, und der Gegenstand Fragen aufgibt, weil er eine Antwort für das Kind hat" (Roth, H., S. 111).

Das Erkunden schließt folgende Funktionen ein:

a) Das Fragen nach dem geographischen Sachverhalt bzw. Problem, nach seinen Ursachen, seinem Zweck, nach seiner Lösung, nach seinem Funktions- und Wirkzusammenhang
b) Das Befragen von Bezugspersonen
c) Das Beobachten und Untersuchen geographischer Erscheinungen und ihrer Bestimmungsfaktoren.
d) Das Vergleichen dieser Faktoren und daraus Schlüsse ziehen
e) Das Verbalisieren, Notieren und Symbolisieren als wesentliche Form der Begriffsbildung. Damit meinen wir, nicht reden über, sondern reden an geographischen Erscheinungen und Vorgängen, diese durch Sprache und Symbole identifizieren, klassifizieren und durch eigene Sprachbewältigung verinnerlichen.

Beispiele:

— Wir können aus der Karte lesen, warum Hans zu Fuß zur Schule gehen kann, Susi mit dem Schulbus fahren muß.
— Wir erkennen aus unserem Versuch (Wasser in einen geschwungenen Flußlauf leiten), warum die Zusam begradigt wurde.
f) Das selbständige Beurteilen und Werten sozialgeographischer Zusammenhänge.

Die vorrangige methodische Maßnahme des Erkundens ist der Unterrichtsgang, der die originale Begegnung mit der geographischen Wirklichkeit bringt und einen großen Freiraum für das selbständige Forschen und Entdecken bietet.

Folgende Kriterien bestimmen die didaktische Zielstellung eines erdkundlichen Unterrichtsganges:

a) sinnvolles Vor- und Mitplanen der Schüler
— Aufstellen von Arbeitsaufgaben zur Beobachtung, Befragung oder Untersuchung
— Bilden von Arbeitsgruppen mit verschiedenen Aufgaben
— Besorgen und Zusammenstellen von notwendigen Arbeitsmitteln

b) nicht nur „Objektbetrachtung", nicht nur sinnliches Aufnehmen, sondern aktive Auseinandersetzung und konkretes Tun am geographischen Objekt
— Befragen von Bezugspersonen
— Notieren und Symbolisieren geographischer Erscheinungen
— Messen von Entfernungen
— Untersuchen geographischer Phänomene (z. B. Bodenformen)

c) variable Festlegung eines Unterrichtsganges
— am Anfang einer Lehrsequenz, auf der Stufe der Raum- und Situationsbeurteilung als Sammeln und Erarbeiten von Informationen zur Lösung eines Problems
— am Ende einer Lehrsequenz als Bestätigung von Erkenntnissen und Einsichten, die von den Schülern anhand materialgerechter Medien gewonnen worden sind, als endgültige Lösung einer Problemsituation und zur aktiven Situationsverbesserung

d) notwendige Vororganisation durch den Lehrer
— Absprache mit der Bezugsperson (Tankstellenbesitzer, Müller, Bürgermeister u. a.), um nebensächliche Informationen einzuschränken
— Kennenlernen des Weges, der Lage
— Beobachten des Verkehrs (Schutzmaßnahmen)

Modell eines Unterrichtsganges

● **Unterrichtsbeispiel: Warum hat Herr Brenner seine Tankstelle an die B 2 gebaut?**

3. Jahrgangsstufe

Die Schüler finden nach der Problemstellung und ihren eigenen Vermutungen selbst zu dieser Form des Erkundens und erarbeiten folgende Planungsvorschläge:
1. Arbeitsgruppe: Aufzeichnen des Weges zur Tankstelle, Lage- und Standortskizze durch Abmessen und Aufzeichnen topographischer Merkmale

2. Arbeitsgruppe: Beobachtungsgruppe
Beobachten und Notieren der Autos, die zum Tanken kommen (wieviel, woher), Notieren der Literabgabe und der Inanspruchnahme des erweiterten Service (Waschhalle, Abschmieren)

3. Arbeitsgruppe: Interviewgruppe
Befragen der Autofahrer: Gründe für das Tanken an dieser Tankstelle, für die Inanspruchnahme des Service, Verbesserungen

4. Arbeitsgruppe: Interviewgruppe
Befragen des Besitzers: Gründe der Platzwahl, Beurteilung der Lage, Benzinverkauf pro Tag, pro Woche, Konkurrenz, Werbung, Verbesserungen

5. Arbeitsgruppe: Kartengruppe
Eintragen der anderen Tankstellen des Ortes in den Ortsplan, Vergleichen der Standorte, selbst einen Standort für eine Tankstelle in diesem Ort wählen (Meitingen)

Ergebnis des Erkundens und Wertens

Die Schüler konnten im arbeitsteiligen Verfahren ihre Aufgabe selbständig erfüllen. Die Auswertung der Informationen, die Wertung und der Transfer des gewonnenen Funktionswissens forderten noch eine stärkere Unterstützung durch den Lehrer, weil die Integration der Arbeitsergebnisse von arbeitsteiligen Gruppen in einer 3. Jahrgangsstufe noch nicht ausgereift sein kann. Das Planspiel „Suche einen Platz für eine Tankstelle in Herbertshofen und begründe deine Wahl!" bewies jedoch, daß die Schüler eine weitere Intensivierung ihres Transferlernens und problemlösenden Denkens erfahren haben.

Das Erkunden mit Hilfe von materialgerechten Medien im Klaßzimmer

● **Unterrichtsbeispiel: Braucht Wertingen eine Umgehungsstraße?**

3./4. Jahrgangsstufe

— Modell der Stadt im Sandkasten
— Ortsplan mit voraussichtlicher Bauerwartung der nächsten Jahre
— Bilder von der Durchgangsstraße, von Verkehrsengpässen
— Tonbandinterview mit dem Bürgermeister, mit einem Anlieger, mit einem Lastkraftwagenfahrer

Auf der Stufe der Aktionsverbesserung haben die Schüler folgendes Planspiel selbständig durchgeführt und verschiedene Lösungsvorschläge gefunden (unter anderem denjenigen, der jetzt im Stadtrat erwogen wird).

Planspiel:
Zeichnet ein, wo ihr die Umgehungsstraße bauen würdet! Begründet eure Lösung!

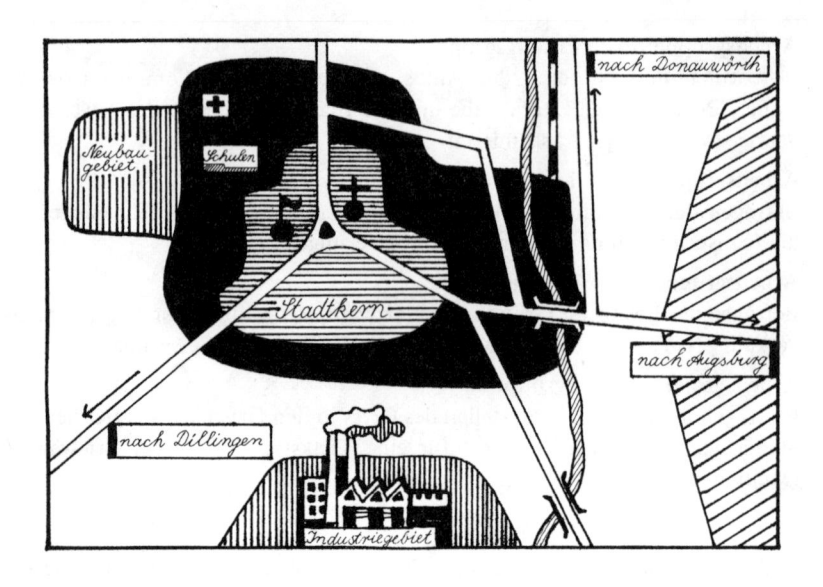

Das Erkunden schließt mit dem selbständigen begründeten Werten sozialgeographischer Zusammenhänge

● **Unterrichtsbeispiel: Wo möchtest du gerne wohnen? — Familienmitglieder beurteilen unsere Wohnlage in F.**

3. Jahrgangsstufe

Auf der Wertungsstufe wurde eine Personbefragung durchgeführt, die über die Klassengruppe hinausging und einzelne Familienmitglieder ansprach:

Ergebnis eines Schülers:

| Raum-/Humanfaktoren | Personen | | | |
|---|---|---|---|---|
| ungünstig: ●<br>es geht, zufrieden: ● ●<br>sehr günstig: ● ● ● | Vater | Mutter | Oma | ich |
| ruhige Lage | ● ● ● | ● ● ● | ● ● ● | ● ● |
| Erholungsmöglichkeiten<br>(Wanderwege, Spielplatz) | ● ● | ● ● ● | ● ● ● | ● |
| Einkaufsmöglichkeiten | ● | ● | ● | ● |

| Raum-/Humanfaktoren | Personen | | | |
|---|---|---|---|---|
| ungünstig: ●<br>es geht, zufrieden: ● ●<br>sehr günstig: ● ● ● | Vater | Mutter | Oma | ich |
| Verkehrsverbindungen | ● ● | ● | ● | ● ● |
| Arbeitsplatznähe | ● | ● ● ● | — | — |
| gesundes Wohnen | ● ● ● | ● ● ● | ● ● ● | ● ● |
| großzügige Lage<br>(viel Platz, freier Blick) | ● ● | ● | ● ● ● | ● ● |
| Bildungsmöglichkeiten<br>(Schule, Theater, Volkshochschule) | ● | ● | ● | ● ● ● |
| Verbindungen zu zentralen<br>Städten (Augsburg, Dillingen) | ● ● | ● | ● | ● ● |

Planspiel als Transfer:
Welche Wohnlage gefällt dir, welche nicht? Begründe!

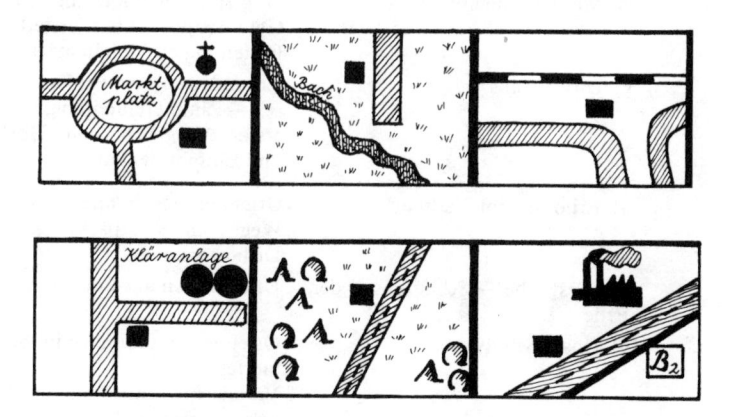

## Zusammenfassung

Wir sind schon an anderer Stelle (Kap. 2.2) auf die Notwendigkeit und die Zielsetzung der originalen Begegnung eingegangen. Originaler Erdkunde muß in der Grundschule wieder mehr Raum gegeben werden, um über die anschauliche

Beobachtung, Erkundung und Erprobung zur geistigen Verarbeitung der geographischen Phänomene und Strukturen zu gelangen. Viele Begriffe bzw. Strukturen können erst durch den Einsatz aller Sinne „be-griffen" werden (vgl. Piaget und Aebli „Wesen einer Operation").

Nachfolgende Aufstellung soll noch einmal Lerninhalte aufzeigen, für die die Arbeitsform „Unterrichtsgang" relevant ist (als kleine Auswahl gedacht; viele ausführlich dargestellten Unterrichtsbeispiele in diesem Buch enthalten ebenfalls Hinweise zur originalen Erkundung):

| Jahrgangsstufe | Lerninhalte | originale Lernwege |
|---|---|---|
| 1 | a) Unser Schulweg | Abgehen des Schulweges, Gefahrenstellen herausstellen |
|   | b) In der Schule | Orientierungsübungen, einzelne Räume kennenlernen |
|   | c) Mit dem Fahrrad auf der Straße | Übungen im Schulhof oder Verkehrsgarten: rechts und links abbiegen, Verhalten an der Ampel |
|   | d) am Bushalteplatz | Überqueren der Straße, Aufstellen am Halteplatz |
|   | e) Wir wandern mit der Klasse | Markante Punkte in der Landschaft |
|   | f) Auf dem Spielplatz | Weg zum Spielplatz abgehen, Gefahrenpunkte herausstellen, Einteilung des Spielplatzes |
|   | g) Unser Haus | Erkunden eines Einfamilienhauses — Zimmereinteilung, erster Vergleich von Hochhaus und Einfamilienhaus |
| 2 | a) Erholung im Stadtpark | Orientierungsübungen auf dem Weg zum Stadtpark, Lage- und Distanzordnung |
|   | b) Kiesgrube — Schaufenster der Erde | Untersuchen der Bodenschichten |
|   | c) Unser Schulviertel | Orientierungsübungen im Schulviertel<br>Vergleichen mit anderen Wohngebieten der Stadt |
|   | d) Woher kommen die Schüler unserer Klasse | Kennenlernen einzelner Dörfer der Verbandsschule durch eine Unterrichtsfahrt |
|   | e) Wie wird das Wetter? | Beobachtungen im Freien |
|   | f) Möchtest du in einem Hochhaus wohnen? | Kennenlernen eines Hochhauses Befragen von Bewohnern |

| Jahrgangs-stufe | Lerninhalte | originale Lernwege |
|---|---|---|
| | g) Warum liegt der Tierpark nicht in der Stadtmitte? | Orientierungsübungen auf dem Weg zum Tierpark, Vergleich der Lage mit dem Zentrum der Stadt, Befragen des Direktors, Befragen von Besuchern |
| 3 | a) Einkaufsstraße | Orientierungsübungen auf dem Weg zur Einkaufsstraße, Lage der Einkaufsstraße ausmachen (mit Plan), Befragen der Geschäftsleute und Passanten |
| | b) Einkaufszentrum | Originaler Weg-, Zeit-, Preis- und Qualitätsvergleich |
| | c) Wo arbeiten viele Menschen? | Lage einer großen Fabrik ausmachen, Zufahrtsstraßen kennenlernen, Einblick in die Arbeitsplatzverhältnisse |
| | d) Unser Rathaus ist zu klein! | Lage und Distanzordnung im Raum kennenlernen, Befragen des Bürgermeisters, der Passanten u. ä. |
| | e) Nahverkehr in unserer Stadt | Kennenlernen wichtiger Nahverkehrsmittel wie Straßenbahn, S-Bahn, U-Bahn, Vergleichen der Verkehrsmittel |
| | f) Wie würdest du ein Haus bauen? | Verschiedene Haustypen und -einteilungen kennenlernen, Vergleichen, Bauen |
| | g) Unser Dorfweiher — ein Schandfleck | Erkunden des Dorfweihers, Zusammenstellen negativer Beobachtungen (Abfall, Schmutz), Verbesserungsvorschläge |
| 4 | a) Umweltgefahren in unserem Wohngebiet | Erkunden des Wohnviertels, Beobachten des Verkehrs, Umweltverschmutzung durch Industrie |
| | b) Umweltgefahren im Erholungsgebiet | Wanderung zu einem Naherholungsgebiet, Erkunden von wilden Müllkippen am Waldrand, Wasserverschmutzung feststellen |

| Jahrgangs-stufe | Lerninhalte | originale Lernwege |
|---|---|---|
| | c) Wir legen einen Bebauungsplan an | Das neue Wohnviertel selbst planen und im nachhinein auf einem Unterrichtsgang mit dem realen vergleichen, Unterschiede feststellen |
| | d) Welche Schulen gibt es in unserer Region? | Lehrfahrt durch die Region, Besuch von 2 weiterführenden Schulen, Gespräch mit den Schulleitern Orientierungsübungen im Raum |
| | e) Die Autobahn verbindet unseren Wohnort mit der Welt | Erkundung der Zufahrtsstraßen, Beobachten des Verkehrs, Autonummern sagen, woher die Autofahrer kommen, Aussage von Hinweisschildern |
| | f) Der Bahnübergang schafft Probleme | Erkunden des Bahnübergangs, Beobachten des Durchgangsverkehrs, Stoppen der Zugfahrtzeiten |
| | g) Die Brücke über den Lech ist ein Verkehrshindernis | Erkundung der geographischen Gegebenheiten, Lastwagenfahrer befragen, Modelle entwerfen und an Bezugspersonen weiterreichen, Verbesserungsvorschläge |
| | h) Die Altstadt stirbt! | Erkundungsgang in die Altstadt, Notieren der zerstörten und gefährdeten Gebäude, Verbesserungsvorschläge |

## 4.4.2 Die Arbeit mit Repräsentanten der geographischen Wirklichkeit — Sandkasten, Modell, Bild

*4.4.2.1* Der *Sandkasten* ist mit der Ablösung der traditionellen Heimatkunde in Vergessenheit geraten. Meist dient er, wenn überhaupt noch im Klassenzimmer vorhanden, als Abstellplatz für andere Lernmaterialien und Veranschaulichungsmittel. Einige Grundschullehrer nützen ihn wenigstens noch zum Aufbau des Schulviertels oder Wohnviertels, das dann das Jahr über im Sandkasten ein vergessenes Dasein fristet. Der Sandkasten als Mittler zwischen Wirklichkeit und Karte, als Experimentierfeld für die Schüler (Sand läßt sich formen, klopfen, durchschneiden, wegschieben, drücken, aufhäufen u. ä.), als isomorpher Repräsentant der geographischen Wirklichkeit zeigt funktionelle Zusammenhänge der geographischen Umwelt des Schülers wirklichkeitsgetreu und anschaulich auf.

Ihm kommt der Rang eines dynamischen Arbeitsmittels mit genetischen Möglichkeitent zu, weil jederzeit die Prozeßhaftigkeit im Raum und die Aktivitäten der Menschen im Raum durch Umformen des aufgebauten Geotopen aufgezeigt werden und funktionale Zusammenhänge im Raum anschaulich gezeigt werden können, z. B. alte Straßenführung — neue Straßenführung, Wasser — Staudamm, Verkehrswege — Erholungsgebiet, Geländeform — Sportzentrum, Wohnform — Landschaftsprägung.

Sandkasten aus Plexiglas machen den Querschnitt der jeweiligen Landschaft transparent und verdeutlichen geographische Besonderheiten in dieser Landschaft, z. B. Prallhang — Gleithang, Tafelberg — Kegelberg — Bergkuppe, Bodenschichten, Kerbtal — Trogtal.

Die dreidimensionale Darstellung durch den Sandkasten gewinnt besonders bei der Einführung in das Kartenverständnis an Bedeutung. Aber genauso wichtige anschauliche Hilfsdienste leistet er bei der exemplarischen Darstellung geographischer Grundbegriffe, weil die Vielfalt der Erscheinungen aus der Natur- bzw. Kulturwelt auf das Markante und Wesentliche beschränkt werden können.

*4.4.2.2* Im Sandkasten entstehen also *Modelle* der geographischen Wirklichkeit. Modelle können aber auch mit anderen Materialien, besonders von Schülern selbst, hergestellt werden. Materialien wie Gips, Lehm, Plastilin, Styropor, Holz, Papier, Wellpappe, Pappmaschee u. ä. lassen sich von Grundschülern leicht bearbeiten. Da in vielen Klassenzimmern nur ein Sandkasten zur Verfügung steht, können Modelle der geographischen Wirklichkeit in einzelnen Lerngruppen ebenso mit den genannten Materialien entstehen. Sie veranschaulichen Oberflächenformen, demonstrieren Vorgänge (Flußbegradigung, Straßenführung) und unterstützen die Zusammenschau von Oberflächenform, Besiedlung, Gewässer und Pflanzenwuchs. Der größte Vorteil aber liegt wohl darin, daß Modelle von den Schülern selbst gefertigt werden können und damit das Prozeßhafte der Landschaft bzw. des Raumes zum Ausdruck kommt.

Einige didaktische Hinweise zum Einsatz des Modells im Sandkasten oder mit anderen Materialien müssen noch gegeben werden:

a) nicht ganze Landschaften im Sandkasten aufbauen, sondern nur kleine, überschaubare und für den Lernprozeß entscheidende Ausschnitte des Raumes

b) keine Verfälschung der Wirklichkeit durch zu große Distanz- und Lageverzerrungen oder Überhöhungen

c) Entstehen des Modells vor den Augen der Schüler, nur unwichtige Details vorbereiten

d) Einnorden des Sandkastens bzw. der Unterlage für das Modell

e) Übungen zum Verkleinern der geographischen Wirklichkeit vor dem maßstabsgetreuen Bau des Modells (Annäherungswerte: 10-, 100-, 1000mal kleiner).

Beispiele für Modelle im Sandkasten bzw. mit verschiedenen Materialien

| Jahrgangs-stufe | geographisches Phänomen (Prozeß) | Modelle |
|---|---|---|
| 1/2 | a) Lage der Schule Geländeform | Sandkastenmodell, Schule aus Pappe oder Styropor |
| | b) Das Schulviertel | Sandkastenmodell, Spurenkarte mit Straßen und Häusern aus Holz (Zündholzschachteln) |
| | c) Wie unser Haus (unsere Wohnung) eingeteilt ist | Modell aus Styropor, abnehmbares Dach |
| | d) Eine Siedlung mit Einfamilienhäusern, Reihenhäusern oder Hochhäusern | Pappkarton als Baugelände; Holzklötze, Zündholzschachteln oder Styroporrechtecke als „Wohneinheiten", Umbauen möglich (von der Einfamilienhaussiedlung zum Hochhaus) |
| | e) Wie kommen wir sicher zur Schule, Kirche, zum Sportplatz, Bad u. ä. | Pappkarton als Grundfläche, Pappstreifen als Straßen, Hausmodelle aus Holz |
| | f) Arbeitsplatz und Wohnplatz liegen nah beieinander | Pappkarton als Grundfläche, Wohnhaus und Wirtschaftsgebäude aus Papier oder Styropor |
| | g) Parkplätze bei der Schule | Pappkarton als Grundfläche, Schulgebäude aus Styropor, Parkplätze mit Papierstreifen einteilen |
| | h) Platz für einen Kinderspielplatz | Aufbauen der Geländeform im Sandkasten, Erdbewegungen können durchgeführt werden |
| | i) Wanderung nach Reimlingen | geographische Besonderheiten im Sandkasten: Berg, Tal, Fluß, Abhang |
| | k) Straßenkreuzungen sind gefährlich | Pappkarton als Grundfläche, Papierstreifen als Straßen, starker Karton zum Bau von Brücken und Überführungen |
| | l) Überschwemmungen schaden der Landschaft (enger Raumbezug) | Sandkastenmodell: Siedlung im Tal, die Bäche schwellen durch Wasserzufluß zu Flüssen an, reißen Sand mit, treten über die Ufer |

| Jahrgangs-stufe | geographisches Phänomen (Prozeß) | Modelle |
|---|---|---|
| | m) Kanalisierung | Modell im Sandkasten, Schutz der Rohre durch den Boden (Druck, Frost) |
| | n) Gefahren auf dem Schulweg | Modell aus Pappe, Papierstreifen, Holzstäbe (Ampeln und Häuser) |
| | o) Stadtpark | Modell im Sandkasten, Lage, Distanz zu Wohngebieten |
| 3 | a) Flurbereinigung | Pappkarton mit vielen verschiedenfarbigen Flächen für die Besitzer |
| | b) Alte — neue Ortsteile | Sandkastenmodell, Lage- und Distanzvergleich |
| | c) Kiesgrube | Aufbau der Bodenschichten im Sandkasten, in großen Gläsern |
| | d) Kinder aus verschiedenen Orten in der 3. Klasse | Sandkastenmodell, Entfernungen der einzelnen Ortschaften maßstabsgetreu, Wegvergleiche |
| | e) Verkehrslage unseres Wohnortes | Pappkarton als Grundfläche, Verkehrsnetz durch dünne Streifen auflegen, roter Punkt für Ortschaften |
| | f) Fernsehturm auf dem Hühnerberg | Sandkastenmodell, Geländeform Bergkuppe, enges Kerbtal |
| | g) Schule im Ort X. | Sandkastenmodell, Lage der Schule, Distanz zu Ortsteilen, Geländeform |
| | h) Wieviel Ortsteile gehören zur Gemeinde? | Sandkastenmodell mit maßstabsgetreuer Distanz, Geländeform des Gemeindegebiets |
| | i) Änderung der Straßenführung | Pappkarton als Grundfläche, Papierstreifen als Straßen — Änderung durch Schneiden und Zusammenkleben, Sandkastenmodell, Verdeutlichung der neuen Straßenführung, der Arbeiten an der Straße (Ausheben, Kies einfüllen) |
| | k) Bau einer Turnhalle | Modell aus Styropor, Lage zur Schule |

| Jahrgangs-stufe | (Prozeß) geographisches Phänomen | Modelle |
|---|---|---|
| | l) Flußregulierung | Modell aus Styropor mit kurvenreichem Fluß, Wasser eingießen — Überschwemmung |
| | m) Umgehungsstraße | Sandkastenmodell mit Möglichkeit zum Umbau |
| | n) Tunnelbau | Sandkastenmodell, Röhre durch den Berg führen |
| | p) Aussiedlerhof | Sandkastenmodell, Bauklötze, Lage und Distanz zur Ortschaft und zur Nutzfläche |
| | o) Standort für ein Krankenhaus | Modell der Stadt im Sandkasten, Geländeform, Vegetation (Wald) |
| 4 | a) Standort für einen Schuttplatz | Sandkastenmodell, Geländeform Vegetation |
| | b) Wie das Ries entstand (ein Maar, ein See, eine Bergkuppe) | Geländeform im Sandkasten entstehen lassen |
| | c) Ein Dorf wird zur Vorstadt | Sandkastenmodell, Anwachsen der Häuser, Abnahme der Nutzfläche |
| | d) Autobahnen entstehen | Straßenführung auf Pappkarton, Brücken aus starker Pappe bzw. Holzstäben |
| | e) Orientierungspunkte im Raum | Markante Orientierungspunkte im Sandkasten aufbauen, anschließend Wanderung mit Kompaß |
| | f) Flurnamen | Die Geländeformen von Fluren im Sandkasten aufbauen, z. B. am hohen Ufer, Pfannenstiel u. ä. |
| | g) Campingplatz | Gestaltung im Sandkasten — Bezug zur Umwelt |
| | h) Talsperre im Rodetal | Modell im Sandkasten oder aus Gips, Experimente mit Wasser, Erdbewegungen beim Bau |
| | i) Einkaufszentrum | Pappkarton als Grundlage, Plätze zur Auswahl mit Papierflächen |
| | k) Soll ein neuer Skilift gebaut werden? | Modell aus Styropor, Sandkastenmodell, Veränderung der Landschaft |
| | l) Hochhäuser am Mohnsee? | Sandkastenmodell, Bauklötze |

| Jahrgangs-stufe | geographisches Phänomen (Prozeß) | Modelle |
|---|---|---|
| | m) Höhendarstellung | Sandkastenmodell, Berg aus Plastilin oder Gips Höhenschichten durch Styroporteile darstellen |
| | n) Bahnübergang | Pappkarton als Grundfläche, Überführung für Fußgänger Aufschütten einer Überführung im Sandkasten |

*4.4.2.3* Das *Bild* hat in all seinen Arten (Dia, Wandbild, Abbildung im Buch, Zeitschriften- und Zeitungsbild, Werbeplakat, Prospektbild, Ansichtskarte) einen hervorragenden Platz im Unterricht der grundlegenden Erdkunde. Folgende didaktische Grundsätze bestärken dies:

a) Das Bild veranschaulicht die geographische Wirklichkeit besonders lebendig

b) Es ist ein Anschauungs-, aber auch Arbeitsmittel. Der Schüler kann Details herauslesen, Inhalte erschließen und Vorstellungen klären.

c) Es bereichert den verbalen Unterricht sach- und kindangemessen.

d) Es bietet die Möglichkeit zum Vergleich mit der Wirklichkeit, fördert problemlösendes Denken und das Transferdenken.

e) Die verborgene Dynamik des Bildes kann vom Schüler in einen Handlungsablauf umgesetzt werden.

f) Das Bild hat starke Symbolhaftigkeit und prägt sich deshalb leicht ein.

g) Der didaktische Ort des Bildeinsatzes liegt nicht starr fest. Bilder können auf allen Stufen des Lernprozesses eingesetzt werden.

Neben diesen didaktischen Grundsätzen müssen aber auch Anforderungen, die der grundlegende Erdkundeunterricht an das Bild stellt, berücksichtigt werden:

a) Bilder sollen der kindlichen Auffassungskraft entsprechen und nicht gehäuft eingesetzt werden.

b) Dominante Merkmale des Raumes bzw. der Landschaft müssen prägnant und erkennbar sein.

c) Bilder sollen den Menschen in seiner Arbeit und seinem Werken im Raum aufzeigen.

d) Bei Bildern, die Einblick in die Zusammenhänge von einzelnen geographischen Strukturen geben wollen, muß die funktionale Abhängigkeit klar dargestellt sein.

e) Bilder dürfen nicht mit Nebensächlichkeiten überladen, nicht verzerrt und veraltet sein.

Wir greifen noch einmal die Frage des didaktischen Ortes des Bildeinsatzes auf und zeigen die variable Handhabung an den einzelnen Stufen des Strukturmodells einer Unterrichtsstunde auf:

## 1. Raum- und Situationsbegegnung

Bild als stummer Impuls „Wilder Schuttablageplatz"

Bilder zur Zielfrage: Welcher Platz eignet sich besser für den neuen Sportplatz?

2. *Raum- und Situationsanalyse*

Bilder zur Informationsentnahme: Erholungsmöglichkeiten im Fremdenverkehrsort O.

3. *Raum- und Situationsbeurteilung*

Bild als Wertungsgrundlage:
„Vorteile der Wohnanlage des Ortes N."
Luftbild von Nördlingen

5. *Transfer*

Bild zur denkenden Durchdringung:
„Umweltschutz"

*4. Vertiefungsstufe*

Bildeinsatz zur vertiefenden Zusammenschau:
„Warum hat sich in unserer Gemeinde eine Dachplattenfabrik angesiedelt?"

Zwei methodische Hinweise sollen noch das Problem erhellen: „Woher bekomme ich raumbezogene Bilder?" Ein sonntäglicher Streifzug durch den heimatlichen Erfahrungsraum der Schüler bringt eine Fülle geographischer Objekte vor die Kamera und stärkt den Raumbezug des Lehrers zum Heimatbereich seiner Schüler.

Die Lichtbildstellen der Staatlichen Schulämter halten für den grundlegenden Erdkundeunterricht außer den Luftbildaufnahmen der Ortschaften wenig Brauchbares für die spezielle Umwelt bereit. Wenn die Bilder einzelner Serien nach oben genannten Kriterien ausgewählt werden, dann können, je nach Raumbezug der Schüler, vor allem die Dias über Städte (Augsburg, München, Köln), Flüsse (Lech, Isar, Ruhr), Landschaften (Berchtesgadener Land, Fränkische Alb, Schwarzwald) und geographische Prozesse (Bau einer Talsperre, Zähmung und Nutzung der Isar) eingesetzt werden. Sozialgeographische Aspekte werden in den bisherigen Dia-Reihen noch zu wenig berücksichtigt. „Ein Bild sagt mehr als tausend Worte" — die Umsetzung dieses chinesischen Sprichwortes kann den grundlegenden Erdkundeunterricht nur bereichern.

### 4.4.3 Das Symbolisieren — Arbeit mit Karten, Grafiken, Zeichnungen

Wir wollen an dieser Stelle keinen systematischen Lehrgang zur Einführung in das Kartenlesen und Kartenzeichnen aufbauen. Diese Aufgabe ist für ein eigenständiges Kapitel vorgesehen (Kap. 5.1). Uns geht es hier vor allem um die Fragen, welche Karten, Grafiken und Zeichnungen kann man im grundlegenden Erdkundeunterricht einsetzen, welche können Schüler selbst fertigen und an welchem didaktischen Ort sollen diese Arbeitsmittel eingesetzt werden.

*4.4.3.1 Karten im grundlegenden Erdkundeunterricht*

Die Karte als verkleinertes Abbild der Wirklichkeit wird meist mit *geographische Karte* identifiziert, d. h. Oberflächenformen, Straßen, Gewässer, Städte, Wälder, Einzelobjekte u. ä. werden mit entsprechenden Symbolen und Farben dargestellt. Diese Kartenform wird natürlich auch in der Grundschule, vor allem in der 3. und 4. Jahrgangsstufe nach wie vor eine Rolle spielen.

Doch bevor die geographische Karte eingesetzt wird bzw. selbst gezeichnet werden kann, müssen in der Grundschule noch einige Vorformen der geographischen Karte vorneweg das Kartenlesen und -zeichnen erschließen.

a) Die Bildkarte

Eine Bildkarte enthält erste Symbolstrukturen. Die Haupt- und Nebenstraßen werden aufgezeichnet, die einzelnen Häuser entweder per Foto aufgeklebt oder aufgezeichnet. Das Prinzip der Anschaulichkeit erlaubt diese Verbindung von Bild und Kartenzeichen.

● **Unterrichtsbeispiel: Vom Kindergarten in die Schule**

1. Jahrgangsstufe

*1. Phase:*

Freies Erzählen über die Zeit im Kindergarten
Zielstellung: Wir wollen heute den Kindergarten besuchen

*2. Phase:*

Der Weg vom Kindergarten zur Schule
Aus dem Gedächtnis markante geographische Punkte aufsagen: Häuser sind dazwischen, eine Kreuzung, die Kirche, der Sportplatz, ein Kreuz am Weg...

*3. Phase:*

Unterrichtsgang: Wir zeichnen den Weg auf.

*4. Phase:*

Vergleichen der verschiedenen Bildkarten untereinander

Vergleichen mit einer großen Bildkarte mit Fotos

Beispiel eines Schülers:

b) Von der Bildkarte zur Symbolkarte

Symbolen als isomorphen Repräsentanten begegnet das Kind heute in der Umwelt auf Schritt und Tritt. So ist es für den Grundschüler nicht schwer, Kartensymbole zu entschlüsseln und zu verstehen. Geht der Lehrer zunächst gar den Weg, daß die Schüler selbst Symbole entwerfen können, die dann mit den gebräuchlichen auf der geographischen Karte verglichen und anschließend verbessert werden, gewinnt der Schüler schneller Einsicht in die Funktion solcher Symbole.

Beispiel

| Haus | | | |
|---|---|---|---|
| Kirche | | | |
| Wald | | | |
| Brücke | | | |

● **Unterrichtsbeispiel: Warum steht auf dem Hühnerberg ein Fernsehturm?**

2./3. Jahrgangsstufe

— Einsatz einer Bildkarte auf der Stufe der Raumbegegnung (Foto des Fernsehturms auf einem Berg, von Wald umgeben)
— Einsatz einer Bild-Symbolkarte auf dem Unterrichtsgang als Orientierungshilfe

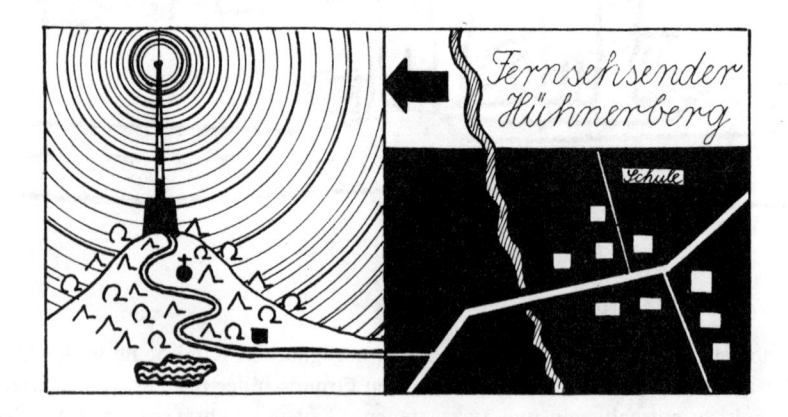

Mit steigender Einsicht in die Kartensymbole macht es den Schülern sehr viel Spaß, in freien Versuchen solche Bild-Symbolkarten selbst anzufertigen und sich der eigentlichen Karte anzunähern. Maßstab und Höhendarstellung bleiben natürlich bei solchen Karten und bei Versuchen der Schüler unberücksichtigt.

● **Unterrichtsbeispiel: Wo wäre der richtige Platz für ein Schullandheim?**

4. Jahrgangsstufe

*1. Phase:*

Vergleichen mehrerer Bilder mit verschiedener Landschaft
Zielstellung: Wo ist der richtige Platz für ein Schullandheim?

*2. Phase:*

Kriterien, die den Platz für ein Schullandheim bestimmen: Schüler finden solche Kriterien (Wald, Spielplatz, Bademöglichkeit, Wanderwege, alte Burg in der Nähe u. ä.)

*3. Phase:*

Erfinde selbst eine ideale Landschaft, wo du ein Schullandheim errichten würdest.

Beispiel eines Schülers

*4. Phase:*

Vergleichen der Vorschläge, Werten in bezug auf die gefundenen Kriterien

*5. Phase:*

Problemkreis schließen: Bilder mit verschiedenen Landschaften — Auswahl eines Platzes

*6. Phase:*

Wir planen einen Schullandheimaufenthalt — Schullandheime, die für uns in Frage kommen

c) Die thematische Karte

Thematische Karten entstehen auf der Grundlage geographischer Karten, enthalten aber spezielle Hinweise auf Einzelerscheinungen wie Pendlerbewegung, Industriedichte, Rohstoffvorkommen, Fremdenverkehrsattraktionen u. ä. Für den grundlegenden Erdkundeunterricht sind thematische Karten wegen ihrer Beschränkung auf bestimmte Fragestellungen und ihrer klaren übersichtlichen Strukturierung besonders geeignet. Wir haben schon in vielen Unterrichtsbeispielen den Einsatz thematischer Karten aufgezeigt (z. B. Warum fährt die Familie König am Wochenende nach Illemad?) und wollen uns deshalb an dieser Stelle auf drei Unterrichtsbeispiele beschränken.

● **Unterrichtsbeispiel: Pendler kommen in unsere Stadt**

3. Jahrgangsstufe

*1. Problemstufe*

Warum ist jeden Morgen dichter Verkehr in der Stadt?
Arbeiter, Schüler kommen in unsere Stadt.
Man nennt sie Pendler (Begriffsklärung).
Zielstellung: Warum kommen „Pendler" in unsere Stadt? Woher kommen die „Pendler"?

*2. Problemlösungsstufe*

2.1 Hypothesenbildung

— Unsere Stadt bietet Arbeitsplätze, Schulen.
— In den Wohnorten der Pendler gibt es für diese Berufe keine Arbeitsplätze mehr.
— In unserer Stadt verdienen sie mehr Geld.
— Sie kommen aus dem ganzen Landkreis.

2.2 Informationserarbeitung

— durch Befragung von „Pendlern"

— durch Material des Arbeitsamtes
— durch eine thematische Karte:

(nach einer Arbeitsunterlage von Dr. Manske, Universität Regensburg)

2.3 Wertungsstufe

Vor- und Nachteile des „Pendelns"
Schüler als Pendler
Industrie auf dem Dorf — ist damit das Pendlerproblem gelöst?
Pendler bringen dem Arbeitsort Vorteile!

● **Unterrichtsbeispiel: Bringt die Flurbereinigung dem Bauern Vorteile?**

4. Jahrgangsstufe

Auf der Problemlösungsstufe wird nachfolgende thematische Karte zur Informationsentnahme eingesetzt. In Partnerarbeit vergleichen die Schüler die Karten und fixieren Vorteile, die die Flurbereinigung gebracht hat:

| | Besitzveränderung | Besitzstücke | |
|---|---|---|---|
| | | vorher | nachher |
| | ausgesiedelte Bauern | 146 | 35 |
| | im Dorf verbliebene Bauern | 234 | 83 |

vorher (1957)

■■ Alte Höfe der Bauern A und B

nachher (1964)

↻ Aussiedlerhof

*Flurbereinigung und Aussiedlung in Dössel (Kreis Warburg)*

vgl. Mayer, G. W.: Unsere Welt ringsum, Sachheft für das 4. Schuljahr, S. 29. Geographische Verlagsgesellschaft Velhagen & Klasing und Hermann Schroedel

● **Unterrichtsbeispiel: Autorennstrecke in der Landschaft — Vor- und Nachteile für diesen Raum**

4. Jahrgangsstufe

*1. Problemstufe*

Motorengeräusch und Zuschauerlärm — gleichzeitig Einblenden der Landschaft, durch die der Rennkurs führt
Problemfrage: Bringt die Autorennstrecke Nachteile oder Vorteile für diesen Raum?

*2. Problemlösungsstufe*

Die Schüler erarbeiten in arbeitsteiligem Verfahren die Vor- und Nachteile der Autorennstrecke für den betreffenden Raum und die Landschaft.
Dabei erhält die „Vorteilsgruppe" folgende thematische Karte zur Informationsentnahme:

**Gebäudenutzung in Nürburg**

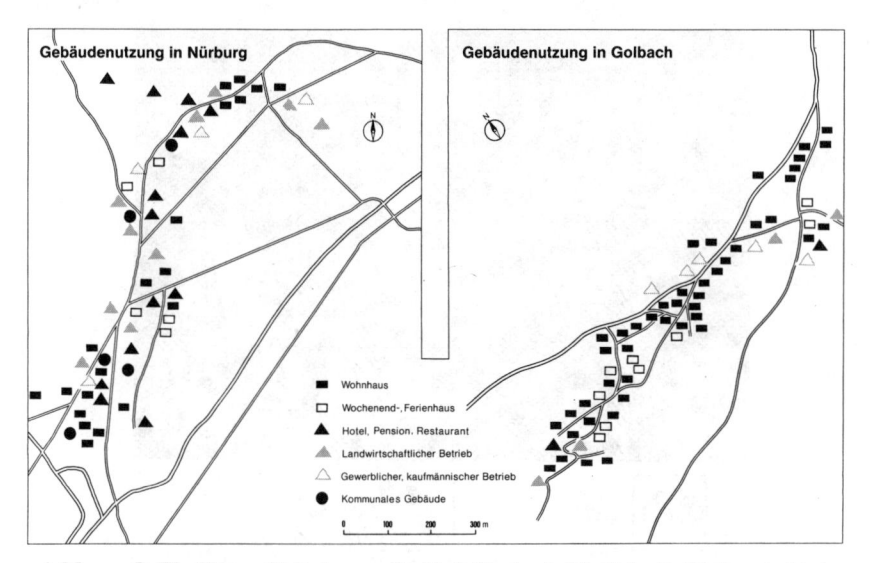

**Gebäudenutzung in Golbach**

- Wohnhaus
- Wochenend-, Ferienhaus
- Hotel, Pension, Restaurant
- Landwirtschaftlicher Betrieb
- Gewerblicher, kaufmännischer Betrieb
- Kommunales Gebäude

vgl. Mayer, G. W.: Unsere Welt ringsum, Sachheft für das 4. Schuljahr, S. 40. Geographische Verlagsgesellschaft Velhagen & Klasing und Hermann Schroedel

Schüler sind nach Vorgabe eines Umrisses selbst in der Lage, thematische Karten zu fertigen, wenn die entsprechenden Symbole vereinbart sind.

● **Unterrichtsbeispiel: Geschäfte in unserem Ort**

3. Jahrgangsstufe

Auf der Vertiefungsstufe fertigen die Schüler eine thematische Karte mit den einzelnen Geschäften an. Das Straßennetz ist auf einer Umrißkarte vorgegeben: (Siehe Abb. auf S. 262)

d) Die Plan- bzw. Kartenskizze

Eine weitere Vorform der maßstabsgetreuen geographischen (physischen) Karte ist die Plan- bzw. Kartenskizze. Sie ist die Weiterführung der Bild-Symbolkarte und bringt Signaturen und Symbole für Gebäude, Orte, Verkehrswege, Bodenbewachsung u. ä. isomorph der geographischen (physischen) Karte, ebenso Kartenfarben und Höhenlinien. Der Maßstab wird bei solchen Skizzen noch ausgespart, weil sie einer schnellen Information dienen und deshalb auch schnell vom Lehrer entworfen werden müssen und vom Schüler selbst angefertigt werden sollen. Maßstabsgetreue geographische Karten über einen Geotopen der heimatlichen Umwelt müßten aus der Landkreiskarte o. ä. herausvergrößert werden. Dieser Aufwand steht oft in keinem Verhältnis zum Zweck einer Kartenskizze, nämlich der sprachlichen und gedanklichen Übersetzung der Kartendarstellung:

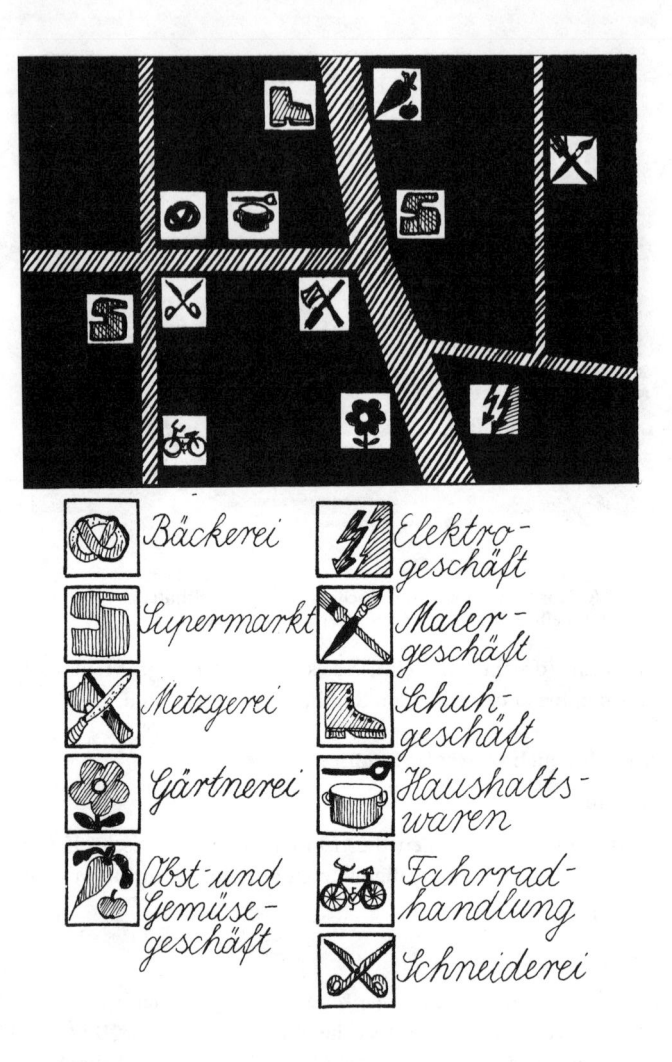

- Erfassen und Deuten der geographischen Phänomene durch die Symbole
- Erfassen und Deuten der Bodenbewachsung (Wald)
- Erfassen und Deuten der Geländeform (Flachland, Hügelland, Gebirgslandschaft) durch Farbgebung und Höhenlinien
- Verstehen der Zusammenhänge zwischen Geländeform, Lage der Siedlungen und Verkehrswege
- Umsetzen der Karte in die dreidimensionale Wirklichkeit

● **Unterrichtsbeispiel: Wie kommst du schnell und sicher zur Schule?**

2. Jahrgangsstufe

*Die Sachstruktur der Lehrsequenz in Teilzielen:*

*1. Teilziel:*

Kennenlernen des Schulweges eines bzw. einer Gruppe von Schülern durch originale Begegnung
a) Entfernung zwischen Wohnung und Schule (Lage und Distanz)
b) verschiedene Wege: Abkürzung, Umweg
c) mögliche Verkehrsmittel

*2. Teilziel:*

Topographische Orientierung
a) Darstellen eines Schulweges im Sandkasten
b) Aufzeichnen der erkundeten Wege
c) Einzeichnen von markanten Punkten (Bildkarte)

*3. Teilziel:*

Übertragen der Erkenntnisse auf den Schulweg aller Schüler
a) Verbalisieren anhand einer einfachen topographischen Karte (Bildkarte, Beispiel Wertingen)
b) Aufzeichnen des eigenen Schulweges
c) Kennenlernen von Gefahrenpunkten

e) Die geographische Karte

Die geographische (physische Karte) wird besonders als Maßstabskarte in der 3. und 4. Jahrgangsstufe an Bedeutung gewinnen. Der Ortsplan, die Karte des Landkreises und der Region, Karten von Urlaubszielen, Karten zum Unterschied von Siedlungsstrukturen werden den grundlegenden Erdkundeunterricht bereichern und das Verständnis für die Funktion einer geographischen Karte erweitern.

● **Unterrichtsbeispiel: Drei Wohngegenden — dreimal verschieden!**

4. Jahrgangsstufe

Auf der Stufe der Raumanalyse Vergleich der drei Wohngegenden anhand geographischer Karten:

Nürnberg

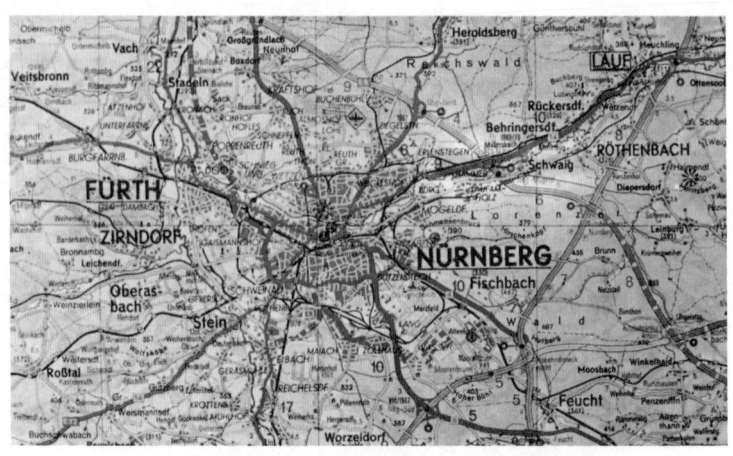

Kötzting

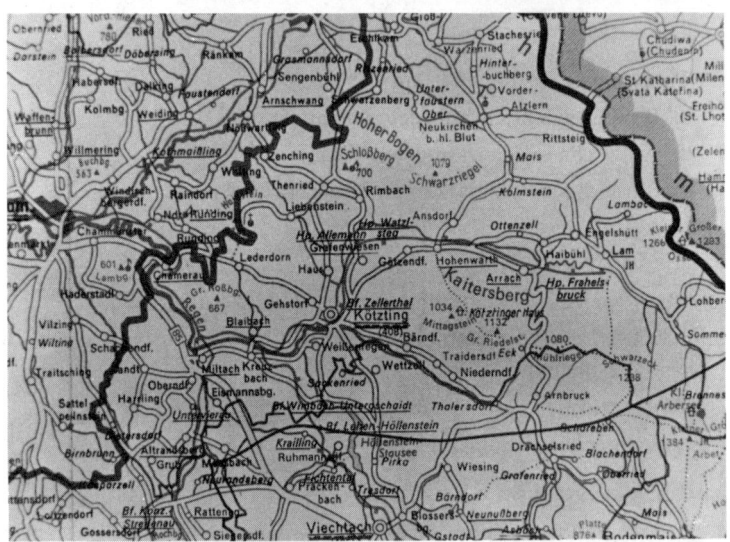

Huisheim

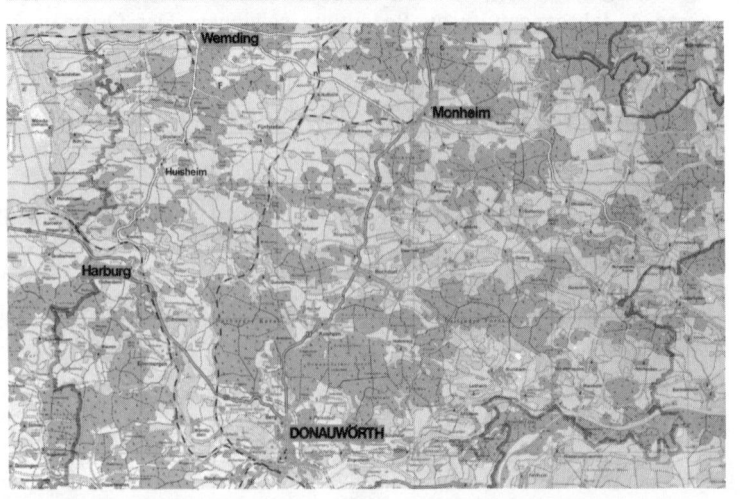

## 4.4.3.2 Grafiken im grundlegenden Erdkundeunterricht

Auch Grafiken, die Zahlen, Teilverhältnisse, Strecken u. ä. darstellen sollen, können im grundlegenden Erdkundeunterricht bereits Verwendung finden. Allerdings gilt es hier, sehr strukturiert und anschaulich vorzugehen. Eine Projektion hauptschulgemäßer Grafiken (z. B. Prozentkreise, Kurven oder Linienzüge) in die Grundschule wäre nicht angemessen und gäbe Kritikern recht, die die Fächerung des Sachunterrichts wegen Überforderung, Pseudowissenschaftlichkeit u. ä. angreifen. Die Vorteile von Grafiken liegen in der klaren Strukturierung, hohen Einprägsamkeit und guten Vergleichsmöglichkeit.

Beispiele zum Unterrichtsthema „Die erste Fabrik":
a) Die Fabrik
   1925
   und heute

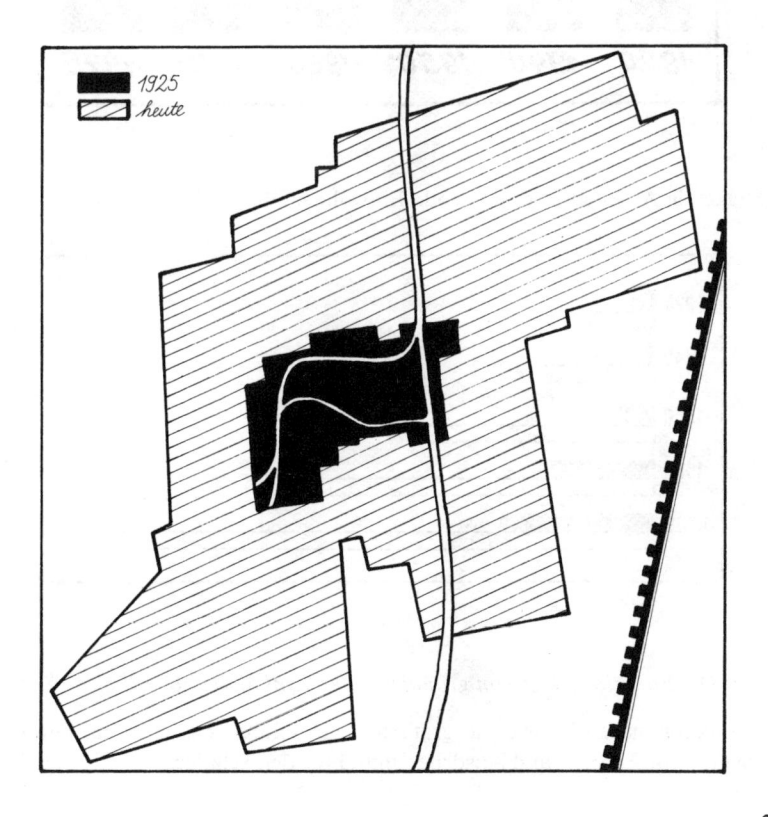

b) Wachsende Einwohnerzahl
   von 1920
   bis 1975

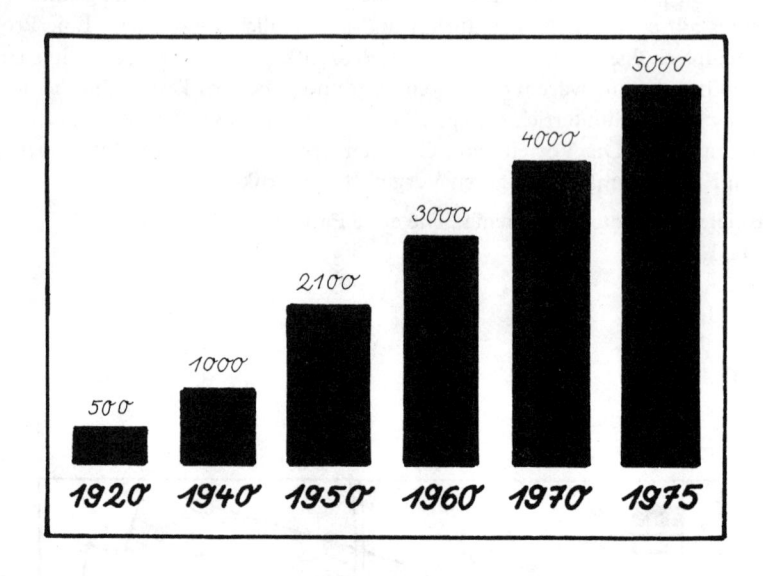

c) Steigende Arbeitsplätze, steigende Einwohnerzahl

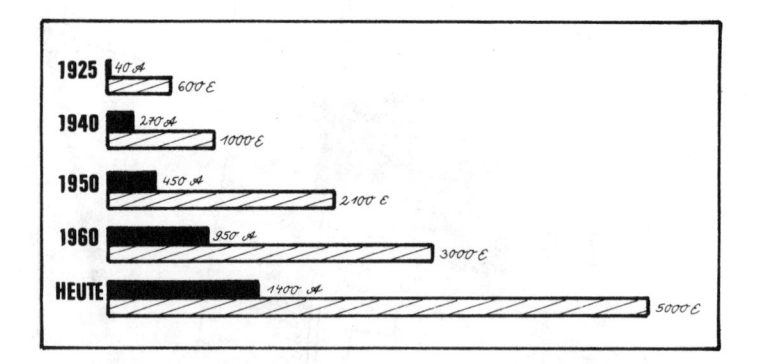

*4.4.3.3 Die Funktionsskizze im grundlegenden Erdkundeunterricht*

Die Funktionsskizze ist wie die grafische Darstellung seit jeher ein bewährtes Anschauungs-, Arbeits- und Ausdrucksmittel für den Schüler.

Wo es um die Behandlung und Darstellung kausaler und funktionaler Zusammenhänge geht oder um die Erhellung abstrakter Strukturen, hat die Funktionsskizze auch im grundlegenden Erdkundeunterricht ihre Berechtigung. Wirkzusammenhänge im geographischen, wirtschaftlichen und sozialen Bereich können durch sie anschaulicher verdeutlicht werden. Wo der Raum als Funktionsgefüge und Verfügungsraum des Menschen sowie als Prozeßfeld für die Aktivitäten sozialer Gruppen im Raum gesehen und im Unterricht behandelt wird, bietet sich die Funktionsskizze geradezu an. Eine solche Funktionsskizze entsteht dynamisch während des Erarbeitungsprozesses, verdeutlicht die Ergebnisse des gemeinsamen Lernprozesses bzw. eines arbeitsteiligen Verfahrens und kann auf der Stufe der Raum- und Situationswertung besonders effektiv eingesetzt werden.

● **Unterrichtsbeispiel: Stadt und Land sind voneinander abhängig!**

3. Jahrgangsstufe

Tafelbild nach der Erarbeitungsstufe:

● **Unterrichtsbeispiel: Wie wird die Fläche unserer Gemeinde genutzt?**

3. Jahrgangsstufe

Auf der Erarbeitungsstufe wird auf einem Unterrichtsgang festgestellt, daß die Gemeindeflur Wiesen und Ackerland in ungefähr gleichem Umfang umfaßt. Die Waldfläche ist im Vergleich geringer. Nach dem Unterrichtsgang wird anhand des Flächennutzungsplanes die Primärerfahrung verstärkt und verfeinert. Dabei entsteht an der Tafel (auf Folie) folgende Funktionsskizze:

| 1 | Ackerland |
|---|---|
| 2 | Wiesen und Weiden (Grünland) |
| 3 | Wald (forstwirtschaftliche Nutzung) |
| 4 | Sonstige Nutzung (Gebäude, Verkehrswege...) |

vgl. Mayer, G. W.: Unsere Welt ringsum, Sachheft für das 4. Schuljahr, S. 20. Geographische Verlagsgesellschaft Velhagen & Klasing und Hermann Schroedel

Bodennutzung unserer Gemeindefläche

**4.4.4 Das Verbalisieren**

„Verbale Information heißt noch nicht, daß der Lehrer die Inhalte erzählend anbietet. Vielmehr kann das Aktivitätsprinzip und das Prinzip des suchenden — forschenden Lernens auch auf dieser Ebene realisiert werden" (Einsiedler, W., S. 86). Mit Verbalisieren meinen wir vor allem das Beschreiben geographischer Erscheinungen und Prozesse an der Wirklichkeit, an Modellen, Bildern und Texten. Die Befragung wollen wir zunächst vom Verbalisieren trennen und ihr ein eigenes Kapitel zuordnen.

Das Verbalisieren ist die sprachliche Darstellung, in der räumliches Nebeneinander mosaikartig in ein übersichtliches und geordnetes Bild der geographischen Phänomene und sozialgeographischen Gegebenheiten zusammengefügt wird.

Das Verbalisieren bedeutet für uns ein Unterrichtsprinzip im grundlegenden Erdkundeunterricht, durch das die sinnenhaft erfaßten Gegenstände, Prozesse und Aktivitäten auf die höhere Ebene des Verstehens und der Einsicht transformiert werden. Ein bloßes Beschreiben der geographischen und sozialgeographischen Problemfelder oder ein „Darüber-Reden" genügt keineswegs. Wir wollen drei didaktische Kriterien für das Verbalisieren im grundlegenden Erdkundeunterricht herausstellen:

a) Nicht reden über, sondern reden an geographischen Erscheinungen und Vorgängen und sie durch Identifizieren, Klassifizieren, Vergleichen und Werten sprachlich bewältigen und verinnerlichen.

b) Verbalisieren vollzieht sich nicht allein und isoliert, sondern bildet den Verbindungsraster im Spektrum didaktisch-methodischer Unterrichtsformen wie Untersuchen, Beobachten, Experimentieren, Erkunden, Befragen.

c) Der Vorgang des Verbalisierens stützt sich zumeist auf anschauliche Arbeitsmittel und Lernmaterialien; erst nach anschaulicher Begriffsbildung, Wissensstrukturierung und Einsichtgewinnung erfolgt die verbale Vertiefung, Ausweitung und Anwendung der neuen Kenntnisse, Erkenntnisse und Einsichten auf der verinnerlichten Stufe (vgl. Piaget und Aebli „Der Verinnerlichungsprozeß"). Verbalisieren hält diese neuen Kenntnisse und Einsichten auch leicht verfügbar.

● **Unterrichtsbeispiel: Hochhaus oder Einfamilienwohnhaus?**

2. Jahrgangsstufe

| **Verbalisieren auf einzelnen Stufen des Unterrichts** (Tonbandausschnitte) | **begleitende Medien** |
|---|---|

*1. Initialphase*

| | |
|---|---|
| S: Ein Einfamilienhaus. | Bild eines Einfamilien- |
| L: Viele Leute bauen sich ein eigenes Haus. | wohnhauses |
| S: Weil sie da Ruhe haben. | |
| S: Und da ist viel Platz. | |
| L: Karin | |
| S: Das kostet viel. Bei jedem Einfamilienhaus muß man eine extra Kanal- und Wasserleitung bauen. | |
| L: Mh, Max! | |
| S: Und Stromleitung kommt auch noch dazu. | |
| L: Jürgen | |
| S: Aber da kann man tun, was man will. | |
| S: Mein Vati kann sich kein Haus bauen. Er hat nicht so viel Geld. | |
| L: Ja, auch wenn man Geld hat, darf man nicht einfach bauen, wie man Lust hat und wo man will. | |

| Verbalisieren auf einzelnen Stufen des Unterrichts (Tonbandausschnitte) | begleitende Medien |
|---|---|
| S: Da braucht man eine Genehmigung.<br>S: Bei uns darf man nur kleine Häuser hinbauen.<br>L: Prima, Karl, das wollen wir einmal auf unserem Plan sehen.<br>Auf diese Bauplätze dürfen nur Einfamilienhäuser gebaut werden.<br>Überlegt in der Gruppe und teilt den Platz ein!<br>Die Streichholzschachteln sind unsere Häuser, die Pappstreifen Bauplätze.<br>Und nun überlegt! | große Kartonfläche als Gesamtbaugelände, Streichholzschachteln, Papierflächen als kleine Bauplätze für 5 Schülergruppen |

*3. Raumbeurteilungsstufe*

| | |
|---|---|
| L: Schaut unsere zwei Modellgelände an — das eine mit Hochhaus, das andere mit Einfamilienhäusern, und sagt, was ihr machen würdet.<br>S: Ich find, das geht nicht, jeder kann kein Haus bauen. Dann ist alles verbaut und es gibt keine Wälder mehr.<br>L: Jutta<br>S: Man braucht auch nicht soviel Straßen, nur zum Hochhaus und wieder weg.<br>S: Wasser- und Kanalanschluß braucht man auch nur einmal.<br>S: ... und Strom und Telefon, auch die Fernsehantenne ist nur einmal da.<br>L: Aber beim Einfamilienhaus hat jeder seinen Garten.<br>S: Jetzt haben wir mehr Platz um das Hochhaus rum, man kann spielen und bolzen.<br>S: Und viel mehr Kinder sind da.<br>L: Möchtest du im Hochhaus wohnen?<br>S: Ich schon, aber meine Oma nicht, weil sie da so viel Treppen steigen muß.<br>S: Da gibt's doch einen Aufzug.<br>L: Frag bitte daheim deine Familie, wo sie lieber wohnen würde, im Hochhaus oder im Einfamilienhaus und warum? | 2 Modelle: Siedlung mit Einfamilienhäusern, dieselbe Fläche mit *einem* Hochhaus<br><br><br><br><br>Wortkarten<br><br>Wortkarten<br><br><br><br><br><br><br><br><br>Bilder:<br>Hochhaus<br>Einfamilienhaus |

| Unterrichtsbeispiele | Verbalisieren |
|---|---|
| a) Wir planen einen Kinderspielplatz<br>2. Jahrgangsstufe<br><br>Welcher Platz wäre für einen Spielplatz am besten? | — Ausbilden des Lagebewußtseins<br>— Erkennen des Zusammenspiels von Gesundheit, körperlicher und geistiger Leistungsfähigkeit *und* räumlicher Umwelt<br>— Entwickeln sozialen Verhaltens und sozialer Verantwortung gegenüber sozialen Gruppen<br>— Entdecken und Werten raumgestaltender Faktoren<br>— Planspiel |
| b) Warum fahren viele Leute zum Einkaufszentrum Südmarkt?<br>3. Jahrgangsstufe | — Ausbilden des Lage- und Distanzbewußtseins<br>— Unterscheiden von Versorgungseinrichtungen<br>— Entdecken und Werten der Abhängigkeit und Bedingung von neuen Versorgungseinrichtungen — neuer Raumstruktur<br>— Entdecken und Werten der sozialen und raumgestaltenden Änderungen |
| c) Warum bauen viele Leute nach (in) Lauterbach?<br>4. Jahrgangsstufe | — Ausbilden des Lage- und Distanzbewußtseins<br>— Entdecken und Werten der raumgestaltenden und sozial-humanen Faktoren eines Neubaugebietes<br>— Abwägen der Vor- und Nachteile eines sozialen Raumes durch Vergleich mit ähnlich strukturierten Räumen<br>— Entscheidungen über eigene Wohnvorstellungen fällen und begründen |

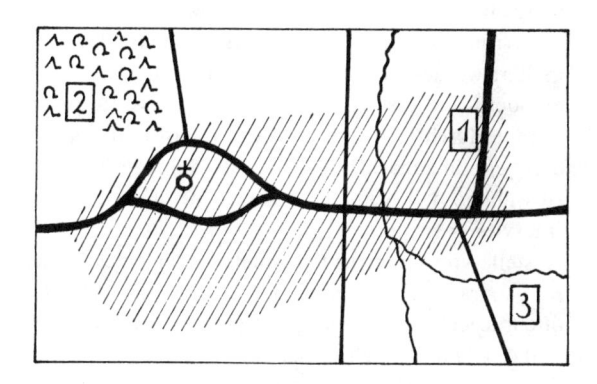

### 4.4.5 Das Befragen

Die Befragung unterscheidet sich von anderen Formen des Verbalisierens vor allem dadurch, daß ein echter dialogischer bzw. multilogischer Gesprächsprozeß zustande kommt. Die Lebendigkeit und Spontaneität eines originalen Gesprächs wird durch einen Tonträger aufgenommen, Bezugspersonen, Straßenpassanten oder ein Fachmann werden zu einem Raumproblem interviewt, die Aufzeichnung wird als Arbeitsmaterial in den Lernprozeß eingebracht. Der Nebeneffekt dieser Arbeitsform liegt in der Erkenntnis, daß um der Verständlichkeit willen Gesprächsregeln eingehalten werden müssen und ein intensives, arbeitsformgerechtes Sprachtraining („Wie läuft ein Interview ab?") vorausgehen muß. Um ein brauchbares Ergebnis zu gewährleisten, ist eine genaue Planung und Vorbereitung des Interviews notwendig. Im grundlegenden Erdkundeunterricht müssen relevante Fragen zunächst von der Interviewgruppe vorformuliert werden. Versuche mit Stichworten, die in eine freie Frageformulierung münden, sind erst in der 3./4. Jahrgangsstufe möglich. Formen des Interviews werden durch Rollengespräche, Rollen- und Planspiele fächerübergreifend vorbereitet und zunächst in der Klasse durchgeführt. Dabei ist die Situation auch so zu wählen, daß beim Interviewpartner Fragen entstehen können, die er an den Interviewer richtet.

Anstelle von Unterrichtsbeispielen oder eines Kataloges von Interviewpartnern zu geographischen Problemen wollen wir Ausschnitte von Befragungen veröffentlichen, die Grundschulklassen im Erdkundeunterricht durchgeführt haben und durchaus Modellcharakter besitzen:

● **Unterrichtsbeispiel: Kissinger Spielplätze nur für Kleinkinder?**

4. Jahrgangsstufe

*Kissinger Spielpätze nur für Kleinkinder?*
Eine Diskussion unter Schülern zum Thema Spielplätze in Kissing ergab den einhelligen Wunsch nach einem Abenteuerspielplatz. Angeregt durch diese Forderung machten wir eine Bestandsaufnahme der Kissinger Spielplätze.
Hier das Ergebnis:
1. Spielplatz an der Königsberger Str.: (Bild S. 273)
2. Spielplatz an der Schlesierstr.: Krokodil, Kletterstange, Blockhaus, Sandkasten, 2 Bänke, Kletterbaum;
3. Spielplatz am Tennisplatz: Kletterbaum, Kletterturm, Sandkasten;
4. Spielplatz an der B 2: Sandkasten, Rutsche, Baumstamm, Bänke;

Wir sind der Meinung, daß diese Spielplätze für Kinder unter 8 Jahren geeignet sind, uns Größeren aber wenig bieten. Eine Umfrage unter Schülern ergab, daß solche Spielplätze nur für Kleinkinder seien. Wir stellen uns einen richtigen Abenteuerspielplatz so vor:

(Umfrage)
A: Ein Fort sollte da sein
B: Holzzelte sollten vorhanden sein
C: Ein kleiner Wassergraben wäre schön
D: Eine Schaukel
E: Ein altes Auto
F: Turngeräte
G: Eine große Rutsche
H: Richtige Bäume zum Klettern
I: Bretter und Holz zum Selberbauen
K: Eine wetterfeste Tischtennisplatte wäre schön
Wir wissen, daß nicht alle Wünsche in Erfüllung gehen, aber wir hoffen, daß einige unserer Wünsche erfüllt werden.

*Interview mit dem 1. Bürgermeister J. Pflanz*

F: In der Lessingstraße wurde ein Spielplatz abgerissen. Ist es geplant, neue Spielplätze zu errichten?
A: Der Spielplatz wurde nur aus Not aufgestellt. Aber es ist Ersatz geplant.
F: Wo ist ein neuer Spielplatz geplant?
A: Am Finkenweg im Bereich der Augsburger Straße.

F: Wird bei diesen Spielplätzen auch an größere Kinder gedacht?
A: Ich glaube nicht. Den Bau dieses Spielplatzes übernimmt die Firma Süwobau. Ich nehme an, daß sie einen Sandkasten, eine Rutsche, einen Kletterturm, eine Schaukel und ein Reck bereitstellen wird.
F: Die Altkissinger Buben wünschen sich eine Wiese mit zwei Toren zum Fußballspielen. Gibt es eine Möglichkeit diesen Wunsch zu erfüllen?
A: Es wurden Tore in der Lohgasse aufgestellt. Der Platz wurde aber nur 2mal benutzt.
(Anm. d. Redaktion: Das Spielen war nicht mehr möglich, da das Gras nicht gemäht wurde.)

*Doch kein Abenteuerspielplatz in Kissing!*

Aus dem Interview mit dem 1. Bürgermeister geht hervor, daß doch kein Abenteuerspielplatz geplant ist. Wir verstehen nicht ganz, warum bei einem neu geplanten Spielplatz nicht an uns Größere gedacht werden kann, wenn doch schon 4 Spielplätze für kleinere Kinder da sind. Könnte uns die Gemeinde nicht wenigstens ein Grundstück und Baumaterial bereitstellen. Wir würden unseren Spielplatz selber gestalten, wie wir ihn uns vorstellen. Wir hoffen fest, daß die Gemeinde auch noch unsere Wünsche berücksichtigt.
Die Redakteure: B. Eckert, Th. Fleck, J. Geiger, Ch. Großmann, S. Hörwick, C. Falch, R. Groß, W. Bartl.

● **Unterrichtsbeispiel: Was geschieht mit dem alten Schulhaus?**

4. Jahrgangsstufe

Wann ist unsere Schule bezugsfertig?
Was geschieht mit dem alten Schulgebäude?
Wir fragten dazu unseren Bürgermeister, Herrn Heinrich.
Frage:
Herr Bürgermeister, Sie haben doch beim ersten Spatenstich gesagt, daß wir das Schuljahr 75/76 schon im neuen Schulhaus beginnen können. Kann dieser Einzugstermin eingehalten werden?
Antwort:
Nun, ich habe damals gesagt: Ich hoffe, daß das Schulhaus zum Beginn des neuen Schuljahres bezugsfertig ist. Dieser Einzugstermin kann leider nicht eingehalten werden. Das Schulgebäude wird — genau kann man dies auch jetzt noch nicht voraussagen — wahrscheinlich Ende Oktober fertig sein. Die Außenanlagen können jedoch erst im nächsten Frühsommer fertiggestellt werden. Ob ihr jetzt bereits im Herbst oder erst im nächsten Sommer einziehen könnt, darüber muß der Bauausschuß entscheiden. Auf jeden Fall könnt ihr aber bereits im Winter in der Turnhalle turnen.
Frage:
Könnten Sie uns jetzt auch noch sagen, was mit unserem alten Schulhaus geschieht?
Antwort:
Auch diese Frage kann ich nicht endgültig beantworten. Das alte Schulhaus steht unter Denkmalschutz. Es darf wahrscheinlich nicht abgerissen werden. Wenn das Gebäude stehenbleiben muß, läßt es die Gemeinde restaurieren. Es wird dann als Rathaus oder evtl. als Verwaltungsgebäude für die geplante Verwaltungsgemeinschaft Inchenhofen dienen.

*Was wir dazu meinen:*

*Bärbel:* Ich meine, wir sollten erst dann in die neue Schule einziehen, wenn auch die Außenanlagen fertig sind. Wenn wir nämlich schon im Herbst einziehen, werden wir dauernd durch den Lärm, der bei den Arbeiten an den Außenanlagen entsteht, gestört. — Ich bin für das Abreißen des alten Schulgebäudes. Für das viele Geld, die eine Restaurierung kostet, könnte in Inchenhofen ein Schwimmbad gebaut werden.
*Gerlinde:* Wir sollten auf jeden Fall schon im Herbst umziehen. In der neuen Schule wird uns das Lernen wegen der schönen Schulzimmer und der modernen Arbeitsmittel viel mehr Spaß machen.
*Sieglinde:* Man sollte das Schulhaus nicht wegreißen. Es wird uns später immer wieder an unsere Schulzeit erinnern.
*Seppi:* Das alte Schulhaus sollte weggerissen und dafür ein Kinderspielplatz errichtet werden.
*Elisabeth:* Wir sollten möglichst bald in das neue Schulhaus umziehen. Die Einweihung kann doch auch später nachgeholt werden. Wir freuen uns schon so auf das neue Schulhaus. Warum sollten wir auch länger im alten Schulhaus bleiben, wenn wir doch eine neue Schule haben?
*Richard:* Ich glaube, wir sollten schon im Herbst umziehen. Kinder, die nach der 4. oder 5. Klasse das Gymnasium besuchen, hätten sonst gar nichts mehr von der neuen Schule.
Das alte Schulhaus sollte stehenbleiben und restauriert werden. An ihm können wir erkennen, wie früher gebaut wurde.
*Renate:* Ich meine, das Schulhaus soll schon im Herbst bezogen werden. Auf die Außenanlagen können wir den Winter über verzichten. Sie könnten doch während der Osterferien und Pfingstferien fertiggestellt werden.
*Norbert:* Wir sollten erst dann in die Schule einziehen, wenn sie ganz fertig ist. Aber warum wurde in den Monaten April und Mai so wenig am Schulhausbau gearbeitet?
— Ich glaube, die beste Lösung ist der Vorschlag des Bürgermeisters. Im „neuen" Rathaus sollten aber auch einige Zimmer für ein Museum freigehalten werden. In dem Museum könnten alte Gegenstände ausgestellt werden, die uns an die Mönche im ehemaligen Kloster Inchenhofen erinnern.

● **Unterrichtsbeispiel: Zu wenig Gehsteige!**

4. Jahrgangsstufe

*Zu wenig Gehsteige*

Birgit, Sylvia, Roland und Jürgen wohnen in der Gegend der Rumfortstraße. Jedesmal, wenn wir den gefährlichen Weg auf der Hauptstraße gehen, fürchten wir uns ein wenig. Jeden Morgen müssen wir diesen Weg zur Schule nehmen. Und warum? Weil an dem Berg der Kirchstraße kein Fußweg ist. Bei der Kurve am Berg rasen die Autos, die von Richtung Kirche kommen, so schnell um die Kurve, daß sie ganz von ihrer Fahrseite abkommen und so die Leute, die dort gehen, gefährden. Darum sollte man dort einen Gehsteig bauen, so daß die Kinder oder Erwachsenen nicht gefährdet werden. Noch besser freilich wäre ein Fußweg, der gleichzeitig eine Abkürzung des langen Weges hinein nach Mering bieten würde: Die Sackgasse unterhalb des Geßweingrundstückes müßte weitergebaut werden bis zur Hörmannsberger Straße. Das wäre fein für uns.

### 4.4.6 Das Experimentieren

Das Experiment (der Versuch) bleibt in Heimat- und Sachkunde nicht nur dem fachlichen Bereich Physik/Chemie vorbehalten, sondern hat seinen berechtigten Platz auch in der Biologie und in der grundlegenden Erdkunde. Viele Gesetzmäßigkeiten der Natur und des Raumes lassen sich nicht einfach anschauen, beobachten, erkunden und beschreiben, sie müssen durch experimentelle Handlungen aufgedeckt und durchschaubar gemacht werden:

| Jahrgangsstufe | Lerninhalte | Experimentieren |
|---|---|---|
| 1 | a) Das Regenwasser verschwindet | Sickerversuche mit Wasser im Sandkasten |
|   | b) Wasserdurchlässige — wasserundurchlässige Stoffe — Schutz vor Regen und Schnee | Plastik, Gummi, Leder, Leinen Versuche mit Wasser Kleidungsstücke untersuchen |
|   | c) Wie ein Haus gebaut wird | Bau eines Hauses mit verschiedenen Materialien: Lego-Steine, Pappe, Styropor, Lehm |
| 2 | a) Einfamilienhaus oder Hochhaus? Raumfaktoren aufdecken: Raumersparnis, kurze Wege ... | Umbau von einer Einfamiliensiedlung in ein Hochhaus |
|   | b) Verschiedene Bauplätze: Hanglage, Terrasse, Stützmauern, Bodenbeschaffenheit | Erdaushub, Stützmauern bauen Bodenproben vergleichen |
|   | c) Verschiedene Baumaterialien: Holz, Lehm, Sand, Stein | Hausmodelle aus verschiedenen Materialien bauen |
|   | d) Brückenbau | Druck auf den Untergrund Untergrundbeschaffenheit erproben |
| 3 | a) Stausee | Staumauer bauen Wasser einfüllen |
|   | b) Wie eine Quelle entsteht | Sickerversuch Grundwasserspiegel staut sich |
|   | c) Wir stellen Ziegel her | Lehm mischen, formen, brennen |
|   | d) Flußbegradigung | Modell im Sandkasten oder mit Styropor Wasser einlassen |
|   | e) Wie Wind entsteht | Kaltluft — Warmluftströmung |
| 4 | a) Heckenschutz, Schutz für den Boden | Aufbau von Hecken, Föhn als Wind |

| Jahrgangs-stufe | Lerninhalte | Experimentieren |
|---|---|---|
| | b) Bodenuntersuchung unserer Landschaft | Bodenproben nehmen, trocknen lassen, anfeuchten |
| | c) Schutz vor Lärm, Trabantenstadt mit Schutzwall | Versuche mit verschiedenen Materialien (Erde, Eisen, Holz = Wald) |
| | d) Umweltschmutz — Umweltschutz | Bodenproben aus einer wilden Müllkippe<br>Boden mit Altöl verseuchen und zu Keimzwecken verwenden |

Experimente erfordern häufig Modelle als Hilfsmittel. Auch eine Reihe von Planspielen (Kap. 4.4.7) tragen ebenfalls den Charakter eines experimentellen Nachweises. Beide Arbeitsformen sind sehr handlungsbetont und fördern die aktive Lerntätigkeit. Die Formen des Experimentierens sind jederzeit wiederholbar und auf ähnliche Sachverhalte übertragbar, die Ergebnisse sichtbar und kontrollierbar.

## 4.4.7 Das Planspiel

Das Spiel als didaktisches Mittel und Unterrichtselement ist sicher nicht neu. Seine Bedeutung für den Erdkundeunterricht wurde jedoch erst vor wenigen Jahren zum Diskussionsgegenstand der Didaktik der Geographie. So ordnet die Fachdidaktik dem Planspiel Förderung der Kreativität, Handlungs- und Entscheidungsbereitschaft, Kommunikation und Kooperation mit Partnern, Toleranzspielraum, Hineinversetzen in das Verhalten von anderen, demokratische Schulung und politisches Verhalten zu; Eigenschaften, die gerade bei der sozialgeographisch ausgerichteten Didaktik der grundlegenden Erdkunde bedeutsam sind. Auch in anderen Fächern bzw. Fachbereichen wird dieses Arbeits- und Entscheidungsspiel bereits mit großem Lernerfolg eingesetzt (z. B. Soziallehre, Deutsch). Bevor wir Ziele und didaktischen Ort des Planspiels benennen, wollen wir den Begriff klären und durch ein Unterrichtsbeispiel verdeutlichen.

*4.4.7.1 Der Begriff „Planspiel"*

Das Spiel selbst ist die Aufgabe, die bewältigt werden muß. Die Lösung von Problemen und die Aufforderung zu einer selbständigen Entscheidung stehen im Vordergrund. Am Planspiel kann sich die ganze Klasse beteiligen, vornehmlich werden jedoch Gruppen zusammengestellt, die innerhalb der Gruppenarbeit eine gemeinsame Lösung finden und begründen.

● **Unterrichtsbeispiel: Unser Gebiet braucht ein Einkaufszentrum**

3. Jahrgangsstufe

*1. Erarbeitete Lernziele*

— Kennenlernen verschiedener Versorgungseinrichtungen: Einzelhandelsgeschäft, Supermarkt, Einkaufszentrum
— Erkennen, daß schnelle und ausreichende Versorgung der Menschen mit Lebensmitteln und täglichen Gebrauchsgütern ein Grundbedürfnis ist
— Vergleichen der einzelnen Versorgungseinrichtungen und Abwägen der Vor- und Nachteile
— Erkennen der Vorteile eines großen Einkaufszentrums: große Auswahl, Sonderpreise, alles unter einem Dach, günstige Lage am Stadtrand, genügend Parkplätze, günstige Verkehrslage zu den Nachbarorten

*2. Lernzielkontrolle durch Planspiel*

Wo würdet ihr ein Einkaufszentrum errichten?
Wo würdet ihr ein Einzelhandelsgeschäft errichten?
Entscheidet euch in der Gruppe und begründet eure Entscheidung!

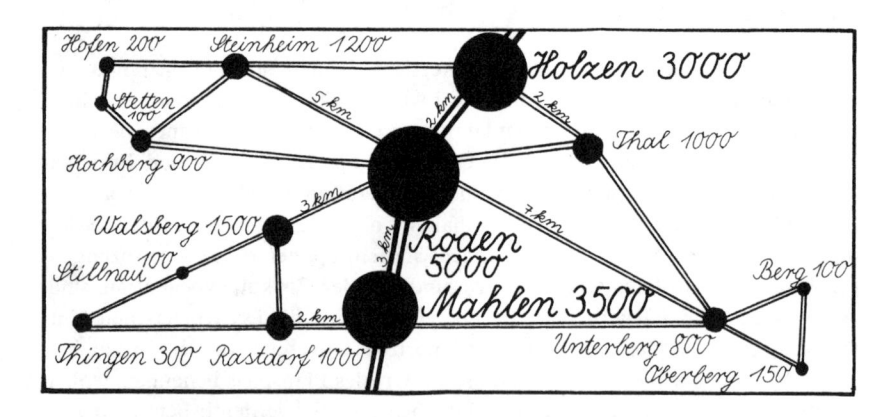

*4.4.7.2 Didaktische Zielsetzungen des Planspiels*

Die didaktischen Zielsetzungen des Planspiels im grundlegenden Erdkundeunterricht sprechen vor allem die Planungs- und Entscheidungsaktivität des Schülers und das soziale Lernen an:
— Die Schüler sollen mit Problemen aus ihrer eigenen geographischen Erfahrungswelt konfrontiert werden, die zu Entscheidungen zwingen, und zwar nicht von „richtigen" oder „falschen" nach der vorgedachten Lösung des

Lehrers, sondern zu Alternativvorschlägen, die gleichwertig und gleichrangig sind.
— Die Schüler sollen in der Gruppe über Unklarheiten, Unsicherheiten und verschiedene Meinungen, die sich aus dem notwendigen Entscheidungsfreiraum ergeben, zu selbständig gefällten Urteilen und getroffenen Entscheidungen kommen.
— Die Schüler sollen mit sachgerechten Materialien und Medien das Problem angehen und durch erprobendes Anwenden zu Lösungen kommen.
— Die Schüler sollen im Team zusammenarbeiten und dabei echte Formen sozialen Lernens realisieren. Dies führt zur Tolerierung und Respektierung der Meinung anderer, fördert die Kommunikation und läßt die Einsicht heranreifen, daß die Meinung anderer notwendig ist für die eigene Entscheidungsfindung.
— Die Schüler lernen und üben Entscheidungstechniken, die sie in ihrem zukünftigen Leben brauchen.
— Die Schüler lernen und üben demokratische Verhaltensweisen (Erziehung zur sachgebundenen Diskussion, Übung des freien Sprechens und des Argumentierens, Einsicht in notwendige demokratische Spielregeln im Gespräch und bei Abstimmungen).

*4.4.7.3 Der didaktische Ort von Planspielen*

Planspiele können im Unterricht nicht Selbstzweck sein. Sie unterliegen fachimmanenten und fächerübergreifenden Unterrichtszielen und wirken starren Unterrichtsformen (Frontalunterricht, darbietend-erarbeitende Unterrichtsform) entgegen, weil sie den Schülern Raum für eigene Initiative geben. Inhalt und methodische Form des Planspiels müssen dem Entwicklungsstand des Schülers entsprechen und sein bisheriges Wissen und Können als Grundlage für neue Erkenntnisse und Einsichten miteinbeziehen. Demgemäß gibt es auch keinen festen didaktischen Ort für das Planspiel. Im grundlegenden Erdkundeunterricht bieten sich Planspiele in folgenden Phasen des Unterrichts an:

a) In der Initialphase zur Reorganisation des bisherigen Wissens und als Anknüpfung an bereits bekannte Wissensstrukturen

● **Unterrichtsbeispiel: Wo möchtest du lieber wohnen?**

2. Jahrgangsstufe

*1. Initialphase*

Die Schüler haben in der vorausgegangenen Unterrichtseinheit verschiedene Wohnmöglichkeiten kennengelernt: Haus, Wohnwagen, Zelt, Gartenhaus, Wochenendhaus, Bauhütte. Die Funktion des Wohnens in verschiedenen Situationen und Räumen wurde anhand der verschiedenen Wohnmöglichkeiten aufgezeigt.

Planspiel
Arbeitsblatt mit den verschiedenen Wohnmöglichkeiten
Entscheidungsfindung: Wo würdest du am liebsten wohnen?
Begründung der Entscheidung
Zielstellung
Ist die Wahl des Wohnplatzes nur von den Bedürfnissen des einzelnen Menschen abhängig?

*2. Problemlösungsstufe*

— Feste Wohnplätze im *Haus*
— Kennenlernen verschiedener Wohnhausformen: Einfamilienhaus — Reihenhaus — Wohnblock — Hochhaus
— Kennenlernen anthropogener Faktoren der Wechselbeziehung „Wahl der Wohnung" und „Zufriedenstellung eigener Bedürfnisse"

*3. Problemwertungsstufe*

— Erkenntnis, daß Wahl des Wohnplatzes und eigene Bedürfnisse oft nicht übereinstimmen
— Einsicht, daß Wohnen noch von anderen Faktoren abhängig ist (Arbeitsplatz, Ausbildungsmöglichkeiten, Nähe eines Erholungsraumes)
— Vergleich mit der eigenen Wohnung
— Entscheidung für die eigene Wohnform

*4. Auswertung*

— Kennenlernen sozialer Hintergründe für Wohnungsnahme:
— Wohnungen von Gastarbeitern — Wohnungen von finanziell gesicherten Menschen
— der Wohnraum eines vom Arbeitsplatz abhängigen Menschen, z. B. Bauer, Gärtner u. ä.

ARBEITSBLATT zum Planspiel

Diese Wohnplätze kennst du:

Haus — Wohnwagen — Gartenhaus — Bauwagen — Zelt

Entscheidet in der Gruppe und begründet:
— Wo möchtest du am liebsten wohnen?
— Wo möchtest du immer wohnen?
— Wo möchtest du für kurze Zeit wohnen?
— Wo möchtest du im Sommer, im Winter wohnen?
— Gibt es für dich noch andere Wohnmöglichkeiten?

b) Auf der Problemlösungsstufe zur Erarbeitung einfacher und begrenzter Problemsituationen von mehreren Standorten aus:

● **Unterrichtsbeispiel: Wir planen einen Kinderspielplatz**

3./4. Jahrgangsstufe

**I. Stufung der Lehrsequenz**

| | | |
|---|---|---|
| 8. Einheit | Kann unser geplanter Kinderspielplatz eingerichtet werden? | Diskussion mit Bezugspersonen |
| 6. und 7. Einheit | Wir planen einen Kinderspielplatz | Planspiel |
| 4. und 5. Einheit | Wo könnte in unserer Wohnsiedlung ein Kinderspielplatz errichtet werden? (Lage, Bodenbeschaffenheit, soziale und biologische Aspekte) | Unterrichtsgang, Plan, Bezugspersonen |

**II. Methodische Planung der 6. Unterrichtseinheit**

*1. Initialstufe*

Gegenüberstellung bereits bekannter Kinderspielplätze im Bild

Konfrontation mit dem Plan des Wohnviertels, in dem 2 mögliche Plätze für einen Kinderspielplatz zur Auswahl stehen
Zielorientierung: Wir planen in verschiedenen Planungsgruppen einen Kinderspielplatz

## 2. Problemlösungsstufe

a) Aufgaben
1. Gruppe: Interessen der Kinder einbringen, Modell entwickeln
2. Gruppe: andere Kinder befragen
3. Gruppe: Interessen der Eltern einbringen, Modell entwickeln
4. Gruppe: Eltern befragen
5. Gruppe: Interessen von anderen
6. Gruppe: Erwachsenengruppen einbringen, entsprechendes Planungsmodell entwickeln

b) Arbeitsmaterialien und Arbeitswege:
1. Gruppe: Plankarte der Wohnsiedlung, Bilder von Spielgeräten und deren Anordnung auf dem Spielplatz
2. Gruppe: Bilder über konventionelle und Abenteuerspielplätze
3. Gruppe: Aussagen von Eltern
4. Gruppe: Planungsmodellvorschläge von Eltern
   Plankarte der Wohnsiedlung, Bilder über konventionelle und Abenteuerspielplätze
5. Gruppe: Interview mit Bezugspersonen
6. Gruppe: Bürgermeister oder Stadtrat, Anwohner, Kinder anderer Klassen

c) Methodischer Ablauf des Planspieles

(Siehe Grafik auf S. 283)

d) Auf der Problemerkenntnisstufe, um Faktenwissen in Funktionswissen bzw. theoretische Informationen simulierend in die Praxis umzusetzen

● **Unterrichtsbeispiel: Soll unsere Gemeinde mit anderen Gemeinden zusammengelegt werden?**

4. Jahrgangsstufe

*1. Problemstufe*

Aufruf des Bürgermeisters zur Bürgerversammlung, Tagesordnungspunkt: Die Gemeindereform
Zielorientierung: Soll unsere Gemeinde mit anderen Gemeinden zusammengelegt werden?

# Interessen der Erwachsenen

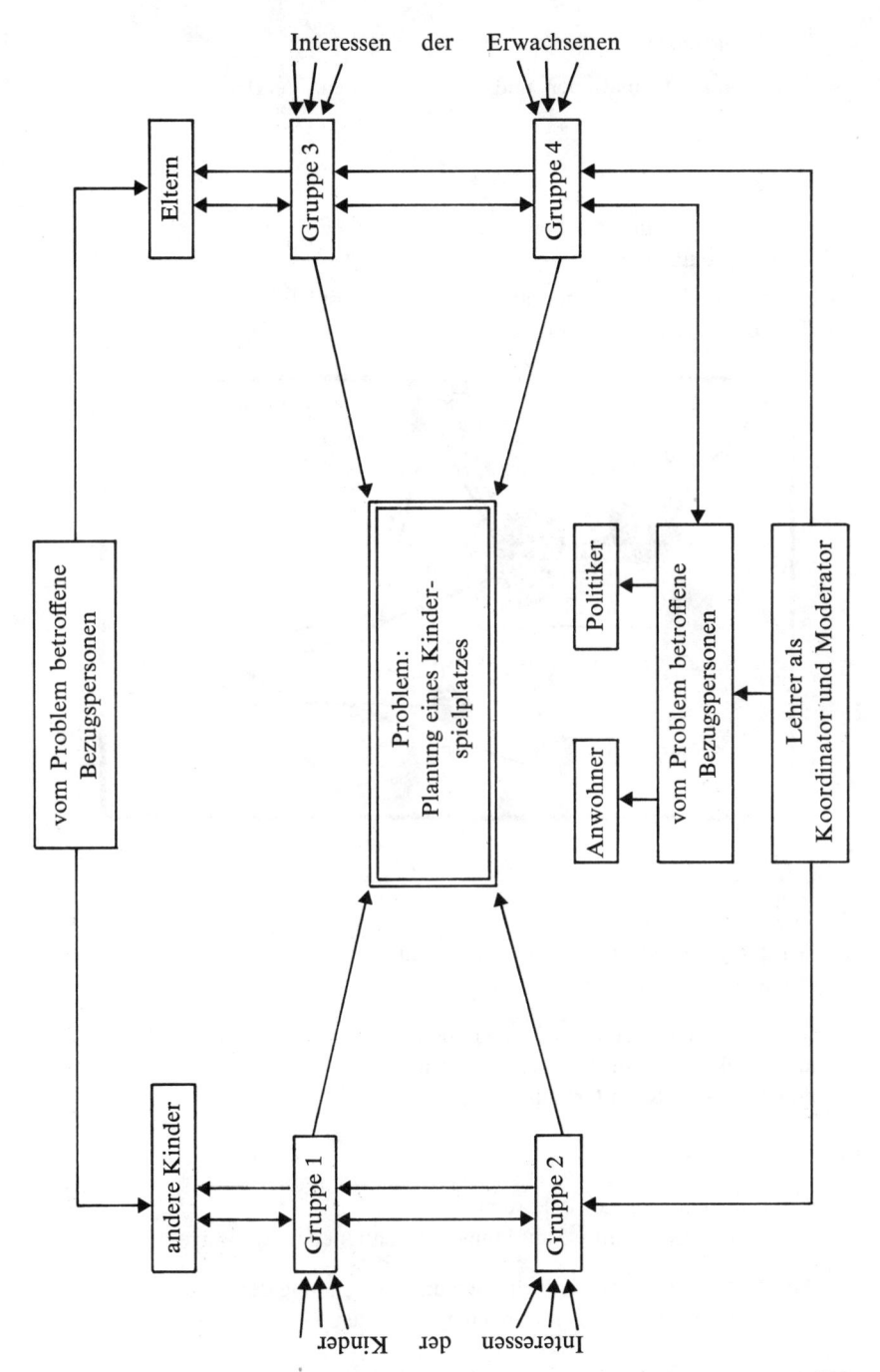

```
                    ↓↓↓                    ↓↓↓
┌────────┐    ┌──────────┐          ┌──────────┐
│ Eltern │◄──►│ Gruppe 3 │◄────────►│ Gruppe 4 │◄────────────────┐
└────────┘    └──────────┘          └──────────┘                 │
    ▲               │                     │                      │
    │               ▼                     ▼                      │
    │        ┌─────────────────────────────────┐                 │
    │        │         Problem:                │                 │
    │        │   Planung eines Kinder-         │                 │
    │        │        spielplatzes             │                 │
    │        └─────────────────────────────────┘                 │
    │                                                            │
┌──────────────┐                    ┌──────────┐  ┌────────────┐ │
│ vom Problem  │                    │Politiker │◄─│ vom Problem│◄┘
│ betroffene   │                    └──────────┘  │ betroffene │
│ Bezugspersonen│                                 │Bezugspersonen│
│              │                    ┌──────────┐  │            │
│              │                    │Anwohner  │◄─│            │
└──────────────┘                    └──────────┘  └────────────┘
                                                        ▲
                                                  ┌────────────┐
                                                  │ Lehrer als │
                                                  │Koordinator │
                                                  │und Moderator│
                                                  └────────────┘
    ▲               ▲                     ▲
    │               │                     │
┌────────────┐ ┌──────────┐          ┌──────────┐
│andere Kinder│◄►│Gruppe 1 │◄────────►│ Gruppe 2 │
└────────────┘ └──────────┘          └──────────┘
                   ↑↑↑                    ↑↑↑
```

Interessen der Kinder

283

## 2. Problemlösungsstufe

Sammeln von Informationen und Stellungnahmen. Vergleichen der Vor- und Nachteile

## 3. Problemwertungsstufe

Abwägen der Vor- und Nachteile
*Planspiel „pro und contra"*
Arbeitsmaterialien und Arbeitsaufgaben zum Planspiel:
— Plankarte des Bezugsraumes:

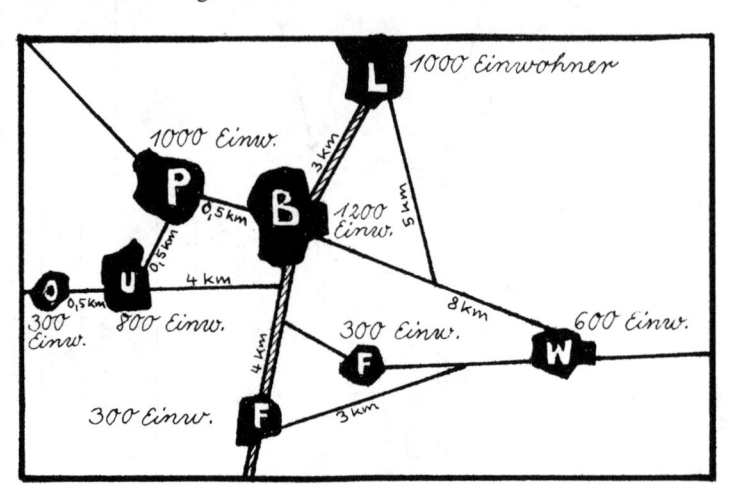

Aufgabe

a) Würdest du eine Einheitsgemeinde bilden?
Begründe deine Ja- oder Nein-Antwort!

b) Würdest du mehrere Gemeinden bilden?
Wenn ja, welche und aus welchen Gründen?
Wenn nein, aus welchen Gründen nicht?

## 4. Transferstufe:

Planungsvorstellungen der Behörden
Übertragen der Erkenntnisse auf ähnliche Situationen (auch fiktive)

d) Auf der Transferstufe zur Sicherung und Anwendung der erworbenen Kenntnisse und zur Durchsetzung gewonnener Einsichten

● **Unterrichtsbeispiel: Warum ist die Straßenkreuzung am Marktplatz für Fußgänger und Radfahrer so gefährlich?**

2. Jahrgangsstufe

*1. Problemstellung*

Bericht aus der Zeitung über Unfall am Marktplatz
Zielstellung: Warum ist diese Kreuzung für Fußgänger und Radfahrer so gefährlich?

*2. Raum- und Situationsbegegnung*

Unterrichtsgang zur Kreuzung mit Beobachtungs- und Meßaufgaben
Zusammentragen der Informationen und Auswerten der Arbeitsergebnisse

*3. Raum- und Situationsanalyse*

Werten der Ergebnisse
Gefahrenpunkte:
— keine Ampel
— enge Gehsteige
— Kopfsteinpflaster
— unübersichtlich wegen Häuser- und Baumbestand
Erkenntnisbildung:
Notwendige Änderung
Lösungsvorschläge durch die Schüler:
— Unterführung
— Überführung   Begriffsbildung
— Einbahnstraße
— Fußgängerzone

*4. Transferstufe*

horizontaler Transfer
Planspiel: Lösungsvorschläge durch Modelle im Sandkasten, mit Pappstreifen und Styropor
Einen Schritt weiter im problemlösenden Denken führen Planspiele zum vertikalen Transfer. An einem Geotopen (Bau eines neuen Wohnviertels) wurden notwendige Geofaktoren und soziale Funktionen ermittelt und gesichert. Sie werden nun mittels Planspiel auf andere Sachverhalte übertragen, die dem bisherigen nicht ähnlich sind, aber die gleiche Problematik enthalten, z. B. „Wo würdest du auf dieser Insel die Hauptstadt planen?"

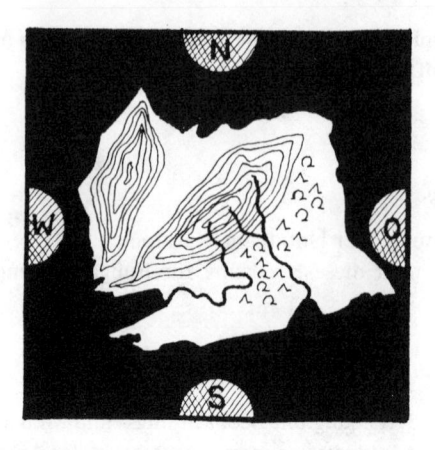

Wir sind uns im klaren darüber, daß die aufgezeigten Möglichkeiten Vorformen des Planspiels sind und nicht dessen Hochform. Planspiele im Erdkundeunterricht der Hauptschule müssen sowohl inhaltlich als auch methodisch komplexer angelegt sein und sich nicht mit kurzfristigen Arbeitsphasen und Ergebnissen begnügen. Dies soll folgendes Modell bzw. Flußdiagramm des methodischen Ablaufes eines Planspieles in der Haupt-, Real- und anderen weiterführenden Schulen verdeutlichen.

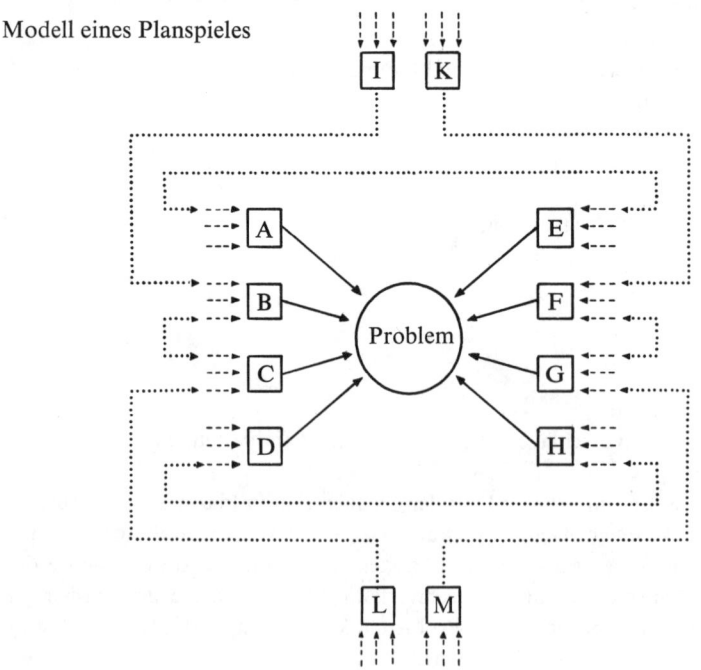

Modell eines Planspieles

Vereinfachtes Modell eines Planspiels

| | | |
|---|---|---|
| A - M | am Planspiel teil-<br>nehmende Personen | ⟶ direkte Einflüsse auf das zu<br>lösende Problem |
| A - D | Interessengruppe I | potentielle Außeneinflüsse |
| E - H | Interessengruppe II | ⇢ auf alle im System handelnde<br>Personen |
| I - K | Neutrale | |
| L - M | Engagierte, nicht<br>direkt Beteiligte | Auswahl potentieller Einfluß-<br>⋯⋯▸ wege zwischen den im System<br>handelnden Personen |

(vgl. Toepfer, H., S. 239 ff.)

Mit Planspielen einfacher oder komplexer Prägung erschließen wir neues Motivationspotential für geographische Probleme, schärfen funktionales und kausales Denken — kurz gesagt, diese Arbeitsmethode aktiviert alle Kräfte und Fähigkeiten der Schüler und wird der Forderung nach „Arbeitsteilung mit nachfolgender Arbeitsvereinigung" (Gaudig) und „Individualisierung und Personalisierung der Arbeit" (Kerschensteiner) in der Klasse gerecht.

### 4.4.8 Die Arbeit mit Texten

Der grundlegende Erdkundeunterricht kann besonders in der Informations- und Ausweitungsstufe nicht auf Texte verzichten. Texte werden in vielfältiger Art angeboten: in Sachkundebüchern, als Arbeitshefte bzw. -blätter, in Zeitschriften und Zeitungen. Die einzelnen Lehrmittelverlage haben den Nachholbedarf der Grundschule an Informationsmaterialien für die Heimat- und Sachkunde längst aufgeholt und fast eine zu große, nicht mehr überschaubare und auswählbare Fülle von Texten angeboten, die der Lehrer inhaltlich und methodisch variabel einsetzen kann. In den meisten Arbeitsbüchern und Arbeitsheften sind die Texte didaktisch effektiv aufbereitet, d. h. kurze Textpassagen wechseln mit anschaulichem Bild- und Zeichenmaterial, erdkundliche Grundbegriffe werden verdeutlicht und Arbeitsaufgaben fördern das produktive und selbständige Denken der Schüler.

**Unterrichtsbeispiel: So müssen viele Arbeiter während der Woche wohnen**

2. Jahrgangsstufe

Wolfgangs Vater fährt jeden Montag in der Frühe zur Arbeit. Er bleibt die Woche über an seiner Arbeitsstelle. Dort bedient er einen großen Kran. Freitag abend kommt er erst wieder nach Hause. Wolfgang fragt den Vater: „Wo schläfst du eigentlich, wenn du nicht hier bist?" Vater schmunzelt und sagt: „Hoch oben im Kran!" Wolfgang schüttelt den Kopf: „Das glaub ich nicht!" Nun meint Vater: „Du hast recht. Im Kran schlaf' ich nicht, aber doch hoch oben, über Herrn Müller!" — Diesmal hat aber Vater nicht geschwindelt.

1. Überlegt! Wie hat Wolfgangs Vater das gemeint? Schaut das rechte Bild an!
2. Schaut an einer großen Baustelle, wo die Arbeiter wohnen!
3. Versucht, so ein Holzhaus zu zeichnen und vergleicht mit einem Wohnhaus!
4. Welche Vorteile haben Betten, die übereinander gestellt sind? Welche Nachteile?

Viele Arbeiter haben einen sehr weiten Weg zur Baustelle wie Wolfgangs Vater. Sie wohnen deshalb in Baracken. Die Baufirma stellt in einer Woche mehrere auf. Lastwagen bringen die Wände und Decken der Baracken. In einer Baracke waschen sich die Männer und schlafen. Im Schlafraum sind meist Etagenbetten. Sind die Bauarbeiten beendet, werden die Baracken wieder abgebrochen.
(aus Barsig/Berkmüller/Czinczoll: Sachkunde der Grundschule, 1./2. Schuljahr, S. 37/ 38, Auer, Donauwörth 1975)

## 4.5 Audiovisuelle Medien im grundlegenden Erdkundeunterricht

Begriffserklärung, Standort und Funktion der audiovisuellen Mediendidaktik können hier nur peripher geklärt und festgelegt werden. Uns geht es primär um die unterrichtspraktischen Möglichkeiten mit diesen Medien und wir stellen bereits hier fest, daß wir vor allem das Schulfernsehen ausführlich und exemplarisch für andere audiovisuelle Medien darstellen wollen. Film, Funk und Fernsehen nehmen die geographische Wirklichkeit prozeßhaft auf, können aktuelle Informationen anbieten, bevor diese veraltet sind, enthalten bereits pädagogische und didaktische Intentionen, faszinieren und motivieren die Schüler durch ihre Aktualität, Wirklichkeitsnähe und Anschaulichkeit und haben den Vorteil, daß sie jederzeit wiederholbar sind, in prägnanten Einzelabschnitten (wenn beim Schulfernsehen ein VCR-Gerät vorhanden ist), und so Höhepunkten vertiefend nachgespürt werden kann.

Folgende didaktische Leitlinien gelten für den Einsatz der audiovisuellen Medien im grundlegenden Erdkundeunterricht:

a) Der Einsatz erfordert einen besonderen mediendialogischen Bezug zwischen Lehrer und Schüler. Der personal-dialogische Charakter des Unterrichts tritt in den Hintergrund, Führungs- und Unterrichtsverhalten, Lehrstrategien und Unterrichtsformen müssen auf das Medium abgestimmt werden.
b) Audiovisueller Medieneinsatz erfordert eine spezifische Vorarbeit, Mitarbeit und Nacharbeit des Lehrers.
Der Lehrer stimmt durch themen- und inhaltsbezogene Vorarbeit auf die medialen Informationen ein, er hilft bei der Einordnung der gewonnenen Informationen in bereits vorhandene Wissensstrukturen und lenkt die Auswertung des Eindrucks im Hinblick auf kritische Meinungsbildung und Urteilsfindung. Transfer mit wirklichen Raumbeispielen aus der erlebbaren Umwelt des Schülers ist immer anzustreben.
c) Die Informationsentnahme soll an sinnerschließende Arbeitsaufgaben gekoppelt sein, die Informationen festhalten und erste Wertungen anbahnen.
d) Die Maxime heißt nicht, audiovisuelle Medien oder originale Medien oder originale Begegnung mit der Wirklichkeit, sondern eine sinnvolle Kombination „Realbegegnung — Einsatz der AV-Medien" ist anzustreben.
e) Der Lehrer muß die Inhalte der Sendungen gesehen bzw. gehört und didaktisch aufbereitet haben, bevor der Einsatz erfolgt.

**4.5.1 Das Schulfernsehen**

Seit Jahren bietet das Schulfernsehen in den verschiedenen Bundesländern auch Filme zur Heimat- und Sachkunde.

Lassen wir Schwierigkeiten des Einplanens von Schulfernsehsendungen — vor allem wenn kein Aufzeichnungsgerät (Videorecorder) zur Verfügung steht —. einmal außer acht, so steht die Lerneffizienz der Sach-, Raum- und Weltbegegnung durch Schulfernsehen außer Frage.

Hiervon profitieren die klassischen Sachfächer der Hauptschule bzw. die Fachbereiche eines integrativen Heimat- und Sachkundeunterrichts vor allem.

*4.5.1.1 Aufgaben des Schulfernsehens*

Für den grundlegenden Erdkundeunterricht erfüllt das Schulfernsehen folgende Aufgaben:

a) Ergänzung und Erweiterung der originalen Umwelt
Die original erfahrbare geographische Wirklichkeit des heimatlichen Lebens- und Erlebensraumes wird gesprengt. Probleme und Inhalte anderer sozialer und natürlicher Räume werden durch den Fernsehfilm didaktisch aufbereitete Realität.
Beispiele: Bayern zwischen Hoch und Tief (Wie entsteht ein Wetterbericht?) — Ein türkisches Dorf

b) Hoher Transfereffekt
Diese Problemsituationen sind dem Grundschulkind nicht ganz fremd, ähnliche ergeben sich auch in seinem Erfahrungsraum. Deshalb werden durch geographi-

sche Sendungen besonders der Transfereffekt und problemlösendes Denken erhöht.
Beispiele: Wir wandern mit der Karte — Unser Dorf — Ein Dorf wird zur Vorstadt

d) Aktualität

Zu einer kindgemäßen und sachgerechten Unterrichtsgestaltung im grundlegenden Erdkundeunterricht gehört das Prinzip der Aktualität. Die sich ständig wandelnde Welt, ihre dynamischen Raum- und Sozialstrukturen können dem Grundschulkind nur an gegenwartsbezogenen Situationen, mit denen es selbst konfrontiert wird, bewußt gemacht und an diesen entsprechende Verhaltensweisen entwickelt werden.
Beispiele: Eine Kreisstadt a. D. — Orangen aus Israel

e) Entwickeln fachspezifischer Arbeitsweisen

Neben affektiven Verhaltensweisen (Interesse für ein fremdes Land, Verantwortung für die eigene Umwelt u. ä.) gewährleisten Schulfernsehsendungen die Entwicklung, Förderung und Stabilisierung fachgemäßer Arbeitsweisen.
Beispiele: Karten lesen und zeichnen (Die Landkarte) — Verbalisieren geographischer Grundkenntnisse (bei Teilzusammenfassungen und eingeschobenen Arbeitsaufgaben) — Das Beobachten und Befragen — Das Experimentieren und Problematisieren (Planspiele zur Nachbereitung der Sendungen auf den Arbeitsbögen)

f) Integrative Lerninhalte

Durch die technischen und didaktischen Möglichkeiten, die in eine Fernsehsendung einfließen können, besteht die Chance, von Problembereichen der Umwelt nicht nur eine Sichtweise, eben die geographische, transparent zu machen, sondern im Sinne eines integrativen Heimat- und Sachkundeunterrichts (siehe 1.2) ein umweltimmanentes Wirkungsgefüge. Als zentraler, das relevante Mensch-Umwelt-Verhältnis beinhaltender Schwerpunkt verfügt die grundlegende Erdkunde über fließende Übergänge und umfassende Verbindungen zu den beiden anderen Schwerpunkten Natur und Gesellschaft und damit zu Fachbereichen wie Biologie, Sozial- und Wirtschaftslehre, Physik/Chemie.
Folgende Fernsehfilme zeigen dies: Die erste Fabrik — Unser Dorf — Ein türkisches Dorf — Umweltschutz — Ali Celikoglu aus Giresum

g) Motivationale Didaktisierung des Unterrichts

Der Einsatz eines Fernsehfilms steigert Interesse, Lernbereitschaft und Arbeitskonzentration — wenn er nicht nur rezeptiv aufgenommen und „angeschaut" wird. Steht ein Videorecorder zur Verfügung, ist das Problem des optimalen didaktischen Ortes schon gelöst: Die didaktische Einheit des Filmes kann aufgegliedert werden und nach folgendem Strukturmodell eingesetzt werden:

● **Unterrichtsbeispiel: Eine Kreisstadt a. D.**

4. Jahrgangsstufe

**Strukturmodell**

| Strukturmodell | Inhalte der Sendung/Lernschritte |
|---|---|
| **I. Einstieg in die Problemsituation** <br> Problematisierung durch Filmszene <br><br><br><br><br> (Ausschalten der Sendung) | Film: <br> Straßenschilder werden berichtigt, weil W. keine Kreisstadt mehr ist. Ein Bauer des Ortes, in dem die Straßenschilder berichtigt werden, fragt nach den Gründen. |
| **II. Raum- und Situationsanalyse** | Arbeitsphase: |
| 1. Hypothesenbildung durch Schüler | Hypothesenbildung durch Schüler zur Problemfrage: <br> Warum ist W. eine Kreisstadt a. D.? <br> Fixieren der Hypothesen |
| 2. Informationsangebot 1 durch Film <br><br><br><br><br><br> (Ausschalten der Sendung) | Film: <br> Interview mit dem Innenminister des Landes: <br> a) Gründe der Landkreisreform <br> b) Umfang der Landkreisreform <br> c) Folgen der Landkreisreform |
| 3. Informationsentnahme durch Schüler <br><br><br><br> Zielorientierung und Verlaufsmotivation | Arbeitsphase: <br> gemeinsames Gespräch, auch Rollengespräch möglich <br> Fixieren der Aussagen des Innenministers <br> Wen können wir noch fragen? Wer ist von der Gebietsreform noch betroffen? |
| 4. Informationsangebot 2 <br> durch Film <br> methodisches Vorgehen: <br> Befragen | Film: <br> Negative Folgen der Landkreisreform für die ehemalige Kreisstadt <br> — Verlust von Behörden und Äm- |

| Strukturmodell | Inhalte der Sendung/Lernschritte |
|---|---|
| Interviewen<br>Beobachten<br>Zahlen auswerten<br><br><br><br><br>(Ausschalten der Sendung) | tern, z. B. Landratsamt, Landwirtschaftsamt (Zentralitätsverlust)<br>— Verlust des Arbeitsplatzes am Wohnort<br>— Geschäftsverlust durch rückgängige Besucherzahl der ehemaligen Kreisstadt<br>— Verlust einer bürgernahen Verwaltung |
| 5. Informationsentnahme und -verarbeitung durch Schüler | Arbeitsphase:<br>Notizen auswerten<br>Arbeitsaufgaben lösen (Stillarbeit)<br>erste Wertung im gemeinsamen Gespräch |
| Zielorientierung und Verlaufsmotivation | Nur negative Auswirkungen? |
| 6. Informationsangebot 3<br>durch Film<br><br>methodisches Vorgehen:<br>Befragen<br>Anschauen<br>Besuch von Veranstaltungen<br>Spielszene „Kulturangebot"<br>Beobachten<br>Symbolisieren<br>Zusammenfassen durch Grafiken | Film:<br>positive Veränderungen für die Kreisstadt a. D.:<br>— finanzieller Ausgleich durch den Staat<br>— Verbesserung und Erweiterung städtischer Einrichtungen durch freiwerdende Gebäude<br>— Bürgerinitiativen auf kulturellem, musischem und wirtschaftlichem Gebiet zur Hebung der Attraktivität |
| 7. Informationsentnahme durch Schüler | Arbeitsphase:<br>gemeinsames Gespräch<br>Fixieren der wichtigsten Aussagen |

### III. Raum- und Situationswertung

| | |
|---|---|
| 1. Werten der gesammelten Informationen<br>2. Schließen des Problemkreises<br>3. Reorganisation des Wissens | Arbeitsphase:<br>Meinung und ihre Begründung<br>Vergleich mit den Hypothesen<br>Rollenspiel: Pro und contra Landkreisreform |

| Strukturmodell | Inhalte der Sendung/Lernschritte |
|---|---|
| **IV. Vertiefung/Ausweitung** | |
| 1. Lernzielkontrolle | nach Kontrollblatt |
| 2. Transferaufweis horizontal | Kennenlernen einer anderen Kreisstadt a. D., z. B. Wasserburg am Inn — Informationen und Bilder durch das städtische Verkehrsamt |
| vertikal | Was heißt Gemeindereform? Durchspielen von Zentralisierungsmöglichkeiten im eigenen Erfahrungsraum: Planspiel (Karte) |

ARBEITSAUFGABEN
für die Schüler

**I. Vorbereitende Arbeitsaufgaben**

1. Sucht auf der Landkreiskarte eures Landkreises zentrale Orte heraus und versucht zu begründen, warum sie zentral sind!
Welche Bedeutung haben sie für die umliegenden Orte?
2. Meßt die Entfernungen eures Wohnortes zur Kreisstadt!
Welche Verkehrsverbindungen bestehen zwischen eurem Wohnort und der Kreisstadt?
Nun könnt ihr die Lage eures Wohnortes zur Kreisstadt beurteilen!
3. Zeichnet zur Aufgabe 2 eine entsprechende Kartenskizze:

4. Das ist ein Kartenausschnitt des Landkreises Augsburg.
Welcher Ort liegt günstiger zur Kreisstadt Augsburg — Meitingen oder Emersacker?
Begründet!

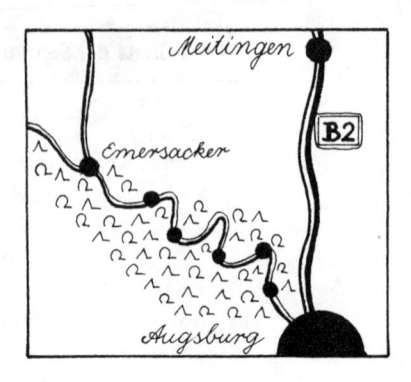

5. Warum fahren viele Leute in die Kreisstadt?
Folgende Begriffe helfen euch:
Arbeitsplätze, Einkaufsmöglichkeiten, weiterführende Schulen, Berufsschulen, Veranstaltungen, Ausstellungen, Ämter wie Landratsamt, Amtsgericht, Landwirtschaftsamt, Schulamt, Finanzamt.

## II. Aufgaben zur Sendung

1. Was bedeutet „Kreisstadt a. D."?
Kreuzt die richtige Antwort an und streicht falsche Antworten durch!
   - ○ Eine „Kreisstadt a. D." bedeutet, diese Kreisstadt liegt an der Donau.
   - ○ Eine Kreisstadt a. D. ist eine Stadt, die durch die Gebietsreform ihren Kreissitz verloren hat. Sie ist keine Kreisstadt mehr, also „außer Dienst".
   - ○ Eine „Kreisstadt a. D." hat ihr Stadtrecht verloren und ist nur noch ein Dorf.

   Fragt nach, was bei einem Menschen bedeutet, wenn man sagt: „außer Dienst"!

2. Warum hat die Stadt Wertingen den Kreissitz verloren und ist jetzt eine „Kreisstadt a. D."?

   Durch die ........................ wurden in Bayern 72 ........................ aufgelöst. Dadurch verloren auch 72 ........................ den ........................ .

   Eine von diesen 72 Städten war ........................ . Die ........................ war notwendig, weil kleine Landkreise und damit kleine Landratsämter nicht mehr alle ........................ eines Landkreises erfüllen konnten. Größere Landkreise können größere und bessere ........................ für die Bürger des Landkreises schaffen.

   Setzt richtig ein: Einrichtungen, Wertingen, Städte, Gebietsreform, Landkreise, Aufgaben, Kreissitz, Gebietsreform

3. Nennt solche Einrichtungen für die Bürger, die größere Landkreise besser einrichten können und aus welchen Gründen!

Einrichtungen: ..................................................................................................
..................................................................................................

Gründe: ..................................................................................................
..................................................................................................

4. Auf dieser Karte seht ihr, wie der Landkreis Wertingen bei der Gebietsreform 1972 an die Landkreise Dillingen und Augsburg aufgeteilt wurde:

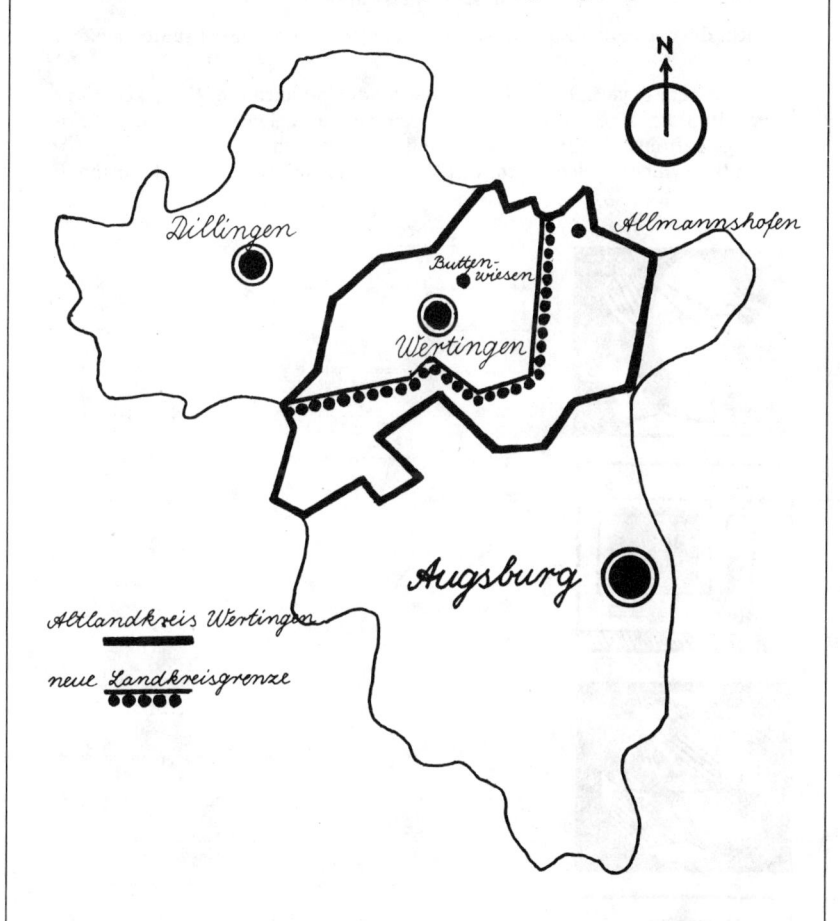

*Dillingen*  *Buttenwiesen*  *Allmannshofen*
*Wertingen*
*Augsburg*

*Altlandkreis Wertingen*
*neue Landkreisgrenze*

Stellt euch vor, ihr würdet in Buttenwiesen oder Allmannshofen wohnen. Vergleicht die Lage dieser Orte zur neuen Kreisstadt Dillingen bzw. Augsburg! Vergleicht auch noch einmal die Lage zur ehemaligen Kreisstadt Wertingen, die jetzt selbst zum Landkreis Dillingen gehört!

5. Der bayerische Staat hilft Kreisstädten, die den Kreissitz verloren haben. Was hat er für die Kreisstadt a. D. Wertingen getan?

a) Die Stadt Wertingen bekam .................................... als finanziellen Ausgleich für den Verlust des Kreissitzes.

b) Das Schloß wurde frei für ....................................................................

c) Im Neubau des Landratsamtes ist heute das .................................... für den Bereich Nordschwaben untergebracht.

d) Die neuen Gebäude der ehemaligen Kreisberufsschule werden heute vom .................................... für den Unterricht benutzt.

Sucht die passenden Begriffe aus dem Inhaltsteil eurer Arbeitsunterlage!

6. Neben dem bayerischen Staat und der Stadt sind auch die Wertinger Bürger bemüht, die Nachteile der Gebietsreform auszugleichen und die Anziehungskraft ihrer Stadt für das Umland zu verbessern.
Die Bildsymbole zeigen euch, was Vereine und einzelne Bürger dafür tun:

7. Vergleicht noch einmal Vor- und Nachteile der Gebietsreform für eine ehemalige Kreisstadt und entscheidet, ob ihr in einer Kreisstadt a. D. oder in ihrer Nähe wohnen wollt!

| Gründe dafür | Gründe dagegen |
|---|---|
|  |  |
| Meine Entscheidung: |  |

## III. Transferaufgaben

1. Wenn ihr selbst in einem aufgelösten Landkreis oder in einer Kreisstadt a. D. wohnt, dann erkundet die Vor- und Nachteile in eurem Bereich!

Folgende Bezugspersonen könnt ihr befragen:

| Eltern |  |
|---|---|
| Berufstätige |  |
| Bürgermeister der Kreisstadt a. D. |  |
| Geschäftsleute |  |
| Passanten |  |

Vergleicht eure Ergebnisse mit denen der Kreisstadt a. D. Wertingen!

2. Wenn ihr in einem Landkreis oder einer Kreisstadt wohnt, die durch die Gebietsreform größer geworden sind, dann erkundet
   a) auf der Karte, welche Gebietsteile dazugekommen sind,
   b) um wieviel Einwohner der Landkreis zugenommen hat,
   c) welche Vor- und Nachteile eurem Landkreis bzw. der Kreisstadt entstanden sind.
3. Nach der Landkreisreform folgt nun die Gemeindereform.
   Besorgt euch Material über Gemeindezusammenlegungen in eurem heimatlichen Bereich.
   Befragt betroffene Bürger, Gemeinderäte und Bürgermeister über die Zusammenlegung mehrerer Gemeinden!
   Was haltet ihr von der Gemeindereform?
   Wie wirkt sie sich in eurem Wohnort aus?
4. Vor der Gemeindereform und Gebietsreform fand in Bayern eine andere Reform statt, von der viele von euch auch betroffen sind — die Schulreform.
   War eure Schule schon immer so groß? Gibt es in eurem Wohnort eigentlich noch eine Schule? Warum müssen viele von euch mit dem Schulbus fahren?

Heimat- und Sachkunde verlangt letztlich und vorrangig primäre Sachbegegnung. Sendungen des Schulfernsehens können die unmittelbare und originale Umwelt ersetzen, wenn sie nicht präsent ist, und sie durch zusätzliche Informationen modellhaft ergänzen.
Wir wollen den didaktischen Anspruch des Mediums Schulfernsehen durch die folgende Lehrsequenz, die durch den Bayerischen und Westdeutschen Rundfunk ausgestrahlt wird, bestätigen.

*4.5.1.2 Lehrsequenz „Problem- und Aufgabenbereiche des Dorfes"*

Die dreiteilige Sendereihe ist wie folgt gegliedert:
- I. Unser Dorf
- II. Ein türkisches Dorf
- III. Ein Dorf wird zur Vorstadt

Didaktischer Schwerpunkt ist nicht eine einzelne Lehraufgabe des Fachbereiches Erdkunde, sondern die drei Sendungen sprechen Lehrziele und Lehrinhalte mehrerer Lehraufgaben an. So werden die Daseinsfunktionen des Wohnens, Arbeitens, Erholens, Sich-Versorgens und der Selbstverwaltung ebenso aufgezeigt wie das Gemeindeleben und die Aktivitäten von Gruppen bzw. Vereinen und ihre kommunikative Bedeutung für das Dorf und seine Bewohner.

Sendungen und Begleitmaterial dieser Reihe sind in parallele thematische Blöcke gegliedert. Der Begleittext bietet je Block informierende Fakten für den Lehrer und Arbeitsaufträge für die Schüler, die der Vorbereitung, Sicherung und Ergänzung dienen. In den Sendungen ist außerdem das Ende jedes Blocks durch eine Art Stoppzeichen markiert; es soll bei der Verwendung von VCR-Geräten ermöglichen, die Sendungen hier anzuhalten und entsprechende Aufgaben sofort zu stellen. Dadurch können Motivierung und Anschaulichkeit der Sendung die Eigenarbeit der Schüler günstig beeinflussen.

**I. Unser Dorf**

*1. Lernziele*

— Einblick in die Struktur eines Dorfes am Beispiel des Ortes Lauterbach, Landkreis Dillingen a. d. Donau (Größenordnung: 1000 Einwohner)
— Erkenntnis, daß die Wohnanlage Dorf Bedürfnisse und Ansprüche des Wohnens, Arbeitens, Sich-Versorgens und Erholens erfüllen kann
— Erkenntnis, daß das Dorf nicht allen Bewohnern Arbeitsplätze bieten kann und deshalb viele Menschen zu Arbeitsplätzen in größere Orte (Städte) pendeln müssen
— Erkenntnis, daß das Dorf nicht alle Bedürfnisse der Versorgung, Erholung und des Sich-Bildens erfüllen kann

— Einblick in die innere Struktur des Gemeindelebens und Einsicht in die Notwendigkeit der Zusammenarbeit bzw. des Zusammenhalts eines Dorfes
— Fähigkeit, die Wohnanlage Dorf mit ähnlichen bzw. anderen Wohnanlagen (z. B. Kleinstadt, Großstadt) zu vergleichen und Unterschiede zu erkennen und zu begründen

*2. Inhalt*

Die Sendung beginnt mit der Problematisierung des Begriffsfeldes „Dorf" durch die Gegenüberstellung unterschiedlicher Dorfansichten, die die Problemfrage aufwirft: Wie sieht heute ein typisches Dorf aus?
Der erste thematische Block der Sendung stellt zunächst die äußere Struktur des Dorfes Lauterbach, dann die Aktivitäten der Gemeinde und der Bürger an einem Sonntag vor. Für die Schüler soll der zeitliche Bezugsrahmen „Von Sonntag zu Sonntag" und die Bezugsperson einer Familie des Dorfes, die in realen Handlungssituationen vorgestellt werden, die Identifikation und Auseinandersetzung mit den folgenden Problembereichen erleichtern.
Der zweite Block beschäftigt sich mit der kritischen Darstellung der Arbeits-, Versorgungs- und Bildungsmöglichkeiten im Dorf Lauterbach:
— Arbeitsplätze im Dorf durch die Landwirtschaft, durch die Brauerei, das Baugeschäft und das Graphitwerk
— vorhandene und fehlende Versorgungseinrichtungen
— Schulverhältnisse

ARBEITSBLATT 1

1. Schau die Bildkarte von Lauterbach an und finde heraus:
   a) Produktionsbetriebe
   b) Versorgungseinrichtungen
   c) Erholungseinrichtungen und Erholungsplätze

2. Du hast Ausschnitte aus dem Ablauf eines Sonntags in Lauterbach gesehen.
   a) Wie verläuft ein Sonntag in deinem Wohnort?

   ..................................................................................................................

   ..................................................................................................................

   b) Welche Bedeutung für das Dorf Lauterbach haben
   — die Bekanntgaben des Bürgermeisters nach dem Kirchgang?
   — der Frühschoppen?

   ..................................................................................................................

   ..................................................................................................................

   ..................................................................................................................

   c) Hätte die Familie K. nicht auch Möglichkeiten zur Freizeitgestaltung im und in der Nähe des Dorfes gehabt? Nimm die Bildkarte zu Hilfe!
3. Wie würdest du deine Freizeit am Sonntag gestalten, wenn du in Lauterbach wohnen würdest?

   ..................................................................................................................

   ..................................................................................................................

   ..................................................................................................................

## ARBEITSBLATT 2

1. Welche Arbeitsplätze bietet Lauterbach?
   Kreuze die Arbeitsmöglichkeiten an, die du in der Sendung kennengelernt hast!

   ○ Landwirt            ○ Sekretärin
   ○ Bierbrauer          ○ Bierfahrer
   ○ Metzger             ○ Maurer
   ○ Elektriker          ○ Lastwagenfahrer
   ○ Hilfsarbeiter       ○ Gabelstaplerfahrer
   ○ Finanzbeamter       ○ Schlosser

2. Warum müssen viele Bewohner zu ihrem Arbeitsplatz in andere Orte fahren?

   ..................................................................................................................

   ..................................................................................................................

3. Beschreibe in Stichworten die Arbeit und die verschiedenen Arbeitsplätze einer Bäuerin!

   ..................................................................................................................

   ..................................................................................................................

4. In Lauterbach gibt es nicht alle Versorgungseinrichtungen, die die Menschen im täglichen Leben brauchen.
a) Lies die Karte und schreibe auf, wann und warum Bewohner Lauterbachs in andere Orte fahren müssen!
b) Fertigt eine ähnliche Planspielkarte über eure Region und entscheidet, warum ihr bei welchen Anlässen in andere Orte fahren würdet!

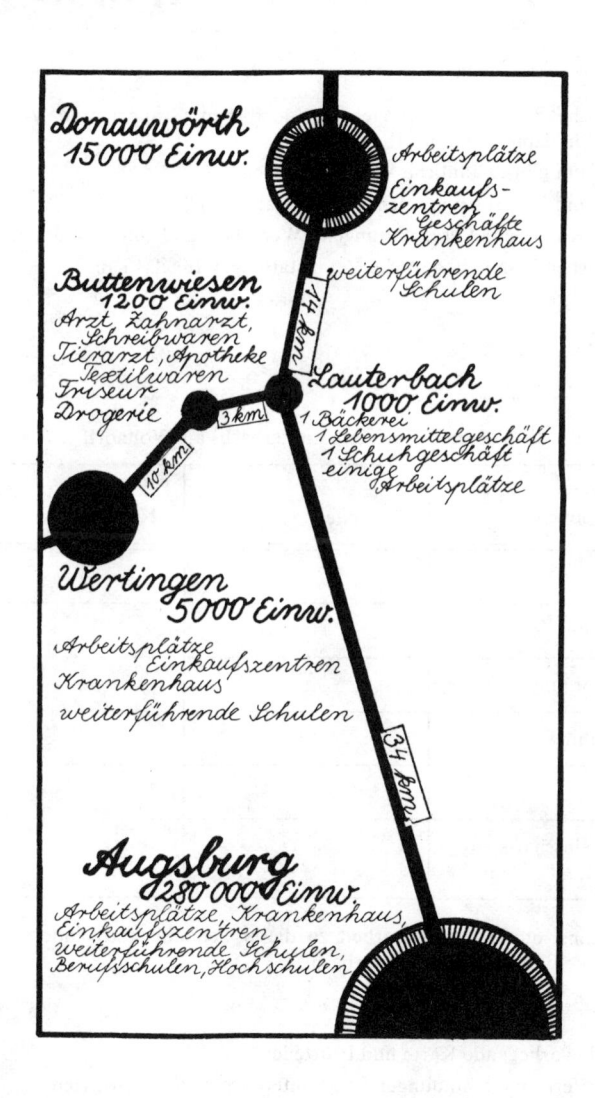

**Donauwörth** 15000 Einw.
Arbeitsplätze
Einkaufszentren
Geschäfte
Krankenhaus
weiterführende Schulen

**Buttenwiesen** 1200 Einw.
Arzt, Zahnarzt, Schreibwaren
Tierarzt, Apotheke
Textilwaren
Friseur
Drogerie

3 km

**Lauterbach** 1000 Einw.
1 Bäckerei
1 Lebensmittelgeschäft
1 Schuhgeschäft
einige Arbeitsplätze

10 km

14 km

**Wertingen** 5000 Einw.
Arbeitsplätze
Einkaufszentren
Krankenhaus
weiterführende Schulen

34 km

**Augsburg** 280 000 Einw.
Arbeitsplätze, Krankenhaus,
Einkaufszentren
weiterführende Schulen,
Berufsschulen, Hochschulen

# ARBEITSBLATT 3

1. Die Verwaltung Lauterbachs ist bürgernah!
   Versuche diesen Satz zu begründen und Beispiele dazu aus der Sendung zu finden!
   ...........................................................................
   ...........................................................................

2. Vergleiche die Veranstaltungen der dörflichen Gruppen und Vereine mit solchen in deinem Wohnort!
   a) Warum gibt es ähnliche Veranstaltungen?
   b) Warum gibt es keine solchen Veranstaltungen?
   c) Gibt es andere Veranstaltungen? Wer plant und führt sie durch?
   d) Welchen Sinn haben solche Veranstaltungen für das Dorf?
   ...........................................................................
   ...........................................................................
   ...........................................................................

3. Beschreibe die Vor- und Nachteile Lauterbachs als Wohnort!

| Daseins-funktionen | Vorteile | Nachteile |
|---|---|---|
| Wohnen | | |
| Arbeiten | | |
| Versorgung | | |
| Erholung | | |
| Schule | | |
| Gemeinschafts-leben | | |

4. Du kennst aus deiner Vorarbeit zu dieser Sendung noch andere Wohnanlagen. Vergleiche sie mit Lauterbach!
   ...........................................................................

5. Lies die vorliegende Karte und beurteile:
   a) die Verkehrsverbindungen von Lauterbach zu anderen Orten
   b) die Lage und Verbindung Lauterbachs zur Kreisstadt Dillingen a. d. Donau

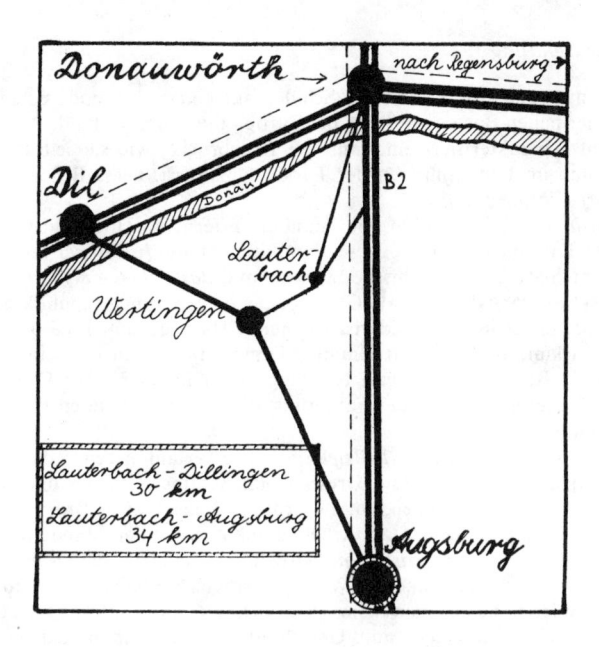

6. Suche das Dorf Lauterbach auf einer Bayernkarte und miß die Entfernung zu deinem Wohnort!

7. Schreibt an die 3. und 4. Klasse der Schule in Lauterbach oder an den Bürgermeister und berichtet, was euch besonders gefallen hat und was im Dorf noch verbessert werden könnte (8851 Lauterbach)!

## II. Ein Dorf in der Türkei

*1. Lernziele*

— Einblick in die Siedlungs-, Wirtschafts- und Sozialstruktur eines türkischen Dorfes
— Erkenntnis, daß das türkische Dorf eine Siedlungs-, Wirtschafts- und Sozialstruktur aufweist, die anders geartet ist als die Struktur eines deutschen Dorfes
— Fähigkeit, Vergleiche zwischen einem türkischen und deutschen Dorf herzustellen und Unterschiede zu erkennen
— Einsicht, daß Menschen in anderen Ländern anders leben, wohnen und arbeiten als in unserer Heimat
— Verständnis für die Lebensgewohnheiten in einem ausländischen Dorf

## 2. Inhalt der Sendung

Die Einführungsszene konfrontiert die Schüler mit einem der modernsten Bauwerke des Orients, der neuen Bosporusbrücke, die Europa mit Asien verbindet. Den Gegensatz charakterisiert eine einfache Holzbrücke, wie sie seit Jahrtausenden gebaut wird und im Landesinneren der Türkei typisch ist. Diese Brücke führt in das *türkische Dorf Kilisiderisi*.
*Im Dorf Kilisiderisi*, das 1500 km von Istanbul entfernt im Hochland von Anatolien liegt, lebt die Familie Fahrettin. Diese Familie steht im *1. Teilziel* im Mittelpunkt. Sie zeigt beispielhaft die hierarchische Struktur und *das Leben einer türkischen Dorffamilie*. Fahrettin war jahrelang als Gastarbeiter in der Bundesrepublik und hat sich mit dem gesparten Geld in Kilisiderisi ein neues Haus gebaut. Im Hause haben die Frauen ihr Wirkungsfeld: Die Großmutter kümmert sich um die Kinder, die Frau Fahrettins backt Brot, das wichtigste Nahrungsmittel im Dorf. Zur Familie gehören noch der Großvater und ein Bruder Fahrettins, der in einem anderen Dorf wohnt und zu Besuch kommt.
*Die Arbeit im Dorf* wird im *2. Teilziel* im Jahresverlauf gezeigt: das Pflügen und Säen im Frühjahr, das Ernten und Dreschen im Sommer. Frauen und Männer helfen bei diesen Arbeiten zusammen, um die Ernte und das tägliche Brot zu sichern.
Es gibt aber auch im türkischen Dorf Arbeiten, die nur von den Männern bzw. Frauen ausgeführt werden. Diese *Arbeitsteilung* wird im *3. Teilziel* am Beispiel des Ziegenmelkens, des Stierbeschlagens und des Wäschewaschens am Bach dargestellt.
Im Dorf Kilisiderisi kennt man kein eigentliches *Gemeindeleben*, dazu ist es zu klein. Zu gemeinsamem Gebet und Unterhaltung geht man in das nächstgrößere Dorf Hinis; dort besuchen die Kinder auch die Schule.
Die Sendung endet mit dem Abschied von Kutbettin, einem Bruder Fahrettins, der wie viele Männer vor ihm das Dorf verläßt, um in der Großstadt oder als Gastarbeiter in der Bundesrepublik zu arbeiten.

### III. Ein Dorf wird zur Vorstadt

#### 1. Lernziele

— Überblick über den alten Dorfkern und die neuen Ortsteile der Stadt Germering
— Einblick in die geschichtliche Entwicklung und Veränderung der Wohnanlage vom Dorf zur Vorstadt von München
— Erkenntnis, daß eine solche Entwicklung auf spezifische Gründe zurückzuführen ist (geographische Lage in Großstadtnähe, genügend Siedlungsraum, verkehrsgünstige Lage zum Arbeitsplatz, Erholungsangebot der Wohnanlage)
— Erkenntnis, daß in einer Vorstadt nur bestimmte Daseinsfunktionen optimal erfüllt werden können (z. B. hier Wohnen und Erholen)
— Vergleich mit der Siedlungs-, Wirtschafts- und Sozialstruktur des Dorfes (vgl. Lauterbach)
— Transfer auf die eigene Wohnanlage

## 2. Inhalte

Die Sendung beginnt mit der Problematisierung der Begriffe „Dorf" und „Vorstadt" durch Kontrastierung verschiedener Szenen des Alltags in *Germering,* das als Beispiel für die Entwicklung eines Dorfes zur Stadt, hier zur Vorstadt von München, vorgestellt wird.
Schon der Titel der Sendung weist auf den geschichtlichen Akzent der Aufbereitung und Darstellung hin. Deshalb wird im *1. Teilziel* anhand von Bildern, Spielszenen und Statements aufgezeigt, wie sich Germering innerhalb der letzten 40 Jahre von einem Bauerndorf mit 1000 Einwohnern zu einer Stadt mit 20 000 Einwohnern entwickelt hat, einer Stadt, die durch ihre geographische Lage enge Verkehrs- und Wirtschaftsverbindungen zur Landeshauptstadt München aufweist, wie viele andere Vorstädte in deren Einzugsbereich auch. Der Prozeß der Umstrukturierung von dörflichen in städtische Strukturen sowie die explosionsartige Ausweitung der rein städtischen Teilgebiete Germerings in den letzten 10 Jahren stehen im Mittelpunkt dieses ersten heimatkundlich-geschichtlichen Teilzieles der Sendung.
Im *2. Teilziel* werden die wichtigsten Gründe der Entwicklung vom Dorf zur Vorstadt herausgestellt:
— Umstrukturierung der Landwirtschaft,
— Ausweisung von Bauland durch die Kommune,
— Schaffung von Wohnraum für Wohnungssuchende aus der Großstadt München und dem bäuerlichen Hinterland,
— geographisch und verkehrstechnisch günstige Lage zu München
— die Nähe von Erholungsräumen.
Das Beispiel eines alteingesessenen Bauern und einer neuzugezogenen Familie demonstriert diese Entwicklung. Somit bleibt auch in diesem Filmabschnitt die Verbindung vom alten und neuen Germering in Handlungs- und Erlebnissituationen gewahrt, die besonders die Daseinsfunktionen des Wohnens, Versorgens und Erholens beleuchten.
Der Frage, wieweit es noch traditionelles Gemeindeleben in Germering gibt und welche Beziehungen zwischen „Dörflern" und Zuzüglern bestehen, wird im *3. Teilziel* nachgegangen.
Die Sendung schließt mit einem Blick in die Zukunft Germerings, die geprägt ist von der Tendenz zu weiterer Verstädterung und zum endgültigen, auch räumlichen Zusammenwachsen mit der Großstadt München.

ARBEITSBLATT 1

---

**I. Vorbereitung auf die Sendung**

1. Besorgt euch eine Stadt-Umlandkarte der Großstädte München, Nürnberg oder Augsburg und findet heraus:

   a) Welche *Stadtteile* hat die von euch ausgewählte Großstadt?

   ...................................................................................................................

   b) Welche *Vorstädte* hat die von euch ausgewählte Großstadt?

   ...................................................................................................................

c) Welche *Unterschiede* gibt es zwischen Stadtteil und Vorstadt?

...................................................................................................

d) Warum sind manche Dörfer *nicht* Vorstädte geworden?

...................................................................................................

2. In der Sendung „Ein Dorf wird zur Vorstadt" werdet ihr *Germering* bei München kennenlernen.

   a) Sucht Germering auf der Karte und bestimmt die Lage zu München!

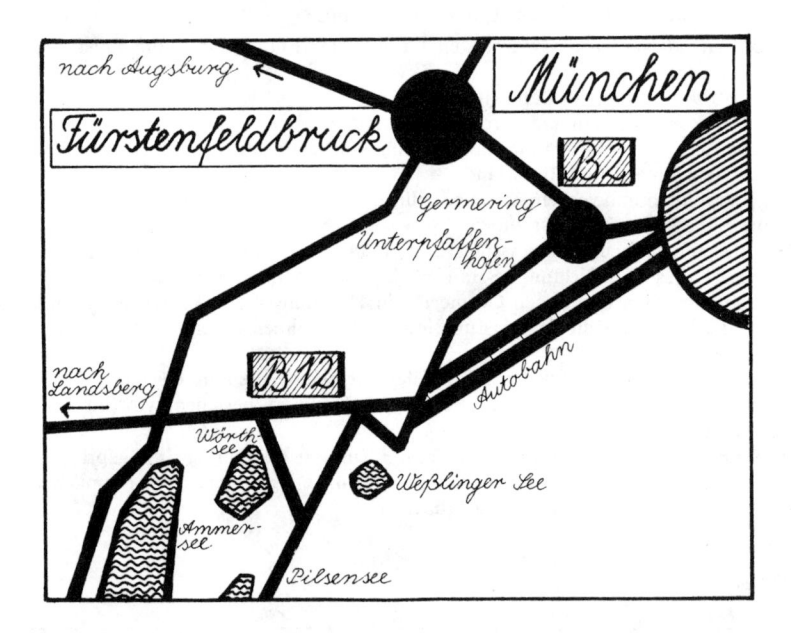

b) Aus der Karte könnt ihr auch einige Gründe herauslesen, warum Germering zu einer Vorstadt von München geworden ist.

...................................................................................................

...................................................................................................

3. Beurteilt die Wohnanlage, in der ihr wohnt:

   a) Ist sie ein Dorf, eine Stadt, eine Vorstadt einer Großstadt, ein Stadtteil, eine Großstadt?

b) Sucht Gründe, warum die Wohnanlage, in der ihr wohnt, ein Dorf, eine Stadt usw. ist! Befragung der Eltern, eines Nachbarn, des Bürgermeisters u. ä. Bezugspersonen.)

4. Ihr habt in den vorhergehenden Sendungen *Lauterbach*, ein bayerisches Dorf, und *Kilisiderisi*, ein türkisches Dorf, kennengelernt. Stellt noch einmal die Merkmale und Unterschiede dieser Dörfer zusammen und vergleicht sie am Schluß der Sendung mit *Germering*:

|  | Lauterbach | Kilisiderisi (Türkei) |
|---|---|---|
| Arbeit auf dem Bauernhof |  |  |
| Betriebe im Ort (Arbeitsplätze) |  |  |
| Leben in der Familie |  |  |
| Erholungsmöglichkeiten |  |  |

ARBEITSBLATT 2

**II. Zur Sendung**

*Geschichtliche Entwicklung*

1. Die Tabelle zeigt die Entwicklung der Einwohnerzahl seit 1935:
   1935: 1 000 Einw.
   1950: 2 764 Einw.
   1955: 3 607 Einw.
   1960: 4 989 Einw.
   1970: 16 444 Einw.
   1975: 21 000 Einw.
   Wir zeichnen für 1000 Einw. 1 Quadratzentimeter: 1935 ☐
   Zeichnet, wie groß Germering 1950, 1960, 1970 und 1975 war!

2. Ihr habt erfahren, daß Germering vor 40 Jahren (1935) noch ein Dorf mit 1000 Einwohnern war. Schreibt in die rechte Spalte, wie sich das Dorf verändert hat und zu einer Vorstadt von München geworden ist:

| Germernig vor 40 Jahren | Germering heute |
|---|---|
| a) Bauernhof des Bauern X | a) |
| b) Bauernhöfe anderer Bauern | b) |
| c) altes Wirtshaus (Unterwirt) | c) |
| d) Ackerland in Richtung München | d) |
| e) kein Rathaus, keine Sportanlagen, kein Kindergarten | e) |

3. Forscht nach, ob sich in eurer Wohnanlage in den vergangenen 40 Jahren auch so vieles verändert hat.
Dabei helfen euch:
a) Befragungen von Bezugspersonen (Eltern, Großeltern, ältere Einwohner, Gemeinde- oder Stadtverwaltung)
b) alte Bilder, Ansichtskarten, geographische Ortskarten, Ortschronik, Heimatbuch über den Landkreis u. ä.

*Gründe der Entwicklung vom Dorf zur Vorstadt*

1. Germering ist besonders in den letzten 15 Jahren zur Vorstadt von München angewachsen.
Kreuzt an, aus welchen Gründen Germering gewachsen ist:
○ Lage in der Nähe der Großstadt München
○ Die Bauern bauten viele Häuser
○ genügend Siedlungsraum und mietgünstige Wohnungen
○ Germering hat für alle Einwohner einen Arbeitsplatz
○ Germering mußte Wohnungen bauen, weil in München nicht mehr alle Leute wohnen können
○ schöne Umgebung in Germering mit großem Erholungsangebot
○ schnelle Verkehrsverbindungen zu den Arbeitsplätzen und Versorgungseinrichtungen in der Großstadt München

2. Germering bietet mehr als nur Wohnungen für seine Bewohner. Sucht auf der Karte entsprechende Erholungs- und Bildungseinrichtungen und schreibt sie heraus!

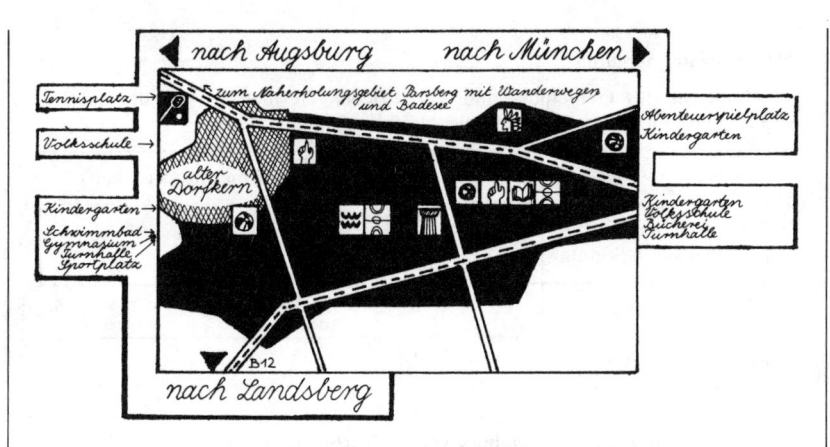

3. Germering hat sehr gute Verkehrsverbindungen nach München:
   — die *S-Bahn,* die 25 Minuten von Germering bis in die Stadtmitte Münchens braucht,
   — die Bundesstraße 2, die bis zur Stadtmitte mehrspurig verläuft.
   Welche Vorteile für die Einwohner Germerings bieten diese günstigen Verkehrsverbindungen?
4. Vergleicht eure Wohnanlage mit Germering und begründet, warum eure Wohnanlage nicht zu einer Vorstadt oder Großstadt wurde! (Nur für Klassen, die nicht bereits in einer Vorstadt oder einer größeren Stadt wohnen.)
5. Findet auf folgender Planspielkarte heraus, welcher Ort zur Vorstadt der erfundenen *Großstadt Urbus* werden könnte und aus welchen Gründen!

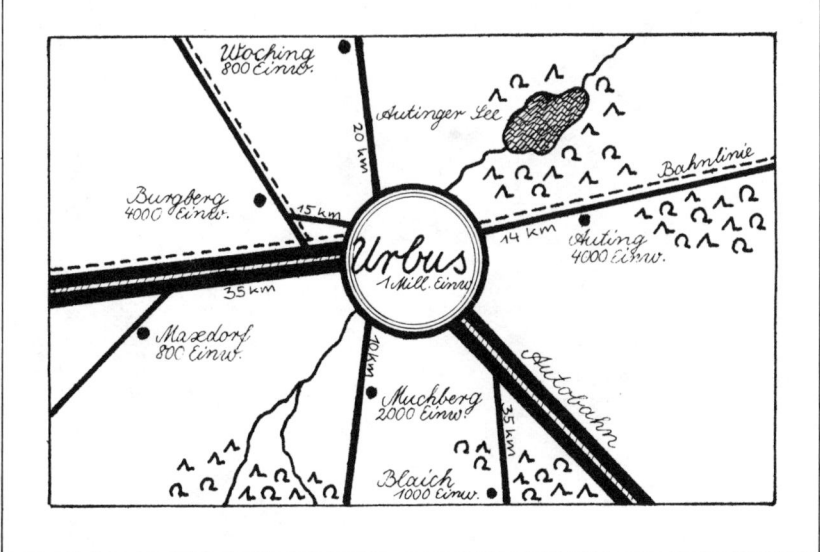

### III. Nach der Sendung

1. Vergleicht das Gemeinde- und Vereinsleben Germerings mit den Aktivitäten im Dorf Lauterbach. Was ist gleich, was anders?

|  | Lauterbach (Dorf) | Germering (Vorstadt) |
|---|---|---|
| 1. Nach dem Gottesdienst am Sonntag |  |  |
| 2. Frühschoppen |  |  |
| 3. Angebot der Vereine |  |  |

2. Vergleicht jetzt nach Aufgabe 4 von I „Vorbereitung auf die Sendung" die 3 Wohnanlagen, die ihr kennengelernt habt!
3. In welcher Wohnanlage würdet ihr am liebsten wohnen wollen:
   — im Dorf Lauterbach
   — im türkischen Dorf Kilisiderisi
   — in der Vorstadt Germering
   Begründet auf einem Beiblatt eure Wahl!

# 5. Langfristige Lehr- und Lernvorhaben im grundlegenden Erdkundeunterricht

## 5.1 Einführung in das Kartenverständnis

Wir haben bereits in Kap. 2 und 4 die Bedeutung des Symbolisierens für das geographische Denken und Handeln des Kindes herausgestellt. „Einführung in das Kartenverständnis" war ein Schwerpunkt der erdkundlichen Arbeit im 3., oft auch erst im 4. Schülerjahrgang der „alten" Heimatkunde. Diese eindeutige, aber auch isolierte Stellung des Kennenlernens, Lesens und Ausfertigens von geographischen Karten innerhalb eines Lernabschnittes der Grundschule wurde im grundlegenden Sachunterricht bzw. in der Heimat- und Sachkunde durch die Lehraufgabe VII aufgehoben und in entsprechende Lehrinhalte der anderen Lehraufgaben in allen Jahrgangsstufen integriert. Das instrumentale Lernziel (Lesen, Anfertigen, Handhaben) hat dabei sekundäre Bedeutung gegenüber dem Ziel, räumliche Vorstellung und Orientierung im Raum zu fördern. Diese neue didaktische Aufgabe stellt erprobte Verfahren der „Einführung in das Kartenverständnis" nicht in Frage, sondern erfordert eine variable kind- und sachgemäße Anwendung von erprobten Lernwegen, die das Lesen, Anfertigen und Handhaben von Bild- und Spurenkarten bis hin zu thematischen und geographischen Karten (auch Maßstabskarten) sichert.

Bevor wir grundlegende methodische Möglichkeiten zur Einführung in das Kartenverständnis erörtern, halten wir einige didaktische Überlegungen zur Bedeutung und Leistung der Karte im Erdkundeunterricht für notwendig.

### 5.1.1 Der Gegenstand „Karte"

Das wichtigste Hilfsmittel für die Förderung der räumlichen Vorstellung bzw. zielgerichtete Orientierung im Raum ist die Karte, worunter wir, wie schon angedeutet — auch die Bild- und Spurenkarte, den Plan, die thematische und geographische Karte verstehen.

Die Karte ist das spezifische Arbeitsmittel des Geographen und eine unentbehrliche Hilfe für den Menschen in vielen Lebenssituationen. In allen Bereichen des öffentlichen und privaten Lebens hat die Karte als Informationsträger an Bedeutung gewonnen: Massenmedien, Fremdenverkehr und auch populäre Literatur bedienen sich heute der Karte in vielfältiger Weise. In jeder Nachrichtensendung des Fernsehens, in politischen Magazinen und Reisebeschreibungen werden Karten in vielerlei Darstellungsformen eingesetzt, auch in solchen, die in der Fachwissenschaft und im Erdkundeunterricht bisher nicht üblich waren. Sie werden nicht länger im Unterricht unberücksichtigt bleiben können.

Fragen wir nach dem Wesen der Karte, so erhalten wir von der Fachdidaktik eine klare und einheitliche Antwort: die Karte beschreibt immer das Abbild eines Teiles der Erdoberfläche. Dieses Abbild ist orientiert, maßstäblich verkleinert, verebnet, symbolisiert, erläutert und generalisiert.

### 5.1.2 Bedeutung und Leistung der Karte im Erdkundeunterricht

Weniger Einheitlichkeit allerdings besteht bei den Geographen darüber, was die Karte für den erdkundlichen Lernprozeß zu leisten vermag. Von einer Reihe von Geographen, mehr Fachwissenschaftler als Fachdidaktiker, wird der Wert der Karte im Unterricht skeptisch beurteilt. Dies ist jedoch in der Regel die Folge falscher Erwartungen von der Karte oder der Beobachtung ihres Mißbrauchs. Deshalb gilt es, sich zunächst eine klare Vorstellung von der Bedeutung und vom Wert der Karte im Unterricht zu verschaffen.

Wie überhaupt alle Veranschaulichungsmittel immer meist nur bestimmte Qualitäten eines Gegenstandes faßbar machen, etwa Größe, Farbe, Form, so erbringt auch die Karte eine ganz spezifische Leistung, nämlich die Vermittlung der räumlichen Beziehungen in einem Ausschnitt der Erdoberfläche. Sie bildet die Ausstattung des Raumes nicht ab, sondern stellt sie in Symbolen dar. Sie kann daher Vorstellungen von Landschaften nicht unmittelbar geben. Sie setzt vielmehr voraus, daß diese Vorstellungen durch Anschauung der Wirklichkeit oder ihrer Abbildung gewonnen wurden. Ist dies der Fall, dann können ihre Symbole beim geübten Kartenleser die vorhandenen Vorstellungen wecken und zu einem mehr oder weniger zutreffenden Landschaftsbild verschmelzen lassen. Die Karte dient also nicht dem Ersatz einer Wirklichkeit, die man lieber im Original anschauen würde, sondern der geistigen Durchdringung dieser Wirklichkeit. Man braucht sie auch dann, wenn man die Landschaft unmittelbar vor Augen hat. Die Karte veranschaulicht also nicht Objekte, Landschaftsbilder usw., sondern Lagebeziehungen und Größenverhältnisse, die Struktur eines Raumes. Auch geographische Zusammenhänge — außer den räumlichen — kann sie nicht aufzeigen. Diese sind immer Ergebnisse eines Denkprozesses, der eine Reihe von Informationen zueinander in Beziehung setzt. Aber die Karte bietet solche Einzelfakten und -daten samt ihrer räumlichen Anordnung als Anlässe und Grundlage geographischen Denkens in unüberbietbarer Fülle (Engelhardt/Glöckel, S. 122). Daraus ergibt sich eindeutig, daß die Karte im Erdkundeunterricht ein sehr leistungsfähiges, unentbehrliches Medium ist. Allerdings ist sie ebenso ein sehr voraussetzungsvolles Medium, d. h. Einblick, Einsicht und Verständnis in die Karte vollzieht sich in einem Langzeitprozeß, der in den ersten Jahrgangsstufen der Grundschule beginnen muß und sich, auch immer differenzierter im Kartenangebot, bis in die letzte Jahrgangsstufe der Hauptschule fortsetzt.

### 5.1.3 Ziele eines Lehrgangs „Einführung in das Kartenverständnis"

Als unabdingbare Ziele für die Aufgabe „Einführung in das Kartenverständnis" gelten:

5.1.3.1 Fähigkeit, einfache Kartenskizzen (Bildkarte, Spurenkarte, geographische Karte) nach Vorlage und Beobachtung des natürlichen Raumes zu zeichnen

● **Unterrichtsbeispiel: Unser Weg zum Sportplatz**

2. Jahrgangsstufe

1. Schritt:
Ungeläuterte Beschreibung durch die Schüler: markante Punkte, verschiedene Wege, erste topographische Begriffe wie Berg, Anhöhe, Ebene

2. Schritt: Beobachtung im Gelände und Aufzeichnen der Beobachtung in einer Bildkarte

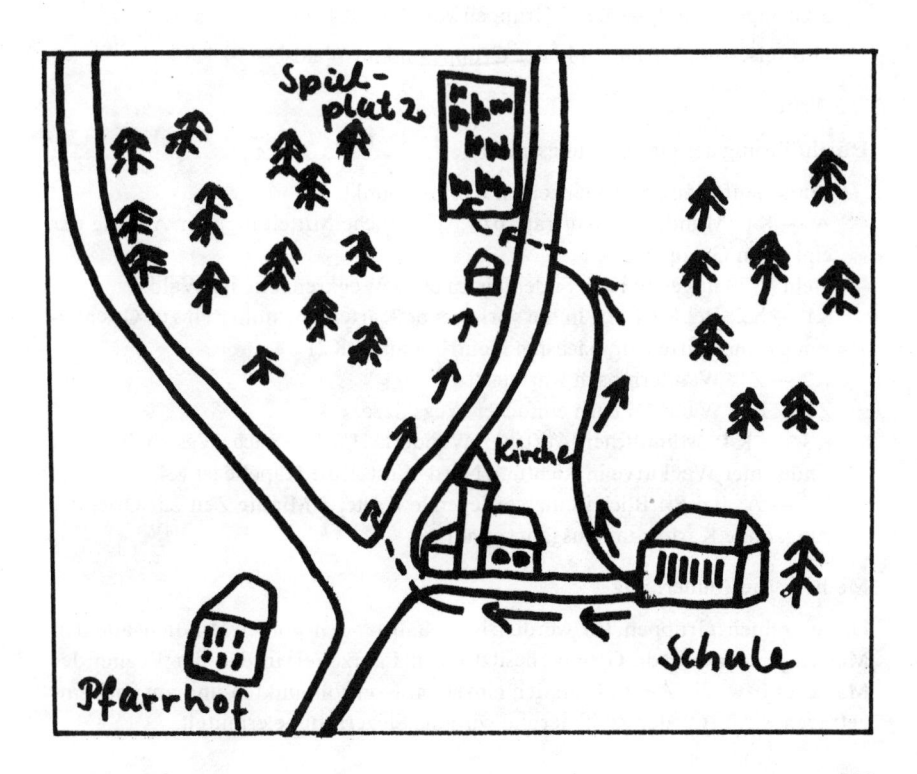

3. Schritt:
Orientierung im Gelände und richtige Anordnung der Raumbeziehungen

5.1.3.2 Fähigkeit, sich mit topographischen Karten im Gelände (Raum) zu orientieren

● **Unterrichtsbeispiel: Orientierungsspiel „Roter Pfeil"**

4. Jahrgangsstufe

1. Schritt:

Vorbereitung des Orientierungsspieles:

— Genehmigung eines Wandertages mit dem Ziel, die Orientierung im Raum anhand von Karte und Kompaß zu üben und zu sichern

— Genehmigung zum Befahren der Waldwege mit dem Pkw

— Einteilung von Streckenposten (ortskundige Schüler der 9. Jahrgangsstufe)

— Einteilung der Orientierungsgruppen:
3 Gruppen von A — K1, 3 Gruppen von A — K4

— Hinweise zum Verhalten in der Gruppe und im Wald

2. Schritt:

Durchführung des Orientierungsspiels

— Marschaufträge an den einzelnen Kontrollpunkten
A — K1: Mündlicher Auftrag (bzw. schriftliche Mitteilung) vor Abgang der einzelnen Gruppen:
Geht 1200 m genau nach Süden bis zu einer Wegkreuzung im Wald!
K1 — K2: Bei K1 Blick in die vorliegende Karte, 1 Minute Zeit zur Orientierung, ohne Karte zum nächsten Kontrollpunkt (K2)
K2 — Z1: Wandern nach Kartenskizze
Z1 — K3: Wandern nach einfacher Wegskizze
K3 — K4: Mündlicher Auftrag: Wandert $1^1/_2$ km nach Westen bis zum Ende einer Wegkurve in Richtung Nord-West. Eine Kapelle ist K4.
K4 — A: Bei K4 Blick in die vorliegende Karte, 1 Minute Zeit zur Orientierung, ohne Karte zum Ausgangspunkt

Methodische Anmerkung

Die einzelnen Gruppen (6) werden in Zeitabständen von 5 Minuten auf den Marsch geschickt. Jede Gruppe besitzt einen Laufzettel, in den der Beginn des Marsches bzw. die Ankunft an den einzelnen Kontrollpunkten und am Ziel eingetragen wird. Aus der Zielfixierung wird die Siegergruppe ermittelt.

Laufzettel

|    | A | K 1 | K 2 | Z 1 | K 3 | K 4 | Z 2 (A) |
|----|---|-----|-----|-----|-----|-----|---------|
| an |   |     |     |     |     |     |         |
| ab |   |     |     |     |     |     |         |
| Zeit |   |     |     |     |     |     |         |

Nach einer Erholungspause am Zielpunkt 1 wird der Marsch in der jeweils begonnenen Richtung fortgesetzt.

Die Gruppen von A über K4, K3, Z1, K2 und K1 erhalten die Orientierungsaufträge analog.

3. Schritt:

Auswertung des Spiels
a) Verbalisieren der Erfahrungen
b) Zeitliche Auswertung
c) Lernzielkontrolle

Übersicht über die Gesamtstrecke:

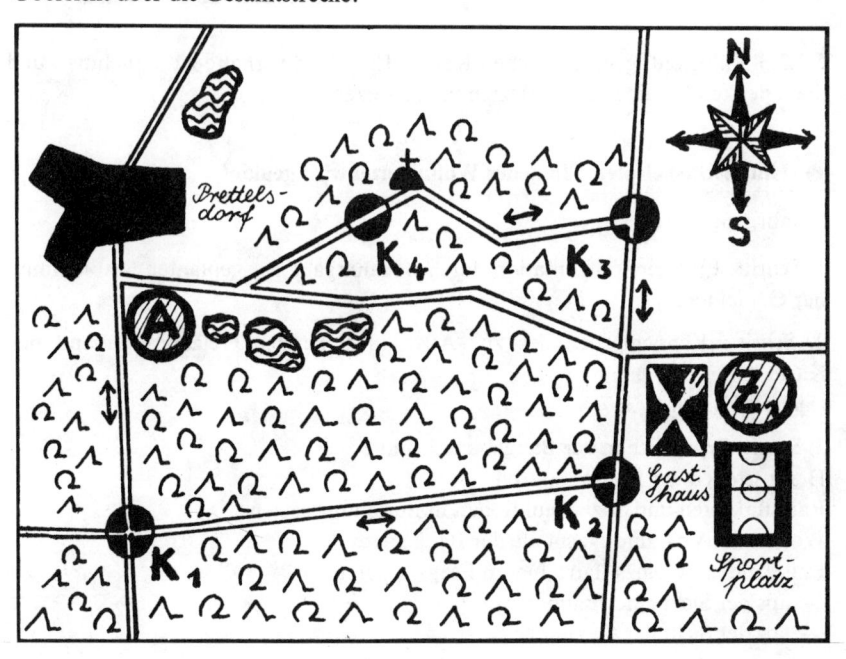

Beispiele von Kontrollpunktkarten:

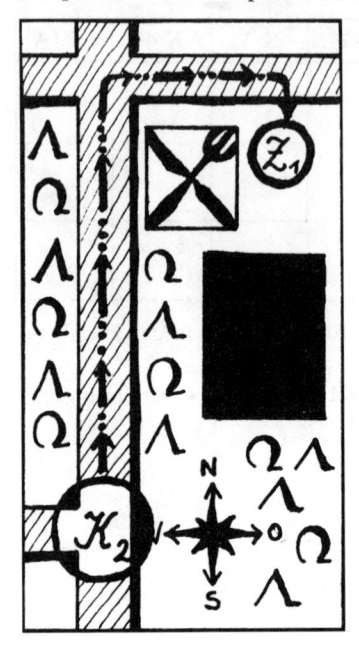

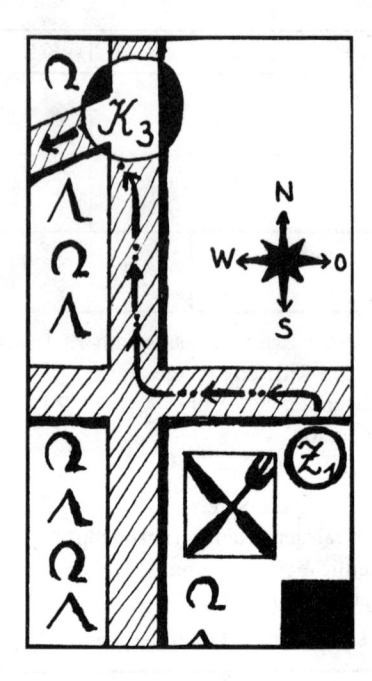

5.1.3.3 Fähigkeit, geographischen Karten Einzelsachverhalte zu entnehmen und diese denkend zueinander in Beziehung zu setzen

● **Unterrichtsbeispiel: Ein neues Wohnviertel wird geplant**

3. Jahrgangsstufe

1. Schritt: Problemkonfrontation durch Bekanntgabe der geplanten Maßnahmen der Gemeinde

2. Schritt: Kennenlernen des zur Auswahl stehenden Geländes anhand der Karte
(Siehe Abb. auf S. 317)

3. Schritt: Vergleichen der Baugebiete 1 und 2
Herausstellen der Raumfaktoren
Raumfaktoren und Sozialfunktionen in Beziehung setzen
Werten der Vor- und Nachteile der Baugebiete
Entscheiden, welches Baugebiet in Frage kommt
— aus der Sicht eines Bauherrn,
— aus der Sicht der Gemeinde

4. Schritt: Transfer auf ähnliche Sachverhalte, z. B. Bau eines Kindergartens, eines Erholungszentrums, eines Schwimmbades u. ä.
Anfertigen einer Karte mit dem Wohnviertel —
Eintragen von idealen Standorten für ähnliche Projekte

Diese drei Mindestziele (5.1.3.1—5.1.3.3) sind maßgebend für die methodischen Maßnahmen zur Einführung ins Kartenverständnis während des erdkundlichen Unterrichts. Dabei müssen wir uns von drei Grundsätzen leiten lassen:
a) Die methodischen Maßnahmen müssen inhaltlich bestimmt sein durch die Sachgesetzlichkeit des Gegenstandes „Karte".
b) Sie müssen zeitlich geordnet sein nach dem Grad des kindlichen Verständnisses.
c) Sie müssen ausgewählt sein nach den jeweiligen Lernzielen und Lerninhalten.

**5.1.4 Methodische Überlegungen zur Einführung ins Kartenverständnis**

Die Fachdidaktik kennt drei wichtige methodische Verfahren zur Einführung ins Kartenverständnis:
a) Beim synthetischen Verfahren wird das Kartenverständnis systematisch und in kleinen Einzelschritten aufgebaut: lineare Verkleinerung, Grundrißdarstellung, Orientierung nach Himmelsrichtungen, geographische Grundbegriffe, Symbole und Farben.
b) Das genetische Verfahren geht vom kindlichen Raumerleben aus und macht die kindliche Raumdarstellung für die Anbahnung des Kartenverständnisses nutzbar. Der Weg zur Kartendarstellung erfolgt immer in einem Dreischritt:

Erleben und Erfahren des Heimatraumes, Sammeln und Darstellen des Erfahrenen, Besinnung und logische Bewältigung.

c) Im analytischen Verfahren wird der fertige Plan (Karte) der erlebten Wirklichkeit gegenübergestellt, gedeutet und gelesen. Auf einen einführenden Lehrgang wird verzichtet. Welcher Lehrgang ist nun der richtige? Wenn die Frage so gestellt ist, kann die Antwort nur heißen: Jeder und keiner.

Wie in allen anderen Unterrichtsbereichen, so ist auch bei der Einführung ins Kartenverständnis jeder Methoden-Dogmatismus fehl am Platze. Jedes Verfahren hat seine Vor- und Nachteile. Der beste Weg ist der, welcher die guten Ansätze von allen Verfahren integriert. So schlagen auch Glöckel und Engelhardt einen methodenintegrierenden Weg vor. Dabei dürften anfangs Züge des genetischen Verfahrens überwiegen, dann gewisse Teilstrecken synthetischen Charakter tragen und später das Vorgehen häufiger dem analytischen Verfahren entsprechen. Doch ist das keine Notwendigkeit. Die Grundregel, von der wir uns leiten lassen, sollte so lauten: Es gilt, Wirklichkeit und Karte, Karte und Wirklichkeit stets aufeinander zu beziehen und den kindlichen Darstellungsversuch als Verständnisbrücke zu benützen. Erfahrene Wirklichkeit, kindliche Darstellung und kartographische Darstellung erhellen sich dann gegenseitig. Jedes Unterrichtsverfahren, das dieser Regel entspricht, ist im Prinzip richtig. Jedes Verfahren, das ihr nicht gerecht wird, ist unzureichend oder falsch (vgl. Engelhardt/Glöckel, S. 124).

Die Frage, die wir uns nun stellen müssen, heißt: Mit welchen methodischen Maßnahmen können wir unsere Schüler in der Grundschule am besten ins Kartenverständnis einführen?

Die Lehraufgabe „Einführung in das Plan- und Kartenverständnis" läßt sich im wesentlichen in vier Teilziele zerlegen, die sich aus der Gegenstandsstruktur der Karte selbst ergeben. Sie lassen sich als Lernziele folgendermaßen formulieren:

1. Verständnis der Grundrißdarstellung und die Orientierung im Raum mit Hilfe der Grundrißdarstellung (1. Lernziel)
2. Verständnis der Kartenzeichen (2. Lernziel)
3. Verständnis des Maßstabes, die Schaffung richtiger Größenvorstellungen, sowie Verständnis der Generalisierung (3. Lernziel)
4. Verständnis der doppelten Verebnung, zum einen als Rückführung der Bodenplastik in die Fläche mittels symbolischer Höhendarstellung, zum anderen als Projektion der kugelig gekrümmten Erdoberfläche in die Ebene unter möglichst zweckmäßiger Behandlung der dabei unvermeidlichen Verzerrungen (4. Lernziel) (vgl. Engelhardt/Glöckel, S. 125).

Natürlich bedeutet diese Reihe keine zeitliche Aufeinanderfolge. Bei jeder größeren Unterrichtseinheit kommen mehrere dieser Teilaufgaben zur Behandlung. Im Folgenden wollen wir die vier genannten Teilziele der Einführung in das Kartenverständnis didaktisch kurz skizzieren und methodische Wege anhand von Ausschnitten aus konkreten Unterrichtsbeispielen aufzeigen.

### 5.1.4.1 Zum Lernziel 1: Verständnis der Grundrißdarstellung und die Orientierung im Raum mit der Grundrißdarstellung

a) In den ersten beiden Schuljahren werden kartenunabhängige Orientierungsübungen in enger Verbindung von Sache und Sprache in vielen Teilbereichen des Unterrichts angestellt:
Mathematik (Topographie): außerhalb, innerhalb, geschlossen, offen, neben u. ä.
Erstlesen: Herausstellen von Raum- und Lagebeziehung bei relevanten Texterschließungen (z. B. Lesetexte über den Verkehr bzw. Verkehrsmittel)
Heimat- und Sachkunde: Orientierung bei Unterrichtsgängen: In welche Richtung gehen wir? Wo liegt unser Zielpunkt? Gibt es mehrere Wege? Wie gehen wir zurück? In welcher Richtung liegen markante Raumpunkte, z. B. Kirche, Sportplatz u. ä.

b) Wege- und Lageskizzen in bildhafter Form entsprechen der kindlichen Raumvorstellung, können das sozialgeographische Anliegen klären helfen und tragen zur Sicherung der Orientierung im Raum bei.

● **Unterrichtsbeispiel: Liegt die Spielwiese am Fluß günstig?**

3. Jahrgangsstufe

1. Schritt: Wir lernen heute unseren Turnplatz am neuen Schulort kennen. Erste Erfahrungen und Beobachtungen von Schülern, die aus dem Schulort selbst kommen.

2. Schritt: Erkunden der Distanz, Lage- und Raumfaktoren durch einen Unterrichtsgang:
— Messen der Wegstrecke
— Wegstrecke und Platzlage aufzeichnen
— äußere Raumfaktoren kennzeichnen und werten

Wege und Lagekarte eines Schülers

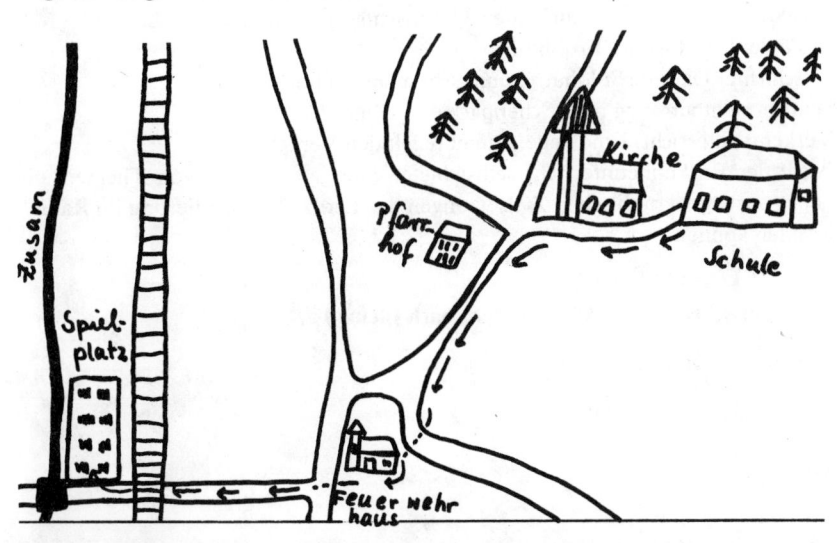

3. Schritt: Erkunden eines günstigen Platzes
Planspiel

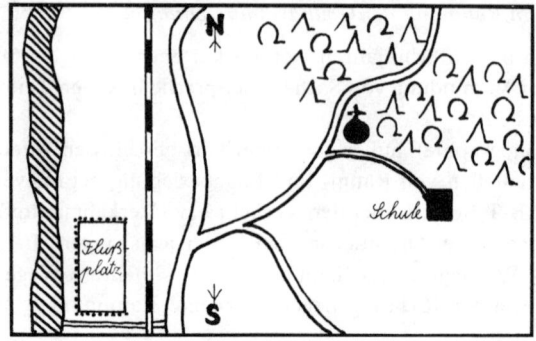

Wo würdet ihr einen neuen Sportplatz anlegen?
Begründet eure Entscheidung!

c) Die Bildkarte unterstützt in sehr anschaulicher Art das Erfassen der Raumstruktur, ermöglicht vielfältige Orientierungsübungen und bietet eine wesentliche Hilfe zum Erlernen der Kartensymbole (siehe Teilziel 2). Wir unterscheiden den Begriff Bildkarte in zweierlei Hinsicht:
— Die Bildkarte mit Bildaufnahmen von Einzelobjekten bzw. Luftbildaufnahmen
— Die Bildkarte, auf der geographische Objekte als Abbild der Wirklichkeit flächig aufgezeichnet sind. Solche Bildkarten können schon Schüler in der 1. und 2. Jahrgangsstufe herstellen

d) Die dreidimensionale Darstellung ist bei diesem Lernziel 1 genauso wichtig wie vor allem für Lernziel 3 und 4. Der Weg von der originalen Wirklichkeit über das Modell zur topographischen Karte muß in der Grundschule nicht nur einmal vollzogen werden. Beispiele bieten sich vor allem auch in integrativen Sachkundeeinheiten, die auf einen Unterrichtsgang aufbauen: z. B.
Biologie: Standort der Frühblüher
Geschichte: Das alte Söldhaus kennt schon Generationen.
Warum steht am Weg nach Scheppach ein Sühnekreuz?
Verkehrsunterricht: Eine neue Ampel regelt den Verkehr
Auch der Erdkundeunterricht selbst bietet eine ganze Reihe von Themen, die neben sozialgeographischen Zielsetzungen das Lernziel „Orientierung im Raum" erfüllen können.

● **Unterrichtsbeispiel: Wir wandern nach Illemad**

2./3. Jahrgangsstufe

1. Schritt: Unterrichtsgang

Vorschlag und Auftrag: Aufzeichnen des Weges und Aufschreiben markanter topographischer Merkmale

Ergebnis einer Partnergruppe:

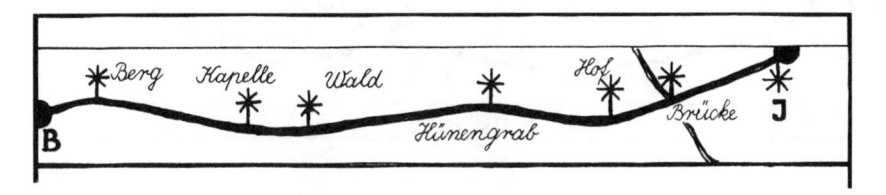

2. Schritt: Nachgestalten des Weges im Sandkasten mit Hilfe der Aufzeichnungen oder
Nachgestalten des Weges im Schulhof mit Hilfe von Kreide, Ziegelsteinen, Sand u. ä.
oder
Nachgestalten des Weges auf großer Styroporfläche mit Hilfe von Pappstreifen, Styropormaterial (Höhenschichten), Zweigen, Holzklötzchen u. ä.
Einnorden des Modells

3. Schritt: Bild- bzw. Spurenkarte entstehen lassen,
Einnorden

4. Schritt: Selbständiges Übertragen auf eine Karte mit Hilfe von ungeordneten Bild- und Wortkarten an der Flanelltafel
Einnorden

5. Schritt: Entwickeln und Kennenlernen der betreffenden Kartensymbole, Einzeichnen auf der Karte, Einnorden

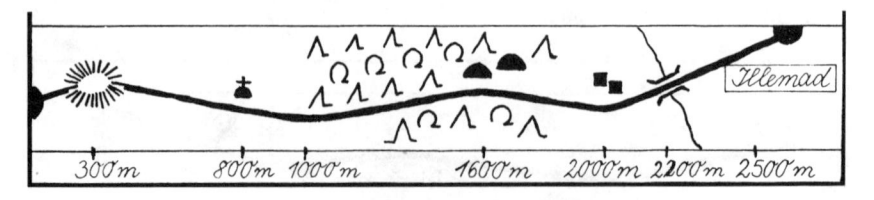

6. Schritt: Lesen der Karte eines anderen Weges, sich danach orientieren, Anfertigen einer Karte eines schon bekannten Weges:

Mit Engelhardt/Glöckel sind wir derselben Meinung, daß in ständiger Gegenüberstellung von Wirklichkeit, Modell und Karte Orientierungsübungen durchgeführt werden sollen. Dabei fördert das Umstrukturieren von Karten, auch der Himmelsrichtungen, das Raumverständnis des Schülers. Das gleiche gilt für den Einsatz der Karten. Variable Planung, die auch die Karte (und nicht immer die Wirklichkeit) an den Anfang einer Unterrichtsstunde setzt, ist für den Erdkundeunterricht ein primäres methodisches Prinzip.

e) Bei jedem Erkunden im Gelände, bei Orientierungsübungen im Raum und bei Unterrichtsgängen sollte die Karte die didaktische Mitte des Lernprozesses bilden. Sie stärkt das selbständige Forschen und Entdecken von Raumbeziehungen und stärkt beim Schüler das relevante Vorstellungsbild der jeweiligen Landschaft.

● **Unterrichtsbeispiel: Wie finden wir die Waldschenke?**

3. Jahrgangsstufe: (Orientierungsspiel)

1. Schritt: Wanderung vom Waldsee zur Klosterkirche nach der amtlichen Wanderkarte dieser Region

2. Schritt: Aushändigen der geographischen Karte an die Schülergruppen
Verbalisieren der Wegstrecke, Orientierung an den Himmelsrichtungen, Einnorden

3. Schritt: Orientierungsmarsch mit Karte und Kompaß zum Zielpunkt

● **Unterrichtsbeispiel: Unser Weg zur Ruine**

4. Jahrgangsstufe:

1. Schritt: Orientierung am Ausgangspunkt anhand der amtlichen Wanderkarte dieser Region
Herausschreiben einiger markanter topographischer Merkmale, z. B. Kapelle, Waldsee, Schlucht, Bergkreuz, Brücke, Einödhof, Ruine
Herausschreiben von Entfernungen:
Kapelle — Waldsee: 1 km, Waldsee — Schlucht 500 m usw.
Herausschreiben der Langebeziehungen
Kapelle — Waldsee: Südwest
Waldsee — Schlucht: West

2. Schritt: Wandern anhand der Merkmale, gegenseitige Hilfe

3. Schritt: Am Zielpunkt: Einzeichnen des Weges in eine Umrißkarte

Umrißkarte:

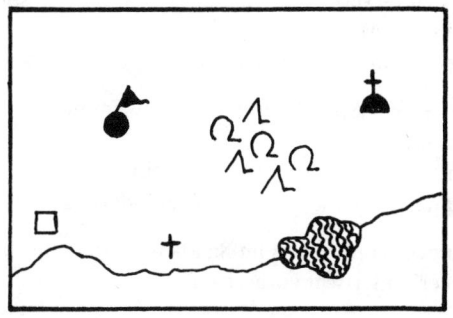

### 5.1.4.2 *Zum Lernziel 2:* Verständnis der Kartenzeichen

„Das Verständnis der Symbolfunktionen graphischer Zeichen ist meist schon vor Schuleintritt vorhanden. Somit bietet die Einführung der Kartenzeichen, ausgenommen der Symbole für die Höhendarstellung, als solche keine Schwierigkeit" (Engelhardt/Glöckel, S. 129).

Unsere schulpraktischen Erfahrungen erhärten diese Aussage und sprechen zugleich der Aufgabe, von der Wirklichkeit her entsprechende Kartsymbole zu finden, eine hohe Motivationskraft zu. Je anschaulicher Kartsymbole gewonnen werden, d. h. je mehr Vorschläge der Schüler beim Abstraktionsprozeß berücksichtigt werden, desto weniger läuft der Lehrer Gefahr, daß die Schüler zwar den richtigen Namen des Symbols kennen, die Begriffe bzw. Vorstellungen über das bezeichnete geographische Objekt jedoch äußerst diffus und verschwommen sind.

Gelegenheit zur wechselseitigen Sicherung von Symbol und Vorstellung bietet sich durch die vom Schüler selbst gezeichnete Bildkarte.

Folgendes Unterrichtsbeispiel soll neben dem methodischen Weg „Von der Wirklichkeit zur Karte" vor allem auf die Gewinnung elementarer Kartensymbole hinweisen.

● **Unterrichtsbeispiel: Wir orientieren uns im Schulviertel**

2./3. Jahrgangsstufe

1. Schritt: Ein Fremder erkundigt sich nach der Wohnung des Herrn Z. (Tonband) — Problemstellung
Anfertigen einer Faustskizze aus der Vorstellung — Vergleich der Skizzen — Verbalisieren

2. Schritt: Unterrichtsgang zur bewußten Anschauung der Wirklichkeit
Raumorientierungen im Freien
Verbesserung der Faustskizzen

3. Schritt: Aufbau eines verkleinerten Bildes von der Wirklichkeit im Schulhof (Modell mit Ziegelsteinen)
Verschiedene Orientierungsaufgaben am Modell

4. Schritt: Aufbau einer „Spurenkarte" im Klaßzimmer (Streichholzschachteln, Pappkartonstreifen)
Orientierungsübungen (Puppe, Bindfaden, Stock)
Umstrukturierung der Spurenkarte — Lageveränderung

5. Schritt: Aufbau des Schulviertels im Sandkasten mit Hausmodellen (Hausmodelle werden im Werkunterricht vorbereitet)

Übertragung des Sandkastenbildes auf eine Bildkarte
(Styroportafel, Lichtbilder — Styroporkarte)
Erkenntnis: Abbildungen im Sandkasten und auf der Bildkarte stehen der Wirklichkeit nahe
Wechselweises Orientieren im Sandkasten und auf der Bildkarte

6. Schritt: Übergang zur Grundrißdarstellung:
Hausabdrücke im Sandkasten farbig nachstreuen — Einnorden
Lichtbilder auf der Styroporkarte durch Haussymbole ersetzen

7. Schritt: Orientierung auf dem Ortsplan-Original
Zurechtfinden auf anderen Teilen des Ortsplanes

*5.1.4.3 Zum Lernziel 3:* Einsicht in die richtigen Größenvorstellungen, Verständnis des Maßstabes und der Generalisierung

a) Orientierungsübungen, wie wir sie schon beim 1. Lernziel genannt haben, führen zwangsläufig zur größenmäßigen Durchdringung des Grunderfahrungs- und näheren Heimatraumes der Schüler. Entfernungen werden geschätzt, abgeschritten, abgemessen, abgefahren, miteinander verglichen und auf andere Räume übertragen. Dies geschieht nicht isoliert vom sozialgeographischen Anliegen eines Sachverhalts, sondern vielmehr zur Erhellung und Begründung sozialer Faktoren.

● **Unterrichtsbeispiel: Hans und Monika haben verschiedene Schulwege**

2./3. Jahrgangsstufe

**I. Stufe der Problemgewinnung**

| | |
|---|---|
| Befragung der beiden Schüler | Wann verlaßt ihr eure Wohnung, um zur Schule zu gehen? |
| | Hans: 7.45 Uhr |
| | Monika: 7.30 Uhr |
| Problemfindung | Warum brauchen die beiden unterschiedlich lang? |
| Hypothesenbildung | |
| Problemerkenntnis | Sie haben einen unterschiedlich langen Schulweg. |
| Zielorientierung | Wir lernen die Schulwege von Hans und Monika kennen! |

## II. Stufe der Problemlösung

1. Lösungsplanung
   Vorschläge

   Wir messen mit Schritten, wir messen mit einem Tachometer.
   (Fahrrad)
   Wir zeichnen die Wege auf!
   Wir zeichnen die Wege in eine Ortskarte ein.
   Wir stoppen die Gehzeit!
   Wir suchen für die Monika einen kürzeren Weg.

   Verteilen der Aufgaben auf einzelne Gruppen

   Wir vergleichen die Größenordnung beider Schulwege.

2. Durchführen der Lösungsschritte mit Kontrolle und Hilfe des Lehrers

## III. Stufe der Problemerkenntnis

1. Organisation und Auswertung der Ergebnisse

   Der Schulweg von Hans
   800 m
   Der Schulweg von Monika
   1900 m
   So hätte Monika 200 m näher

2. Wertung/Erkenntnis:

   Der kürzeste Schulweg ist nicht immer der sicherste. Monika kann auf ihrem ersten Weg auf einem Radfahrweg fahren. Sie muß nur eine Straße überqueren.

## IV. Sicherung/Ausweitung

1. Beschreiben der Schulwege von Hans und Monika
2. Beschreiben und Aufzeichnen des eigenen Schulweges
3. Planspiel

   Welchen Schulweg würdest du wählen?

4. Ausweitung

Passanten nach dem Weg zum Museum, zum Rathaus usw. fragen
Mit einem einfachen Umriß des Ortsplanes zu einem Ziel wandern

Planspiel
Welchen Weg zur Schule würdest du wählen? Zeichne ein und begründe!

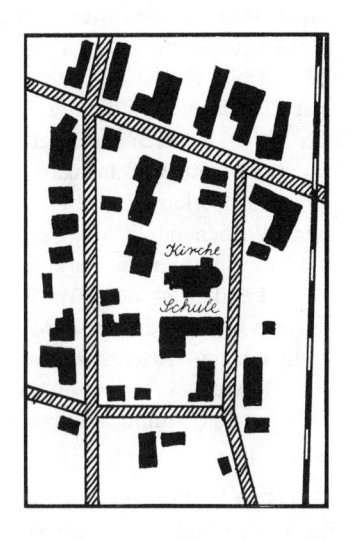

Entscheidung eines Schülers (→):

Ich gehe bis zur Stadtmitte. Dann gehe ich den Schrannenweg und den Fußweg zur Schule. Das ist kürzer. Ich habe mit meinem Tachometer 1200 m gemessen. Über die Schmiedgasse sind es 1430 m.

Engelhardt/Glöckel sprechen bei dieser Aufgabe der größenmäßigen Durchdringung ein Anschauungs- und Arbeitsmittel an, das in keinem Klassenzimmer eines „Heimatkundlers" fehlte: Die Tafel heimatlicher Standardmaße (vgl. Engelhardt/Glöckel, S. 130). Warum soll sie bei der neuen Heimat- und Sachkunde fehlen?

Auf ihr werden Vergleichsgrößen markanter topographischer Punkte (Kirchturm, Hochhaus, Wasserturm, Burg u. ä.) ebenso fixiert wie überschaubare Vergleichsstrecken (Schule — Bahnhof, Schule — Sportplatz), die von den Schülern selbst gemessen und aufgezeichnet worden sind. Dieses Zahlenmaterial dient vor allem zu Vergleichen, um unbekannte Größenordnungen transparent zu machen.

## b) Die Maßstabskarte

Der geradezu obligatorische Weg der Einführung in die Maßstabskarte begann bei der „alten" Heimatkunde mit einem maßstabsgetreuen Plan des Schulzimmers und des Schulstockwerkes, und führte weiter zum Schulgrundstück und zum Wohnviertel. Die kindlichen Erlebnis- und Anschauungshorizonte haben sich geweitet. Nach wie vor sind zwar überschaubare Ausschnitte des heimatlichen Bezugsraumes wie das Schulviertel, das Wohnviertel, der Marktplatz und seine Umgebung mit Kirche, Wochenmarkt und Zugangsstraßen, das Naherholungsgebiet und Spielplätze notwendige Bezugspunkte und werden den Ausgang für Planskizzen, Bildkarten und geographische Karten bilden, wie wir ja schon an vielen Beispielen gezeigt haben. Allerdings kann das Verständnis für den Maßstab und Maßstabskarten auch über geographische Sekundärerfahrungen geschehen, wie sie Lichtbild, Film oder Fernsehen bieten. Der durch Urlaubsreisen, Wochenendfahrten, Fernsehen und andere Medien erweiterte Erfahrungs- und Bewußtseinsraum erlaubt dies. Hier möchten wir auf die vierteilige Reihe „Die Landkarte" des Bayerischen Schulfernsehens hinweisen, die jedes Jahr in Bayern und Nordrhein-Westfalen ausgestrahlt wird und den Wirklichkeitsunterricht sehr gut zu ergänzen und vertiefen vermag. Das Schülerbegleitheft bietet eine Reihe von Arbeitsaufgaben zur selbständigen Vor- und Nacharbeit der Schüler (vgl. Adlhoch/Seilnacht „Die Landkarte", TR Verlagsunion, München 1973).

Engelhardt/Glöckel raten, mit gegenständlichen Maßvergleichen die Einführung in die Maßstabskarte zu beginnen (z. B. die Erlenfrucht ist 1000mal kleiner als der Baum, der Baum ist 1000mal größer als die Erlenfrucht).

Die Unterrichtspraxis lehrt uns, daß sowohl diese gegenständlichen Maßvergleiche als auch das Messen mit dem „Zwergenmaß" (10mal, 100mal kleiner als der richtige Meterstab) bei vielen Schülern auf Verständnisschwierigkeiten stoßen und zu unlogischen Sprüngen im Denkprozeß führen. Noch schwerer faßbar für den Grundschüler ist das Verständnis für die Verhältniszahl (1:100, 1:1000, 1:10 000). Hier hilft am besten ein ständiges, auch wiederholendes Verbalisieren vor Ort, am Modell und an der Zeichnung („Der Maßstab 1:100 bedeutet, daß alle Gegenstände in Wirklichkeit hundertmal größer und alle Entfernungen 100mal länger sind"). Durch häufige Meß- und Umrechnungsübungen erreichen wir am sichersten das Verständnis des Maßstabes (auch eine Integrationsaufgabe des Mathematikunterrichts).

Wenn auch der Schüler schon in der Vorschule und dann in den ersten Jahrgangsstufen der Grundschule die Wirklichkeit ohne Schwierigkeiten verkleinert darstellen kann, so wird die Verkleinerung zur Aufgabe, „wo es um das richtige Größenverhältnis geht, wenn also die subjektbezogene, bedeutungsbestimmte Größendarstellung objektiviert werden soll" (Engelhardt/Glöckel, S. 130).

● **Unterrichtsbeispiel: Sind Gemeindehaus und Feuerwehrhaus gleich groß?**

4. Jahrgangsstufe

*1. Unterrichtsstunde*

1. Problembegegnung:
   Sachfall
   L berichtet aus der Gemein- — Die Gemeinde möchte rings um das Gemeinderatssitzung dehaus und das Feuerwehrgerätehaus einen Plattenweg legen, damit das Regenwasser etwas abgehalten wird.

   Problemfindung durch Schüler — Wie groß sind die beiden Gebäude?
   Wie lang, wie breit ist das Gemeindehaus, das Feuerwehrhaus...?

   Zielfindung — Wir messen und zeichnen die beiden Gebäude!

2. Problemdurchdringung
   a) Vermutungsphase anhand von Bildern — Das Feuerwehrhaus ist größer (kleiner), weil ...
   Das Gemeindehaus ist kleiner (größer), weil ...

b) Lösungsplanung

SS: Auf dem Bild sehen wir immer nur eine oder zwei Seiten. Es ist auch kleiner als in Wirklichkeit...
Wir messen die beiden Gebäude ab!

c) Lösungsdurchführung
Unterrichtsgang
Einteilung der Arbeitsgruppen:
1. Meßgruppe
2. Meßgruppe

Messen und Aufzeichnen des Weges
Abmessen der Längen und Breiten
Eintragen in eine Tabelle

|   | Feuerwehrhaus | Gemeindehaus |
|---|---|---|
| l |   |   |
| b |   |   |

Zeichengruppe

Aufzeichnen der beiden Gebäude

3. Problemerkenntnis

Vergleichen der Zeichnungen und der Meßgrößen

SS: Das Feuerwehrhaus hat noch einen Turm. Es ist größer.
Das Gemeindehaus ist aber einen Meter breiter.

Verbalisieren der Schüler

Tabelle mit den Meßgrößen

|   | Feuerwehrhaus | Gemeindehaus |
|---|---|---|
| l | 16 m | 10 m |
| b | 9 m | 16 m |
|   | Turm |   |
| l | 4 m |   |
| b | 4 m |   |

L: Wir schauen uns die Zeichnungen der 2 Gebäude an. Sind sie genauso groß wie in Wirklichkeit?

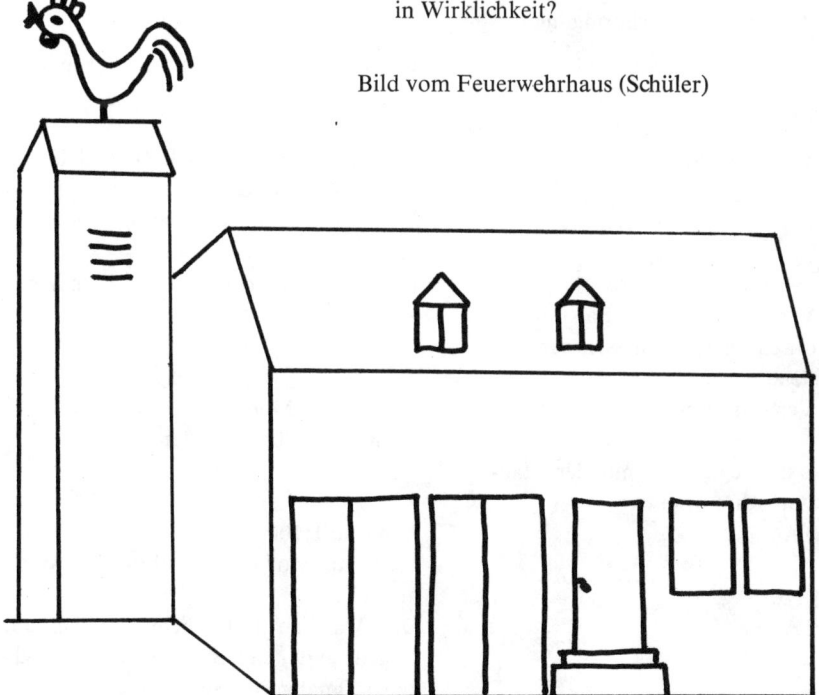

Bild vom Feuerwehrhaus (Schüler)

| | |
|---|---|
| Teilerkenntnis | SS: Nein, sie sind verkleinert. |
| | SS: Auf einer Zeichnung oder einer Karte sind Häuser, Straßen, Wälder u. ä. verkleinert, sonst kann man sie nicht aufzeichnen. Wir müssen beide Häuser gleichmäßig verkleinern. |
| Vorbereitende Hausaufgabe | Versuche anhand der Tabelle herauszufinden, wie du die beiden Häuser verkleinern kannst! |

*2. Unterrichtseinheit*

| | |
|---|---|
| 1. Problembegegnung<br>Auswerten der Hausaufgabe<br>Verbalisieren | Wenn ich die Häuser um die Hälfte kleiner mache, kann ich sie immer noch nicht zeichnen.<br>Ich muß sie 100mal kleiner zeichnen, dann passen sie auf den Plan. |
| Zielorientierung | Wir zeichnen einen Plan mit dem Feuerwehrhaus und dem Gemeindehaus! |
| 2. Problemdurchdringung | |
| 2.1 Arbeit am Modell | L: Ich habe zwei Modelle aus Styropor gebaut. |
| Vorzeigen der Modelle<br>Vermutungen | SS: Die Häuser sind 50mal, 100mal kleiner als in Wirklichkeit... Die Länge mißt 16 cm, die Breite 9 cm beim Feuerwehrhaus.<br>Der Turm ist 4 cm lang und 4 cm breit. |
| Verifizieren bzw. Falsifizieren durch reales Abmessen der Modelle<br>Verbalisieren | 16 cm am Modell sind in Wirklichkeit 16 m, also 100mal größer |
| erste Begegnung mit der Maßstabsschreibweise<br>TA | Maßstab 1:100<br>1 cm am Modell sind 100 cm in Wirklichkeit |
| TA | Der Maßstab 1:100 bedeutet, daß alle Gegenstände und Strecken in Wirklichkeit 100mal größer sind. |

## 2.2 Übertragung auf die Karte
Verlaufsimpuls

    Das Modell können wir nicht auf eine Karte setzen. Die Karte ist eine Fläche.
SS: Wir zeichnen den Grundriß der Modelle auf ein Blatt; wir drücken den Grundriß in den Sandkasten.

kurze Gruppenarbeit
1. Gruppe

    Abdrücken des Grundrisses im Sandkasten
Nachmessen der Größen

2. Gruppe

    Aufzeichnen des Grundrisses auf ein Kartonblatt
Nachmessen der Länge und Breite

Vergleichen der Grundrisse
Verbalisieren

    Die Grundrisse sind 100mal kleiner als in Wirklichkeit.
Der Grundriß des Feuerwehrhauses ist etwas kleiner. Es kommt aber noch der Turm dazu.

Übertrag des Grundrisses des Feuerwehrhauses auf ein Planquadrat

TA

    Maßstab 1:100
(hier 1:200)

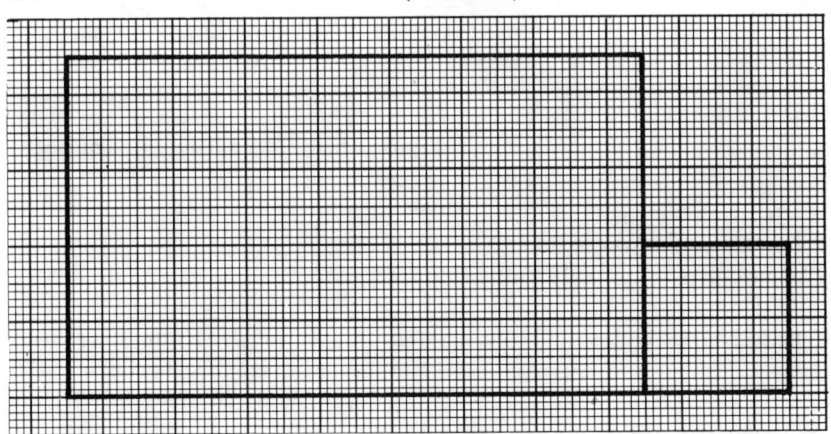

Verbalisieren

    Auf dem Planquadrat mißt das Feuerwehrhaus 16 cm in der Länge, 9 cm in der Breite, das ist 100mal kleiner als in Wirklichkeit...

Selbständige Arbeit der Schüler

Übertrag auf ein DIN-A 4-Arbeitsblatt (Planquadrat 20 cm auf 20 cm)

L: Zeichne die Grundrisse der Häuser auf dein Planquadrat!

*3. Unterrichtsstunde*

1. Problemanknüpfung

Die Grundrisse der zwei Gebäude sind 100mal kleiner auf unserem Plan als in Wirklichkeit. Und doch bringen wir sie noch nicht auf einen Plan!

Problemerkenntnis
Zielorientierung

Wir brauchen noch kleinere Maßstäbe!
Wir zeichnen die Grundrisse und den Weg im Maßstab 1:1000!

2. Problemdurchdringung
2.1 Herausstellen der Größen
Umrechnen der Größen

| Wirklichkeit | | Maßstab 1:1000 |
|---|---|---|
| Feuerwehrhaus | 16 m lang<br>9 m breit | 16 mm lang<br>9 mm breit |
| Trockenturm | 4 m lang<br>4 m breit | 4 mm lang<br>4 mm breit |
| Gemeindehaus | 16 m lang<br>10 m breit | 16 mm lang<br>10 mm (1 cm) breit |
| Weg zwischen den Gebäuden | 180 m lang | 18 cm lang |

2.2 Zeichnen des Weges auf ein Planquadrat (20 cm x 20 cm) auf Folie
Einzeichnen des Weges

Der Weg ist auf der Karte 18 cm lang. Wir beginnen am Feuerwehrhaus. Der Weg macht nach 100 Meter in Wirklichkeit eine Rechtskurve.
Nach wieviel cm auf der Karte?

SS: Nach 10 cm auf der Karte, weil 10 cm auf der Karte 10 000 cm oder 100 m in Wirklichkeit sind.

Übertragen des Weges und der Grundrisse auf ein Arbeitsblatt (Planquadrat 20 cm x 20 cm) Stillarbeit, Lehrerkontrolle und -hilfe

3. Problemerkenntnis und -vertiefung

3.1 Verbalisieren der Erkenntnisse

SS: Maßstab 1:1000 bedeutet, daß alle Gegenstände und Strecken in Wirklichkeit 1000mal größer sind als auf der Karte.

Verbalisieren der geographischen Begriffe, Maßstab, verkleinern, Fläche, Plan usw.

3.2 Konfrontation mit einer Wanderkarte Maßstab 1:1000

L: Wie weit sind auf dieser Wanderkarte A-dorf und B-dorf entfernt?

L: Wenn die Karte im Maßstab 1:10 000 gezeichnet wäre?

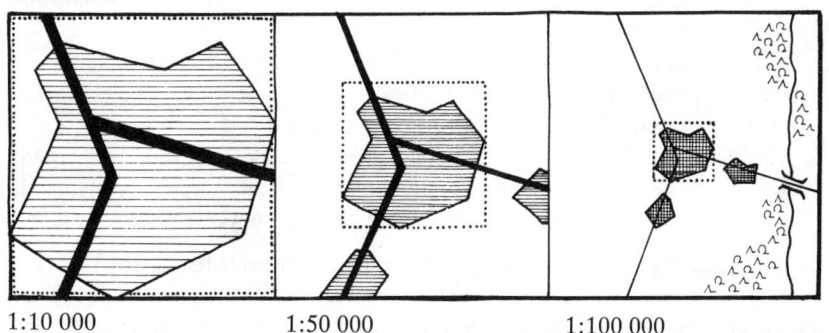

*4. Lernzielkontrolle* (langfristig)

4.1 Lesen von Maßstabskarten

4.2 Wandern anhand von Maßstabskarten

4.3 Vergleichen von verschiedenen Maßstäben
(1:1000; 1:10 000; 1:100 000)

4.4 Vergleichen eines Kartenausschnittes in verschiedenen Maßstäben

1:10 000        1:50 000        1:100 000

(vgl. Engelhardt/Glöckel, S. 131)

335

*5.1.4.4 Zum Lernziel 4:* Die Höhendarstellung

Das Problem der Höhendarstellung auf der Karte kann in der Grundschule nur angerissen werden. Ausgehend von einer markanten Erhebung des heimatlichen Bezugsraumes können in der Grundschule folgende Lernziele angestrebt werden:
1. Erkenntnis, daß Berge durch Höhenlinien dargestellt werden
2. Erkenntnis, daß Höhenlinien stets auf gleicher Höhe verlaufen
3. Erkenntnis, daß Höhenlinien unterschiedliche Abstände haben können (je steiler der Berg, um so dichter rücken sie zusammen)
4. Erkenntnis, daß die Neigungen des Geländes durch Schummerung und durch Schraffen dargestellt werden.

Die methodischen Möglichkeiten zur Gewinnung des Verständnisses der Höhenlinien sind vielfältig und der Natur der Sache angemessen sehr anschauungsgebunden. Wir stellen einige dieser methodischen Wege vor, die sich im Unterricht bewährt haben:
1. Das Bergmodell des heimatlichen Bezugsraumes aus Plastilin, Ton, einer halben Kartoffel oder Rübe wird in Scheiben zerschnitten, diese nacheinander auf den Plan aufgelegt und mit Bleistift umfahren. Damit wird das Prinzip der Höhendarstellung mit Hilfe der Höhenlinien veranschaulicht.
2. Man formt einen Gipsberg in einem Wasserbecken und füllt verschiedene Mengen Wasser ein. Der steigende oder fallende Wasserspiegel zeichnet dann die Höhenlinien gut sichtbar ab.
3. An einer langen Latte, waagrecht über die Seitenwände des Sandkastens gelegt, steckt ein Bleistift mit nach unten gerichteter Spitze. Um die Konturen der Sandberge geführt, ritzt er in diese die Höhenlinien ein.
4. Vom Grundriß, dem Bergfuß, ausgehend, werden in der Wirklichkeit und im Sandkasten viele Punkte gleicher Höhe mit Stangen bzw. Nadeln markiert und zuletzt durch Schnüre verbunden. Entlang dieser Schnüre erhält man dann die Höhenlinien. Das Einstreuen von Farben zwischen den Linien führt zu den Höhenschichtenfarben.
5. Auf gleichmäßig zugeschnittene Glasplatten wird je eine Höhenlinie mit Scriptol gezeichnet. Nach dem Trocknen aufeinander geschichtet, ergeben diese einen recht plastischen Eindruck vom Gelände.
6. Von der bildhaften Seitendarstellung des Berges, die dem Raumverständnis des Kindes als erste bildhafte Darstellung entspricht, können die Höhenlinien auf eine waagrechte Linie nach unten übertragen werden.

Mehrere Darstellungsweisen, am gleichen oder bei verschiedenen Objekten ausgeführt, geben den Schülern wiederholte Chancen zum Verständnis der Höhendarstellung auf einer Karte. Wir müssen uns aber darüber im klaren sein, daß das Verständnis der Höhendarstellung den Schülern schwerer fällt als man

Skizze:

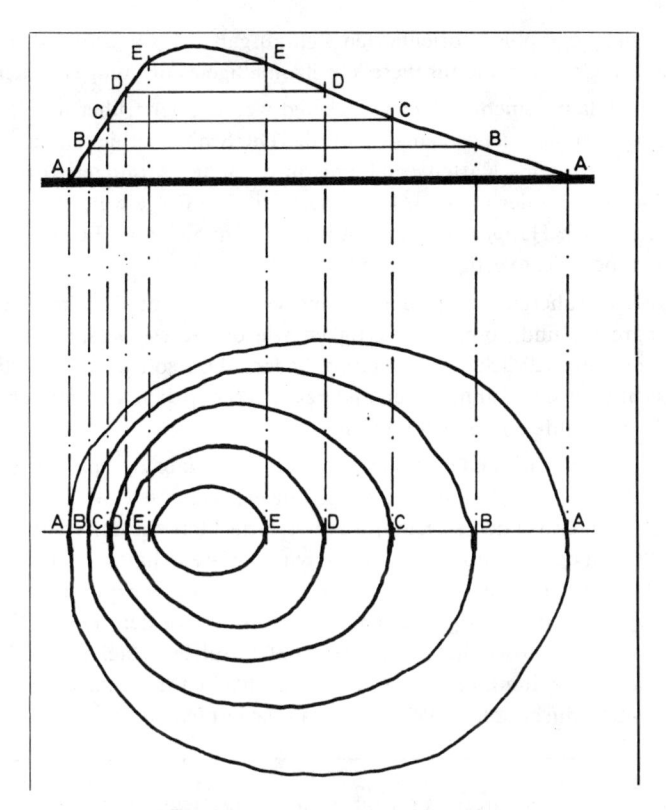

manchmal annimmt. Wollen wir einen einigermaßen zufriedenstellenden Erfolg erzielen, ist es wichtig, daß wir immer wieder in der Schwierigkeit steigende Übungen ansetzen, die von der Plastik zur Höhenliniendarstellung und von den Höhenlinien zur Plastik führen. Abschließend noch eine Bemerkung zum Problem der Höhendarstellung mit Höhenschichtfarben. Wir kennen das offenbar unausrottbare Mißverständnis, daß die Farbe Grün als Wiese und fruchtbares Land und die Farbe Braun als Ackerland angesehen wird. Die Naturnähe der Farben legen diese Deutung nahe. Nicht selten gibt ein Lehrer den Anlaß dazu, weil er glaubt, bei der Ersteinführung der Kartenfarbe solche Erklärungen geben zu müssen. Es kostet oft viel Mühe, die falschen Vorstellungen bei den Schülern wieder zu löschen.

### 5.1.5 Integration der Lehraufgabe VII „Der Mensch muß sich im Raum orientieren"

Nach dem neuen Lehrplan für die Grundschulen in Bayern soll die Hinführung zum Kartenverständnis in möglichst engem thematischem Zusammenhang mit den sozialgeographisch orientierten Lehraufgaben I—V erfolgen. Es gibt eine Reihe von Gründen, die für diese lehrplanmäßige Zuordnung sprechen:

a) Es soll damit einem Fehler vorgebeugt werden, der früher im Heimatkundeunterricht immer wieder gemacht wurde. Die Schüler erhielten einen Lehrgang zur Einführung ins Kartenverständnis in oft sehr gedrängter Form, meist erst am Ende der 3. oder in der 4. Jahrgangsstufe. Die Folge war, daß im Erdkundeunterricht der Hauptschule wesentliche Kenntnisse und Fertigkeiten für die Kartenarbeit nicht verfügbar waren.

b) Unsere früheren Überlegungen zum Kartenverständnis zeigten, daß eine so umfangreiche und komplexe Fertigkeit wie das Kartenverständnis einer langfristigen unterrichtlichen Behandlung bedarf. Das soll durch die ständige Berücksichtigung im Rahmen der anderen erdkundlichen Lehraufgaben von der 2. Jahrgangsstufe ab erreicht werden.

c) Der wohl wichtigste Grund aber ist, daß ein sozialgeographisch ausgerichteter Unterricht auf das Medium der Karte mit den verschiedenen Darstellungsmöglichkeiten nicht verzichten kann, wenn er nicht bloß ein unfruchtbarer Wortunterricht bleiben will, sondern lerneffektiv und wissenschaftsorientiert sein will.

Freilich läßt der neue Lehrplan offen, wie die einzelnen Lerninhalte zum Kartenverständnis den übrigen Themen zugeordnet werden sollen. Es ist unsere Aufgabe als Grundschullehrer, dieses Problem zufriedenstellend zu lösen.

Folgende Aufstellung zeigt konkrete Möglichkeiten der Integration, ebenso wie viele Unterrichtsbeispiele, die wir bereits skizziert haben.

**2. Jahrgangsstufe**
Integration der Lehraufgabe VII in die Lehraufgaben I—V

| Lehraufgaben | Themenvorschläge LP | Mögliche Ziele für Kartenarbeit |
|---|---|---|
| VII. Der Mensch muß sich im Raum orientieren — Orientierungshilfen (Plan, Karte, Kompaß) | Orientierungsübungen im Schulviertel | |
| I. Menschen müssen wohnen | Menschen wohnen in verschiedenartigen Häusern, z. B. Mietshaus Einfamilienhaus, Reihenhaus, Hochhaus | — Verkleinerte Darstellung von Wohnhäusern<br>— Grundrißdarstellung von Wohnhäusern<br>— Symbole für verschiedenartige Häuser (thematische Karte)<br>— Plan vom Schulviertel, einfache Wegeskizzen |

| Lehraufgaben | Themenvorschläge | Mögliche Ziele für Kartenarbeit |
|---|---|---|
| **II.** Menschen müssen arbeiten | Wohnung und Arbeitsplatz liegen räumlich beieinander, z. B. Bauernhof, Werkstätte, je nach örtlichen Gegebenheiten | — Grundrißdarstellung eines Bauernhofes<br>— Flächennutzung in der Landwirtschaft (thematische Karte)<br>— Wegeskizzen zu einem Handwerksbetrieb |
| **III.** Menschen brauchen Erholung | Spielplätze und ihre Anlage | — Anlage eines Spielplatzes (Grundriß, Symbole)<br>— Wegeskizze zum Spielplatz (thematische Karte) |
| **IV.** Stätten der Ausbildung, der Kunst und der Religion | Schulen am Ort | — Unsere Schule (Modell, Grundriß, Lageskizze)<br>— Andere Schulen am Ort (Wegeskizze)<br>— Verschiedene Schulen am Ort (thematische Karte) |
| **V.** Verkehr und Verkehrswege | Der Schulweg, z. B. Richtung, Entfernung; die Schulbusse brauchen Haltestellen, Park- und Wendeplätze | — Der Schulweg (Wirklichkeit — Sandkasten — Bildkarte)<br>— Erste Erfahrungen mit Richtung, Entfernungen am Modell (Sandkasten) und auf der Karte (Plan)<br>— Schulbushaltestelle — Problem der Lage |

**3. Jahrgangsstufe**
Integration der Lehraufgabe VII in die Lehraufgaben I—VI

| Lehraufgaben | Themenvorschläge | Mögliche Ziele für Kartenarbeit |
|---|---|---|
| **VII.** Der Mensch muß sich im Raum orientieren | Orientieren mit Hilfe der Himmelsrichtungen im weiteren Umkreis Luftbilder, Grundrisse, Pläne, maßstabgerechte Verkleinerung Plan- und Kartenzeichen | |

| Lehraufgaben | Themenvorschläge | Mögliche Ziele für Kartenarbeit |
|---|---|---|
| I.<br>Menschen müssen wohnen | Verschiedene Wohnlagen; die Familienmitglieder urteilen verschieden darüber. Ein neues Wohnviertel wird geplant; neue Ortsteile entstehen, alte werden verändert | — Maßstabgerechte Verkleinerung von Wohnungsplänen<br>— Wege- und Lageskizzen für die Orientierung im Ort<br>— „Stadtplan" als thematische Karte, Häusertypen |
| II.<br>Menschen müssen arbeiten | Wohnung und Arbeitsplatz liegen am Wohnort räumlich getrennt voneinander Dienstleistungs- und Produktionsbetriebe im Ort — Begründung der Lage, z. B. Tankstelle, Einzelhandelsgeschäft, Mühle, örtliche Fabrik | — Lagebeziehungen zwischen Arbeitsplatz und Wohnung<br>— Dienstleistungs- und Produktionsbetriebe am Ort (thematische Karte)<br>— Gewinnen und Verarbeiten von statistischem Material in thematischen Skizzen |
| III.<br>Menschen brauchen Erholung | Sportplätze, Bäder, Spazier- und Wanderwege, Parkanlagen: Lage, Anlage, Plan | — Grundriß von Sportanlagen, Schwimmbädern<br>— Plan einer Parkanlage Wegeskizze zur Erholungs-, Sportstätte<br>— Freizeit- und Erholungsstätten am Ort (thematische Karte) |
| IV.<br>Stätten der Ausbildung, Kunst und Religion | Stätten der Religion | — Grundriß unserer Kirche<br>— Kirchen, Klöster in der Umgebung (thematische Karte)<br>— Auf der Karte religiöse Einrichtungen erkennen und sich orientieren |
| V.<br>Verkehr und Verkehrswege | Wege, Straßen und Plätze im Wohnort (Wohnviertel): Anlage, Aufgaben, Arten, Beförderung von Personen, Gütern, Nachrichten (Postamt, Bahnhof) Der Schienenweg — | — Straßen im Ort, verschiedene Straßentypen (Straßenkarte)<br>— Entfernungen einbeziehen (Maßstab), Himmelsrichtungen feststellen<br>— Umgebungskarte (Verkehrslage des Heimatortes) |

| Lehraufgaben | Themenvorschläge | Mögliche Ziele für Kartenarbeit |
|---|---|---|
| | Entfernungen, Verbindungen zu anderen Orten | |
| VI. Zusammenleben erfordert Verwaltung | Die politische Gemeinde: Gliederung, Grenzen | — Orientierungsübungen auf dem Ortsplan (Stadtplan)<br>— Politische Karte der Gemeinde (Fläche, Grenzen, Großgemeinde)<br>— Einrichtungen in der Gemeinde (thematische Karte) |

## 4. Jahrgangsstufe
Integration der Lehraufgabe VII

| Lehraufgaben | Themenvorschläge | Mögliche Ziele für Kartenarbeit |
|---|---|---|
| VII. Der Mensch muß sich im Raum orientieren | Orientieren innerhalb der Region unter Einsatz von Karte und Kompaß — Einnorden — Verkleinerte Darstellung der Wirklichkeit, z. B. Relief, Modell, Bild, Zeichnung Grafische Symbole aus der Umwelt, z. B. Hinweisschilder, Höhendarstellung Feststellen von Entfernungen in Plänen und Karten mit verschiedenen Maßstäben | |
| I. Menschen müssen wohnen | Die Lage des Wohnortes im regionalen Bezugsraum | — Orientierung auf verschieden maßstäblichen Karten<br>— Lageverhältnisse verschiedener Punkte<br>— Lesen von Straßen- und Wandkarten<br>— Höhendarstellung |

| Lehraufgaben | Themenvorschläge | Mögliche Ziele für Kartenarbeit |
|---|---|---|
| II. Menschen müssen arbeiten | Verschiedene Arbeitsplätze in Industrie, Handel und Verwaltung liegen außerhalb des Wohnortes; industrielle Schwerpunkte in der Region; Rohstoffe und Energiequellen; die Landwirtschaft arbeitet und erzeugt standortgebunden | — Arbeitsplätze außerhalb des Ortes (Pendler)<br><br>*[Skizze: Lauterbach mit Pendlerverbindungen zu Donauwörth/150 Pendler, Bäumenheim/20 Pendler, Buttenwiesen/20 Pendler, Wertingen/30 Pendler, Augsburg/40 Pendler]*<br><br>— Entfernungskarte erstellen und lesen (Einzugsgebiete der Industrie)<br>— Intensive Orientierung auf Karten; auch Ausblick auf europäische Länder (Gastarbeiter) |
| III. Menschen brauchen Erholung | Erholungsplätze und -gebiete in der Region; landschaftliche Voraussetzungen — soziale und wirtschaftliche Bedingungen und Wirkungen Umweltschutz | — Wegekarte zum Naherholungsgebiet (Richtung, Entfernung)<br>— Erholungsgebiete in der Region (thematische Karte)<br>— Orientierung anhand von Karten in Erholungsgebieten |
| IV. Stätten der Ausbildung, Kunst und Religion | Stätten der Kunst und Bildung | — Bildungseinrichtungen am Ort und in der Region (thematische Karte)<br>— Orientierungsübungen auf der Karte: Fahrt zu Bildungs- oder Kunststätten |

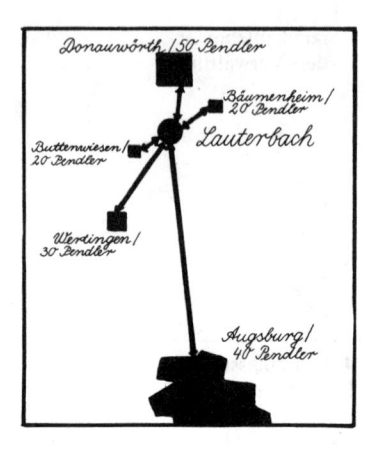

| Lehraufgaben | Themenvorschläge LP | Mögliche Ziele für Kartenarbeit |
|---|---|---|
| V. Verkehr und Verkehrswege | Die Straßenführung in der Landschaft — Erarbeitung geographischer Grundbegriffe (Oberflächenformen) — Verkehrsnetz der Region — Notwendigkeiten, Gegebenheiten (Autobahnen, Bundesstraßen, Bahnstrecken, Buslinien, Wasserwege) — Zukunftsaufgaben | — Abhängigkeit der Verkehrswege von der Oberflächenform (Höhendarstellung)<br>— Verkehrsnetz der Region (Symbolisierung verschiedener Verkehrswege)<br>— Verkehrsdichte (thematische Karte) |
| VI. Zusammenleben erfordert Verwaltung | Der Landkreis als räumliche Einheit (Kreisstadt, Hauptorte, Verkehrsverbindungen) als Verwaltungseinheit (Landratsamt, Gesundheitsamt) im regionalen Bezugsraum (landkreisübergreifende Einrichtungen, Zweckverbände) | — Orientierung auf der Landkreiskarte<br>— Politische Karte: Kreis — Nachbarkreise — Bezirk — Land |

## 5.2 Wetterkunde im grundlegenden Erdkundeunterricht

Wetterkunde ist als eigene Lehraufgabe „Der Mensch fragt nach dem Wetter" (Lehraufgabe VIII) im bayerischen Lehrplan ausgewiesen. Wetterkundliche Erkenntnisse und Einsichten gehören zwar zu geographischen Grundeinsichten, ihre Einbeziehung in sozialgeographische Anliegen gestaltet sich jedoch äußerst schwierig. Deshalb wird sich wohl kaum eine Integration mit sehr stark sozialgeographisch ausgerichteten Lehraufgaben anbieten, sondern vielmehr ein eigenständiger Lehrgang „Wetterkunde", der nur dann Querverbindungen zu Themen anderer Lehraufgaben aufzeigt, wenn Wetter und Klima die Verschiedenheit der Räume und damit die unterschiedliche Entfaltung der Daseinsfunktionen beeinflussen. Querverbindungen zum Fachbereich Physik/Chemie sind eher gegeben:

| Jahr-gangs-stufe | Physik/Chemie | Lehraufgabe VIII |
|---|---|---|
| | | Der Mensch fragt nach dem Wetter |
| 1/2 | — Wasserdurchlässige, wasserundurchlässige Stoffe<br>— Wasser wird zu Eis | — Warum ziehen wir uns im Freien anders an als im Zimmer?<br>— Wir beobachten das Wetter im Jahreslauf (kurze Distanz) |
| 2 | — Warum fällt das Thermometer?<br>— Wie schützt sich der Mensch gegen Hitze und Kälte? | — Wir messen mit dem Thermometer Hitze und Kälte<br>— Der Mensch muß sich auf das Wetter einstellen |
| 3 | — Kreislauf des Wassers — Wie entsteht Regen?<br><br>— Kann Wasser verschwinden? | — Wir messen Wettererscheinungen:<br>Regen, Temperatur, Wind (Meßgeräte)<br>— Wir beobachten das Wetter (längere Distanz) und schreiben es auf (Wetterzeichen) |
| 4 | — Anziehungskraft der Erde und des Mondes<br>— Luftdruck | — Tag und Nacht<br>— Entstehung der Jahreszeiten<br>— Wir richten eine Wetterstation ein<br>— Wie eine Wettervorhersage entsteht |

## 5.2.1 Aufgabenfelder einer grundlegenden Wetterkunde

Die Einführung in die Wetterkunde und die Vermittlung von Einsichten in die geographische Funktion der Witterungsvorgänge erfolgt schrittweise, den Erfahrungen und dem Wissenshorizont des Kindes angemessen.

Schönbach definiert vier Aufgaben der Wetterkunde in der Grundschule, denen wir uns in den theoretischen Aussagen anschließen und die wir durch praktische Unterrichtsskizzen konkretisieren wollen.

Aufgabe 1
Bewußtmachen des Faktors Wetter in der Daseinsgestaltung des Menschen — Erschließung aus der Reaktion auf Witterungsvorgänge und Klimagegebenheiten in der engeren Umwelt
Beispiele
— Abdecken der Blumenbeete, Einhängen der Winterfenster

- Feuern von Öfen im Weinbaugebiet
- Wechseln der Kleidung
- Hecken und Bäume als Windschutz
- Schutz gegen Glatteis

Aufgabe 2
Erfassen wesentlicher Wetterelemente durch Beobachtung, Messung, Beschreiben und Erkennen ihrer Bedeutung im Rahmen der Großraumwetterlage
Beispiele
- Wie wir Wettererscheinungen messen können
- Wie wird das Wetter morgen — Voraussage anhand von Beobachtungen
- Lawinengefahr
- Gefahr von Nachtfrost
- Überschwemmungen drohen

Aufgabe 3
Bewußtmachen der periodischen Änderungen im Witterungs-Klimaablauf (Jahreszeiten) und ihres Einflusses auf den Raum (Vegetation, Arbeitswelt, Tierwelt)
Beispiele
- Wie entstehen die Jahreszeiten?
- Vögel ziehen fort und kehren zurück
- Tiere sorgen für den Winter vor
- Vater wechselt die Autoreifen
- Wie versorgt der Bauer im Winter sein Vieh mit Futter?

Aufgabe 4
Einsicht in die Bedeutung des Wettergeschehens für die eigene Lebensgestaltung und das Leben in anderen Räumen
Beispiele
- Wetterfeste Kleidung
- Wir fahren zum Skifahren nach Ruhpolding
- Wartehäuschen am Bushalteplatz
- Wie Menschen in anderen Ländern wohnen
- Wettersturz
  (vgl. Schönbach, R., S. 181)

Über das Beobachten, Beschreiben und Messen von Wettererscheinungen hinaus soll der Schüler sensibilisiert werden, aus diesen Beobachtungen und Aufgaben Schlüsse zu ziehen, die sein gegenwärtiges Tun durch einen Blick in die zukünftige Wetterentwicklung bestimmen (z. B. kein Radausflug bei Gewitterneigung).

### 5.2.2 Ansätze eines Lehrgangs „Wetterkunde in der Grundschule"
Im folgenden stellen wir ein Leitmodell vor, das auf der Basis amtlicher Lehrerfortbildung entstanden ist und von örtlichen Arbeitsgruppen in passende Lehrsequenzen ausdifferenziert wurde.

a) Lehrgang „Wetterkunde in der Grundschule"

| Jahrgangsstufe | Lernziele | Lerninhalte | Arbeitsmittel/ Medien |
|---|---|---|---|
| 1. | 1. Kennenlernen auffälliger Wettererscheinungen in den aktuellen und situativen Erscheinungsformen | erster Schneefall, Nebel, Hagel, Dauerregen, Reif, Hitzetage, Wind, Sturm, Gewitter... | Wirklichkeit Bildsymbole |
| | 2. Rohe Maßvergleiche anstellen können | kalt, warm, heiß, kälter als... | Wirklichkeit |
| | 3. Grobe Kennzeichnung der vier Jahreszeiten | Frühling, Sommer... Wettermerkmale für die einzelnen Jahreszeiten | Wirklichkeit Symbole Bildkarte |
| 2. | 1. Kennenlernen der Wetterfaktoren in differenzierter Ausprägung | Bewölkung, Niederschlag, Wind, Temperatur<br>a) Bewölkung: wolkenlos, leicht bedeckt, Haufenwolken, Gewitterwolken, ganz bedeckt<br>b) Niederschläge: Regen, Hagel, Schnee..<br>c) Wind: windstill, schwacher Wind, starker Wind, Sturm | Wirklichkeit Symbole<br><br>Wetterkarte als Bildkarte |
| | 2. Messen von Temperaturen zu verschiedenen Zeiten und an verschiedenen Stellen | d) Temperatur: Sonne — Schatten Zimmer — im Freien morgens — mittags stündlich (vormittags) Wintertag — Sommertag | Messen im Freien Thermometer Zeitungsausschnitt |
| | 3. Kennenlernen einfacher Wettervorhersagen | Umstrukturieren amtlicher Wettervorhersagen in kindgerechte Sprache | Tonbandvorhersage |
| | 4. Beschreiben des gegenwärtigen Wetters nach den bekannten Faktoren | Verbalisieren: Heute ist die Bewölkung... | |

| Jahrgangsstufe | Lernziele | Lerninhalte | Arbeitsmittel/ Medien |
|---|---|---|---|
| | 5. Kennenlernen und kritisches Überprüfen einfacher Wetterregeln | Mundart/Sprachkunde: „Abendrot, Gutwetterbot" „Mattheis, brichts Eis" | Sprachlehrebuch Kalender |
| 3. | 1. Differenziertes Kennenlernen amtlicher Wetterberichte und erweiterte Begriffserklärung | Aufheiterung, Gewitterneigung, sonnige Abschnitte | Quelle: Zeitung Rundfunk Telefon |
| | 2. Selbständiges Interpretieren und Überprüfen der Vorhersage | | |
| | 3. Beobachten und Aufzeichnen des Wetters über eine kürzere Dauer | Viermal eine Woche in den verschiedenen Jahreszeiten | Meßgeräte Thermometer Windmesser Regenmesser Windfahne |
| | 4. Auswerten der Aufzeichnungen in tabellarischer Anordnung | Bewölkung, Temp., Wind | Tabelle mit Symbolen |
| | 5. Kennenlernen und Überprüfen von Wetterregeln | Aussagen des 100jährigen Kalenders „Siebenschläfer — 7 Wochen Regen"... | |
| | 6. Kennenlernen von Wetterpropheten und Überprüfen der Aussagen | Schwalben Frosch Löwenzahn Wetterhäuschen Morgenrot | Wirklichkeit Objekt |
| | 7. Kennenlernen der Bedeutung der Wettervorhersage für einzelne Berufsgruppen | Bauern, Baugewerbe, Urlauber, Luftfahrt, Fremdenverkehr | Befragung Prospekte |
| 4. | 1. Beobachten und Aufzeichnen des Wetters über eine längere Distanz in verschiedenen Zeitabschnitten | Beobachtungsfaktoren wie im 2./3. Jg. Zeit: Oktober Februar Mai Juni oder Juli | Tabelle Symbole |

| Jahr-gangs-stufe | Lernziele | Lerninhalte | Arbeitsmittel/ Medie |
|---|---|---|---|
| | 2. Auswerten der Beobachtungen und Vergleichen mit den Ergebnissen anderer Zeitabschnitte | a) Temperaturkurve<br>b) höchste — tiefste Temperatur<br>c) Niederschlagsarten<br>d) Bewölkung<br>e) Wind (Richtung)<br>f) Luftdruck<br>g) Niederschlagsmenge | |
| | 3. Informieren nach amtl. Wetterberichten und Vergleichen mit der tatsächlichen Wetterlage | Tabellen gegenüberstellen | |
| | 4. Erweitern des Wissens um die „Wetterlage" und die „Wetterkarte" | Wetterlage — kurzfristige und langfristige Voraussage | Zeitung, Rundfunk, Fernsehen |
| | 5. Vergleichen von Wetterlagen in verschiedenen Gebieten zu gleicher Zeit | Wetterkarte, Wetterdienst, Wetterstation, Wetterballon | Datenkarte aus Wetterstationen |
| | 6. Erkennen der Beeinflussung der Natur, der Landschaft, des Tieres und des Menschen durch Wetterfaktoren | aktuelle Ereignisse: Dürre, Überschwemmung, Windbruch, Belastung durch Föhn | Bilder Berichte |
| | 7. Einsicht in die Entstehung eines Wetterberichts | | Information der Fernsehsender |

b) Lehrsequenzen bzw. Unterrichtsbeispiele zur grundlegenden Wetterkunde

● **Unterrichtsbeispiel: Wie wird das Wetter heute?**

2. Jahrgangsstufe

1. Schritt:

Originale Begegnung — Beobachten und Beschreiben des Wetters heute (13. Okt. 1973)

2. Schritt:
Meinungsbildung
Wie müßte der Wetterbericht in der Zeitung bzw. im Fernsehen heute lauten?
Entwickeln eines Tafeltextes

3. Schritt:
Erkundung des Wetterberichts (vereinfachter Text auf Blatt bzw. Tafel)
Vergleichen mit der tatsächlichen Wetterlage

4. Schritt:
Herausfinden von Wetterfaktoren aus dem amtlichen Wetterbericht in Partnerarbeit

| 13. 10. 73: Wie das Wetter wird | Begriffe | Zeichen |
|---|---|---|
| — Der Himmel ist stark bewölkt nur geringer Sonnenschein | (Himmel, Bewölkung) | |
| — manchmal leichter Regen | (Niederschlag) | |
| — Temperatur am Mittag zwischen 8 u. 10 Grad, nachts um 3 Grad | (Temperatur) | |
| — schwacher Wind aus Osten | (Wind: Stärke, Richtung) | |
| — In den nächsten Tagen veränderliches Wetter mit Regenfällen | (weitere Aussichten) | |

Auftrag: Unterstreiche die Wörter rot, die dir sagen, wie das Wetter heute wird! Schreibe sie in die rechte Spalte!

● **Unterrichtsbeispiel: Wie können wir Wettererscheinungen beobachten und messen?**

2./3. Jahrgangsstufe

## I. Lehrsequenz

| Lernziele | Lerninhalte | Unterrichtsverfahren | Lernzielkontrolle |
|---|---|---|---|
| *1. Wissen* | | | |
| — Einblick in die Wetterfaktoren in differenzierter Ausprägung | Bewölkung, Niederschlag, Wind, Temperatur<br>a) Bewölkung:<br>wolkenlos, leicht bedeckt, Haufenwolken, Gewitterwolken, ganz bedeckt | Beobachtung im Freien | Mündlich:<br>Verbalisieren der Beobachtungen und Lesen der Wetterkarten |
| — Kenntnis über die Wetterfaktoren und ihre Unterscheidungsmerkmale | b) Niederschläge:<br>Regen, Hagel, Schnee …<br>c) Wind:<br>windstill, schwacher Wind, starker Wind, Sturm<br>d) Temperatur:<br>Sonne — Schatten<br>Zimmer — im Freien<br>morgens — mittags<br>stündlich (vormittags)<br>Wintertag — Sommertag | Einsatz der Wetterkarte mit einfachen Bildsymbolen<br>Deuten der Symbole, Lesen der Wetterkarte<br>Umstrukturieren amtlicher Wettervorhersagen in kindgerechte Sprache | Schriftlich:<br>Eine Bildwetterkarte vom heutigen Wetter anlegen |

350

| Lernziele | Lerninhalte | Unterrichtsverfahren | Lernzielkontrolle |
|---|---|---|---|
| — Kenntnis über verschiedene einfache Meßgeräte | Thermometer Barometer Windfahne Regenmesser | Beobachten der Geräte (Windfahne, Thermometer im Freien, im Zimmer) Günstigen Standort für Meßgeräte bestimmen | Praktisch: Beobachten der Meßanzeigen, kleine Wetterstation einrichten |
| 2. *Können* | | | |
| — Fähigkeit, Meßgeräte handhaben und ablesen zu können (Langzeitziel) | Ablesen Messen Überprüfen | Meßgruppen bestimmen Beobachtungs- und Meßbogen anlegen Verbalisieren | Praktisch: Vergleichen der einzelnen Meßbogen mit der jeweiligen Wettervorhersage |
| — Fähigkeit, die amtliche Wettervorhersage im Fernsehen und in der Zeitung lesen und deuten zu können | Wettersendung im Fernsehen Zeitungsausschnitte mit Wetterkarte | | |
| 3. *Erkennen* | | | |
| — Einsicht in die Gründe der Unzulänglichkeiten einer amtlichen Wettervorhersage | Wettervorhersage — Ursachen plötzlicher Wetterumstürze | Film Bilder Symbolkarte | Schriftlich anhand eines Kontrollblattes |
| — Kritische Wertung von Wetterregeln | Wetterregel: „Mattheis, bricht's Eis" „Abendrot, Schönwetterbot" | Bauernkalender Zeitschriften | Befragen älterer Leute (Großvater usw.) |

## II. Methodische Planung

| Didaktisch-methodische Absichten | Stoffliche Abfolge | Arbeitsmittel |
|---|---|---|
| *1. Problemgewinnung* | | |
| a) Problemgrund Tonbandgespräch zwischen Vater und Sohn in szenischer Gestaltung | Vater klopft an das Barometer Sohn: Vati, warum klopfst du an das Barometer? V: ... damit ich weiß, wie morgen das Wetter wird. | Tonband |
| b) Problemerkenntnis | SS: Das Barometer zeigt das Wetter im voraus an | |
| c) Problemeingrenzung Unterrichtsgespräch anhand des realen Gegenstandes | L: Welche Wettererscheinungen können mit dem Barometer gemessen werden? SS: Luftdruck, Luftfeuchtigkeit — ob die Sonne scheint oder Regen kommt. | Barometer |
| d) Zielorientierung | LS: Wir lernen heute noch andere Geräte kennen, mit denen wir Wettererscheinungen messen können. | |
| TA | Wie wir Wettererscheinungen messen können | Tafel |
| *2. Problemlösung* | | |
| *1. Teilziel* Ein bekanntes Meßgerät | | |
| a) Aktualisieren des Vorwissens Unterrichtsgespräch | SS: Wir kennen das Thermometer. Wir messen die Lufttemperatur. Es zeigt Wärme und Kälte an. | Thermometer |
| b) Versuch | L: Wenn wir heute die Temperatur im Zimmer und im Freien messen würden? | 1 Thermometer **im Freien** 1 Thermometer im Zimmer |

| Didaktisch-methodische Absichten | Stoffliche Abfolge | Arbeitsmittel |
|---|---|---|
| — Hypothesenbildung Schätzen der Temperatur im Freien — im Zimmer TA | S: Draußen ist es kälter, weil ... Schätzergebnisse der Schüler | |

|  | im Freien | im Zimmer | Tabelle |
|---|---|---|---|
| Hans Lilli Marc Josef Karin |  |  |  |

| — Lösungsdurchführung | L: Hol das Thermometer von der Fensterbank und lies ab! | |
|---|---|---|
| c) Lösungswertung Vergleichen der realen Werte mit den Schätzwerten Unterschied herausstellen und begründen | im Freien (9°) / im Zimmer (21°) — 8° / 18° — 10° / 18° — 0° / 20° — 7° / 19° — 6° / 23° | Tabelle ergänzen |
| — Eintragen der Ergebnisse in eine Zeichnung (siehe Arbeitsblatt) | L: Trag die beiden Temperaturen richtig in die Zeichnung ein! | Arbeitsblatt, Teil 1 |
| — Vertiefen der Erkenntnisse durch Verbalisieren | SS: Mit dem Thermometer messen wir die Temperatur. Die Temperatur ist nicht überall gleich, wenn..., dann... | |

*2. Teilziel:* Wir lernen das Barometer kennen

| a) Verlaufsmotivation TA | L: Vaters Meßgerät, das Barometer SS: Es zeigt das Wetter im voraus an. | |
|---|---|---|

| Didaktisch-methodische Absichten | Stoffliche Abfolge | Arbeitsmittel |
|---|---|---|
| b) Problemlösung Modell | L: Mit dem Barometer messen wir den Luftdruck. Die Feder im Gehäuse . . . | Pappmodell reales Barometer |
| c) Problemerkenntnis Verbalisieren durch Schüler | SS: Die Nadel des Barometers zeigt an, wenn der Luftdruck steigt oder fällt. | reales Barometer |
| TA | Hoher Luftdruck — schönes Wetter Niedriger Luftdruck — schlechtes Wetter Wenn die Nadel . . ., dann . . . | Tafel |
| d) Problemvertiefung durch Eintrag und Zeichnung (siehe Arbeitsblatt) | | Arbeitsblatt Teil 2 |

*3. Teilziel:* Was ist ein Regenmesser?

| | | |
|---|---|---|
| a) Motivation Vorzeigen eines Meßbechers mit Wasser | L: Woher stammt dieses Wasser? LS: Regenwasser | Meßbecher mit Wasser |
| b) Problemstellung | L: Können wir messen, wieviel Regen auf unser Wohnviertel fällt? | |
| Vermutungen | SS: Wir fangen es in einem großen Behälter ein . . . | |
| c) Problemklärung am Modell | L: Der Regenmesser fängt das Regenwasser einer kleinen Fläche auf. | realer Regenmesser |
| TA | Wenn im Regenmesser 5 mm Regenwasser steht, dann . . . | Zeichnung auf Folie |
| d) Problemerkenntnis | SS: Der Regenmesser gibt an, wieviel Liter Regenwasser auf einen Quadratmeter Boden in einer bestimmten Zeit fallen. | |

| Didaktisch-methodische Absichten | Stoffliche Abfolge | Arbeitsmittel |
|---|---|---|
| TA | Gewitterregen, Wolkenbruch — viel Regenwasser in kurzer Zeit<br>normaler Regen — kaum meßbar<br>Dauerregen — viel Regenwasser bei längerer Zeitdauer | Tafel |
| e) Aufstellen eines Regenmessers | L: Geeigneter Ort?<br>SS: Schutz vor Spritzwasser, abfließendem Wasser | |
| Einteilen von wöchentlichen Meßgruppen | L: Gruppe 1: Messen der Zimmertemperatur um 8.00 und 12.00 Uhr<br>Gruppe 2: Messen der Außentemperatur um 8.00 und 12.00 Uhr<br>Gruppe 3: Messen des Luftdrucks<br>Gruppe 4: Messen des Niederschlags | Pfahl<br>Regenmesser<br>Tabelle für Meßergebnisse aller Geräte |
| f) Ausweitung | L: Wir brauchen genaue Messungen über das Wetter! | |
| — Beispiele aus dem Vorwissen | SS: Die Menschen sind vom Wetter abhängig... | Tafel |
| TA<br>— Neue Problemorientierung | L: Versuche daheim, den Wind zu messen! | |
| g) Sicherung/Vertiefung (siehe Arbeitsblatt) | | Arbeitsblatt Teil 3 |

(Siehe Arbeitsblatt auf S. 356)

# ARBEITSBLATT

1. Mit dem Thermometer messen wir die ............................................
   a) Trage die gemessene Lufttemperatur ein:

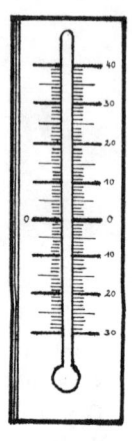

   im Zimmer          im Freien

   Warum ist es im Freien kälter als im Zimmer?

   ....................................................................................................
   ....................................................................................................

2. Mit dem Barometer messen wir den ............................................

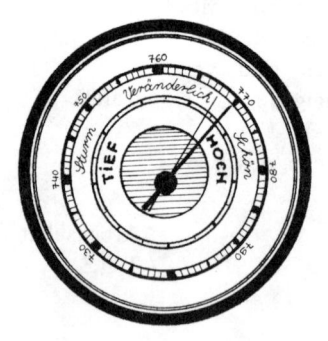

   Hoher Luftdruck (780): ........................
   Niedriger Luftdr. (740): ........................

3. Mit dem Regenmesser messen wir den............................................

   Gewitterregen und Wolkenbruch bringen ................in ....................Zeit.

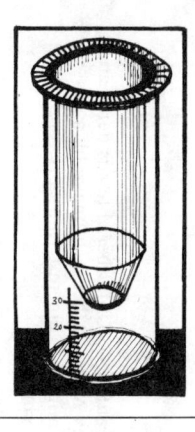

Niesel- und Dauerregen bringen

.................................... in ................ Zeit.

Wozu hilft ein Regenmesser?

........................................................................

........................................................................

*Große Wandtabelle für die Gruppenaufgaben* (als Arbeitsblatt auch für jeden Schüler)

Unsere Wetterbeobachtung vom 18. März — 22. März

| Wettererscheinungen | | 18. März | 19. März | 20. März | 21. März | 22. März |
|---|---|---|---|---|---|---|
| Luft-temperatur | außen | | | | | |
| | im Zimmer | | | | | |
| Luftdruck | | | | | | |
| Niederschlag | | | | | | |
| Wind | | | | | | |
| ? | | | | | | |

Für schlaue Füchse: Welche Wettererscheinung könntest du noch beobachten?

● **Lehrsequenz:** Bayern zwischen Hoch und Tief

3./4. Jahrgangsstufe

## I. Curricularer Aufbau

| Themen | Lernziele | Lerninhalte | Lernwege |
|---|---|---|---|
| 1. *Wettererscheinungen — ihre Beobachtung und Messung* (teilweise Wiederholung aus der 2. bzw. 3. Jahrgangsstufe) | — Kenntnis über einzelne Wettererscheinungen | Niederschlag, Wind, Temperatur | reales Beobachten |
| | — Überblick über einfache Meßgeräte | Thermometer, Barometer, Regenmesser, Windmesser | Einsatz der Meßinstrumente Bilden von Meßgruppen |
| | — Fähigkeit, Wettererscheinungen über kurze Zeitdauer zu beobachten und zu messen | Zuordnung von Wettererscheinung und entsprechendem Meßgerät | Messen im Freien |
| | — Fertigkeit im Gebrauch einfacher Meßgeräte | Messen Meßergebnisse in einer Tabelle aufzeichnen | Erstellen einer Wettertabelle, Eintragen der Meßergebnisse |
| | — Erkenntnisse über die Wetterentwicklung sammeln | Tiefdruckgebiet Hochdruckgebiet | |
| 2. *Bayern zwischen Hoch und Tief* | — Erkenntnis, daß der Mensch vom Wetter abhängig ist | Das Wetter hat Einfluß auf Erholung und Freizeit des Menschen, auf berufliche Tätigkeiten, auf den Straßenverkehr | Unfallberichte aus der Zeitung Übernachtungszahlen aus einem Urlaubsort vergleichen |
| | — Einsicht, daß Wetterregeln aus jahrzehntelanger Wetterbeobachtung gewachsen, aber dennoch ungenau sind | Wetterregeln für jeden Monat: „Mattheis, brichts Eis" u. ä. | Sammeln von Wetterregeln aus Kalendern, Vergleichen mit dem realen Wetter |

| Themen | Lernziele | Lerninhalte | Lernwege |
|---|---|---|---|
| | — Erkenntnis, daß langfristige Wettervorhersagen ungenau sind | Wettervorhersage des „Hundertjährigen Kalenders" | Überprüfen der Vorhersagen anhand des realen Wetters |
| | — Kenntnis der verschiedenen Meßgeräte | Einsatz eines Wetterballons, eines Wetterbeobachtungsflugzeuges und von Satellitenbildern (Film) | Beobachten des Filmes, Betrachten von Bildern unter besonderer Aufgabenstellung |
| | — Einsicht, daß Wetterbeobachtungen einer Wetterstation auf die weitere Entwicklung des Wetters schließen lassen und die Grundlage für die Wettervorhersage des Wetteramtes bilden | Wetterbeobachtung auf der Wetterstation Wendelstein (Film) Die Auswertung der Beobachtungsdaten der Wetterstation im Wetteramt München | Beobachten des Films unter besonderer Aufgabenstellung Darstellen des Informationsflusses der Wetterdaten |
| 3. *Langfristige Wetterbeobachtung — wir richten eine Wetterstation ein* | — Fähigkeit, eine Wetterkarte anzulegen und durch zutreffende Symbole zu ergänzen | Wetterkarte und Beobachtungstabelle für einen längeren Zeitraum (Februar — Mai) | Beobachtungstabelle anlegen |
| | — Fertigkeit bei der Handhabung und beim Ablesen der Meßgeräte | Kleine Wetterstation im Nahraum der Schule mit Meßgeräten für die Messung von Temperatur, Niederschlag, Wind, Luftfeuchtigkeit und Luftdruck | Messungen im Freien und im Raum (Temperatur) |
| | — Fähigkeit, Meßergebnisse mit amtlichen Wettervorhersagen zu vergleichen | Meßergebnisse, Beobachtungstabelle — amtliche Wettervorhersage | Vergleichen Werten |

| Themen | Lernziele | Lerninhalte | Lernwege |
|---|---|---|---|
| 4. *Wie entstehen Hoch und Tief?* | — Einblick in die Zusammenhänge der Großraumwetterlage<br>— Einblick in die Zusammenhänge von Wetterlage und Landschaftsformen | Großraumwetterlage: Wie sich ein Tief bzw. Hoch entwickelt<br>Wetterregionen innerhalb einer größeren Region bzw. innerhalb einer Landschaft | Einsatz von Satellitenbildern, der Wetterkarte des Fernsehens und der Zeitung |
| | | Vergleich von Wettertabellen verschiedener Regionen, z. B. Maintal — Jura | Einsatz von Wettertabellen aus verschiedenen Regionen Bayerns |
| | — Einsicht, daß Landschaftsformen die Entwicklung des Wetters beeinflussen | Landschaftsformen und klimatische Verhältnisse: Steigungsregen, Fallwind, Föhn, Wetterscheide | Darstellen im Sandkasten<br>Einsatz von Bild- und Filmmaterial<br>Demonstrationsversuche |
| | — Einsicht, daß die Landschaft durch das Wetter beeinflußt, geformt und verändert wird<br>— Erkenntnis, daß der Mensch gegen die Urkraft des Wetters oft machtlos ist | Verwitterung, Überschwemmung, extreme Hitze- bzw. Kältewellen verändern die Landschaft | Zuordnen von Bild und geographischer Karte (z. B. Rocky Mountains) |
| | — Fähigkeit, eine Wetterkarte zu lesen und eine Wettervorhersage zu verstehen | Wie eine Wettervorhersage entsteht<br>Symbole der Wetterkarte für die einzelnen Wettererscheinungen | Material vom Wetteramt München |
| | | Die Wettervorhersage in der Zeitung, im Rundfunk und Fernsehen | Ausschneiden von Wetterberichten<br>Lesen von Wetterkarten des Fernsehens |

## II. Sachanalyse zur Einheit „Bayern zwischen Hoch und Tief"

Alle Wettererscheinungen lassen sich auf die Temperatur, den Luftdruck und die Luftfeuchtigkeit zurückführen. Luftdruck und Luftfeuchtigkeit sind meist nicht unmittelbar wahrzunehmen, verursachen jedoch die Entstehung von Wind, Bewölkung und Niederschlag. Dies sind Wettererscheinungen, die auch Grundschülern bekannt sind und von ihnen beobachtet bzw. aufgezeichnet werden können.
1. Das gebräuchlichste Meßinstrument zur *Temperaturmessung* ist das Flüssigkeitsthermometer, das mit Quecksilber oder Alkohol gefüllt ist. Amtliche Wetterdienste messen die Temperatur 2 m über dem Erdboden in einer weißlackierten Wetterhütte, die das Thermometer vor Sonneneinstrahlung schützt, um möglichst genaue Meßwerte zu gewinnen.
2. Temperaturschwankungen bewirken auch das Entstehen von Luftströmungen und Winden. Bei *Windmessungen* werden Stärke und Richtung des Windes festgestellt, wobei die Windrichtung durch die Himmelsrichtung angegeben wird. Bei der Windmessung ist ebenso wie bei der Temperaturmessung zu beachten, daß sie unabhängig von äußeren Einflüssen wie Reibung am Erdboden, Ablenkung durch Hügel usw. stattfindet. Deshalb werden Windrichtung und Windstärke international gleich gemessen: in freiem Gelände in 10 m Höhe über dem Erdboden.
Die gebräuchlichste Tabelle zur Bestimmung und Verdeutlichung der Windstärkeangaben ist die *Beaufort-Skala*, so benannt nach dem Admiral Sir Francis Beaufort, in der er zwölf verschiedene Windstärken nach ihrer Wirkung auf dem Lande und zu Wasser festlegte:

*Beaufortskala und Windgeschwindigkeit*

international gültig seit 1. 1. 1949

| Beaufort-grad | Bezeichnung | Auswirkungen des Windes im Binnenlande | Geschwindigkeit in m/s | in km/h |
|---|---|---|---|---|
| 0 | still | Windstille, Rauch steigt gerade empor | 0 —0,2 | 0— 1 |
| 1 | leiser Zug | Windrichtung nur angezeigt durch Zug des Rauches, aber nicht durch Windfahne. | 0,3—1,5 | 1— 5 |
| 2 | leichte Brise | Wind am Gesicht fühlbar, Blätter säuseln, Windfahne bewegt sich. | 1,6— 3,3 | 6— 11 |
| 3 | schwache Brise | Blätter und dünne Zweige bewegen sich, Wind streckt einen Wimpel. | 3,4— 5,4 | 12— 19 |
| 4 | mäßige Brise | Hebt Staub und loses Papier, bewegt Zweige und dünnere Äste. | 5,5— 7,9 | 20— 28 |
| 5 | frische Brise | Kleine Laubbäume beginnen zu schwanken. Schaumköpfe bilden sich auf Seen. | 8,0—10,7 | 29— 38 |
| 6 | starker Wind | Starke Äste in Bewegung, Pfeifen in Telegraphenleitungen, Regenschirme schwierig zu benutzen. | 10,8—13,8 | 39— 49 |

| | | | | |
|---|---|---|---|---|
| 7 | steifer Wind | Ganze Bäume in Bewegung, fühlbare Hemmung beim Gehen gegen den Wind. | 13,9—17,1 | 50— 61 |
| 8 | stürmischer Wind | Bricht Zweige von den Bäumen, erschwert erheblich das Gehen im Freien. | 17,2—20,7 | 62— 74 |
| 9 | Sturm | Kleinere Schäden an Häusern (Rauchhauben und Dachziegel werden abgeworfen). | 20,8—24,4 | 75— 88 |
| 10 | schwerer Sturm | Entwurzelt Bäume, bedeutende Schäden an Häusern. | 24,5—28,4 | 89—102 |
| 11 | orkanartiger Sturm | Verbreitete Sturmschäden (sehr selten im Binnenlande). | 28,5—32,6 | 103—117 |
| 12 | Orkan | Schwerste Verwüstungen. | 32,7 u. m. | 118 u. m. |

3. Die *Niederschlagshöhe* wird mit dem Regenmesser festgestellt. Sie gibt an, wie hoch das Regenwasser oder das durch Schmelzen des Schnees, Eises oder der Graupeln entstehende Wasser auf dem Erdboden stehen würde, wenn kein Teilchen abfließen, versickern oder verdunsten könnte. Die Niederschlagshöhe wird dabei in mm gemessen, die Niederschlagsmenge in l pro m².

Der Regenmesser wird ebenfalls so angebracht, daß äußere Einflüsse wie Spritzwasser, abfließendes Wasser u. ä. das Meßergebnis nicht beeinflussen können.

*Amtliche Wetterdienste* sind in allen Bundesländern eingerichtet. Ihre Aufgaben erstrecken sich auf Wetterbeobachtung und -voraussage. Neben den bereits genannten traditionellen Meßgeräten werden zur Wetterbeobachtung und -vorhersage vornehmlich Wetterballone und Wetterbeobachtungsflugzeuge mit exakt arbeitenden Meßgeräten eingesetzt und die Meßdaten von Wettersatelliten ausgewertet.

Die von den einzelnen meteorologischen Stationen beobachteten Daten über Temperatur, Bewölkung, Wind, über die Entwicklung von Hoch- bzw. Tiefdruckgebieten werden in eine *Wetterkarte* eingetragen, um so einen Überblick über die Wetterlage für ein größeres Gebiet zu gewinnen.

So entstehen die amtlichen Wetterkarten, die in den Medien Zeitung und Fernsehen über die Wetterlage und ihre Auswirkungen für ein bestimmtes Gebiet und für einen bestimmten (meist kurzfristigen) Zeitraum informieren.

In den *Wetterstationen* oder *Wetterwarten* werden mehrmals täglich vollständige *Wetterbeobachtungen* über ein größeres Gebiet angestellt und die Meßwerte über die einzelnen *Wettererscheinungen* in verschlüsselter Form (Wetterschlüssel) an eine Zentralstelle, das *Wetteramt*, weitergegeben.

In den Wetterämtern werden die Beobachtungen und Messungen gesammelt und zu *Wettervorhersagen* verarbeitet.

Die Wettervorhersage beschränkt ihre Vorhersage auf einen kurzen Zeitraum (1 bis 2 Tage), um so genau wie nur möglich zu bleiben. Mit Hilfe der verschiedenen Meßunterlagen, die ein größeres Gebiet erfassen (z. B. Europa und Nordatlantik), wird die Verlagerung, Verstärkung oder Abschwächung von Hoch- und Tiefdruckgebieten, von Wetterfronten und Schlechtwettergebieten anschaulich gemacht. Dies geschieht mit Hilfe der *Wetterkarte*, auf der die Verlagerung der Druckgebiete anschaulich aufgezeigt werden kann. Neben dieser Wetterkarte zeigen z. B. die Fernsehanstalten noch eine *Symbolkarte*, die einzelne Wettererscheinungen mit zutreffenden Symbolen kennzeichnet und eine Vorhersage für ein kleineres Gebiet trifft (z. B. Deutschland, Süd- und Nordbayern, Schwarzwald).

Die Wettervorhersage gibt aber nicht nur Vorhersagen des Wetterablaufs für 1 bis 2 Tage, sondern auch Warnung vor Nachtfrost, Stürmen und Gewitterböen. Darüber hinaus fordert die Luft- oder Schiffahrt spezifische Wetterberatungen (Angabe über Höhenwinde, Wolkenformen und -höhe, Vereisung bzw. Windstärke, Sturmwarnung u. ä.).

### III. Methodische Planung

*1. Problemstellung: Nachrichten über Wetterschäden* bzw. über die Beeinflussung des menschlichen Lebens durch das Wetter: Touristen geraten durch plötzlichen Wetterumschwung in Bergnot, Frostschäden im Weinbaugebiet, Karambolagen auf der Autobahn infolge plötzlicher Glättebildung.
*Problemfrage:* Weshalb konnten diese Schäden bzw. Unfälle geschehen?
*Ursache: das Wetter*
*Zielstellung:* Die Menschen brauchen eine genaue *Wettervorhersage*.
Gründe: berufliche Abhängigkeit, Erholung und Freizeit
*2. Problemklärung:*
*Wettervorhersage früher:* durch Wetterregeln — ungenau, auf Einzelbeobachtungen angewiesen, oft durch Überlieferung verfälscht, unwissenschaftlich
*Wettervorhersage heute:* durch Fernsehansage, Rundfunkansage und Tageszeitung
Wie entsteht eine genaue *Wettervorhersage* für ein bis zwei Tage?
Möglichkeiten der *Wetterbeobachtung* auf einer *Wetterstation*. Die einzelnen *Wettererscheinungen* werden beobachtet und gemessen. Dies geschieht durch den Einsatz von Wetterballonen, Beobachtungsflugzeugen und Wettersatelliten mit entsprechenden Meßgeräten.
Auswerten der Beobachtungen und Messungen und Zusammenstellen der Wettervorhersage im *Wetteramt*.
Werdegang einer *Wetterkarte* mit den entsprechenden Symbolen. Lesen und Erklären einer Wettervorhersage anhand der Symbolkarte.
*3. Problemerkenntnis:* Die Wettervorhersage hilft den Menschen im Berufsleben, im Straßenverkehr, in der Freizeit.
*4. Problemausweitung:* Der Mensch ist immer wieder der Urkraft des Wetters ausgesetzt (Überschwemmung, Lawinen, Dürre). Er muß den Kampf aufnehmen und gewinnen, will er überleben.

## ARBEITSBLATT/KONTROLLBLATT

> *1. Wettervorhersage früher*
>
> Lies diese Wetterregeln! Was sagen sie aus? Wie sind sie entstanden?
>
> — Knarrt im Januar Eis und Schnee
>   gibt's zur Ernt' viel Korn und Klee
>
> — März nicht zu trocken, nicht zu naß,
>   füllt dem Bauern Kist und Faß
>
> — Gibt's im Mai Regenwetter,
>   wird das Getreide immer fetter
>
> — Wenn kalt und naß der Juni war
>   verdirbt er meist das ganze Jahr

— Wenn's im Oktober friert und schneit,
  bringt der Januar milde Zeit

Man nennt diese Wettervorhersagen auch Bauernregeln. Warum wohl?

2. *Das Wetter nach dem Hundertjährigen Kalender*

So wird das Wetter im Februar:
 1.— 8. Februar: trübes Wetter
 9.—11. Februar: freundliches, warmes Wetter
12.—15. Februar: Schneefälle und Glatteis
15.—26. Februar: sehr kalt
27.—28. Februar: es wird wärmer

Vergleicht einmal in den nächsten Tagen, ob der Hundertjährige Kalender recht hat!
Kann man schon ein ganzes Jahr im voraus das Wetter vorhersagen?

3. *Was zeigt dir diese Zeichnung? Setze die richtigen Begriffe ein und sprich darüber!*

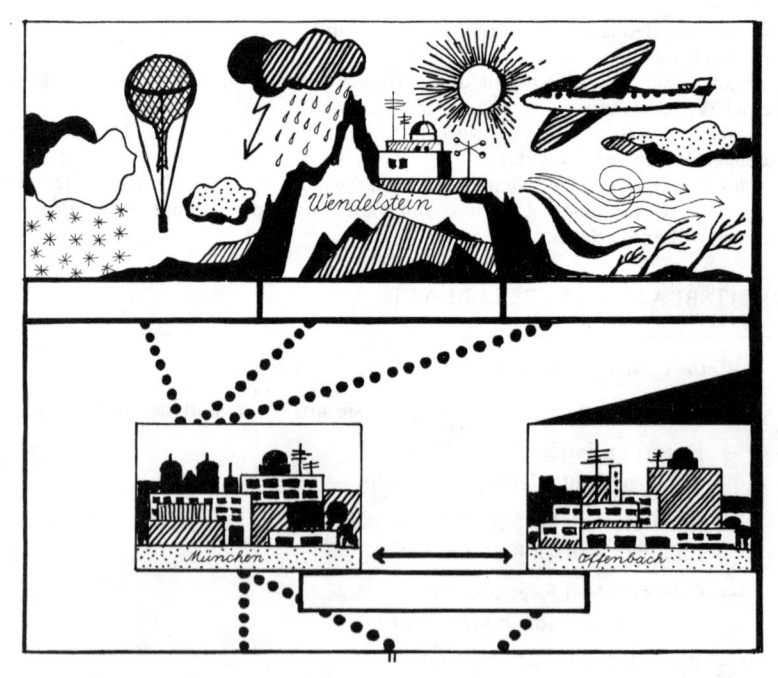

Wetterstation, Wetterkarte, Wetteramt, Wetterballon, Wetterflugzeug

*4. Zeichne selbst eine Wetterkarte nach den Angaben des „Fernsehwettermannes":*

Morgen in ganz Bayern dichte Bewölkung mit Schneefall. Nur in den Mittagsstunden Auflockerung und gelegentlich Sonnenschein. Temperaturen nachts um —10°, am Tage um —2°. Leichte Winde aus Nordost.

*5. Wer ist auf eine genaue Wettervorhersage angewiesen? Aus welchen Gründen?*

Streiche falsche Antworten durch und schreibe zu den richtigen deine Begründung!

Weinbauer: ........................................

Schulkind: ........................................

Bergsteiger: ........................................

Oma: ........................................

Wirtin der Ausflugsgaststätte: ........................................

Pfarrer: ........................................

Gärtner: ........................................

Autofahrer: ........................................

**Zusammenfassung**

Wetterregeln von früher sind ........................................ .

Die Wettervorhersage von heute kann das Wetter für ........................................ genau voraussagen. Das Wetter wird durch die ........................................, das ........................................ und den ........................................ beobachtet. Die Beobachtungen werden dem ........................................ gemeldet. Daraus setzt das ........................................ die ........................................ zusammen. Die Wettervorhersage hilft den Menschen im ........................................, im ........................................ und in der ........................................ .

Berufsleben, Wetterkarte, Wetteramt, Wetterstation, Freizeit, Wetterflugzeug, ungenau, ein bis zwei Tage, Straßenverkehr, Wetterballon, Wetteramt.

*Beobachtungs- und Vergleichstabelle*

Wir vergleichen die Wettervorhersage des Fernsehens und das richtige Wetter in der Woche vom 2. Februar bis 6. Februar und tragen die passenden Symbole in unsere Tabellen ein!

Dazu nehmen wir folgende Symbole:

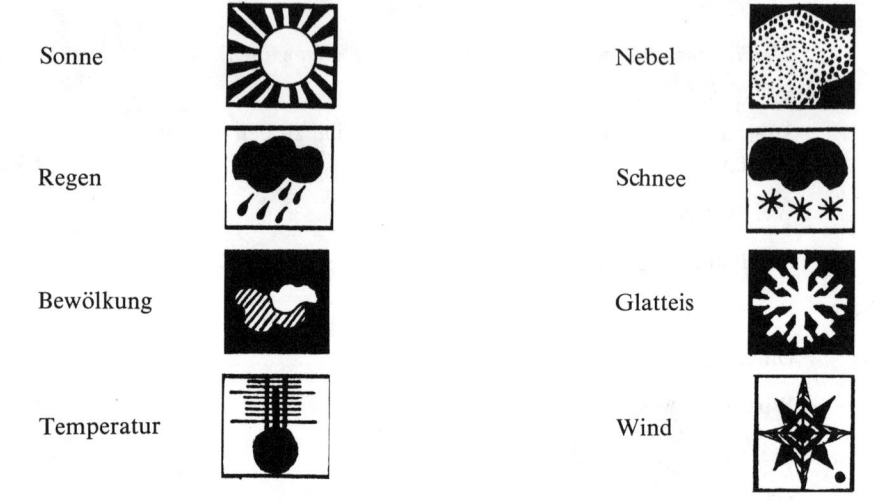

| | | | |
|---|---|---|---|
| Sonne | | Nebel | |
| Regen | | Schnee | |
| Bewölkung | | Glatteis | |
| Temperatur | | Wind | |

Tabelle 1: Fernsehwetter

| 2.2. | 3.2. | 4.2. | 5.2. | 6.2. |
|---|---|---|---|---|
| | | | | |

Tabelle 2: Das richtige Wetter

| 2.2. | 3.2. | 4.2. | 5.2. | 6.2. |
|---|---|---|---|---|
| | | | | |

# Gliederung der Unterrichtsbeispiele

| Jahrgangsstufe | Lehr-/Lerninhalte (Themenvorschläge) | Didaktische Analyse | Lernziele | sozialgeographische Ausrichtung | originale Erkundung (Unterrichtsgang) | Einsatz von Karten, Zeichnungen, Grafiken und Bildern | Planspiel/Rollenspiel | Tafelbild | Lernzielkontrolle | Arbeitsblatt | Seite |
|---|---|---|---|---|---|---|---|---|---|---|---|
| 1. | Mein täglicher Weg zur Schule | ● | | ● | | | | | | | 166 |
| 1. | Nachbarschaft | | ● | | | | | | | | 170 |
| 1. | Mein Schulweg | ● | ● | ● | ● | ● | | | | | |
| 1. | Vom Kindergarten in die Schule | | | ● | ● | | | | | | 254 |
| 1. | Unser Weg zum Sportplatz | | | ● | ● | | | | | | 313 |
| 2. | Möchtest du in einem Hochhaus wohnen? | | | ● | | ● | | | | | 58 |
| 2. | Wie Menschen in fremden Ländern wohnen | | | ● | | ● | | | | ● | 61 |
| 2. | Wer hat mehr Platz in unserem Wohnviertel — wir Kinder oder die Autos? | ● | ● | ● | | | | | | | 112 |
| 2. | Kiesweiher oder Badesee? | | | ● | ● | | | | | | 114 |
| 2. | Kannst du einem Fremden trauen? | | | | | | ● | | | | 151 |
| 2. | Welche Geschäfte gibt es in unserem Wohnort? | | ● | | | ● | | ● | | | 154 |
| 2. | Warum sind beim Bauern Wohn- und Arbeitsplatz so nah beieinander? | ● | ● | ● | ● | ● | ● | ● | ● | | 186 |
| 2. | Wie kommst du sicher zum Schwimmbad? | | | ● | ● | ● | | | | | 222 |
| 2. | Wie kommst du sicher und schnell zur Schule? | | | | ● | | | | | | 263 |
| 2. | Hochhaus oder Einfamilienhaus? | | | ● | | ● | | | | | 269 |
| 2. | Wir planen einen Kinderspielplatz | ● | ● | ● | ● | | | | | | 271 |
| 2. | Wo möchtest du lieber wohnen? | | | ● | | ● | ● | | | ● | 279 |
| 2. | Warum ist die Straßenkreuzung am Marktplatz für Fußgänger und Radfahrer so gefährlich? | | | ● | ● | ● | ● | | | | 285 |

| Jahrgangsstufe | Lehr-/Lerninhalte (Themenvorschläge) | Didaktische Analyse | Lernziele | sozialgeographische Ausrichtung | originale Erkundung (Unterrichtsgang) | Einsatz von Karten, Zeichnungen, Grafiken und Bildern | Planspiel/Rollenspiel | Tafelbild | Lernzielkontrolle | Arbeitsblatt | Seite |
|---|---|---|---|---|---|---|---|---|---|---|---|
| 2. | So müssen viele Arbeiter während der Woche leben | | | ● | | ● | | | | | 287 |
| 2. | Wir wandern nach Illemad | | | ● | ● | ● | | | | | 320 |
| 2. | Wir orientieren uns im Schulviertel | | | ● | ● | ● | | | | | 324 |
| 2. | Hans und Monika haben verschiedene Schulwege | | | ● | ● | ● | ● | | | | 325 |
| 2. | Wie wird das Wetter heute? | | | | ● | ● | | | | | 348 |
| 3. | Flußregulierung | | | ● | ● | ● | | | | | 23 |
| 3. | Warum baut Bauer A. einen Aussiedlerhof? | | | ● | ● | | | ● | | | 33 |
| 3. | Unsere Gemeinde will eine Wochenendsiedlung anlegen | | | ● | ● | ● | | | | | 116 |
| 3. | Wie entstanden die Flurnamen? | | | ● | ● | | | ● | | | 145 |
| 3. | Der Kompaß als Orientierungshilfe im Raum | ● | | | | | | | | | 162 |
| 3. | Wohngebiete | | | ● | | | | | | | 170 |
| 3. | Bahnhof | | | ● | ● | ● | | | | | 172 |
| 3. | Unser Rathaus | | | ● | | ● | | | | | 174 |
| 3. | Unsere Gemeinde braucht einen Sportplatz! | | | ● | ● | ● | ● | ● | ● | ● | 191 |
| 3. | Georg und Monika wohnen in verschiedenen Häusern | ● | ● | | | | ● | | | | 220 |
| 3. | Wie muß die Straße zwischen P. und B. verändert werden? | | | ● | | ● | ● | | | | 233 |
| 3. | Warum hat Herr Brenner seine Tankstelle an die B 2 gebaut? | | | ● | ● | ● | | | | | 238 |
| 3. | Wo möchtest du gerne wohnen? | | | ● | | ● | ● | | | | 240 |
| 3. | Warum steht auf dem Hühnerberg ein Fernsehturm? | | | | | ● | | | | | 256 |
| 3. | Pendler kommen in unsere Stadt | | | ● | ● | ● | | | | | 258 |
| 3. | Geschäfte in unserem Ort | | | ● | | ● | | | | | 261 |

| Jahrgangsstufe | Lehr-/Lerninhalte (Themenvorschläge) | Didaktische Analyse | Lernziele | sozialgeographische Ausrichtung | originale Erkundung (Unterrichtsgang) | Einsatz von Karten, Zeichnungen, Grafiken und Bildern | Planspiel/Rollenspiel | Tafelbild | Lernzielkontrolle | Arbeitsblatt | Seite |
|---|---|---|---|---|---|---|---|---|---|---|---|
| 3. | Stadt und Land sind voneinander abhängig | | | ● | | ● | | ● | | | 267 |
| 3. | Wie wird die Fläche unserer Gemeinde genutzt? | | | ● | ● | ● | | | | | 268 |
| 3. | Warum fahren viele Leute zum Einkaufszentrum Südmarkt? | | ● | ● | ● | | | | | | 271 |
| 3. | Unser Gebiet braucht ein Einkaufszentrum | | ● | ● | ● | ● | ● | | | | 278 |
| 3. | Ein neues Wohnviertel wird geplant | | | ● | ● | ● | | | | | 316 |
| 3. | Liegt die Spielwiese am Fluß günstig? | | | ● | ● | ● | ● | | | | 319 |
| 3. | Wie finden wir die Waldschenke? | | | | ● | ● | | | | | 323 |
| 3. | Wie können wir Wettererscheinungen beobachten und messen? | ● | | | ● | ● | | ● | ● | ● | 350 |
| 3./4. | Auf dem Wochenmarkt | | | ● | ● | | | | | | 73 |
| 3./4. | Wohin mit dem Müll? | | ● | ● | ● | ● | | | | | 77 |
| 3./4. | Herr E. und Frau S. pendeln zum Arbeitsplatz | ● | ● | ● | | | | | | | 103 |
| 3./4. | Das Baugebiet Weinberg wird erschlossen | | ● | ● | | ● | | | | | 106 |
| 3./4. | Die Gemeinde B. will ein neues Baugebiet erschließen | | | ● | | ● | | | | | 231 |
| 3./4. | Braucht Wertingen eine Umgehungsstraße? | | | ● | | ● | ● | | | | 239 |
| 3./4. | **Wir planen einen Kinderspielplatz** | | | ● | ● | ● | ● | | | | 281 |
| 3./4. | Bayern zwischen Hoch und Tief | ● | ● | | ● | ● | | | ● | ● | 358 |
| 4. | Warum mußte die alte Post abgerissen werden? | | | ● | ● | | | | | | 36 |
| 4. | Im Rodetal wird eine Talsperre gebaut! | | ● | ● | | | ● | | | | 59 |

| Jahrgangsstufe | Lehr-/Lerninhalte (Themenvorschläge) | Didaktische Analyse | Lernziele | sozialgeographische Ausrichtung | originale Erkundung (Unterrichtsgang) | Einsatz von Karten, Zeichnungen, Grafiken und Bildern | Planspiel/Rollenspiel | Tafelbild | Lernzielkontrolle | Arbeitsblatt | Seite |
|---|---|---|---|---|---|---|---|---|---|---|---|
| 4. | Was man von einem guten Erholungsgebiet erwartet | | • | | | • | | • | • | | 83 |
| 4. | Was fehlt im Neubaugebiet von Unterthürheim? | • | • | • | • | • | | • | • | • | 89 |
| 4. | Die erste Fabrik | • | • | • | | | | | | | 147 |
| 4. | Warum steht die „Höll" unter Naturschutz? | • | • | • | | • | | | | | 158 |
| 4. | Lärmschutz für unser Wohnviertel | • | • | • | | | | | | | 163 |
| 4. | Warum fährt die Familie König am Wochenende nach Illemad? | • | • | • | • | • | | • | • | • | 198 |
| 4. | Warum hat die Firma B. in unserem Ort eine Fabrik gebaut? | | • | • | | | | | | | 217 |
| 4. | Die Eisenbahnstrecke zwischen M. und W. soll stillgelegt werden | | • | | | • | | | | | 226 |
| 4. | Die Kreisstadt — Mittelpunkt des Landkreises | • | • | • | | • | | | | | 227 |
| 4. | Wo wäre der richtige Platz für ein Schullandheim? | | • | | | | | • | • | | 257 |
| 4. | Bringt die Flurbereinigung den Bauern Vorteile? | | • | | | | | • | | | 258 |
| 4. | Drei Wohngegenden — dreimal verschieden | | • | | | | | • | | | 263 |
| 4. | Warum bauen viele Leute nach (in) Lauterbach? | • | • | • | | | | | | | 271 |
| 4. | Kissinger Spielplätze nur für Kleinkinder? | | • | • | | | | | • | | 272 |
| 4. | Was geschieht mit dem alten Schulhaus? | | • | • | | | | | • | | 274 |
| 4. | Zu wenig Gehsteige! | | • | • | | | | | • | | 275 |
| 4. | Soll unsere Gemeinde mit anderen Gemeinden zusammengelegt werden? | | • | | | | | • | • | | 282 |

| Jahrgangsstufe | Lehr-/Lerninhalte (Themenvorschläge) | Didaktische Analyse | Lernziele | sozialgeographische Ausrichtung | originale Erkundung (Unterrichtsgang) | Einsatz von Karten, Zeichnungen, Grafiken und Bildern | Planspiel/Rollenspiel | Tafelbild | Lernzielkontrolle | Arbeitsblatt | Seite |
|---|---|---|---|---|---|---|---|---|---|---|---|
| 4. | Eine Kreisstadt | | | ● | | ● | ● | | ● | ● | 291 |
| 4. | Ein türkisches Dorf | ● | ● | | | | | | | | 303 |
| 4. | Ein Dorf wird zur Vorstadt | ● | ● | | | ● | ● | | ● | ● | 304 |
| 4. | Orientierungsspiel „Roter Pfeil" | | | | ● | ● | | | | | 314 |
| 4. | Unser Weg zur Ruine | | | | | ● | ● | | | | 323 |
| 4. | Sind Gemeindehaus und Feuerwehrhaus gleich groß? | | | | | ● | ● | | | | 329 |

# Literatur

## I. Fachbücher

Adlhoch, J./Seilnacht, F.: Die Landkarte. München 1973
Aebli, H.: Grundformen des Lehrens. Stuttgart 1961
Becker, H. R.: Synthese — Konzept. Bayreuth 1973
Brunnhuber, P.: Prinzipien effektiver Unterrichtsgestaltung. 8. Auflage, Donauwörth 1975
Bruner, J. S.: Der Prozeß der Erziehung. Berlin 1970
Dietrich, G.: Unterrichtspsychologie der Sekundarstufe. Donauwörth 1972
Drescher u. a.: Klassenlehrplan Sachunterricht. 1.—4. Jahrgangsstufe, Regensburg 1975
Engelhardt, W.: Umweltschutz. München 1973
Einsiedler, W.: Arbeitsformen im modernen Sachunterricht der Grundschule. Donauwörth 1971
Engelhardt, W.-D./Glöckel, H.: Einführung in das Kartenverständnis. Bad Heilbrunn 1973
Engelhardt, W.-D.: Einführung in das Arbeiten mit thematischen Karten. In: Bauer u. a.: Fachgemäße Arbeitsweisen in der Grundschule. 2. Aufl., Bad Heilbrunn 1972
Engelhardt, W.-D.: Erdkunde. In: Kitzinger/Kopp/Selzle: Lehrplan für die Grundschule in Bayern mit Erläuterungen und Handreichungen. Donauwörth 1971
Geiling, H. (Hrsg.): Grundschule Lernziele — Lerninhalte — Methodische Planung. Band 2, 2. Aufl., München 1973
Fröhlingsdorf, R., u. a.: Der Sachunterricht in der Primarstufe. Düsseldorf 1975
Hansen, W.: Kind und Heimat. München 1968
Hasch, R. (Hrsg.): Erdkunde in der Realschule. Akademiebericht Nr. 14 1973, Dillingen 1973
Hausmann, W.: Lernzielorientierter Erdkundeunterricht. (Arbeitsunterlage, nicht veröffentlicht)
Hausmann, W.: Lernzielorientierter Erdkundeunterricht. In: Hasch, R. (Hrsg.): Erdkunde in der Realschule. Akademiebericht Nr. 14 1973, Dillingen 1973
Heyn, E.: Lehren und Lernen im Geographieunterricht. Paderborn 1973
Katzenberger, L.: Der Sachunterricht der Grundschule. Theorie u. Praxis, Teil 1 und Teil 2. Ansbach 1973
Klewitz/Mitzkat: Entdeckendes Lernen. In: Die Grundschule 6. Braunschweig 1974
Köck, P.: Didaktik der Medien. Donauwörth 1974
Kopp, F.: Didaktik in Leitgedanken. 5. Aufl., Donauwörth 1974
Kramp, W.: Überforderung als Problem und Prinzip pädagogischen Handelns. In: Flitzner/Scheuerl (Hrsg.): Einführung in pädagogisches Sehen und Denken. München 1967
Luft, M. (Hrsg.): Schule und Umweltschutz. München 1975
Meißner, O./Zöpfl, H.: Handbuch der Unterrichtspraxis. München 1973
Möller, Ch.: Technik der Lernplanung. Weinheim 1971
Oerter, R.: Moderne Entwicklungspsychologie. 9. Aufl., Donauwörth 1971
Reichert, W.: Die grundlegende Heimatkunde im 3. Schuljahr. 11. Aufl., Ansbach 1956
Riedel, K.: Lehrhilfen zum entdeckenden Lernen. Hannover 1973
Roth, H.: Pädagogische Psychologie des Lehrens und Lernens. 7. Aufl., Hannover 1973

Ruppert, K., und Schaffer, F.: Zur Konzeption der Sozialgeographie. In: Schultze, A.: Dreißig Texte zur Didaktik der Geographie. Braunschweig 1972
Schiefele, H.: Motivation im Unterricht. München 1965
Schmidt, A.: Der Erdkundeunterricht. Bad Heilbrunn 1972
Schönbach, R.: Erdkunde. In: Katzenberger, L.: Der Sachunterricht der Grundschule. Theorie und Praxis, Teil 1. Ansbach 1972
Schultze, A.: Dreißig Texte zur Didaktik in der Geographie. Braunschweig 1972
Sirch, L.: Der neue Grundschulunterricht in Wochenplänen. Band I, Band II. Donauwörth 1971
Sperber, H.: Erdkunde — Didaktik — Methodik. Regensburg 1973
Sperling, W. (Hrsg.): Kind und Landschaft. Stuttgart 1965
Strukturplan des deutschen Bildungswesens. Stuttgart 1971
Stückrath, F.: Kind und Raum. München 1955
TR Verlagsunion: Didaktik der Grundschule Sachunterricht Teil 2. München 1971
Tybl, R., und Walter, H.: Handbuch zum Unterricht, Grundschule. Starnberg 1973
Westphalen, K.: Praxisnahe Curriculumentwicklung. Donauwörth 1973
Wocke, M. F.: Film und Bild im geographischen Sachunterricht. Hannover 1973

## II. Fachzeitschriften

Besch, H. W.: Geographie in der Primarstufe — ein vergessener Bereich. In: Geographische Rundschau, Braunschweig 1973
Cassube, G., u. a.: Beiträge der Geographie zum Sachunterricht in der Primarstufe. Beiheft Geographische Rundschau 1, 1974, Braunschweig 1974
Haas, G.: Der Mensch fragt nach dem Wetter. In: Pädagogische Welt 1973, Heft 9, S. 552—557
Haas, G.: Der Sachunterricht im bayerischen Lehrplan. In: Pädagogische Welt 1973, Heft 9, S. 531—543
Hausmann, W.: Neue Gesichtspunkte und Strömungen im Geographieunterricht in der Bundesrepublik Deutschland. Sonderdruck der Österreichischen Geographischen Gesellschaft, Band 114/I/II/1972
Herrmann, P.: Spielplätze in einem kinderfreundlichen Land. In: W P B 1972, Heft 8. S. 415—431
Kozdon, B.: Das Erbe der Heimatkunde im modernen Sachunterricht. In: Welt der Schule, Heft 3, 1972
Lichtenstein-Rother, I.: Sachunterricht und elementare Weltkunde. In: Die Grundschule, Nr. 4, Braunschweig 1968
Maras, R.: Sachunterricht oder Heimatkunde? — Keine Alternative? In: Die Grundschule, Nr. 12, 1975, Braunschweig
Moeller-Andresen: Schulweg. In: Die Grundschule, 2, 1975, Braunschweig 1975
Dr. Neukum, J.: Grundlinien einer Didaktik des Sachunterricht der Grundschule. In: Pädagogische Welt 1970, Heft 1, S. 9—23
Pollex, W.: Die Geographie in der Grundschule. In: Geographische Rundschau, Heft 2, 1973, Braunschweig 1973
Sauter, H.: Entdeckendes Lernen im Sachunterricht der Grund- und Hauptschule. In: paed, 1973
Sauter, H.: Zielsetzungen des grundlegenden Erdkundeunterrichts im Blick auf das entdeckende Lernen. In: Pädagogische Welt, 1973, Heft 10, S. 599—622
Schmaderer, O.: Heimatkunde unter dem Aspekt der Umwelterziehung. In: Schöne Heimat, Erbe und Gegenwart, Heft 3, 1974, München 1974

Schulfernsehen im Studienprogramm des Bayerischen Rundfunks, Dezember 1974, Januar 1975, Februar 1975, Oktober 1975, November 1975, Dezember 1975, München 1974/75
Schwartz, E.: Zurück zur Heimatkunde? In: Grundschule 1975, Heft 2, Braunschweig 1975
Wagner, E.: Umwelterfahrungen von Grundschülern. In: Beiträge der Geographie zum Sachunterricht der Primarstufe. Beiheft Geographische Rundschau 1, 1974, Braunschweig 1974
Toepfer, H.: Geographisches Arbeiten an Schulen und Hochschulen. In: Geographische Rundschau, Braunschweig 1973
Ziehmann, J.: Überlegungen zur Integration von Lehrgängen und fächerübergreifenden Unterrichtseinheiten im Sachunterricht der Grundschule. In: Welt der Schule, Heft 2, 1973, München 1973

**III. Sachbücher**

Bahl, F., u. a.: Arbeitsbuch für den Sachunterricht der Grundschule, Band 1, 1970, Band 2, 1970, Band 3, 1970. Frankfurt a. M. 1970
Barsig/Berkmüller/Czinczoll: Sachkunde der Grundschule 1./2. Schuljahr, 7. Aufl. 1975, 3. Schuljahr, 6. Aufl. 1975, 4. Schuljahr, 4. Aufl. 1975. Donauwörth 1975
Barsig/Berkmüller/Schraudolph: Lehrerhandbuch zur Sachkunde der Grundschule, 3. Jahrgangsstufe. Donauwörth 1975
Becker, H. R., u. a.: Sachunterricht. Arbeitsheft, 2. Schuljahr, 3. Schuljahr, 4. Schuljahr. Kulmbach 1973
erfahren und begreifen. Ein Sachbuch für die Grundschule 2., 3., 4. Schuljahr. 3. Aufl., München 1974
Mayer, N. G. (Hrsg.): Unsere Welt ringsum. Sachheft für das 2., 3., 4. Schuljahr. Hannover 1974
Sachbuch 2. Schuljahr, 3. Schuljahr, 4. Schuljahr. München 1971

**IV. Lehrpläne**

Lehrplan für die Grundschule in Bayern, Donauwörth 1971
Lehrplan für die Grundschule der Länder Rheinland-Pfalz und Saarland, Grünstadt 1971
Kurzka/Winkler: Kommentar zu den Richtlinien für die bayerischen Volksschulen, Unterstufe — 1966, Kronach 1966
Kultusministerium Baden-Württemberg: Arbeitsanweisungen für die Grundschulen in Baden-Württemberg, Villingen 1973
Kultusministerium des Landes Schleswig-Holstein: Grundschule und Vorklasse — Lehrplan in Schleswig-Holstein, Kiel 1975
Amtsblatt des Bayerischen Staatsministeriums für Unterricht und Kultus, Nr. 21, Jahrgang 1975, München 1975
Richtlinien für die bayerischen Volksschulen, Unterstufe — 1966, Kronach 1966
Schriftenreihe des Kultusministers: Richtlinien und Lehrpläne für die Grundschule in Nordrhein-Westfalen, Ratingen 1973

# Stichwortverzeichnis

Abfolge, epochale 31, 122
Abstraktionsprozeß 35
Aktualität 290
Analyse, didaktische 89, 177 ff., 199 ff.
Arbeitsformen, fachspezifische 26, 44 f., 55, 61 ff., 112 ff., 114, 164 ff., 220, 228, 233 ff., 235 ff., 290
Arbeitsmittel, geographische 92, 107, 115, 167 ff., 201 ff., 235 ff., 352 ff.
Arbeitsplatz 186 ff.

Baugebiet 106 ff.
Befragen 272 ff.
Begegnung, originale 29, 71 ff., 220, 242 ff.
Bereiche, fachliche 144 ff.
Besiedlung 43
Betrachtungsweise, genetische 23, 59
Bild, geographisches 249 ff.
Biologie 157 ff.

Didaktik, integrative 144 ff., 170 ff.

Erfahrungsraum, kindlicher 26, 39
Erholung 49, 127, 135, 141, 198
Erleben 38
Experimentieren 276 f.

Fächerdifferenzierung 174
Fächerintegration 174
Freizeit 49
Funktionswissen 216
—skizze 266 ff.

Geotop 55 ff., 65 f.
Geschichte 144 ff.
Gesellschaft 48
Grafik 265 ff.
Grunddaseinsfunktionen 52 f.
Grundlagen, entwicklungspsychologische 66 ff.

Handlungsbereich 40 f.
Heimatkunde 20 ff.

Integration 144 ff.

Karte 254 ff., 311 ff.
— Kartenskizze 261 ff.
— Kartenverständnis 69 f., 311 ff.
— Bildkarte 254 f.
— Symbolkarte 255 ff.
— geographische 263 f.
— thematische 258 f.

Landschaftsveränderung 42 f.
Länder, fremde 61 ff.
Lärmschutz 163
Lehraufgaben 54, 119 ff., 124 ff.
Lehrplan 21, 28 f., 39 ff.
— örtlicher 31, 123 ff.
— curricularer 120 f.
Leitziel 80 f.
Lerninhalte 28, 124 ff.
Lernen
— exemplarisches 215
— aktives 216 ff., 230 f.
— entdeckendes 221 ff.
— soziales 220
Lernwege 227, 358 ff.
— originale 242 ff.
Lernziele 43, 45 f., 49, 59, 77, 91 f., 103, 106 f., 112, 114, 119, 124 ff., 147, 158, 163, 167 ff., 179, 183, 186, 200, 227, 278, 298 f., 303 f., 313 ff., 350 ff., 358 f.
Lernzielkontrolle 88, 100, 124 ff., 190 f., 198, 208 f., 211 ff., 293 ff., 299 ff., 305, 350 ff., 364 ff.

Maßstab 328 ff.
Medien 92, 112 ff., 115, 116 ff., 167 ff., 201 ff., 233 f., 235 ff., 346 ff.
— audiovisuelle 288 ff.
Modell, curriculares 162 f.,
— geographisches 244 ff.
Motivation 215, 290

Naherholungsgebiet 56
Natur 48
— schutz 158 ff.
Neubaugebiet 65, 89 ff., 231 ff.

Orientierung im Raum 44, 66 ff., 139, 162, 314 ff., 320 ff., 338 ff.
Ortsplan 195

375

Passung, optimale 120, 236
Phänomen, sozialgeographisches 56 f., 82 ff., 246 ff.
Pendler 103, 258 f.
Physik 161 ff., 344
Planspiel 190, 196, 208, 234, 239 f., 271, 277 ff., 309, 314 ff., 320, 327
Prinzip, dynamisches 23 ff.
— statistisches 23 ff.
Problembewußtsein 111 f.

Raum
— vorstellung 66 ff.
— verständnis 66 ff.
— erfassung 66 ff.
— bezug 153 ff.
Raum, sozialer 82 ff.
Richtlinien, allgemeine 27 ff.
Richtziele 80 ff.
Rollenspiel 152

Sandkasten 155, 165, 234, 244 ff.
Sachunterricht, grundlegender 25 ff.
— integrierender 31, 122, 144 ff.
Sozialgeographie 51 ff.
Soziallehre 149 ff.
Spielplatz 57, 224, 274 f.
Strukturmodell 177 ff.
Stundenzahl 32
Symbolisieren 254 ff.
Schülerorientierung 214 ff.

Schulfernsehen 289 ff.
Schulhaus 56, 274 f.
Schulweg 45 f., 70, 183 ff.

Tafelbild 87, 101, 146 f., 157, 189, 196 f.
Text, geographischer 287 ff.
Tonbandgespräch 86, 102, 210

Umwelt 30, 32, 40, 77 ff., 159
— bezug 30, 32, 70
— erfahrung 69 ff.
Unterricht, lernzielorientierter 80 ff.
— lehrplanmäßiger 80 ff.
Unterrichtsgang 72 ff., 217, 236, 238 f., 242 ff., 255, 285, 313, 320 ff.
Unterrichtsgrundsätze 54 f.
Unterrichtseinheit, integrative 31

Verbalisieren 268 ff.
Verhaltensweisen 76 ff., 207

Wetter 137, 143, 161, 343 ff.
Wirtschaftslehre 153 ff.
Wohnen 56
Wohngebiet 170
Wohnlage 240 f., 264 f., 279 f.
Wohnplatz 186 ff.
Wohnort 154 ff.
Wohnviertel 112, 163 ff., 316 ff.

Ziele, geographische 28, 49, 53, 80 ff.